国家社科基金重大项目《新常态下地方经济增长质量和效益的监测预警系统和政策支持
陕西省特支计划杰出人才和三秦学者创新团队的成果。

从经济增长质量
到高质量发展

From the Quality of
Economic Growth to
HIGH-QUALITY DEVELOPMENT

任保平 ◎著

中国财经出版传媒集团

经济科学出版社
Economic Science Press

图书在版编目（CIP）数据

从经济增长质量到高质量发展/任保平著. —北京：
经济科学出版社，2022.3
ISBN 978 - 7 - 5218 - 3630 - 1

Ⅰ.①从… Ⅱ.①任… Ⅲ.①中国经济 - 经济发展 -
研究 Ⅳ.①F124

中国版本图书馆 CIP 数据核字（2022）第 068032 号

责任编辑：杨　洋　赵　岩
责任校对：靳玉环
责任印制：王世伟

从经济增长质量到高质量发展

任保平　著

经济科学出版社出版、发行　新华书店经销

社址：北京市海淀区阜成路甲 28 号　邮编：100142

总编部电话：010 - 88191217　发行部电话：010 - 88191522

网址：www. esp. com. cn

电子邮箱：esp@ esp. com. cn

天猫网店：经济科学出版社旗舰店

网址：http：//jjkxcbs. tmall. com

北京季蜂印刷有限公司印装

787 × 1092　16 开　20.5 印张　400000 字

2022 年 3 月第 1 版　2022 年 3 月第 1 次印刷

ISBN 978 - 7 - 5218 - 3630 - 1　定价：82.00 元

（图书出现印装问题，本社负责调换。电话：010 - 88191510）

（版权所有　侵权必究　打击盗版　举报热线：010 - 88191661

QQ：2242791300　营销中心电话：010 - 88191537

电子邮箱：dbts@ esp. com. cn）

前言
从经济增长质量到高质量发展的理论扩展

经济增长质量理论是第二次世界大战（二战）以后，在对建立在规模经济模式基础上的传统数量型经济增长理论反思的基础上，形成了以效率提高为模式的经济增长质量理论。中国共产党十九次全国代表大会（党的十九大）提出了我国经济已经转向高质量发展的判断，转向高质量发展是对经济增长质量理论的扩展和有机衔接，是经济增长质量理论在新时代背景下中国经济发展中的现实应用。

一、经济增长质量理论的形成与发展

经济增长理论是宏观经济学的重要理论分支，经济增长理论在其发展的200多年历史中经历了古典、新古典和现代增长三个发展阶段。二战以后，世界经济增长的现实却对这种单纯追求 GDP 的速度型经济增长提出了挑战，在经济发达国家经济增长的同时，所引起的环境污染、资源耗竭、城市人口密集、生活质量下降等严重问题，也引起了一些经济学家的注意，并且对当时经济发达国家所流行的经济增长模式提出了异议和批评。于是西方国家20世纪60年代末开始流行一种主张人口和国民生产总值必须停止增长，才能使人类避免灾难的思潮。这种理论的主要代表著作有：米香（E. J. Mishan）于1967年出版的《经济增长的代价》、福来斯特（J. Forresters）于1971年出版的《世界动态》和麦多斯（D. H. Meadows）等于1972年出版的《增长的极限》，这三种本书推动了可持续发展理论的产生。其中米香的《经济增长的代价》、麦多斯等的《增长的极限》影响最大。特别是美国经济学家米香认为，当时经济发达国家为实现经济增长所付出的社会和文化的代价太大了，强调了经济增长的代价。他打破了长期以来人们所公认的一些观点，诸如"经济增长必然带来生活水准的提高"。

传统的经济增长理论主要研究经济增长的动力、源泉及其形成机制，忽视研究经济增长的后果。于是从20世纪70年代末期开始，经济学家又开始重视研究经济增长的质量，苏联经济学家卡马耶夫（B. Kamae）于1977年出版的《经济增长的速度和质量》和联合国发展计划署1996年的《人类发展报告》，讨论了经济增长与经济发展的关系，列举了单纯追求经济增长而导致的五种有增长无发展

的状况：经济增长导致严重失业的无工作增长，导致贫困和收入分配严重不公的无情增长，失去了民主和自由的无声增长，生态严重破坏的无未来的增长及毁灭文化的无根的增长。世界银行于 2000 年出版了题为《增长的质量》（托马斯等，2000）的研究报告，近年来国内翻译的威廉·伊斯特（William Easterly）《在经济增长的迷雾中求索》对经济不发达国家经济增长的关注、琼斯（Charles I. Jones）《经济增长导论》对"增长灾难"的分析、赫尔普曼（Helpman）《经济增长的秘密》对经济增长中收入分配不平等的关注，这些理论探讨使经济增长理论从研究经济增长的源泉和动力转向了研究经济增长的后果和质量。

同样与经济增长质量一脉相承的"包容性增长"的概念，也是 20 世纪中期以来，人们关于经济增长的认识在深化的表现，增长的理念出现由单纯强调增长数量到"对穷人友善的增长"（pro-poor growth）以及"包容性增长"（inclusive growth）的演进。1990 年世界银行提出的"益贫式增长"目的在于强调增长的核心在于减贫或是使低收入人群从中受益。由于该概念对于经济增长的理解过于狭窄，进入 21 世纪以后，亚洲银行针对亚洲各国增长的状况进行分析，特别是不平等的现象在加剧、扩展的现实，提出并且倡导各国和全世界要实现"包容性增长"。包容性增长一经提出，与世界的发展诉求不谋而合，此概念也迅速在经济发展的理念中风靡。世界银行的《世界发展报告 2006：公平与发展》集中对包容性增长进行了关注，另外，世界银行增长与发展委员会 2008 年发表的《增长报告：可持续增长与包容性发展的战略》将推动经济增长的关键要素概括为"三要"，即经济要开放、社会要包容、政府要有效，明确提出了要持续长期增长，社会要包容是关键，确保增长效益为大众所广泛共享。包容性增长的概念较为宽泛，其内涵是不仅要包容低收入人群，要低收入人群共享增长的结果，而且还着重强调增长尽可能包容广大阶层，重视人的基本权利和发展，以及重视增长方式的转型和增长的长期性和持续性。总体来说，包容性增长的观念内核还是一种经济增长质量，即在物质极大丰富的今天，对经济增长的质量的关注和诉求才是发展的要义所在。

2011 年在大连召开的夏季达沃斯论坛主题就是关注增长质量，谋求经济可持续、平衡增长。一方面欧美强国在思索自己的经济模式，沉溺于短暂的强力刺激对长期可持续并无益处，美欧国家皆需要有质量的增长；另一方面作为新兴经济体的中国，风险淤积的经济也在接受着增长质量的拷问。所以不可否认，"关注增长质量"，是个很有时代意义的议题。

从经济增长理论的演进过程可以看出主流增长理论虽然关注经济增长的源泉、动力和机制，但是经济增长质量问题也日益受到经济理论研究的关注。经济增长数量与经济增长质量是同一问题的两个方面，迄今为止的增长经济学着重研究了数量增长的一方面，现代经济增长实践经验表明必须重视研究经济增长另一面——经济增长质量。

在经济增长理论发展的 200 多年里，大多对于经济增长的研究都集中于狭义经济变量的决定上，也就是经济增长的数量问题，而忽视了经济增长的质量问题。片面追求经济增长数量带来了结构失衡、分配不均、贫富差距扩大、资源短缺及环境污染等问题，出现了有增长而无发展的局面，于是一些经济学者开始反思增长是否有意义的命题，并逐渐成为主流观点。经济增长的稳定性、分配不平等、资源环境代价等经济增长质量问题成为当前世界研究经济增长的主要课题，在对这些问题的思考中发展起经济增长质量理论。

二、从经济增长质量到高质量发展的理论扩展

党的十九大报告中指出："我国经济已由高速增长阶段转向高质量发展阶段"，推动高质量发展是当前和今后一个时期确定发展思路、制定经济政策、实施宏观调控的根本要求。

GNP 是一个国家或地区所有国民在一定时期内新生产的产品和服务价值的总和。GNP 指标能够衡量经济增长，但是不能衡量经济发展的程度。早在 20 世纪 70 年代末，美国经济学家威廉·诺德豪斯（William D. Nordhaus）和詹姆斯·托宾（James Tobin）已经认识到 GNP 核算的不足，提出用经济福利尺度（NEW）来代替 GNP 指标衡量经济发展。他们把闲暇和无报酬的就业赋予积极的价值考虑到衡量经济发展质量标准中，但是他们没有把环境的成本考虑进去。随后美国经济学家赫尔曼·戴利（Herman E. Daly）和约翰·科布（John B. Cobb）建立可持续的经济福利指数（ISEW）衡量经济发展质量，这个指数把经济活动成本从经济收益中扣除。萨缪尔森等（Paul A. Samuelson et al.）也发展了 NEW 理论，经济学家柯利设计了新经济福利指数（NEWBI），此指数把实际人均收入也包括进去，共有 7 种指标，反映不平等、失业、通货膨胀和利息率的水平及其变化，从而得出综合的福利指数衡量经济发展质量。

哈根、尼维阿罗斯基等（E. Hagen and Niewiaroski et al.）设计综合度量指标作为衡量经济发展质量，包括五个指标：基本必需品的消费量、收入和分配的均等程度、识字率、健康水平和就业状况，指标采取加权方法进行合成。联合国人文发展报告按照各国人文发展指数（HDI）来衡量各个不同国家的经济发展质量高低。但是此指标的权重确定比较困难，主观性较强。为了避免这些缺点，而且能够更加全面地衡量经济发展质量，迈克尔·波特（Michael E. Porte）通过研究发达国家的经济发展历程，把经济发展分为要素驱动、投资驱动、创新驱动和财富驱动 4 个阶段，其中经济发展的第三阶段，即创新驱动阶段是国家或区域经济转型发展的必经阶段，他认为创新驱动是经济体系、技术、制度、组织机构、环境等多个方面综合协调作用的结果。高质量发展就是经济的总量与规模增长到创

新驱动阶段后，经济结构优化、新旧动能转换、经济社会协同发展、人民生活水平显著提高的结果。高质量发展与经济增长质量相比较，在理论内涵上实现了扩展，经济增长是单目标的，经济增长质量是双目标的，经济发展质量是多目标的，而高质量发展是多目标、高层次的。

经济增长质量和高质量发展在价值判断上具有一致性，是对经济增长和发展优劣程度的判断。但是两者又具有明显的不同，相比较而言两者的区别在于：一是目标不同。经济增长质量体现的是增长的目标，主要追求的是经济总量的扩大，以质量提升推动规模扩大和数量增长。而高质量发展体现的是现代化的目标。通过创新、协调、绿色、开放和共享实现高质量发展的目标。二是内涵不同。经济增长质量追求的是经济目标，着重是增长效率的提升；而高质量发展的格局与内涵都更为丰富，它包含对经济的效率、结构、稳定性和持续性等角度的多维衡量，是量与质相协调下的演进发展，是经济效益、社会效益和生态效益的结合。人的全面发展、资源环境的可持续甚至机会的分配都被考量在高质量发展中。三是理论基础不同。经济增长质量的理论基础是经济增长理论，是在经济增长的框架下追求增长的质量，遵循生产函数下的经济增长逻辑。而高质量发展的理论基础是经济发展理论，遵循经济发展的逻辑，以结构转变为主题，实现规模报酬递增。四是思想形成路径不同。经济增长质量的思想形成于其他国家的实践，而高质量发展的思想则来自中国的实践，是新时代中国特色社会主义政治经济学的重大理论创新。

经济增长质量是我们10多年来主攻的一个研究方向，对经济增长质量的研究开始于在南京大学做博士后，2006年我入选教育部新世纪优秀人才支持计划，该计划资助的题目为"经济转型时期经济增长质量的提高与和谐发展"，从那时开始我们重点围绕经济增长质量问题进行系统研究。10多年来我们对经济增长质量的研究主要关注了两个层次的问题：一是基础理论层次。在基础理论方面，我们对经济增长质量的内涵、理论框架、基本命题、价值判断、道德基础进行了研究。二是在实践层面上，对中国经济增长质量进行了研究。对中国经济增长中数量与质量的不一致性、中国各地区经济增长质量指数的测度及其排序进行了研究，同时从经济结构、资源环境约束、制度变迁、投资消费结构等方面进行了研究。党的十九大提出了高质量发展命题，我们在原来经济增长质量研究的基础上，进行高质量发展的理论与实践研究，发表了50余篇文章，获得国家社科基金后期资助，出版了《新时代中国经济高质量发展研究》（人民出版社，2020年版）。

今年我把10多年关于经济增长质量的研究和高质量发展的研究总结在一起，形成了这本《从经济增长质量到高质量发展》。本书实际上是对10多年经济增长质量和高质量发展研究的系统总结。上篇是经济增长质量，下篇是高质量发展。

本书的出版感谢中宣部万人计划哲学社会科学领军人才项目的支持，陕西省委人才办陕西省杰出人才项目和三秦学者创新团队项目的支持，感谢中宣部万人计划哲学社会科学领军人才项目的支持，教育部人文社会科学重点研究基地——中国西部经济发展研究院的支持，感谢经济科学出版社的大力支持。书中有欠缺之处，欢迎大家批评指正。

任保平

2022 年 2 月

目录

CONTENTS

下篇　经济高质量发展

经济增长质量

数量型增长和质量型增长是经济增长理论同一问题的两个方面，一个完整的经济增长理论应该包括数量增长和质量提升两个方面。经济增长质量理论对经济增长研究提出了新的挑战：经济增长质量对经济增长的关注点由关注经济增长的源泉和动力扩展到了关注经济增长的前景和结果。从理论逻辑上来看，质量型经济增长理论的基本观点如下：第一，经济增长质量是在经济增长数量基础上数量与质量的协调统一。经济增长质量是经济的数量增长到一定阶段的产物。发展中国家在发动经济增长的初期一般都追求以"快"为特征的数量型增长。随着工业化的全面推进，经济增长整体水平的提高，不仅要追求数量，而且更加追求质量，不仅追求快，同时追求好。第二，经济增长质量在关注数量的同时更加关注经济增长的后果和前景，重点研究经济增长的优劣判断。第三，经济增长质量是效率提高、结构优化、稳定性提高、福利分配改善，生态环境代价降低，创新能力提高的综合体现。第四，经济增长质量关注的是经济增长的短期和长期性结合。第五，质量型经济增长理论以经济系统、自然环境系统和社会政治系统的耦合为前提。

第一章

经济增长质量研究的理论渊源

自从古典经济学时期的亚当·斯密开始形成古典经济增长理论以来，在经济增长理论发展的 200 多年历史里，各种不同的经济增长理论及其经济学家一直把经济增长的数量问题（动力和源泉问题）当作是经济增长的关键内容，但是却很少讨论经济增长质量（后果和前景）的提高。尽管 20 世纪 60 年代以来一些经济学家呼吁重视质量，但是这些基本思想还没有形成主流的认识。在实践上，世界各国都把 GDP 作为衡量经济增长的唯一指标，漠视经济增长质量。

第一节　国外经济增长质量研究的理论渊源

对经济增长质量问题研究的理论渊源可以追溯到古典经济学时代，一些经济学家在关注经济总量增长的同时，就已经注意到了分配问题对经济增长的影响。英国经济学家约翰·穆勒（John Stuart Mill）在 1848 年出版的《政治经济学原理》中指出："总产量达到一定水平后，立法者和慈善家就无须再那么关心绝对产量的增加与否，此时最为重要的事情是，分享总产量的人数相对来说应该有所增加。""如果人民大众从人口或任何其他东西的增长中得不到丝毫好处的话，则这种增长也就没有什么重要意义。"[①] 穆勒认为，如果经济增长的成果不能被更多的人分享，就违背了追求"最大多数人的最大幸福"的道德原则，因而这种增长是毫无意义的，同时也是反伦理的。尽管那时的经济学家已经注意到了经济增长质量的重要性，但是系统而且明确地研究经济增长质量却是 20 世纪 60 年代以后的事。从国际上现有研究经济增长的文献来看，直接讨论经济增长质量问题的外文文献并不多见，代表性的研究有：

---

① 约翰·穆勒：《政治经济学原理》（下卷），商务印书馆 1991 年版，第 324 页。

1. 苏联经济学家卡马耶夫对经济增长质量的研究

20 世纪 60 ~ 70 年代苏联经济增长中的质量问题开始出现，苏联经济学家卡马耶夫于 1977 年出版《经济增长的速度和质量》。他对经济增长的理解是："物质生产资源变化过程的总和，以及由此而增加了产品的数量和提高了产品的质量，通常被称为这一社会经济结构的经济增长"，并强调"在经济增长这个概念中，不仅应该包括生产资源的增加，生产量的增长，而且也应该包括产品质量的提高，生产资料效率的提高，消费品的消费效果的增长"[①]。

2. 匈牙利经济学家科尔内对经济增长质量的研究

20 世纪 70 ~ 80 年代初匈牙利经济学家亚诺什·科尔内在《突进与和谐的增长》（1971）、《短缺经济学》（1980）、《增长、短缺与效率》（1982）等著作中，针对社会主义经济中的问题，提出了"只有和谐的增长才是健康增长"的协调发展思想，从和谐增长角度研究了经济增长质量。科尔内指出"翻阅一下关于经济增长理论的浩瀚文献，我们发现，到处都在用宽泛的数量指标来描述增长过程，而发展过程的质量方面几乎完全被忽略了"[②]，他认为"突进"是与和谐相对立的一种理想类型的增长模式，它以牺牲、延期和忽视为代价，达到强制增长的目的。在突进中，质量落后于数量。与突进相比，和谐增长则强调促使经济在平衡和协调中发展。"和谐的灵魂对经济中的比例失调和不平衡感到忧虑和不安。"[③]科尔内教授认为，和谐是经济增长的一种可能具有的特征，它是增长的各个局部过程之间的一种能动的相互关系，这些关系满足了和谐的某种要求。也就是说，"和谐"是与经济增长的内部要求和人类社会的消费需要联系在一起的。

3. 世界银行的托马斯对经济增长质量的研究

2000 年托马斯等在剑桥大学出版社出版了《增长的质量》，该书由中国财政经济出版社 2001 年引进。在书中，托马斯认为经济增长的质量，"作为发展的步伐补充，构成了经济增长过程中的关键内容，如：分配的机会，环境的可持续性的全球风险管理和治理结构"。他指出："发达国家和发展中国家的经济领袖们往往依赖产值（GDP）的增长速度作为进步的标准。但许多有力的例子表明，一定的增长率可以对贫困和福利产生极为不同的影响。一定的增长速度在不同的国家之间（从中国到墨西哥）导致了在教育进步和环境保护方面截然不同的结果。一定的增长速度对同一国家内部（比如中国和巴西国内）不同地区的贫困状况的改变起到了截然不同的影响。这些例子显然表明经济增长速度这一个数量指标不能反映它的质量。"[④] 在对增长质量重要性的解释中，他认为"正像人们纳入食物的

① 卡马耶夫：《经济增长的速度和质量》，湖北人民出版社 1983 年版，第 35 页。
② ［匈］亚诺什·科尔内著，张晓光等译：《突进与和谐的增长》，经济科学出版社 1988 年版，第 3 页。
③ ［匈］亚诺什·科尔内著，张晓光等译：《突进与和谐的增长》，经济科学出版社 1988 年版，第 12 页。
④ ［美］托马斯：《增长的质量》，中国财政经济出版社 2001 年版，第 29 页。

质量而不是数量，影响人们的健康一样，是增长的方式和分布而不是它的速度，对减少贫困和提高生活质量有根本的影响。数量并不一定代表质量。美国的人均医疗卫生消费是世界第一，但它的医疗卫生体系的总体业绩水平仅在191个国家中占第37位。按人均卫生消费所占人均国民生产总值的比例来计算，法国只相当于美国的60%，但法国的医疗卫生体系的总体业绩水平是世界第一。中国作为发展中国家，人均医疗卫生消费是世界第139位，医疗卫生体系的总体业绩水平占到第144位。""稳健的宏观经济政策和以市场为导向的微观经济原则仍然是必要的。但有三个非常关键的因素常常被忽视：教育机会的均等化、环境保护和国家治理的质量。"[①]《增长的质量》得出的结论是：水平相近的经济增长率却对人民的福利带来截然不同的结果，这说明，过去的经济政策往往偏重于考虑增加实物资本的投资规模。这仅仅是构成高质量增长的众多重要因素中的一项。同样重要的因素还包括对人力资本和社会资本的投资，以及对自然资源和环境资本的投资。

4. 多恩布什和费希尔对经济增长质量的研究

多恩布什与费希尔的《宏观经济学》中提出了经济增长的新定义，认为经济增长"是生产要素积累和资源利用的改进或要素生产率增加的结果。"[②] 定义中提出的生产要素积累指的是资本和劳动力在数量上的不断增加，强调了生产要素积累是经济增长实现数量扩张的主要源泉。定义中提出的资源利用的改进或要素生产率增加，指的是资本和劳动力的更加有效使用和科学技术在生产中的应用。资源利用的改进或要素生产率增加是经济增长质量的主要源泉。这个定义把经济增长的数量和质量结合在了一起，并从资源利用的改进或要素生产率增加的角度提出了提高经济增长质量的途径。多恩布什与费希尔对经济增长质量的研究主要是从经济增长过程来展开的，缺点是没有涉及经济增长的结果。

5. 罗伯特·巴罗对经济增长质量的研究

罗伯特·巴罗从现代经济增长理论的角度研究了经济增长质量，巴罗给予增长质量一种很宽泛的概念，他把经济增长质量理解为与经济增长紧密相关的社会、政治及宗教等方面的因素，具体包括受教育水平、预期寿命、健康状况、法律和秩序发展的程度及收入不平等。巴罗认为影响经济增长质量的因素是多方面的，他利用跨国数据对经济增长质量的决定因素进行了研究，认为"健康水平、生产力、收入分配、政治体制、犯罪行为以及宗教信仰等因素与经济增长质量存在密切关系"[③]。他通过经验验证得出结论：经济增长总会伴随生活水平的提高，

---

① ［美］托马斯：《增长的质量》，中国财政经济出版社2001年版，第30～31页。

② 鲁迪格·多恩布什、斯坦利·费希尔：《宏观经济学》，中国人民大学出版社1997年版，第239页。

③ Barro R., Quantity and Quality of Economic Growth. Working Papers of Central Bank of Chile, Central Bank of Chile, 2000.

而生活水平的提高又往往伴随着民主政治的扩大、法律规则维护的增加及官员腐败的减少。虽然有库兹涅茨曲线的存在，但是收入不公平略微的改善可以被整体经济发展水平所解释。用谋杀率来代替的犯罪率与发展水平相关性不大，但是与收入不公平却有着非常密切的联系。在经济增长的同时明显伴随着去教堂人数的减少和宗教信仰程度的降低，但是在经济增长其他指标固定不变的情况下，宗教信仰一定与教育有关。

第二节　国内经济增长质量研究的理论渊源

在新中国经济建设的初期，我们一方面强调经济增长的速度，同时也重视经济增长的质量，1956 年以后提出的"多快好省地建设社会主义"，其中，多快就是强调经济增长的数量，好就是强调经济增长质量，省就是强调经济增长的效益。改革开放以后，党的十四届五中全会强调：实现今后 15 年奋斗目标，关键是实现两个具有全局意义的根本性转变；一是从传统计划经济体制向社会主义市场经济体制转变；二是经济增长方式从粗放型向集约型转变。其中经济增长方式的转变就是对经济增长质量的强调。党的十六届五中全会提出"国民经济又好又快发展"，进一步把提高经济增长的质量和效益放在了突出的位置。党的十八大又进一步强调了提高经济增长质量和效益，追求实实在在的经济增长。党的十九大明确提出了转向高质量发展的命题，十九届六中全会提出了"必须实现高质量发展"的任务。

与国家大政方针相适应，国内经济学界对经济增长质量问题的研究经历了以下阶段：第一阶段：从扩大再生产角度研究经济增长质量。国内对于经济增长质量问题研究的渊源在于 20 世纪 60 年代关于内涵扩大再生产和外延扩大再生产的讨论，在这次讨论中著名经济学家刘国光教授仔细考证马克思关于简单再生产与扩大再生产论断，对外延扩大再生产与内涵扩大再生产的关系问题进行深入研究，提出了"社会主义社会生产的发展，更应该经常以内涵的扩大再生产为特征""社会主义生产内涵的扩大，是同它在外延上的扩大结合在一起的"等重要论点，认为"生产规模的扩大若是由于生产资金的扩大所引起的，就是外延的扩大再生产；若是由于每一单位资金的平均产品产量的提高而引起的，则是内涵的扩大再生产"[①]。这是最早对经济增长质量的研究。第二阶段：从经济增长方式转变角度对经济增长质量的研究。改革开放初期，依据马克思主义经理理论研究中国经济增长方式从粗放向集约的转变。这一时期以刘国光主编的《论经济改革与

---

① 刘国光：《略论外延的扩大再生产和内涵的扩大再生产的关系》，载于《光明日报》1962 年 7 月 2 日。

经济调整》和《中国经济发展战略问题》两书为代表。他指出：今后决不可再搞追求数量指标，光靠上新项目、铺新摊子、增加能源和原材料消耗等外延扩大再生产的方式来发展生产，而要重视质量和效果，主要依靠现有企业挖潜革新改造，充分发挥它们的作用，用提高劳动生产率、节约能源原材料等内涵扩大再生产方式来发展生产[①]。他还明确指出："不同的经济发展战略，要求有不同的经济体制。""需要有一个与新战略相适应的新体制，应当对原来不适应现代化建设要求的经济体制进行有领导、有步骤的全面、系统的改革，建立有中国特色的社会主义经济体制"[②]。同时一大批经济学家提出了转变经济增长方式的途径，厉以宁认为只有深化改革，才能实现经济增长方式的转变。必须建立新的发展观与政绩观，力求将经济增长、环境保护、资源节约使用三者结合起来[③]。吴敬琏认为，经济增长方式长期难以转变的关键，在于政府拥有过多的资源配置权，从而使一些计划经济体制的遗存仍然被保留下来。因此转变经济增长方式的唯一出路在于政府转型[④]。他还指出，要实现中国经济增长模式的转变，走出一条新型的工业化道路，就必须通过改革攻坚，消除向新的增长模式转变的体制障碍，完善社会主义市场经济体制，建立起内涵增长的体制基础[⑤]。张卓元从保持经济平稳较快发展的角度探讨了经济增长方式转变，强调转变经济增长方式必须提高自主创新能力，提高经济增长的质量和效益[⑥]。第三阶段：从国民经济又好又快增长角度研究经济增长质量。党的十七大提出了"国民经济又好又快发展"，其中快是速度，好就是强调质量，围绕"国民经济又好又快发展"，经济学界对中国经济增长质量进行了研究，吴敬琏、厉以宁、卫兴华、刘树成、洪银兴、刘伟等一大批经济学家呼吁提高经济增长质量，转变经济增长方式，促进国民经济又好又快的发展。20世纪90年代以来，伴随着国内对经济增长方式的讨论，对经济增长质量的研究开始兴起。国内学者对这一问题的研究主要集中于对经济增长质量内涵的界定、评价指标体系的建立及影响因素的分析。第四阶段：从经济发展方式转变的角度来研究经济增长质量。党的十七大明确提出了加快经济发展方式转变的思路，在经济发展方式转变研究中，经济增长质量日益成为学术界研究的一个热点问题，特别是党的十八大明确提出提高经济增长质量和效益以来，提高经济增长质量和效益成为亟待深入研究的问题。

---

① 刘国光：《论经济改革与经济调整》，江苏人民出版社1983年版，第228~242页。

② 刘国光：《中国经济发展战略问题》，上海人民出版社1984年版，第1~62页。

③ 厉以宁：《转变经济增长方式的关键》，载于《人民日报（海外版）》2005年3月12日。

④ 吴敬琏：《政府转型：经济增长方式转变的唯一出路》，载于《江南论坛》2004年第12期，第7页。

⑤ 吴敬琏：《中国增长模式抉择》，上海远东出版社2006年版，第172页。

⑥ 张卓元：《深化改革，推进粗放型经济增长方式转变》，载于《经济研究》2005年第11期，第4~9页。

一、对经济增长质量内涵的研究

对经济增长质量问题的研究建立在对其内涵的不同理解基础之上，如何对经济增长质量内涵进行界定直接决定了对这一问题的研究视角、研究范围及研究内容。经济增长质量属于一种规范性的价值判断，而且由于人类社会一直处于不断变化发展之中，这一范畴成为一个动态概念。因此，经济增长质量的内涵非常难以准确界定，现有文献对它的定义比较模糊，而且往往具有很大的随意性，主要形成两类观点：一种观点从狭义上来定义经济增长质量，将其理解为效率的同义语；另一种观点从广义上来界定经济增长质量，认为它是一个社会经济范畴的综合理论概念，有着丰富的内涵。

狭义的经济增长质量是指资源要素投入比例、经济增长效果及经济增长的效率，体现的是经济增长方式的转变问题。武义青认为"一个国家或地区经济的增长，既包括数量（速度、规模）的扩大也包括经济系统素质的改善。后者被称为经济增长的质量，并以投入要素的产出效率（生产率）来衡量。质量较高的经济增长，表现为以相同的投入量（消耗或占用）取得较多的产出量，或以较少的投入量（消耗或占用）取得相同的产出量。"① 林兆木认为，从宏观上看，提高质量的经济增长应当包括以下六个方面：第一，低通货膨胀的经济增长。只有实现低通货膨胀的经济增长，才能避免经济增长的大起大落，实现持续的快速增长。第二，投入减少、产出增加的经济增长。在经济增长中，要加快科技现代化步伐，在各个部门、领域采用先进技术，发展高新技术产业，不断提高国民经济的技术装备水平，提高科学技术进步对经济增长的贡献率。只有这样，在经济增长中才能不断降低成本，提高企业和整个社会的经济效益。第三，结构趋向合理、优化和升级的经济增长。既要在现有技术基础上使产业结构趋向合理，又要适应世界上新的技术革命和发达国家产业重组、结构升级的形势，使中国产业结构朝着现代化、高级化方向发展。第四，商品和服务质量不断提高的经济增长。这样的经济增长，不仅是有效益的增长，而且是合乎目的的、有社会效益的增长。第五，保持经济主体活力、创造性和制度效率的经济增长。在体制转轨时期，改革是经济增长的基本动力，经济增长一方面要靠改革开放激发经济主体的活力、创造性和效率，另一方面也要为改革创造比较宽松的宏观经济环境。第六，保护资源与环境的经济增长。高质量的经济增长是资源得到合理利用，并使环境得到保护的经济增长，是坚持可持续发展战略的经济增长②。郭克莎认为经济增长的质

① 武义青：《经济增长质量的度量及其应用》，载于《管理现代化》1995 年第 5 期，第 32～34 页。
② 林兆木：《提高经济增长质量的六条标准》，载于《卫生经济研究》1995 年第 8 期，第 90～93 页。

量主要表现在以下几个方面："一是经济增长的效率主要表现为综合要素生产率（TFP）的增长率及其贡献率的高低；二是国际竞争力的高低，主要表现为产品和服务的质量水平和相对成本水平；三是通货膨胀的状况，也就是相对于经济增长率的通货膨胀率；四是环境污染的程度，即经济增长过程的环境污染面和污染率。"① 经济增长质量是与经济发展水平相联系的，但增长质量的提高却很大程度上取决于经济增长目标和增长方式的选择。单晓娅、陈森良（2001）认为经济增长质量是一个综合性、具有十分丰富内涵的社会经济范畴，应该包括经济效益提高、经济结构优化、科学技术进步、环境资源保护、竞争能力增强、人民生活改善、经济运行稳定七个方面的内容②。王玉梅、胡宝光（2004）将经济增长质量的内涵归纳为六个方面，分别是经济增长的持续稳定性、经济增长效率、经济结构的优化、产品质量、资源环境情况和人民生活水平③。赵英才、张纯洪、刘海英（2006）从均衡和可持续发展理论出发，认为经济增长质量的理论内涵应该从三个层次界定：首先，经济增长质量内涵体现了经济系统的投入产出效率；其次，经济增长质量内涵体现了最终产品或服务的质量；最后，经济增长质量的内涵体现了环境和生存质量④。陈海良把经济增长质量界定为"经济增长质量是指一定时期内同一国或一个地区在实现产品质量和服务总量增长的活动的优劣程度"⑤。吴敬琏（2010）从政府垄断、政绩考核机制和财税制度三个方面分析了制约经济增长质量提高的因素。各级政府对重要资源的配置权力、以 GDP 的增长作为考核各级政府政绩的主要标志、税收以增值税为主共同形成了提高经济增长质量的体制性障碍⑥。洪银兴（2010）从投入产出角度分析经济增长质量。从产出角度看，经济增长质量的高低表现为单位经济增长率所含有的剩余产品的多少；从投入角度看，经济增长质量的高低表现为单位经济增长率中投入资金、物质的多少，提高生产要素的组合质量，提高生产要素的效率质量，提高生产要素再配置的质量⑦。

从广义的经济增长质量来看，不同学者从不同的角度出发，对经济增长质量的内涵存在不同看法。胡钧教授认为"一个国家经济增长和发展有质与量两个方

① 郭克莎：《论经济增长的速度和质量》，载于《经济研究》1996 年第 1 期，第 36～42 页。
② 单晓娅、陈森良：《经济增长质量综合评价指标体系设计》，载于《贵州财经学院学报》2001 年第 6 期，第 39～41 页。
③ 王玉梅、胡宝光：《论经济增长质量的内涵》，载于《市场论坛》2004 年第 5 期，第 26～27 页。
④ 赵英才、张纯洪、刘海英：《转轨以来中国经济增长质量的综合评价研究》，载于《吉林大学社会科学学报》2006 年第 3 期，第 29～37 页。
⑤ 陈海良：《论经济增长质量的内涵》，载于《中国统计》2006 年第 8 期，第 58～29 页。
⑥ 吴敬琏：《转变经济发展方式遇到了许多体制性的障碍》，载于《中国改革》2010 年第 12 期，第 18 页。
⑦ 洪银兴：《对新中国经济增长质量的系统评价》，载于《福建论坛（人文社会科学版）》2010 年第 7 期，第 164 页。

面。一般地说，人们容易从量的方面即从产值增长速度方面来看经济的发展和增长。量的增长当然很重要，但更重要的是应当从质的方面来评价。经济增长的质的规定包括很多方面，主要有两个：一是重大经济结构，另一是企业的经济效益。"[①] 王玉梅认为对经济增长质量应该从多个角度来解释，具体包括六个方面的内涵：经济增长的持续稳定性、经济增长效率、经济结构的优化、产品质量、资源环境状况、人民生活水平[②]。彭德芬认为经济增长质量是指一个国家伴随着经济的数量增长，在经济、社会和环境诸多品质方面表现出来的优劣程度。经济增长质量相应包括经济运行质量、居民生活质量、生存环境质量[③]。李变花认为经济增长质量是相对于经济增长的数量而言的，从社会再生产的角度对一定时期内国民经济总体状况及其发展特性所作的综合评价，并综合反映经济增长的优劣程度。其内涵包括：要素生产率的提高、依靠技术进步和人力资本，经济结构不断优化等[④]。钟学义认为，经济增长质量不仅应该从要素生产率考察，还应从经济结构、经济波动等诸多方面进行考察[⑤]。马建新认为经济增长质量的内涵可以界定为"一个经济体在经济效益、经济潜力、经济增长方式、社会效益、环境等诸多品质方面表现出的与经济数量扩张路径的一致性、协调性。经济增长质量的内涵体现了经济系统的发展水平、经济效益、增长潜能、稳定性、环境质量成本、竞争能力、人民生活等多个方面。"[⑥] 姜琛认为经济增长质量就是经济增长状况的好坏，而提高经济增长质量的目标就是满足人们的物质文化需求，手段则是通过技术进步，改善制约经济增长诸要素的素质情况，使得资源有效配置、产业结构合理化等，进而促进国民经济整体素质的提高。因此，从以人为本、有效增长、持续稳定、协调合理、节能环保、不断创新六个方面定义经济增长质量[⑦]。叶初升主张从发展经济学视野中来研究经济增长质量，他认为在哲学语境中，"量"与"质"都是事物的内在属性，"量变"和"质变"是客观事物运动的两种形式。量变积累到一定程度会产生质变，量变过程中包含着部分质变。在发展经济学的视野中，经济增长只是一种量变，经济发展才是在增长基础上从贫穷走向富裕发达的质变。在这个意义上，真正能称得上经济增长质量的东西，应该是增长过程中所蕴含的"质"及其"部分质变"[⑧]。任保平（2012）认为经济增长质量

① 胡钧：《着力提高经济增长的质量和效益》，载于《高校理论战线》1995 年第 2 期，第 30 ~ 32 页。
② 王玉梅：《论经济增长质量之内涵》，载于《市场论坛》2004 年第 2 期，第 24 ~ 25 页。
③ 彭德芬：《经济增长质量研究》，华中师范大学出版社 2002 年版，第 3 页。
④ 李变花：《中国经济增长质量研究》，中国财政经济出版社 2008 年版，第 14 页。
⑤ 钟学义：《增长方式转变和增长质量提高》，经济管理出版社 2001 年版，第 3 页。
⑥ 马建新：《中国经济增长质量问题的初步研究》，载于《财经问题研究》2007 年第 3 期，第 18 ~ 23 页。
⑦ 姜琛：《科技投入对区域经济增长质量的影响研究》，太原理工大学博士论文，2012 年。
⑧ 叶初升：《发展经济学视野中的经济增长质量》，载于《天津社会科学》2014 年第 2 期，第 98 ~ 103 页。

是经济的数量增长到一定阶段的背景下，经济增长的效率提高、结构优化、稳定性提高、福利分配改善、创新能力提高，从而使经济增长能够长期得以提高的结果[①]。

现有文献对经济增长质量内涵的界定，归纳起来主要包含以下几个方面的内容：从经济增长的过程来看，经济增长质量是指经济增长结构的优化及经济运行的稳定性。从经济增长的结果来看，经济增长质量是指经济增长带来的收入分配的变化状况及资源和生态环境代价。除此之外，科技进步、竞争能力、机会的分配、健康及民主等问题也被视为经济增长质量的内容。

二、经济增长数量与质量的关系及影响增长质量因素的研究

关于经济增长数量与经济增长质量之间的关系，目前国内理论界的研究并不多见，代表性的观点有以下几种：刘海英、张纯洪在对转轨以来中国经济增长质量提高和规模扩张的非一致性作出实证研究后，从资本成本、技术进步和资源环境代价三个方面分析了这种局面的形成机理[②]。钞小静认为经济增长数量分析与经济增长质量分析是两种截然不同的分析范式，它们在判断标准、研究方法、研究对象方面都存在很大的区别[③]。任保平、魏婕在先后从总量视角与省区视角对经济增长数量与质量的不一致性态势进行描述之后，从投入与产出、资源环境、稳定性、收入分配与福利状况方面给出了理论解释，并进一步提出了纠正这种偏差的条件，包括普惠的社会制度、权责明晰的产权制度及规模报酬递增的制度与技术创新[④]。任保平、郭晗认为经过 30 多年的改革和转轨，目前中国经济步入了传统红利消退、新的红利空间尚未完全形成的阶段。在这种背景下，经济发展方式的目标应该从追求数量向追求质量转变[⑤]。

关于影响经济增长质量因素，研究认为影响经济增长质量的因素是多方面的。刘亚建（2002）认为科技竞争力对于经济增长质量至关重要，而促使科技竞争力增长的基础则在教育。目前中国的教育投入太低，影响了经济增长质量的提高。刘海英等分析了中国的人力资本对经济增长质量的影响，认为以技术进步为依托的经济增长不仅是高质量的，而且是可持续的，人力资本积累是经济增长的

① 任保平：《经济增长质量的内涵、特征及其度量》，载于《黑龙江社会科学》2012 年第 3 期，第 56～59 页。

② 刘海英、张纯洪：《中国经济增长质量提高和规模扩张的非一致性实证研究》，载于《经济科学》2006 年第 2 期，第 14～23 页。

③ 钞小静：《经济增长质量：一种理论解释及中国的实证分析》，西北大学博士论文，2009 年。

④ 任保平、魏婕：《中国经济增长中数量和质量的不一致性及其理论解释》，载于《社会科学研究》2012 年第 3 期，第 12～16 页。

⑤ 任保平、郭晗：《红利变化背景下中国经济发展方式转变的路径转型》，载于《西北大学学报（哲学社会科学版）》2012 年第 4 期，第 5 页。

最重要的因素之一，是高质量经济增长循环的基点①。人力资本由知识、技能的累积构成，知识、技能在经济系统内的分配状态体现了人力资本的"均化"水平。借鉴基尼系数理论量化了人力资本"均化"指标，对人力资本与经济增长质量的关系进行了实证研究。肖红叶认为经济增长是一个高度综合的统计指标，它的影响因素很多，"既有经济因素，也有社会因素和制度因素，同时还受自然环境和经济政策的影响"②。杜方利认为，实现向质量型经济增长方式的转变不仅取决于与科技进步和教育等直接相关的因素，而且取决于经济体制是否灵活有效，是否具有充分的市场竞争机制；总和要素生产率与宏观经济政策（特别是产业政策）具有密切关系。因此，即使生产的技术水平较高，如果经济政策不当，经济增长也可能是低效益的；相反，在生产技术水平较低的阶段，如果经济政策有利于发挥生产要素的优势，经济增长也可具有较高效益；鉴于向质量型经济增长方式转变受多方因素制约，因而它是一个渐进前行，而且往往是波动起伏的过程。在这里，人们的主观努力在于积极创造条件，加速这一转变进程，并避免因政策失误而导致反复或倒退③。程虹、李丹丹认为对于微观产品质量是影响经济增长质量的主要因素，现有的经济增长质量理论主要是结构调整的宏观思路，其在理论上的局限性是忽视了支撑经济增长质量的微观基础。宏观经济增长质量是经济中具体的微观产品质量的加总，因此必须以微观产品质量为基础进行经济增长质量研究。而且认为微观产品质量促进宏观经济增长质量的理论假设，可以在区域层面得到初步的检验。政策建议是宏观经济增长质量的提高必须以微观的产品质量为核心④。

三、对经济增长质量评价体系的研究

国内学者依据对经济增长质量内涵的界定，各自提出了不尽相同的关于经济增长质量的综合评价指标体系。梁亚民从理论与实践相结合的需要出发，将经济增长质量评价指标体系归纳为反映经济增长方式转变情况的指标、反映经济增长过程健康状况的指标、反映经济增长产出结果情况的指标、反映经济增长潜能增强情况的指标四类⑤。戴武堂（2003）认为影响经济增长质量的因素有劳动生产

---

① 刘海英、赵英才、张纯洪：《人力资本"均化"与中国经济增长质量关系研究》，载于《管理世界》2004 年第 11 期，第 17 ~ 23 页。

② 肖红叶：《经济增长质量的显示性判断》，载于《南开经济研究》1998 年第 3 期，第 36 ~ 42 页。

③ 杜方利：《质量型经济增长的因素分析》，载于《经济学动态》1997 年第 1 期，第 73 页。

④ 程虹、李丹丹：《一个关于宏观经济增长质量的一般理论》，载于《武汉大学学报》2014 年第 3 期，第 79 ~ 86 页。

⑤ 梁亚民：《经济增长质量评价指标体系研究》，载于《西北师范大学学报（社会科学版）》2002 年第 3 期，第 115 ~ 118 页。

率、经济效益、就业率、居民消费水平和消费质量及收入差距合理程度①。单薇（2003）从经济增长的稳定性、协调性、持续性、潜力四个方面，确立经济增长质量的评价指标体系，采用熵的评价理论，综合评价我国经济增长质量②。李俊霖（2007）就经济增长质量的有效性、充分性、稳定性、创新性、协调性、持续性、共享性七个维度分别构建具体的衡量指标，将这些量纲不同的指标进行无量纲化，再根据加权综合原理对这些评价价值进行综合测度，以此评估经济增长质量③。王君磊等（2007）在利用层次分析法的基础上构建经济增长质量的评价模型，认为高质量的经济增长应该具备四个基本特性：增长方式属于集约型，增长过程是稳定、协调和持续的，增长结果带来经济与社会效益的显著提高，经济增长潜能不断得以增强④。冷崇总（2008）认为经济增长质量是一个综合性的社会经济范畴，要对其做准确的全面的评价，就应该根据科学发展观的要求，从经济发展的有效性、充分性、协调性、持续性、创新性、稳定性和分享型这七个方面构建经济发展质量评价指标体系，这样才能客观反映经济发展质量的优劣，对经济发展质量进行有效监控⑤。程春霞（2009）从可持续发展角度分析经济增长质量，分别从经济、社会、资源环境三方面建立了经济增长质量统计评价指标体系⑥。任保平（2010）从经济增长与经济发展的角度，对经济增长质量的内容进行了较为全面的阐述，认为经济增长质量应从经济效率、经济稳定性、环境代价、创新能力、收入分配等角度进行衡量⑦。向书坚、郑瑞坤（2012）从经济增长模式转型角度出发，将经济增长质量评价指标体系划分为经济运行质量指数、物质资源运行质量指数、人民生活质量指数和生态环境质量指数⑧。

四、对经济增长质量测度方法的研究

在界定经济增长质量内涵的基础上，与现有研究中两种观点相对应，形成了

---

① 戴武堂：《论经济增长质量及其改善》，载于《中南财经政法大学学报》2003 年第 1 期，第 35 ~ 39 页。

② 单薇：《基于熵的经济增长质量综合评价》，载于《数学的实践与认识》2003 年第 10 期，第 50 ~ 55 页。

③ 李俊霖：《经济增长质量的内涵与评价》，载于《生产力研究》2007 年第 15 期，第 13 ~ 14 页。

④ 王君磊等：《基于层次分析法的经济增长质量评价模型》，载于《统计与决策》2007 年第 12 期，第 51 ~ 53 页。

⑤ 冷崇总：《关于构建经济发展质量评价指标体系的思考》，载于《价格月刊》2008 年第 4 期，第 23 ~ 28 页。

⑥ 程春霞：《可持续发展的经济增长质量统计指标体系的研究》，载于《统计教育》2009 年第 7 期，第 53 ~ 56 页。

⑦ 任保平：《经济增长质量的内涵、特征及其度量》，载于《黑龙江社会科学》2012 年第 3 期，第 56 ~ 59 页。

⑧ 向书坚、郑瑞坤：《增长质量、阶段特征与经济转型的关联度》，载于《改革》2012 年第 1 期，第 35 ~ 42 页。

两种测度思路和方法：全要素生产率与综合评价指标体系（肖红叶、李腊生，1998；彭德芬，2002；郭庆旺、贾俊雪，2005；赵英才、张纯洪、刘海英，2006）。从狭义效率视角来理解经济增长质量的学者大都采用全要素生产率的变化来度量经济增长质量，而全要素生产率的提高又常常被主要归因于技术进步。现有研究基本表明：改革开放以来，中国的全要素生产率曾经存在一个基本上升的时期，20 世纪 90 年代中期以后呈下降的趋势（Gary Jefferson et al. ，2000；胡鞍钢、郑京海，2004）。但郑玉歆（2007）却认为用全要素生产率来测度经济增长质量存在着若干局限。用全要素生产率评价经济增长质量时，由于没有考虑要素的长期影响，以及数据的局限性，可能会产生较大的偏差；而且提高经济增长质量的一个核心问题是实现资源的有效配置，而全要素生产率的增长并不能保证资源的有效配置。如果从广义视角来理解经济增长质量，则对经济增长质量的测度是通过一个综合的评价指标体系来实现的，这主要涉及两个问题：其一是构成指标体系的各维度的选择与确定，这取决于对经济增长质量内涵的界定；其二是各分类指标的合成，国内相关研究文献主要采用相对指数法（赵英才、张纯洪、刘海英，2006）、因子分析法（彭德芬，2002；刘海英、张纯洪，2006）和熵值法。近年来随着经济增长质量研究的深入，又形成了一些新的测度认识，肖欢明认为经济增长质量的提高应该体现资源配置效率的提高，而资源配置效率不仅要考虑劳动力和资本的投入产出效率，还应考虑经济系统对自然资源的消耗及对环境的破坏。他主张将自然资源和环境作为一种投入要素纳入柯布道格拉斯生产函数，来测度我国的经济增长质量[①]。李荣富运用改进的 AHP—FCE 集成模型对经济增长质量进行了动态模糊综合评价。从构建的描述经济增长质量 5 个维度的指标体系中选取了 8 个代表性指标，建立模糊关系矩阵并优化生成客观权重，由模糊合成运算得到动态综合评价结果。通过经济增长质量动态综合评价值、最大序差和影响因素分析，来研究经济增长质量的动态变化轨迹和区域性差异[②]。茹少峰认为判断经济增长质量状况，其评价内容应该是多投入多产出的指标体系，克服全要素生产率测算中的多投入单产出情形，同时在指标体系中考虑投资结构。在经济增长质量的具体测度方法上，采用非参数的考虑非合意产出的包络分析方法。在指数选用的归一处理方法上，采用 Global Malmquist – Luenberger（GML）指数，对中国 30 个省区市 2000~2012 年的经济增长质量进行了测度[③]。

---

① 肖欢明：《基于绿色 GDP 的我国经济增长质量测度》，载于《统计与决策》2014 年第 9 期，第 27~28 页。

② 李荣富：《安徽省市域经济增长质量动态模糊综合评价——基于改进的 AHP – FCE 集成模型》，载于《安徽农业大学学报（社会科学版）》2014 年第 1 期，第 54~60 页。

③ 茹少峰：《宏观经济模型及其应用》，科学出版社 2014 年版，第 15 页。

五、对提高中国经济增长质量路径的研究

近年来随着中国经济增长中的质量问题的不断显现，经济学界开始研究中国经济增长质量的提高问题。刘晗、任保平从包容性增长视角出发，（2011）采用因子分析法对我国 31 个省区市经济增长对民生民富的包容度进行了测试，发现经济发达地区对民生民富的包容水平明显领先于中西部地区，说明各地经济发展水平与当地经济对民生的包容状况具有较强的正向关系[①]。石凯、刘力臻（2012）从数量、效益、稳定性和民生福利等方面构建了四维三层综合评价体系，使用"逐层"纵向拉开档次法，从动态时序角度对中国经济增长的质量进行了综合评价，发现中国经济增长质量依次呈现波动平稳、波动上升和稳步上升三种状态，相继出现四次较大波动[②]。王辛欣、任保平（2010）从城乡协调度视角出发，设计了城乡协调度的评价维度（城乡经济融合度和城乡社会融合度），利用因子分析法描述了改革开放 30 年我国城乡协调度变动趋势的特征。发现自改革开放开始，城乡协调度变动呈现出"下降—调整—上升—调整—上升—下降"的波动趋势。由此得出结论：随着经济的高速发展，我国城乡协调度水平在不断提高，但从城乡关系而言，二者的差距却越来越大，城乡二元经济结构已经成为我国经济长期发展的桎梏，完善相关体制改革成为提高我国城乡协调度进而提高经济增长质量的关键。郭晗、任保平（2011）从福利分配视角出发，分析劳动报酬占比与经济增长质量的关系。结合 1995～2007 年中国省级面板数据的实证分析，找出了我国劳动报酬占比的变化机制和规律，认为国民收入初次分配中劳动报酬占比的变化可以影响经济增长源泉结构和最终的收入分配格局，进而影响经济增长的可持续性与稳定性[③]。此外，郭晗、任保平（2011）结合我国改革开放 30 年的公共服务状况，通过层次分析法和变异系数建立指标体系对我国基本公共服务及其均等化状况作出评价，认为各地区差异较大，特别是社会保障领域和公共卫生医疗领域均等化水平较低。凌文昌、邓伟根（2004）从产业结构转型视角出发，计算产业转型指标和经济增长指标，通过分析两者之间的关系来衡量中国产业转型对经济增长的影响[④]。

① 刘晗、任保平：《中国经济增长对民生民富包容性的区域差异评价》，载于《南京邮电大学学报（社会科学版）》2011 年第 3 期，第 56～63 页。

② 石凯、刘力臻：《包容性增长视角下中国经济增长质量的综合评价》，载于《华东经济管理》2012 年第 11 期，第 57～61 页。

③ 郭晗、任保平：《中国经济增长质量：增长成果分享型视角的评价》，载于《海派经济学》2011 年第 1 期，第 10 页。

④ 凌文昌、邓伟根：《产业转型与中国经济增长》，载于《中国工业经济》2004 年第 12 期，第 20～24 页。

邵晓、任保平（2009）从经济结构视角出发，考察新中国成立以来产业结构、就业结构和需求结构变迁历史，研究经济结构中存在的偏差，并分析这种偏差对经济增长质量的影响[①]。钞小静、任保平（2011）采用逻辑实证主义分析方法，以转型时期的省级面板数据为样本，分析改革开放以来中国经济增长结构转化与经济增长质量之间的关系，发现两者之间存在显著的正向关系[②]。

毛其淋（2012）从经济开放视角出发，利用中国 2002 ~ 2009 年的省级面板数据，采用工具变量两阶段最小二乘法考察二重经济开放对经济增长质量的影响效应，发现出口数量的扩张对经济增长质量的作用不明显，而出口质量的改善显著地促进了经济增长质量的提高；出口开放与区际开放之间存在显著互补效应，即区际开放强化了出口开放对中国经济增长质量的促进作用[③]。李斌、刘苹（2012）选取 1991 ~ 2010 年中国宏观经济的时间序列数据，用主成分分析法对中国 20 年的经济增长质量变动情况进行了测算，通过建立协整方程、误差修正模型检验外贸发展方式各方面的指标对中国经济增长质量变动的影响，并通过格兰杰（Granger）因果检验考察了两者之间的因果关系，发现初级产品效益度对中国经济增长质量的变动影响最为显著，且两者呈反向变动关系[④]。

钞小静、任保平从生产力视角出发，运用全要素生产率对改革开放以来的经济增长质量的贡献度进行量化，在实证研究的基础上发现我国经济转型与经济增长质量之间是正向的相关关系，我国经济转型在一定程度上促进了经济增长质量的提高[⑤]。刘丹鹤等（2009）利用中国 1978 ~ 2007 年的数据，采用增长核算方法着重从技术进步和全要素生产率变动角度分析了中国经济增长质量，发现中国经济增长主要来自要素投入增长，技术进步对中国经济增长的促进作用较小，中国经济增长质量不高[⑥]。

陈丹丹、任保平（2010）从制度与政府的视角出发，提出了有效的制度变迁是经济增长质量变化的重要原因这一假说，根据格兰杰因果检验论述了制度变迁对经济增长质量的作用机理。结论是制度变迁是中国经济增长质量的长期格兰杰

① 邵晓、任保平：《结构偏差、转化机制与中国经济增长质量》，载于《社会科学研究》2009 年第 5 期，第 19 ~ 25 页。

② 钞小静、任保平：《中国经济增长结构与经济增长质量的实证分析》，载于《当代经济科学》2011 年第 6 期，第 56 ~ 62 页。

③ 毛其淋：《二重经济开放与中国经济增长质量的演进》，载于《经济科学》2012 年第 2 期，第 7 ~ 22 页。

④ 李斌、刘苹：《中国外贸发展方式对经济增长质量影响的实证研究》，载于《经济问题探索》2012 年第 4 期，第 1 ~ 6 页。

⑤ 钞小静、任保平：《中国的经济转型与经济增长质量——基于 TFP 贡献的考察》，载于《当代经济科学》2008 年第 4 期，第 23 ~ 28 页。

⑥ 刘丹鹤、唐诗磊、李杜：《技术进步与中国经济增长质量分析（1978 ~ 2007）》，载于《经济问题》2009 年第 3 期，第 30 ~ 32 页。

原因。中国经济增长质量总体上呈上升趋势，但与经济增长速度并不同步。提高经济增长质量需要从制度方面加以"型塑"，使我国经济实现数量与质量同步增长[①]。谷正海（2010）运用委托代理模型分析地方政府政绩评估标准与经济增长质量之间的关系，发现在扭曲的政绩观的影响下，部分地方政府为了追求政绩，过度强调 GDP 的增长率而忽视了当地的经济增长质量[②]。

汪春、傅元海（2009）从投资视角出发，运用统计和协整两种方法分析了 FDI 对我国经济增长质量的影响，结果发现 FDI 通过直接的方式降低经济增长质量，而通过间接的方式即溢出效应影响经济增长质量在统计上是不显著的。FDI降低经济增长质量的原因与我国利用 FDI 模式密切相关，即重数量、轻质量，因此转变我国的经济增长方式必然要求转变利用 FDI 的模式[③]。随洪光（2011）从增长的效率、稳定性和可持续性三个主要方面入手，分析 FDI 资本效应对东道国经济增长质量的影响机制，认为 FDI 资本形成效应能够通过促进资金要素的持续稳定供给影响当地经济增长的稳定性，通过促进有效要素比例调整和经济结构优化促进当地增长效率的提升，通过对知识、技术等影响远期经济增长的因素的培育对当地增长的可持续性产生作用[④]。

刚翠翠、任保平（2011）从经济风险视角出发，设计了测度经济风险的指标（包括自然风险、社会风险、市场风险），利用熵值法对改革开放 30 年的经济风险进行了评价，结果发现，从整体上讲，中国的经济风险伴随着经济增长不断上升，并且市场风险的影响越来越大，对经济安全的威胁越来越大。因此，从科技创新、社会公平、宏观政策、对外开放等几个方面提出了针对性建议[⑤]。

朱恒金、马轶群（2012）从人力资本视角出发，利用中国 1978～2012 年的相关数据，运用 VAR 模型就劳动力转移对经济增长质量的影响进行了实证分析，发现劳动力转移与经济增长方式及经济增长稳定性不存在长期稳定关系，但会增强经济增长协调性和经济增长结果质量，降低经济增长持续性[⑥]。

宋美喆、蔡晓春（2010）从可持续发展视角出发，利用因子分析法研究发现

---

① 陈丹丹、任保平：《制度变迁与经济增长质量：理论分析与计量检验》，载于《当代财经》2010 年第 1 期，第 19～25 页。

② 谷正海：《地方政府政绩评估标准与经济增长质量研究》，载于《天津大学学报（社会科学版）》2010 年第 5 期，第 402～404 页。

③ 汪春、傅元海：《FDI 对我国经济增长质量的影响》，载于《湖南商学院学报》2009 年第 5 期，第23～26 页。

④ 随洪光：《FDI 资本效应对东道国经济增长质量的影响分析》，载于《现代管理科学》2011 年第 1期，第 46～48 页。

⑤ 刚翠翠、任保平：《经济风险视角下中国经济增长质量的评价研究》，载于《产经评论》2011 年第 1 期，第 91～98 页。

⑥ 朱恒金、马轶群：《中国劳动力转移影响经济增长质量的实证分析》，载于《西北人口》2012 年第 6 期，第 9～14 页。

从经济增长质量到能源消费存在着单项因果关系[①]。杨斐、任保平（2011）通过对碳排放因素的分解，从能源结构、能源效率及经济发展等因素测度了 1978 ~ 2008 年的各个因素对人均碳排放的贡献值和贡献率；通过 EKC 模型拟合经济增长质量与碳排放的关系，结果发现我国经济增长质量与人均碳排放之间存在着"～"型的三次曲线关系，表明我国的经济增长质量和碳排放尚处于非平衡、难协同的发展阶段，属于波动较大的过渡期[②]。刘有章等依据循环经济发展理论的"3R"原则，将准则层划分为"经济发展""减量化""再循环""再利用"四个模块，之后采用层次分析法确定各指标的权重，并通过对 2000 ~ 2008 年的数据进行实证分析，发现在循环经济发展理念下，我国经济增长质量总体朝着健康的方向发展[③]。

魏婕、任保平从人的发展视角出发，构建人的发展的指标体系（包括人的素质、人的福利、人的保障、人的迁移、经济状况、资源环境），对改革开放 30 年的中国经济增长质量进行反思和评价。结果显示：随着经济不断发展，30 年间中国人的发展状况得到明显提高，但仍需不断改善。未来中国在提高经济增长质量的过程中要促进人的发展，强调经济发展与人的发展的协调，将"以人为本"的发展理念寓于提高经济增长质量之中[④]。

第三节 对国内外研究的评价

从国内外研究的现状来看，目前直接讨论经济增长质量问题的研究文献逐渐增多，现有研究主要从经济增长质量的各个侧面来论证其与经济增长数量间相互关系，比如从经济增长的结构、经济增长的稳定性、收入分配状况及资源环境代价等视角的分析。而且从中国现实问题角度研究的多，而忽视从基础理论角度研究经济增长质量的逻辑。国内外的研究主要存在以下问题：

1. 对于经济增长质量内涵的界定缺乏统一性

现有文献对它的定义比较模糊，而且往往具有很大的随意性。经济增长质量好坏的判断标准是建立在对经济增长质量内涵进行准确界定基础上的，由于现有

① 宋美喆、蔡晓春：《我国经济增长质量与能源消费关系的统计检验》，载于《统计观察》2010 年第 14 期，第 74 ~ 76 页。

② 杨斐、任保平：《中国经济增长质量：碳排放视角的评价》，载于《软科学》2011 年第 11 期，第 93 ~ 97 页。

③ 刘有章、刘潇潇、向晓祥：《基于循环经济理念的经济增长质量研究》，载于《统计与决策》2011 年第 4 期，第 107 ~ 110 页。

④ 魏婕、任保平：《改革开放 30 年人的发展：评价与反思》，载于《中国人口·资源与环境》2011 年第 8 期，第 5 ~ 12 页。

文献并没有对经济增长质量进行明确界定，造成在此基础上构建的评价指标体系往往不够全面和客观，对一国经济增长质量的基本态势把握不够准确。

2. 缺乏系统的理论分析框架

经济增长质量是一个非常广义的范畴，尽管许多学者已经从经济增长的结构、经济增长的稳定性、福利水平变动、资源环境代价等各个方面展开了相应的理论与实证研究，但并没有把这些问题纳入一个统一的理论框架下进行分析。

3. 缺乏对经济增长质量理论逻辑的探讨

在现代经济学领域，经济增长理论还是比较系统和完善的，但是关于经济增长质量的基本理论逻辑缺乏系统的研究，经济增长质量的理论框架、质量型经济增长与数量型经济增长的关系、经济增长质量的形成机制、经济增长质量的价值判断、质量型经济增长的模型构建等都缺乏系统的研究，没有形成经济增长质量的理论体系。

4. 缺乏对中国经济增长实践逻辑的系统研究

尽管学术界有大量关于中国经济增长质量问题的研究成果，但是这些研究成果都是从某一方面对中国经济增长质量进行研究，提出改进策略，而缺乏采用逻辑一致性的理论，对中国经济增长质量提高的逻辑进行全面系统的探讨。

未来经济增长理论对经济增长质量问题进行研究的努力方向就在于：第一，对经济增长质量的内涵进行科学界定。以新经济增长理论为依据，结合当前世界各国尤其是中国经济发展的现状，对经济增长质量的内涵进行明确界定。第二，对经济增长质量理论逻辑的探讨。对经济增长质量的理论逻辑进行系统研究，在主流经济学范式下构建一个系统的理论分析框架，提出经济增长质量研究的假设、基本命题与伦理原则、形成机制、经济增长质量的价值判断，为在新的框架下研究经济增长质量问题提供理论依据。第三，经济增长质量的度量。利用多维指标合成技术构造一个完整的经济增长质量指数来测度中国的经济增长质量，搞清楚中国经济增长的质量状态。第四，中国经济增长质量提高的机制探讨。依据中国数据对经济增长质量进行全面系统的分析，对经济增长质量所涉及的各种因素进行历史回顾与现实评价，并据此研究中国经济增长质量提高的战略转型与政策转型。

第二章

对数量型经济增长理论的反思

从亚当·斯密（1776）开始，经济增长问题就一直受到研究者的广泛关注。在经济增长理论发展的 200 多年历史里，相关研究主要围绕两大主题展开：一是通过要素分析来阐释一定时期内国民收入水平或人均国民收入水平的决定问题，而这从根本上体现的是研究者对经济增长源泉的不同理解。二是考察经济增长在国与国之间的巨大差别，即经济增长是否会收敛，而这代表了研究者对经济增长结果的关注。这两种研究都是从经济增长的数量角度来看待经济增长的。

第一节　经济增长理论的演化

经济增长理论是宏观经济学的重要理论分支，经济增长理论在其发展的 200 多年历史中经历了古典、新古典和现代增长三个发展阶段。

在古典经济学时期，经济学家就特别关注对经济增长的分析，代表人物有斯密、李嘉图和马尔萨斯。斯密（1776）认为经济增长就是人均产出的提高或者劳动产品的增加。也就是国民财富的增进，劳动是财富增加的原因，因此他认为促进经济增长有两种途径：一是一国生产性劳动者的数量；二是国民劳动时的熟练程度和技巧，而且他认为这两方面都是分工的结果。认为经济增长的源泉在于资本的积累，要增加劳动的数量，提高劳动技巧，首先必须增加资本，而资本来源于资本积累。李嘉图和马尔萨斯也从不同方面强调资本积累对于经济增长的作用，都认为经济增长的源泉在于资本积累。19 世纪后半叶，以"边际分析"为特征的新古典经济学兴起。新古典经济学在对经济增长动力的探源上扩张了古典经济学的资本积累说，新古典的代表人物马歇尔认为，人口数量的增加、财富（资本）的增加、智力水平的提高、工业组织（分工协作）的引入等，都会提高工业生产，促使经济增长。这些因素对厂商生产的全体影响表现为收益递增。所以，经济增长与收益递增相联系。新古典经济学把经济增长的源泉从资本积累扩展到了人口数量、资本增加、智力水平提高和分工协作等微观要素上。

古典经济学、新古典经济学是从供给方面来研究经济增长的，而进入现代经济学阶段，则主要从需求方面来研究经济增长，现代经济增长理论始于弗兰克·拉姆齐1928年在《经济学期刊》上发表的一篇经典论文——《储蓄的一个数理理论》，之后哈罗德（1939、1948）、多马（1947）、索洛（1956）、斯旺（1956）、罗默（1986）、卢卡斯（1988）等推进了经济增长在理论方面的进展。现代经济增长理论源于凯恩斯（1936）的"有效需求"革命，基于凯恩斯的宏观理论的现代经济增长理论的发展经历了三个高潮①。

第一个阶段是20世纪40年代，主要是由哈罗德、多马开创的，他们是凯恩斯主义经济学家，致力于将凯恩斯的短期分析动态化，从需求角度研究短期增长问题。哈罗德、多马模型的结论认为经济增长的条件是储蓄转化为投资，也就是资本形成，这一增长理论仍然坚持资本积累说，只不过把思路扩展到了资本积累的来源——资本形成问题上。由于这一模型把经济增长的原因归结到投资这个唯一因素上，增长的路径被限定在狭窄的资本形成路径上，被称为刀刃上的经济增长。

第二个阶段是20世纪50年代中期，索洛和斯旺建立的新古典增长模型推动了一个持久的增长浪潮，形成了经济增长分析的基准模型。新古典经济增长理论也认为经济增长源泉来自资本积累，但是资本不仅包括物质资本，而且包括人力资本，认为全要素增长率的提高带来了经济增长，而技术进步促进了全要素增长率的提高。基本思路虽然也是资本积累促进经济增长，但是却从技术进步、全要素生产率角度研究资本配置效率的提高来实现经济增长。

第三个阶段开始于20世纪80年代，主要是因罗默和卢卡斯的研究工作而兴起的，这次高潮引发了内生增长理论的发展。内生增长理论把知识、技术等内生于增长模型，从资源配置效率提升角度来探讨经济增长的源泉。不论是古典、新古典还是现代经济增长理论都把资本积累作为经济增长的源泉，形成了资本积累到资本积累的来源，再到资本积累的效率这样一个研究路径。这些增长理论都是通过要素分析来阐释一定时期内国民收入水平或人均国民收入水平的决定问题，即经济增长的来源和数量问题。着重研究了经济增长的数量标准，而忽视了经济增长的质量标准。亚诺什·科尔内指出"翻阅一下关于经济增长理论的浩瀚文献，我们发现，到处都在用宽泛的数量指标来描述增长过程，而发展过程的质量方面几乎完全被忽略了。"②

---

① 沈坤荣：《经济增长理论的演进、比较与评述》，载于《经济学动态》2006年第5期，第30~36页。

② ［匈］亚诺什·科尔内著，张晓光等译：《突进与和谐的增长》，经济科学出版社1988年版，第2页。

第二节　早期的经济增长思想

早在新古典经济增长理论之前，就已经产生了许多有关经济增长的基本思想，它们不仅构成了之后经济增长理论的主要内容，而且也奠定了其基本研究方向。重商主义经济学说研究的中心问题是如何促进一国的经济增长，但是却将货币财富积累等同于经济增长。古典经济学在对重商主义的批判过程中产生，指出对于一个国家来说，真正的国民财富不是积累的贵金属，而是本国能够生产的物质产品。

早期的古典经济学家都把增加国民财富的途径作为研究的主要目的，但是这里的国民财富仅是数量意义上的。亚当·斯密提出了"分工促进经济增长"，不仅系统地探讨了达到尽可能快的经济增长的途径，而且也系统论证了自由竞争的市场经济对近代经济增长的积极作用。他把经济运行中资本与劳动的关系放在核心地位，强调资本积累对经济增长的重要性。后期的古典经济学家以大卫·李嘉图为代表，他对经济增长的分析是围绕着收入分配展开的。在他看来，由于土地资源给定，增加在土地上进行生产的劳动会使劳动的边际产量递减，整个经济中资本的利润率不断下降，最终导致经济陷入停滞状态。这一学说结束了之前主流经济学对经济增长理论的研究。马尔萨斯开创了对人口增长与经济增长之间关系的分析，他认为土地产出的边际增量是递减的，食物供给大致按算术级数增长，而人口在某一限度之内呈现出以几何级数增长的趋势，人口增长率与人均收入增长率之间存在着一种均衡，即"马尔萨斯陷阱"。在这种状态中，人均收入处于最小值，所有的收入都用于消费，根本没有部分转化为储蓄的余地，与此相应的是人口增长率为零。

从19世纪中叶至20世纪中叶，在主流经济学中几乎看不到对长期经济增长的讨论，但也有例外，如马歇尔和熊彼特。马歇尔（1890）试图引入外部经济、企业衰亡理论和单个厂商面对向下倾斜的需求曲线来调和报酬递增与竞争之间的冲突，这在构建第一代内生增长模型时起到了至关重要的作用。熊彼特（1912、1939、1942）指出创新或技术是经济系统的内生变量，创新过程伴随着大规模的投资。强调创新、模仿和适应在经济增长中的决定作用，强调经济增长是一种创造性破坏过程，新产品、新的生产方法、新市场的开拓等"创新"会不断地使经济结构从内部发生革命，不断摧毁旧的经济结构，创造出新的经济结构。

由此可见，虽然早期的经济增长思想采用了不同的分析框架和研究思路，但有一点是共同的，那就是从开始就已经把经济增长的数量问题当作经济增长的全部内容，并以此为中心展开了研究，把规模扩张作为经济增长的中心问题，把资本积累作为经济增长的决定因素。

第三节　现代增长理论

早期的经济增长思想虽然相当丰富，但却没有一个固定的研究方法；而现代经济增长理论是在一个统一的框架下开展研究，所有对经济增长源泉的解释都可以通过生产函数进行比较。现代经济增长理论不断采用标准化、主流化的研究方法，形成了关于经济增长的系统研究成果，与早期的基本经济思想一脉相承，它仍然把经济增长的动力源泉当作研究的主要内容，集中分析经济增长的数量问题。

一、现代经济增长理论的起点

现代经济增长理论始于弗兰克·拉姆齐 1928 年在《经济学期刊》上发表的一篇经典论文——《储蓄的一个数理理论》。他在这篇论文里建立了著名的拉姆齐模型。该模型在确定性的条件下，通过效用函数和生产函数的约束分析最优经济增长路径，推导满足最优路径的跨时条件，阐述了动态非货币均衡模型中的消费和资本积累原理。拉姆齐研究的中心问题是资源的跨时最优配置、最优消费和投资决策，即在一个动态的时间序列内消费和资本积累的路径选择。

如果从研究内容来看，哈罗德—多马模型奠定了现代经济增长理论的基本框架，也标志着经济增长理论在主流经济学中的复兴。英国经济学家哈罗德在《关于动态理论的一篇论文》（1939）和《走向动态经济学》（1948）中将凯恩斯的短期宏观经济分析动态化、长期化；几乎与此同时，美国经济学家多马在《资本扩张、增长率和就业》（1946）和《扩张和就业》（1947）中独立地提出了与哈罗德模型相似的主要结论，人们习惯上将这两个模型合称为哈罗德—多马模型。哈罗德模型以凯恩斯的收入决定论为理论基础，在凯恩斯的短期分析中整合经济增长的长期因素，主要研究了产出增长率、储蓄率与资本产出比之间的相互关系，用有保证的增长率、实际增长率和自然增长率三个概念分析了一个经济在充分就业水平上连续生产所必须满足的长期条件，认为只有一个经济的实际增长率同时等于有保证的增长率和自然增长率时，才能实现连续的充分就业，实现长期均衡的增长。这时，经济增长便进入了罗宾逊夫人所说的"黄金时代"。

哈罗德模型采取长期的动态分析方法，将凯恩斯的储蓄转化为投资加以动态化。而且模型所描述的经济增长率、储蓄率和资本产量比之间的关系是正确的，具有应用价值。除此之外，该模型从供给与需求相结合的角度上解释了经济增长，克服了凯恩斯理论的局限性。但是哈罗德模型也存在一些问题，它把经济增长路径设计为储蓄转化为投资，即资本积累，从而形成了"刀刃上"的增长，即经济不能自行纠正实际增长率与有保证的增长率之间的偏离，而且还会累积性地产生更大的偏离。具体地讲，有保证的增长率是建立在给定企业家预期类型基础上的加权平均率，如果实际增长率小于有保证的增长率，则意味着企业生产能力的扩张超过了现有需求量，他们将会压缩投资，并通过乘数效应压低有效需求和产出，而这又将导致更大的生产能力过剩，不平衡会不断重复下去。如果实际增长率大于有保证的增长率，则相反的情况将会发生，形成累积性的经济扩张。

多马模型与哈罗德模型存在许多相似性，例如它们都推导了长期均衡增长的条件，都预见了长期充分就业均衡增长的困难，都面临着同样的"刀刃问题"。但是这两个模型也具有一定的差异，其中最大的区别就在于哈罗德模型注重完全就业，而多马模型则更强调投资不仅是创造收入的工具，而且也能增加生产能力；具体表现为投资增加了资本存量从而增加了收入的最高潜在水平，即生产能力。

二、经济增长的基准模型

美国经济学家索洛在《对经济增长理论的一个贡献》（1956）中克服了哈罗德—多马模型中的"刀刃性质"，建立了新古典经济增长模型，这一模型成为此后半个世纪几乎所有经济增长理论模型研究的基准。由于英国经济学家斯旺也在《经济增长和资本积累》（1956）中独立提出了与此相似的经济增长模型，一般情况下把两者合称为索洛—斯旺模型。

索洛—斯旺模型围绕生产函数与资本积累函数两个方程展开，得出了经济增长的稳态与资本积累的黄金律，它依赖于新古典生产函数的性质，这种生产函数与不变储蓄率结合起来，产生了一个极为简单的一般均衡经济模型。新古典的生产函数假设对每种投入的报酬递减，规模报酬不变及投入之间具有某种正的且平滑的替代弹性。由于科布—道格拉斯函数提供了对现实经济的合理描述且满足新古典生产函数的性质，所以索洛—斯旺模型假定生产函数为科布—道格拉斯函数形式，则人均产出随着人均资本的增加而增加，但是人均资本的规模报酬则是递减的。索洛—斯旺模型的另一个重要方程是资本积累方程，它被用来分析新古典生产函数所描述的经济的动态行为，在此基础上求得稳态增长以及资本积累的黄金律。

基本的索洛—斯旺模型，假定技术水平持续不变，从而在长期中所有的人均变量都是不变的。这个性质明显与现实不符，而且在缺乏技术进步的情况下，递减报酬意味着不可能仅通过资本积累维持增长。20 世纪五六十年代，新古典经济学家们意识到这一问题，将技术进步因素引入到基本的索洛—斯旺模型中，从而摆脱了报酬递减的约束，使经济长期增长成为可能。

三、经济增长基准模型的扩展

不管是哈罗德—多马模型还是索洛—斯旺模型，都假定储蓄率是外生的。在新古典经济学看来，这是一个缺乏微观基础的假设，它没有考虑到消费者的最优决策行为。

1965 年，卡斯在《总量资本积累模式中的最优增长》、库普曼斯在《论最优经济增长的概念》等文章中引入拉姆齐的消费者最优分析，运用拉姆齐的思想对索洛—斯旺模型进行新古典式的改造，建立了将储蓄率内生化的最优跨期消费模型，合称拉姆齐—卡斯—库普曼斯模型。

一般情况下储蓄率不是固定不变的，而是人均资本存量的函数。拉姆齐—卡斯—库普曼斯模型主要从两个方面修正了索洛—斯旺模型：其一，使储蓄率的平均水平受到约束；其二，决定了随着经济发展储蓄率是上升还是下降。储蓄率的平均水平对稳态中的变量水平的决定非常重要。该模型的最优化条件避免了索洛—斯旺模型中动态无效率的过度储蓄情况，因为一旦典型的无寿命家庭过度积累，那么它将意识到这不是最优的，从而转换到一条更少储蓄的路径上去。

在拉姆齐—卡斯—库普曼斯模型基本形成的同一年，戴蒙德（Diamond，P.）在《新古典模式中的国家债务》中根据阿莱（Allais，1947）和萨缪尔森（Samuelson，1958）的研究建立了一个均衡的世代交叠模型，讨论了长期竞争性均衡，并进一步分析了这一均衡中政府债务的效应。在世代交叠模型中，家庭消费决策者仅考虑自身生存时期的效用最大化问题，他们的消费—储蓄行为并不一定能实现帕累托效率。此外，个人最优的分散均衡也并不必然导致稳态的经济增长，经济增长的稳态可能是不存在的，也可能存在多重的稳态增长，并且增长的稳态还可能是不稳定的、振荡的。

戴蒙德迭代模型与拉姆齐—卡斯—库普曼斯模型的关键区别在于消费者考虑效用最大化的时间范围不同。后者假定存在一个长生不老的不断扩展的家庭，因此消费者考虑的是家庭在未来无穷时间中效用的最大化；而前者假定个体寿命有限，存在人口的交替，所以消费决策者考虑的仅是自己在世时的效用最大化问题。

四、经济增长理论基准模型的困境

以索洛—斯旺模型为基准模型的现代经济增长理论以新古典生产函数为基本

的假定前提，这决定了在劳动供给不变时资本的边际收益递减。当资本存量增长时，由于边际收益递减，经济增长将会减缓并最终停止。但这一结论并不符合世界各国经济增长的现实。在过去的 100 多年时间里，许多国家都保持了正的人均产出增长率。

索洛—斯旺模型的一个重要结论是趋同的趋势，落后国家和发达国家之间将最终收敛于经济增长的稳定状态。然而，经验研究的结果显示出国家间的巨大人均收入差异与索洛模型的收敛性结论存在明显差异。

在索洛—斯旺模型中，技术变化被视为外生给定，外生的技术变化是经济增长的唯一源泉，这样基准模型就不可避免地陷入了困境，增长理论事实上并没有为增长提供一个理论基础。正如一些批评者所指出的那样，基准模型是通过假设增长而解释增长。

第四节　内生增长理论

新古典增长理论规定了生产函数的性质，即要素边际产出递减、规模报酬不变，更严格的稻田条件（Inada Condition）规定在要素趋于无穷大时，要素的边际收益为零。在索洛模型中，它保证了稳态的存在，在拉姆齐模型中，它保证了目标函数的收敛性。但根据这一条件，随着资本增加，资本的边际收益率会收敛于利息率，此时如果没有相应的劳动力增加，则不再会有投资，经济也停止增长。而在现实中，发达国家人口几乎停止了增长，资本也较不发达国家丰富，发达国家资本却并没有流入最贫穷且人口增长最快的国家。新古典经济增长理论与现实出现了偏差。内生经济增长理论或新经济增长理论由此产生，它将技术进步、人力资本等诸因素内生化，将其对产出的影响以某种形式置于生产函数内部加以讨论；在考虑了这些因素后，要素的边际产出不再递减，厂商或社会的生产函数也可能会出现规模报酬递增。

阿罗（Kenneth J. Arrow）在 1962 年的经典论文《干中学的经济含义》中认为企业在增加其物质资本的同时也学会了更有效率生产的经验，这种经验会对生产率产生影响，不仅进行投资的厂商可以通过积累生产经验而提高生产率，其他未投资的厂商也可以通过学习投资厂商的经验来提高生产率。这样，虽然从单一厂商来看生产函数具有不变规模报酬，而从社会的角度来看生产函数具有递增报酬。在阿罗的干中学和知识外溢这两个假定的基础上，保罗·罗默（Paul M. Romer）1986 年发表了《收益递增与长期增长》一文，这篇文章成为内生增长理论的起点。

卢卡斯（Robert E. Lucas）1988 年的论文《论经济发展的机制》在经济增长

模型中引入人力资本，修改了技术进步方程，提出了一个以人力资本的外部效应为核心的内生增长模型。卢卡斯模型中的人力资本投资，尤其是人力资本的外部效应，使生产具有递增收益，这使人力资本成为"增长的发动机"。卢卡斯区分了人力资本的两种效应，即内部效应和外部效应。人力资本的外部效应会从一个人扩散到另一个人身上，从旧产品传递到新产品，从家庭的旧成员传递到新成员，因而会对所有生产要素的生产率都有贡献，进而使生产具有递增收益。尽管卢卡斯模型中的增长率仍与劳动力的增长率有关，但是与新古典增长模型不同的是，即使劳动力增长率为零，增长仍是可能的，因而避免了干中学和知识外溢模型没有人口增长就没有经济增长这样与现实不符的结果。

杨小凯和博兰德1991年的论文（Yang and Borland，1991）利用杨小凯提出的"新兴古典经济学"（New Classical Economics）分析框架，从专业化分工的角度探讨了劳动分工的内生演进机制和经济增长的关系，提出了一个以劳动分工演进来解释经济增长的动态一般均衡模型。该模型的基本思想为：分工的深化增加了用于协调分工中的劳动者的交易成本。因此分工虽然在纯技术上收益递增，但受到交易成本的限制。深化需要改进交易机制的效率，由此该模型把制度进步与劳动分工连接起来。

杨小凯和博兰德所分析的劳动分工，主要不是基于中间产品种类的扩展，而是基于单个当事人在不同的最终产品生产之间的专业化程度的提高。在他们的框架内，每个当事人都是生产者兼消费者，可以自给自足地生产自己所需要的所有最终产品，具有柯布—道格拉斯形式的效用函数，劳动分工的深化表现为当事人出售和购买的产品在其生产和消费的产品中的份额的提高。与他人进行贸易的动力来自多样化的消费与递增报酬的生产技术之间的矛盾。这种劳动分工受制于两个因素：当事人的人数与交易费用。杨小凯和博兰德通过假设物品种类与人口总数相同而略过了前者，把分析重点放在了交易费用上。

第五节　反增长理论

经济增长理论的发展虽然一直以如何获得数量增长为主线，但其间也出现了与之截然不同的声音。以德内拉·梅多斯（Donella H. Meadows，1972；1992；2004）为代表的一批经济学家认为人类经济增长和发展的代价太大，必须使主要的经济增长因素实现"零增长"才能避免增长的终结，这一理论被称为"增长极限论"或"反增长理论"。代表性观点有麦多斯的增长极限理论、米香的经济增长代价理论。

梅多斯等（1972）在《增长的极限》一书中讨论了追求经济增长的后果，他们不仅关注由固定的土地禀赋导致的人口—食品危机，而且进一步关注由经济活动指数化增长引起的资源耗竭和环境危机，他们利用 World3 模型将与增长有关的数据和理论整合起来，描绘了人口增长和自然资源使用增加是如何在各种限制下相互作用，研究了自然资源对实物经济增长的限制。梅多斯等（Meadows et al.，1992、2004）的新著《超越极限》利用 1970～1990 年的信息和 World3 模型，对其之前的研究进行了更新，认为《增长的极限》的结论仍然有效，同时指出人类已经超出了地球承载能力的极限，在 20 世纪 90 年代前期已经无法再通过明智的政策来避免过冲的出现。但他们通过许多模拟也证明通过平衡短期和长期发展目标，采取合理的经济环境政策、运用技术提高原材料和能源使用效率，就可以超越极限。

米香（E. J. Mishan）的《经济增长的代价》一书认为技术进步及其所带来的经济增长虽然使得物质产品的数量增加，但是并不一定带来福利的增加。反而人们为经济增长会付出高昂的经济代价和社会代价，这样单纯的经济增长会降低人的生活质量，这种高代价的经济增长是没有价值的。该书警告世人"西方的继续经济增长将使我们进一步失去美好的生活"，提出了不重视福利反而降低人类生活质量的单纯经济增长是没有价值的观点，认为经济增长的代价是人类福利的下降。米香认为过分强调经济增长，造成了人口的密集、城市的拥堵、环境的污染、资源的消耗，在人均收入增长的同时，人类的福利也许正在下降，过度强调单一的经济增长将付出巨大的代价。人们掉进了为增长而增长的怪圈。一味自由的经济增长牺牲了人们对舒适恬静生活的选择权，也有害于人性和内心的平静。持续的经济增长使人们失去了许多美好的享受，例如，无忧无虑的闲暇、田园式的享受、清新的空气等。

第六节　对传统经济增长理论的反思

早期的经济增长思想将劳动力、土地等要素当作经济增长的动力源泉，新古典经济增长理论主要强调资本和劳动的作用，内生增长理论将知识和人力资本的积累作为经济增长的主要因素。以上生产要素都是可以积累的，经济增长就表现为国内生产总值总量的巨大增加，对经济增长动力来源的解释就从经济增长的数量上体现出来。

经济增长理论的另一个主题是收敛性问题，索洛—斯旺模型的一个重要结论就是经济增长具有趋同性趋势。鲍莫尔（Baumol，1986）研究了 16 个工业化国家 1870～1979 年的收敛性，发现平均而言初始收入高出其他国家多少，则该国随后的经济增长就会相应低于多少，但许多学者的研究并不支持这样的结论。对经济增长收敛性问题的探讨也是从经济增长的数量角度入手的。

从经济增长理论的演进过程可以看出主流增长理论虽然关注经济增长的源泉、动力和机制，但是经济增长质量问题也日益受到经济理论研究的关注。经济增长数量与经济增长质量是同一问题的两个方面，迄今为止的增长经济学着重研究了数量增长的一方面，现代经济增长实践经验表明必须重视研究经济增长另一面——经济增长质量。由此可见，现有的经济增长理论将经济增长的数量问题作为主要的研究内容，而忽视了经济增长质量问题的研究，这是未来研究中需要进一步研究的新领域。

第三章

数量型增长与质量型增长的比较

数量型增长与质量型增长是两种不同的增长方式，数量型增长追求的是经济增长的快慢，而质量型增长追求的是经济增长的优劣程度。为深入理解质量型经济增长，本章从比较视角来研究数量型增长与质量型增长的关系。

第一节　数量型经济增长

经济增长（economic growth）的数量是指一个国家或地区在一定时期内所生产的产品和服务总量不断增多的过程，它是反映一个国家或地区的经济实力和生活水平最重要的指标。

一、数量型经济增长的内涵

关于数量型经济增长，经济学界没有一个统一的定义，不同的学者从不同的角度对其进行界定，通常将其概念等同于粗放型增长、外延性增长、速度型增长或者投入驱动型增长。数量型增长重视增长的规模，而忽视效益。数量型经济增长内涵的界定的角度有：从投入角度来看，数量型经济增长主要依靠要素投入数量驱动，表现为大量资金、劳动力投入及原材料和能源消耗。从经济运行的角度来看，数量型经济增长不考虑经济运行过程中的结构变化和经济稳定性。从产出的角度看，数量型经济增长主要是指经济规模的数量型扩张，表现为通过追求高速经济增长来拉动效益增长。从经济增长的动力机制来看，数量型经济增长以要素投入规模为动力，是一种典型的要素驱动型经济增长。综合各方面的因素，可以将数量型经济增长概括为以 GDP 为核心指标的经济数量上的增长和经济规模的扩张。

西蒙·库兹涅茨在《世界各国的经济增长》一书中把经济数量增长的内涵与

特征概括为以下六个方面：

（1）按人口计算的产出高。经济增长的产出增长率、人均增长率与人均产出增长率都高，这是经济增长的首要特征。按库兹涅茨的估算，1750年以来的200多年中，发达国家人均产量的增长速度平均每年大致为2%，人口每年平均增长1%，因此总产量大约年平均增长3%。这意味着，人均产量每35年翻一番，人口每70年翻一番，实际国民生产总值每24年翻一番，增长速度远远快于18世纪末工业革命开始前的整个时期。[①]

（2）生产率增长的速度很高，技术进步促进了产出的增长。库兹涅茨认为在经济增长中，由于技术进步的作用，生产率的增长速度高。按库兹涅茨的估算，人均产量增长的50%~75%来自生产率的增长。也就是说，技术进步对于现代经济增长起了很大作用。

（3）经济结构的变革速度比较高。库兹涅茨从国民收入和劳动力在产业间的分布这两个方面对产业结构的变化做了详细的分析。他指出，农业部门实现的国民收入在整个国民收入中的比重，以及农业劳动力在全部劳动力中的比重，随着时间的推移，处于不断下降之中。工业部门的国民收入的相对比重，大体上是上升的，而工业部门劳动力的相对比重，大体不变或略有上升。服务部门劳动力的相对比重几乎在所有国家都呈上升趋势，但其国民收入的相对比重大体不变或略有上升。在美国，1870年全部劳动力的53%在农业部门，到1960年降到不足7%。在一个世纪中，发达国家农业劳动力占全部劳动力的百分比减少了30到40个百分点。[②] 此外，生产单位的规模、企业组织形式、消费结构、国内国外供应的相对份额也都发生了变化。

（4）社会结构与意识形态改革迅速。库兹涅茨认为经济增长不仅促进了产出的增长、经济结构的变革，而且促进了社会意识形态和社会结构的变革。主要表现为城市化进程的加快，法律意识的增强。例如城市化、家庭规模的变化、现代观念的传播；等等。

（5）经济增长在世界范围内扩大。现代经济增长的扩散，尽管有扩散到世界范围的倾向，但实际的扩散却是有限的，只局限于不到全世界1/3人口的范围内。

（6）世界各国的经济增长率不平衡。各国资源禀赋条件、历史文化传统的差异，造成了生产率水平的差异、制度的差异、经济增长因素的差异导致世界各国的经济增长率不平衡。

---

① ［美］西蒙·库兹涅茨著，常勋等译：《世界各国的经济增长》，商务印书馆2018年版，第110页。
② ［美］西蒙·库兹涅茨著，常勋等译：《世界各国的经济增长》，商务印书馆2018年版，第133页。

二、经济数量增长的要素

通常认为，一个国家或地区的生产总值和收入水平依赖于该国的自然资源禀赋（包括矿产、水、森林等）、劳动力或人力资源禀赋（包括教育、培训、技巧和技能等方面的人力资源投资）、资本资源（包括物质资本投资、基础设施建设、金融资本资源等）、企业管理、组织和技术进步状况等。从长期来看，经济增长要考虑经济结构和制度因素，而在短期分析中则不考虑经济结构和制度因素。一般来说，经济增长的要素包括：自然资源、人力资源、资本资源及技术进步状况等。

1. 自然资源

主要包括耕地、石油、天然气、森林、水力和矿产资源等。许多国家凭借其丰富的资源跻身于高收入国家之列，但自然资源的拥有量并不是经济发展取得成功的必要条件，比如对几乎没有自然资源的日本而言，通过大力发展劳动密集型和资本密集型的产业同样获得了经济发展。

2. 人力资源

劳动力投入包括劳动力数量和劳动力的技术水平。很多经济学家认为，劳动力在接受教育、培训的过程中，积累了专门的知识、经验和技能，这样形成的人力资本可以极大地提高劳动生产率，人力资源是一国经济增长的最重要的因素。

3. 资本资源

资本资源包括物质资本投资、基础设施建设、金融资本资源等。资本资源对于经济增长而言至关重要，经济快速增长的国家一般都在新资本品上大量投资，在大多数的经济高速发展的国家，10%～20%的产出都用于净资本的形成。此外，为新兴的私人投资部门提供基础设施的社会基础投资也在经济增长中发挥了重要的保障作用。

4. 技术要素

除了上述传统因素之外，经济增长还依赖于第四个重要因素：技术进步。历史上，增长从来不是一种简单复制的过程，使一国生产潜力获得巨大提高的往往是发明和技术创新的涓涓细流。

5. 制度要素

通常情况下人们认为经济增长是由资本、技术、劳动力等生产要素的投入带来的，较少考虑经济增长的制度因素，只是把制度因素作为研究经济增长的外生的变量。但是制度创新却能在物质生产要素不变尤其是技术不变时提高生产率促进经济增长，制度因素对经济增长起着客观的制约作用。制度通过确立明确的规则，增加了资源的可得性，提高了信息的透明度，因而减少了经济活动的不确定性和风险，降低了信息成本和交易成本，从而促进市场更好的运行，进一步促进经济增长。

6. 文化要素

文化作为构成非正式制度的重要组成部分，通过影响正式制度型构进而对一个国家的经济发展产生影响。同时文化可以通过生产要素的质量、劳动者素质、技术创新这三个途径影响经济的长期增长。文化资本要么通过对人力资本或者物质资本施加约束影响经济增长，要么通过思想观念、思维方式和意识形态影响经济增长。

三、数量型经济增长的机制

增长的机制与规模报酬这个概念密不可分，因此我们首先来介绍规模报酬的定义。规模报酬（returns to scale）是指各种投入要素按相同比例变化时带来的产量变化。在进行经济分析时，通常用齐次生产函数来描述规模报酬关系。设生产一种商品的技术可以描述为一个所需投入 x_i 的函数：

$$y = f(x_1, x_2, \cdots, x_n) \tag{3.1}$$

如果所有的投入要素都变化 λ 倍，产量也同方向变化 λ^n 倍，则这类生产函数就为齐次生产函数。当 $n = 1$ 时，该函数是线性齐次生产函数。在线性齐次生产函数的情形中，一方面，当 $\lambda > 1$ 时，如果 $f(\lambda x_1, \lambda x_2, \cdots, \lambda x_n) > \lambda f(x_1, x_2, \cdots, x_n)$ 为规模报酬递增，如果 $f(\lambda x_1, \lambda x_2, \cdots, \lambda x_n) = \lambda f(x_1, x_2, \cdots, x_n)$ 为规模报酬不变，如果 $f(\lambda x_1, \lambda x_2, \cdots, \lambda x_n) < \lambda f(x_1, x_2, \cdots, x_n)$ 为规模报酬递减；另一方面，当 $\lambda < 1$ 时，如果 $f(\lambda x_1, \lambda x_2, \cdots, \lambda x_n) < \lambda f(x_1, x_2, \cdots, x_n)$ 为规模报酬递增，其余以此类推。这些数学定义表明了规模报酬的三种状态之间的对称性，而这种对称现象完全是假设的。

依据规模报酬的不同状态，经济增长主要有规模报酬不变与规模报酬递增两种机制。新古典的经济增长理论与经济增长模型以规模报酬不变为假设前提，而新增长理论则将规模报酬递增引入模型。

四、数量型经济增长的度量

在宏观经济学中，经济增长通常用以固定价格计算的某种表示人均国民收入的指标的变化率来衡量，目前应用最广泛的是以不变价格计算的国内生产总值，即实际的国内生产总值。从消费方面来看，它可以被看作是一国的居民为个人消费而在最终产品和服务上的总支出，在国内与国外的投资，以及政府在健康、教育、国防和其他服务上支出的总和。以总的生产要素投入与以总产出来定义其实是等价的。因此，经济增长应当以实际国内生产总值的增长率来度量，或者如果考虑人口变动的影响的话采用人均国内生产总值来度量。此外，国民生产总值（GNP）与国内净产值等变量也可以用来度量经济增长。

五、数量型增长的特征

从经济增长的后果和质量角度出发，经济增长分为数量型经济增长和质量型经济增长。数量型经济增长主要是依靠生产要素投入量的增加或依靠扩大再生产规模而实现经济增长，这种增长模式不注重经营管理的改善和技术创新。它的主要特征有：

（1）数量型经济增长是通过高投入和扩大规模的路径来实现的。在传统的经济增长理论中，经济增长被看作是劳动、资本、土地等生产要素的函数。因此，这种传统的经济增长理论十分重视生产要素的投入对经济增长的作用。在经济增长理论早期的"哈罗德—多马"模型中，资本—产出比假定不变，储蓄率即资本积累率就成为决定经济增长的唯一因素，于是这种传统的经济增长理论便成为数量型经济增长的理论依据。因此，这种数量型经济增长主要是依靠生产要素投入数量的增加来实现，生产规模的不断扩大是其主要特征。

（2）数量型经济增长的高成本和低效益。数量型经济增长以高投入、高消耗来实现，不考虑投入与产出之比。如果从投入与产出的比较来看，这种经济增长模式具有高成本和低效益的特征。因此，数量型经济增长模式造成了资源的严重浪费和生产的低效益。

（3）数量型经济增长具有较大的波动性。数量型经济增长还常伴随着产业结构的失衡和总供求的波动。产业结构是指国民经济中各类型产品的构成情况，它反映社会生产的性质、发展的水平、资源的利用状况，以及满足社会需要的程度。在数量型的经济增长模式下，常使产业结构中的加工工业发展过旺，而农业、能源、原材料和交通运输等基础产业发展相对缓慢，从而导致产业结构的失衡。由于数量型的经济增长依赖生产要素的高投入、高消耗而实现，难以实现经济的持续增长。因此，这种增长模式通常伴随着经济非常规性的剧烈波动。

（4）数量型经济增长对生态环境破坏严重。根据生产函数模型，实现增长需要耗费各种要素。不仅有人力、物力和财力消耗的代价，还有各种"牺牲"的代价，特别是自然资源的耗费。数量型的经济增长是建立在对资源的过度开采和过度利用、对环境的过度破坏和污染的基础之上的。这种经济增长模式破坏了自然生态平衡，损害了人类赖以生存的自然环境基础，危及人类的长期生存和发展。目前，在一些经济发达、人口稠密地区，环境污染尤为突出。森林减少、沙漠扩大、草原退化、水土流失、物种灭绝等生态破坏问题也日趋严重。

六、数量型经济增长的后果

米香对数量型经济增长的后果进行了全面分析。米香在其《经济增长的代价》一书中指出，技术进步及其所带来的经济增长虽然使得物质产品的数量增加，但是并不一定带来福利的增加。相反，人们为经济增长付出了高昂的经济代价和社会代价，这样单纯的经济增长会降低人们的生活质量，这种高代价的经济增长是没有价值的。米香提出了不重视福利反而降低人类生活质量的单纯经济增长是没有价值的观点，认为经济增长的代价是人类福利的下降。

（1）数量型经济增长带来的经济后果。米香认为过分强调经济增长，造成了人口的密集、城市的拥堵、环境的污染、资源的消耗，在人均收入增长的同时，人类的福利也许正在下降，过度强调单一的经济增长将付出巨大的代价。米香认为，为了避免过度关注统计数字而忽略现实情况，必须了解社会福利的主要来源并非经济增长本身，而是经济增长的模式。从长期经济政策来看，除了经济发展的速度，经济发展的方向或许更重要。

（2）数量型经济增长带来的社会后果。米香从人的全面需求及社会幸福的角度对于经济增长提出了一些新的观点。首先，人们掉进了为增长而增长的怪圈。一味自由的经济增长牺牲了人们对舒适恬静生活的选择权，也破坏人性和内心的平静。持续的经济增长使人们失去了许多美好的享受，例如，无忧无虑的闲暇、田园式的享受、清新的空气等。其次，经济增长所带来的仅仅是物质享受的增加。但物质财富的享受不是人类快乐的唯一源泉，随着社会的发展，人们也并不把物质享受作为唯一的目标。最后，人对幸福的理解取决于他在社会上的相对地位，因此，经济增长尽管增加了个人收入的绝对量，但并不一定能提高他在社会上的相对地位，这样也就并不一定能给他带来幸福。

第二节　质量型经济增长

一、质量型经济增长的内涵

质量型经济增长是指在数量增长的基础上，主要依靠技术进步、提高生产效率和资源配置效率等手段而实现的一种有效经济增长。其内涵包括以下方面。

1. 质量型经济增长是通过技术进步和提高效率来实现的

质量型经济增长不是主要依靠投入数量的增加，而是主要依靠技术进步，依靠各种生产要素使用效率的提高来实现，即通过全要素生产率（TFP）的提高来实现。新古典经济学家索洛（R. Solow）在1957年的论文《技术变化和总量生产函数》中，否定了传统增长理论提出的资本积累是经济增长的决定因素，提出了技术进步是经济增长决定性因素的新观点。全要素生产率是索洛在分析经济增长因素时提出的一个核心概念，它是在索洛提出的生产函数中不能由劳动、资本等生产要素投入解释的产出余值。全要素生产率反映了技术进步对经济增长的贡献，是一国经济增长中最重要的因素。索洛用全要素生产率解释了美国在20世纪50年代的经济增长。他发现，美国的经济增长只有12.5%源于资本和劳动投入的贡献，而87.5%的增长剩余都应归因于技术进步即全要素生产率的提高。① 经济学家丹尼森（E. F. Denison）通过研究发现其他发达国家的经济增长也主要归因于技术进步。后来新经济增长理论把技术进步进一步内生化，提出了技术进步是经济增长的决定性因素。他们认为，在短期内储蓄率和资本积累的上升能够提高经济增长率，但是从长期来看这些因素对经济增长率没有影响，经济增长的真正源泉在于技术进步和人力资本水平的提高。新增长理论代表人物罗默（Romer）和卢卡斯（Robert E. Lucas）在说明现代经济增长时对资本作了新的界定。罗默提出"知识外溢长期增长模式"，突出知识资本的作用，强调生产性投入的专业化知识（知识资本）的积累是长期增长的决定性因素。卢卡斯则提出"人力资本完整性增长模式"，突出人力资本的作用，强调人力资本是经济增长的发动机。将这两个理论结合起来，知识资本和人力资本是新经济中的两大资本，前者突出知识的创新，后者突出知识的积累。因此，质量型经济增长对传统生产要素（诸如原材料、能源等自然资源）的依赖度降低，更加强调知识、技术进步、人力资本这些先进生产要素对经济增长的重要影响。因此，与数量型经济增长相比，质量型经济增长更加强调经济增长的质量，强调经济增长的高效益。经济效益反映了投入和产出的比较关系。在产出一定的情况下，投入越少，经济效益越高；反之就越低。也就是说，质量型的经济增长要求经济效益的提高，即在产出一定的情况下，在生产过程中生产要素的消耗必须降低。

2. 质量型经济增长的持续稳定性和协调性

经济增长的稳定性是指经济增长率、物价指数、失业率等宏观经济指标被控制在合理的范围内，不会出现剧烈的经济波动。经济增长的稳定性是质量型经济增长的重要特征。如果经济增长频繁波动，不仅会影响一国短期的经济增长，而且也会加大未来长期经济增长的风险和隐患。经济增长的协调性也是质量型经济增长的重要特征。具体来说，协调性包括以下几个方面：一是总供求结构的协调

---

① R. Solow. Technical progress and aggregate production function. *Review of Economic Studies*, 1957（39）：312－320.

发展。在质量型经济增长条件下，整个社会的总供给和总需求大体平衡，经济发展比较稳定。此外，总供给和总需求的内部结构也保持协调和平衡。二是产业结构的不断升级、优化和协调。质量型经济增长要求合理的产业结构，具体表现为：提高第一产业和第二产业的现代化水平，加快第三产业的发展，提高第三产业的比重。同时在质量型经济增长中，新的技术不断在生产领域中应用，老的技术不断被革新或被淘汰，新的产业逐步诞生并不断扩张，产业结构由资源密集型向技术密集型转变。三是内需和外需的协调发展。质量型的经济增长要求内需和外需协调发展，特别是在经济全球化的今天，一国经济不能过分依赖于外需，否则该国的经济增长就会受到世界经济波动的影响。

3. 质量型经济增长注重对生态环境的保护

经济增长受到许多因素的制约，然而自然资源与环境始终是基本的制约。在经济增长的初期，人类经济增长主要依赖于自然资源，形成了以资源的高消耗为特征的数量型经济增长。而质量型经济增长依赖先进生产要素，十分注重对生态环境的保护。这是因为质量型经济增长注重提高各种资源的配置水平，重视发展循环经济，实现非再生资源的有效利用，减少经济增长对资源环境的压力，从而可以有效地保护环境。传统意义上的生产要素资源的配置仅仅着眼于经济效益目标，忽视了生态效益目标和社会效益目标。而现代意义上的资源含义是非常广泛的，不仅仅指经济资源，它还包括各类自然资源和社会资源，它更加强调将自然资源、经济资源和社会资源三方面有机地结合起来，实现生态效益目标、经济效益目标和社会效益目标的统一，并以这三者相结合的生态经济社会综合效益为标准来全面衡量资源配置结果的优劣。因此，与传统的数量型经济增长不同，质量型经济增长更加注重提高各种资源的配置水平。在经济增长过程中，自然资源将得到最大限度的利用，人们在进行经济活动的同时，会加强对环境的保护和减少对环境的污染，最终实现资源和生态环境的可持续发展、经济的可持续发展和社会的可持续发展。

二、经济增长阶段与经济增长质量

经济增长是一个具有多重意义的术语，大多数经济学家从现代经济增长的意义上，将其界定为：在经济增长导向下的经济结构、社会结构及政治结构的根本性变化。经济增长是有阶段的，在数量扩张阶段结束之后，就要进入追求质量的阶段。

关于经济增长的阶段问题，许多经济学家对此都做过多方面的论述。德国历史学派的代表费雪（Bucher K.）将经济增长划分为三个阶段：第一阶段是封闭性的家庭经济，其特点是对所生产出来的商品缺乏任何形式的交易。第二个阶段是城市经济，这一阶段是从无交易向有交易发展的阶段。第三阶段是国民经济，其特征是有形市场的建立。

李斯特（Friedrich List）采用历史分析、制度与结构分析及部门分析法，认为从经济方面来看，一国的经济都必须经过如下发展阶段：原始未开化阶段、畜牧业阶段、农业阶段、农业和制造业阶段、农业制造业及商业阶段。

罗雪尔（Wihelm Roscher）认为国民经济在发展机理上如同生物界一样，要经过四个时期：幼年时期、青年期、成年期和老年期。在四个时期背后起支配作用的是外部自然、劳动和资本三个要素。依据这三个要素在不同时期是否起支配作用，罗雪尔将国民经济划分为三大阶段：自然主导阶段、劳动主导阶段和资本主导阶段。

施穆勒（Gustav von Schmoller）则把人类的经济增长划分为民族和部落经济、村落经济、城市经济、地域经济、国民经济和世界经济六个阶段。马克思则是从社会经济形态和生产方式演进两个角度来划分社会发展阶段的。从社会形态的角度，将经济增长划分为原始社会、奴隶社会、封建社会、资本主义社会四个阶段。从社会生产方式来划分，则分为手工生产、简单机器生产、机器大工业生产等阶段。前者属于制度变迁的分析框架，而后者则侧重于技术结构的演变。发展经济学家罗斯托（Walt Whitman Rostow）根据历史事实，提出每个国家的经济增长都要经过传统社会阶段、起飞准备阶段、起飞阶段、向成熟推进的阶段、高额群众消费阶段、追求生活质量六个阶段。

从这些经济增长阶段的划分来看，其目标是追求经济增长的源泉，而且这些划分都将经济增长的源泉归因于结构，组织结构、技术结构、制度结构和资本结构等。认为一国经济由简单到复杂，由低级到高级演化的内在动因是结构性的变迁。但是这种经济增长阶段的划分只反映了经济增长在规模上的扩大，在数量上的扩张，即数量的变化，而没有反映出经济增长的质量问题，难以体现出可持续性的经济增长，难以看到经济增长的后果。基于这种看法，从经济增长质量的角度，笔者将经济增长划分为三个阶段：

第一阶段：经济的自然增长阶段。这一阶段人类出于自然本能和生活的需要来从事生产活动，而且在生产活动中主要利用外部的自然因素，既无追求数量发展的内在要求，也无追求质量的意愿。经济增长的目标是维持人类的生存，满足最基本的吃、穿等基础生活需要。这一时期人类经济增长的生产活动主要是利用粗糙的石器工具，采集自然界的植物、猎取自然界的动物，获取维持人类基本生存的物品和其他用品。在经济增长的自然阶段，生产力需求表现为以土地为中心的自然资源和人的体力，人类生产的资源消耗主要表现为劳动者体力和以土地为中心的地上自然资源浅层次的消耗。

第二阶段：追求数量增长的阶段。这一阶段人类的经济活动开始超越自然本能和生理需要的界线，进入自觉的经济增长阶段，开始自觉地增强自身征服自然，改造自然的能力。随着生产经验的日益丰富，生产工具也日益先进起来，从石器到青铜器，从青铜器到铁器，从铁器到各种大机器，再到自动化、信息化的生产工具，技术越来越进步，生产工具愈来愈先进，人类生产活动的广度与深度都日益扩大了，人们努力推进技术进步，并把日益进步的技术推广到经济活动的全部领域，把社会全面推进到工业化阶段。随着生产活动的深入，从个别偶然的商品交换发展到大规模的经常性商品交换，交换的空间范围进一步拓宽。与此相适应，人类的消费活动也日益高涨并进一步成熟起来，先是追求消费的数量，在此基础上又进一步追求消费的质量，产业结构逐步由第一、第二产业向第三产业变化；在这个阶段，由于生产、交换、消费规模的膨胀，经济增长的目标与结果都体现在数量关系上。在数量型经济增长阶段，人类利用大规模的机器体系在单位时间内消耗掉的自然资源数量越多，生产力水平越高，造成了地球资源的过度消耗，自然资源的有限性以及自然资源消耗的有害性逐步加大了经济增长的成本。

第三阶段：追求经济增长质量的阶段。在经济增长的数量扩张阶段，人类以GDP作为评价发展的唯一指标，在此评价指标之下，人们为了追求数量，往往忽视经济增长的成本和代价，忽视经济增长的质量。随着资源的稀缺性日益凸现，生态环境问题日益突出，经济增长的成本日益扩大，经济增长所带来的负面影响逐步危及人类的生存与安全，在这种情况下，经济增长逐步进入了追求增长质量的阶段。开始转变经济增长方式，增长的动力开始由自然资源向知识和技术等方面转变。

第三节　数量型增长与质量型增长的区别

包括新古典经济增长理论在内的所有经济增长理论都是数量型经济增长理论，也就是说这些理论都是从数量增长视角来研究经济增长问题的，探讨的问题是经济增长的源泉、动力和增长机制问题。古典经济增长理论把经济增长的路径设计为资本积累。新古典经济学认为只要知识不断地增长，技术就可以不断地进步，经济就可以不断地增长。内生增长理论尽管已经涉及了经济增长质量的某些要素，但总体上仍然是数量型经济增长，通过将知识、技术、人力资本内生化，探讨的仍然是经济增长的源泉和动力。从哲学的视野来看，数量型经济增长关注量变问题，分析视角在快慢问题上。

经济增长质量分析的视角在于经济增长之后，也就是研究经济增长结果是什么状态。在结构方面有无质的变化，是否实现了经济结构的高级化和现代化。从产业结构来看，合理的产业结构是经济高质量增长的前提，产业结构状态在很大程度上决定了社会资源配置的效果，并最终制约着经济的可持续发展程度。不合理的产业结构势必造成资源的浪费，也无法取得规模效益，从而导致社会生产率低下。在经济增长稳定性方面，因为过度的经济波动对经济的动态效率损害很大，一旦破坏了经济长期稳定增长的内在机制，会造成社会资源的巨大浪费，从而影响经济增长的持续性，加大了宏观经济运行的潜在风险。在福利分配上，关注人民是否分享了经济增长的成果，经济增长是否具有普惠性质。在资源环境代价方面，关注经济增长是否实现了低代价的经济增长。综合对比来看，数量型经济增长与质量型经济增长的区别可概括为表3－1。

表 3－1　　　　　　数量型增长与质量型增长的主要区别

增长类型	关注点	影响因素	分析视角	分析范式
数量型经济增长	经济增长的源泉和动力	资本、劳动力、人力资本、技术和知识	量变：增长速度	实证分析
质量型经济增长	经济增长的结果、前景和持续性	结构的协调性 福利的分享性 增长的稳定性 增长代价的最小化 经济竞争力 国民经济素质	质变：经济增长的优劣判断	规范分析与实证分析相结合

（1）关注重点不同。数量型增长理论关注的是经济增长的源泉与动力，即如何提高经济增长的速度。而质量型经济增长理论关注的是经济增长的前景、结果与持续性，即经济增长的优劣判断。

（2）度量指标不同。数量型经济增长依靠单纯的数量指标来度量，国际上比较一致地采用 GDP 或者人均 GDP 的增长速度来衡量。经济增长质量是一个复合概念，涉及多方面的内容，包括经济增长的结构、稳定性、福利分配、资源环境代价、国民经济素质、经济竞争力等，通常采用复合指标来度量。

（3）内容不同。数量型增长研究的内容包括：要素分析，从资本、劳动力、人力资本、技术等要素角度来研究如何实现经济增长；制度分析，从制度变迁、制度结构角度来研究如何实现经济增长；结构分析，从经济结构变迁、供给结构、需求结构、产业结构等角度研究如何实现经济增长。质量型经济增长研究的内容包括：经济增长中的结构变化、福利分配、资源环境代价、稳定性、国民经济素质、竞争力等问题。

（4）研究方法不同。数量型经济增长通常采用实证分析方法，建立起不同要素与产出之间关系的模型，然后采取逻辑实证主义的方法进行计量检验，来研究经济体如何提高增长速度。而质量型经济增长涉及的因素比较复杂，既有经济因素，也有非经济因素，不可能建立起统一的如同数量型经济增长研究那样的分析范式。而且经济增长质量分析涉及对经济增长状态的评价，需要价值判断，因而通常采取规范分析方法对一种经济体的增长状态进行描述，在此基础上对其优劣程度或者经济增长的有效性进行评价，在研究中需要把数量和质量相结合。

（5）影响因素不同。数量型增长的影响因素主要是各类要素的数量，包括资本、劳动、人力资本、技术、知识等各类要素。而质量型增长主要取决于结构的协调性、福利的分享性、增长的稳定性、增长的代价、经济竞争力和国民经济素质。

（6）实现机制不同。数量型经济增长是按照规模报酬的路径来实现的，而质量型增长是通过综合机制来实现的，这些机制包括结构转化机制、效率提升机制、创新驱动机制、利益协调机制等多方面，是多方面机制综合作用的结果。

第四节　经济增长数量和质量的统一

一、经济增长数量和质量不统一的原因

世界经济中，以购买力平价计算，具有相同人均收入的国家，其国民的生活质量相差很大；还有一些国家正经历着前所未有的经济增长速度，但同时面临前所未有的经济社会问题。经济增长的质和量不统一的原因主要表现在：

（1）同样的经济增长数量的背后是不同的物质和人力消耗。这可以用要素的生产率、全要素生产率等指标表示，这种因素是由技术决定的。

（2）经济增长的资源环境代价不同。一些国家和地区产业软化程度较高，服务业所占比重较高，其增长过程对资源环境的破坏也就较少；但对于产业结构处于以工业为主的阶段的国家而言，如果政府监管不力，产权不清晰，对资源环境的破坏就较明显。

（3）经济增长过程的稳定性不同。现代市场经济不稳定性是由于价格决定机制，是内在的。另外政府扩大投资、增加赤字、增发货币和地方政府的一些竞争行为，都会使宏观经济稳定性变差。从世界范围看，发展中国家由于经济管理水平较低，政府权力过大，银行体系不健全，经济增长过程中往往出现较大波动。

（4）福利分配状态不同。在增长过程中，由于技术关系或制度关系不同，增长成果的分配在国家之间差异很明显。一些经济增长速度较快的国家反而在收入

分配、公共产品分配、社会机会等方面较不平等。

以上的偏差意味着经济增长的质和量往往是不一致的，单纯注意增长的数量方面需要投放更多要素到低效率部门，破坏资源环境，经济出现过大的波动或是社会福利不平等。

二、经济增长数量和质量统一的条件

以国民收入增长为研究对象的经济增长理论，建立在凯恩斯主义或新古典主义的基础上。凯恩斯主义以增加就业的短期分析为主，不重视增长的后果和代价，对于凯恩斯主义而言，修建金字塔和挖坑后再填埋都是经济萧条时期可行的政策。另外，凯恩斯主义没有基于福利或效用的微观基础，在哈罗德—多马模型中，适当的资本积累率是保持经济长期增长的唯一条件。因此凯恩斯主义框架下的经济增长分析只是针对国民收入的动态分析，没有也不可能涉及对经济增长质量的分析。

在新古典主义的经济增长理论中，目标函数逐渐从最大化国民收入转向最大化总效用或总福利，这就涉及福利函数的假定。在福利经济学中，社会福利函数的形式因假定不同而不同，如萨缪尔森的社会福利函数是个体福利的加总，而罗尔斯的社会福利函数则由社会成员中福利最差的福利水平决定。在新古典主义的增长理论中，一般默认采用萨缪尔森型的福利函数。这意味着：（1）增长成果具有普惠性，即经济增长会给每个人带来福利的增进，这就要求社会制度或技术条件所决定的分配制度是合理的。（2）没有外部性。这里的外部性主要是指负的外部性，即每个人对经济福利的追求不会对他人造成损失。基于这两点，我们才能够认为社会福利函数不是罗尔斯型，而是萨缪尔森型的，即社会福利等于个人福利之和。在这种条件下，经济增长生产出的剩余才能够成为增进社会总福利的因素，经济增长的质和量就会得到统一。

以上的条件是充分条件，但不是必要条件。在规模报酬递增的条件下，福利分配的约束不再紧张，以 C－D 型生产函数为例，规模报酬不变的情况下：

$$Y = AK^{\alpha}L^{1-\alpha} \qquad (3.2)$$

如果分配服从边际生产力理论，或者说收入由技术条件决定，那么，单位资本的收入为：$P_K = \dfrac{\partial Y}{\partial K} = A\alpha\left(\dfrac{L}{K}\right)^{1-\alpha}$，此时递减的边际收益会使得单位要素的收入减少。

如果要素收入由要素所有者的社会地位决定，则处于弱势的一方所获收入也会因投入不断增加而递减，其递减的速度会更快。

在报酬递增的条件下，要素间分配的矛盾会缓解，企业与自然的紧张关系也会得到一定的缓和，因为企业可以通过自我优化而获得增长。

综上所述，经济增长过程中质与量的统一有以下要求：普惠的社会分配制度、社会福利函数满足萨缪尔森型、权责明晰的产权制度、促进规模报酬递增的制度或技术创新。

第五节　经济增长质量的形成机制

一、经济增长质量的宏观形成机制

（一）潜在生产率的变化是增长波动的诱因

按照新古典模型的解释，潜在生产率是指在潜在产出水平上的经济增长率，能够衡量经济体中所有生产要素最优配置情况下能达到的最大增长率，经济增长质量提高是生产力因素与宏观经济长期变动的结果。生产力要素都能带来产出的增加，但是带来结构性变化的仅仅只有非要素增加型技术进步即效率型。

$$Y = e \times k \tag{3.3}$$

k 表示要素数量，e 表示要素的生产效率。

一个国家经济发展的程度取决于实际（潜在）要素数量和实际（潜在）的要素生产效率。

$$Y = E \times K \tag{3.4}$$

K = ak，表示潜在生产要素数量被实际利用的程度

E = be，表示潜在生产效率被实际发挥的程度。综合上述分析，一个社会的实际产出和潜在产出之间的关系如下：

$$y = (bE)(aK) = (ab)Y \tag{3.5}$$

潜在生产要素的实际利用效率系数是由总需求方面的因素决定的。当潜在生产要素的实际利用效率系数变化时，则带来经济增长周期性的波动，因而要提高潜在要素的实际利用效率，促使实际增长水平与其保持一致，则能避免经济的大起大落。

经济增长质量的题中之意在于使经济增长保持在一个平稳的状态下，避免经济增长出现大范围的波动，因而需要实际生产率能够与潜在生产率保持一致性，否则则意味着在整个宏观经济中各种要素的利用率过剩或者不足，通胀或者通缩，从而给经济体带来不堪忍受的阵痛，而违背了经济增长为大众带来福利的初衷。

实际经济增长速度一般由需求因素决定，而潜在生产率则由供给因素决定，

在既定的社会状态下，潜在的生产率的改善需要相当长的时间，而实际增长速度相比而言则调整得更为迅速，蔡昉（2013）根据国家统计局的相关资料计算，得出消费需求的贡献率是 4.5%，投资需求为 5.4%，出口需求在 0.5%~0.6%，[①] 可以看出投资需求依然是目前拉动实际增长的主要动力，也就出现了诸多问题。

（二）经济增长质量提高是制度与生产要素效率的发挥程度决定的

经济增长质量与生产效率有关，而一个社会的制度状况决定着生产效率（技术水平）的发挥程度，并与之成正比。制度影响技术水平发挥程度的机制的命题是：一个社会经济制度决定它的信息完全程度，而这种信息的完全程度又关乎资源配置效率的高低，进而影响到技术水平发挥的程度，最终形成了增长的质量。

制度对于长期的经济增长有着至关重要的作用，制度的合适与否决定着社会信息流动的成本。在这里，我们借用阿西莫格鲁对经济制度的分类，即包容性的经济制度和汲取性的经济制度。在我们看来，作为包容性的经济制度，其信息的散播形式犹如撒网状，在一个权威式的领导之下，各种经济制度相互包容，信息流动充分，则对于所有经济生活主体来讲，信息是相对完备的。既然信息能够充分流动，遵循着新古典经济学的假设，则市场能够有效地对资源进行配置，既无损失，也无浪费。

相反，汲取性政治制度下政治权力集中在少数权贵手中，对其权力的运用也很少约束，对那些推翻以前统治的人来说同样没有制度能够约束他们。汲取性经济制度意味着仅仅通过掌握权力，就可以依靠剥削他人财产，建立垄断来获取巨额财富。这种汲取性的经济制度，相当于一条直线制，在直线的上方即经济垄断者掌握着所有信息，在其俱乐部内的所有成员享受着信息流动，而俱乐部外的大部分经济主体则无法享受这种信息，或者获取信息的成本很大。

对于资源配置对技术影响，我们主要通过 TFP 来考虑，在这方面，前人已经做出了开创性的贡献，包括两类，一类是坚持要素充分流动的新古典经济学假设（假设同质要素在各个部门之间自由充分流动，获得相等的边际报酬），这类文献主要是讨论结构变动与经济发展的关系，在非位似偏好导致的收入效应和部门技术差异导致的替代效应两大动力下，随着经济的发展，农业部门就业会单调减少，服务业就业会单调增加，工业部门就业会先增加后减少呈现驼峰形状，这也被称为库兹涅茨事实等；另一类是坚持假设存在要素流动障碍的发展经济学传统的新二元经济增长理论，这类文献利用两部门增长模型，考虑部门要素的非充分流动，农业部门和非农业部门之间要素报酬存在明显差距，并进行发展核算。

资源配置的问题一般体现在经济增长中结构性的变迁过程中，在这种情况

---

① 蔡昉：《中国经济增长如何转向全要素生产率驱动型》，载于《中国社会科学》2013 年第 1 期。

下，由于资本和劳动在农业和非农业部门中流动，如若要素完全流动，则要素的回报率在部门之间会获得相同的报酬，此时由于价格不存在扭曲，TFP 能够发挥到峰值。如若存在扭曲，则由于价格效应与规模效应同时发生，从而使 TFP 水平无法发挥到最大程度。

（三）经济增长质量的提高取决于收入分配的均等程度

实物资本、人力资本及人口的积累都会受到收入分配格局的影响，影响机制可以是政治决策中的税收强度、也可能源于资本市场不完美或者社会动荡带来的投资抑制效应及生育决策中人力资本投资与人口投资的权衡。而一旦物质资本和人力资本等要素的积累放慢速度，经济增长将随之放缓。然而，要素积累速度虽然对经济增长速度具有重要影响，却不是经济增长的唯一因素，从长期看，技术进步才是经济增长的决定因素。虽然有些研究把人力资本积累也包含在基本考虑内，但是人力资本并不等同于技术进步，人力资本能够为技术进步提供好的支持，而微观企业决定投入多少资源进行创新取决于创新的回报有多高，因此，这些研究并没有解决收入差距与长期经济增长之间的因果性问题（刘宇，2008）。从总体看来，收入分配的均等化程度对增长质量的影响有以下两个方面：

一方面是经济波动。按照新剑桥学派的观点，收入分配的格局与储蓄率有着密切的关系，即资本家的消费有利于提高储蓄率，因此从政策含义上来讲，收入差距的扩大可能会降低总需求，从而形成经济的强烈波动。

另一方面从微观角度来看，由于收入差距过大，可能会造成产业结构的变迁，由于不同阶层的人消费偏好不一致，较大的收入差距会造成厂商生产规模的扩大或缩小，从而带来经济增长的结构性变迁，进而改变一个国家经济结构的局面，这里需要考虑的问题是，带来这种结构性变迁的本身可能与一国的经济总量有关，也即发展中国家和发达国家的收入差距的扩大会造成不同的效应，一个推理是：如若在发达国家，较大的收入差距带来的是总需求的消费抑制，因为发达国家的居民消费层次应该更加接近；相反在发展中国家，收入分配差距的扩大则能够很好地带动产业向着高级化产业的变迁，因为在发展中国家，居民的消费层次的差距可能更大。因此，对于正处于转型阶段的中国来看，居民消费层次的差距在缩小，意味着收入差距应当缩小化更有利于结构变迁，进而提高经济增长质量。

二、经济增长质量的微观形成机制

经济增长质量体现在微观层面，是产品质量的提升。关于产品质量的提升，对于企业来讲，其机制主要是通过企业在市场竞争过程中的不断形成的。

（一）企业人力资本作用的真实发挥

对于企业来讲，人力资本的发挥在生产和管理层面都起到了至关重要的作用，人力资本的引入意味着劳动不再是简单的同量同质，而是将人的异质性（尤其是主观能动性）差异体现在企业生产的各个环节，高水平的人力资本无论是在劳动生产率的提高方面，抑或是对企业的技术创新方面都起到了"开源"的作用。熊彼特对创新精神在资本主义的产生和发展中的重要作用给予了高度评价。他说："开动和保持资本主义发动机运动的根本推动力，来自资本主义企业创造的新消费品、新生产方法或运输方法、新市场、新产业组织的形式。"[①] 不论是技术创新、还是产品创新都可以充分利用生产要素的作用，提高生产效率，从而促进经济增长质量的提高。

而在管理层面，适宜生产的管理人才则能够有效地节约交易成本，使得各类生产交换活动井然有序，视为一种"节流"的作用，"开源"与"节流"两种作用力下，使得企业生产效率大为提高，在竞争性的市场当中，为了获得超额利润，它们会自觉提升产品品质，从而在宏观上形成对增长质量的提高。契约原则或者契约精神是促进社会主义市场经济良性发展的基石，市场主体信守合同，方能促进市场繁荣，推动市场创新，从而降低经济增长的社会代价，提高经济增长质量。

（二）企业创新能力的提升

熊彼特（1934）在《经济发展理论》中指出创新是经济发展最重要的驱动力，而创新则依赖于企业家的"创造性破坏"活动。鲍莫尔（Baumol，1990）则认为经济增长的持续性在于企业家的创新活动存在于生产性活动中，而非寻租等非生产性活动。格罗斯曼（Grossman，1991）及阿格因与豪伊特（1992）等则内生化了知识创新和产品创新等"创造性破坏"活动对经济增长的影响。总体来看，大多数理论文献都认为，一个经济体所拥有的企业家精神对其长期持续增长是至关重要的。

企业的创新与技术革命有着千丝万缕的联系，20世纪以来，第三次工业革命的兴起，使得大部分企业开始依靠创新不断地占领市场份额。20世纪后半叶以来，人类在原子能、电子计算机、微电子技术、航天技术、分子生物学和遗传工程等领域取得重大突破，标志着新的科学技术革命的到来。相对于较早的工业革命和动力革命而言，这次科学技术革命称为第三次技术革命。进入21世纪以来，

---

① 熊彼特：《经济发展理论：对于利润、资本、信贷、利息和经济周期的考察》，商务印书馆1990年版，第70～104页。

新型能源技术成为新一代技术革命的主要支柱，并与系统生物科学技术等一道，引发了所谓第四次技术革命。新的技术革命其影响范围之广、发展速度之快，是以往的技术所不能比拟的。对于一个企业来讲，创新则包含了以下两种。

第一种是传统意义上熊彼特式的创新，即企业家对生产要素的组合，包括开发一种新的产品，使用一种新的方法，开辟一个新的市场，获得或者控制原料或者半成品一种新的来源，以及实行一种新的组织形式。这类创新的主要结果影响了企业了生产效率，从而进一步可能改变市场的结构。同时，由于生产方法上的不断的革新，原有可能带来的环境破坏或被消除，从而有利于环境保护。

第二种创新则是一种理念上的创新，即思想上的创新，这类企业往往能够以先驱的身份引领着消费，即供给创造需求，从而引发全社会生活模式生活理念上的改变，进而从微观层面上提升了人们的生活质量，在宏观上则有助于增长质量的提高，由于思想创新而引发的人们意识上的改变对于今后中国增长质量的提高可能是至关重要的，因为，在创新意识的作用下，人们的基本道德评价和精神规范会越发进步，这意味着普通大众更易于接受那些与环保的、健康的、循环的且积极的生活方式相对应的增长，而非在于与污染的，有害的，掠夺式且消极的生活方式相联系的增长，这本身就是增长质量提高的一个终极奥义。

（三）企业商业模式的创新

在新技术获取市场价值的过程中，商业模式是将新技术转化为价值创造和价值获取的必经环节（Henry C & Richard S. R），商业模式是企业绩效的一个重要组织情境，因此，从微观上来看，商业模式将原本分散各自为政的经济主体协同起来，通过特定的规则与指导，以便联合获取价值。一旦发生技术革命或者是社会转型变革，则传统经济之外存在着一个新型的经济体，它们以技术革命或者制度创新的事业为核心，因而具有较大的价值增长空间，它完全不同于传统市场的价值创造过程，例如方兴未艾的第三方物流，但是这种新兴的经济增长量却有着高度不确定性，因为技术革新或者是制度改变本身被市场接受进而采纳的过程是一个高度不确定的过程，但是一旦被接受，则这种商业模式会迅速扩散，例如20世纪90年代的微软和英特尔及21世纪初的谷歌，均以全新的模式，挤开或重创了同期的领导性企业如IBM、苹果及三星。商业模式创新不仅支持了企业新型事业的健康发展，而且对于新兴社会事业的发展也发挥着重要和不可替代的作用。商业模式创新就是产业重塑的核心与实质，从而带动了产业结构的变迁。

第四章

质量型经济增长的理论阐释

经济增长质量是一种基于时代主题的全新增长理念，但有关经济增质量的诸多问题并没有一个统一的认识，诸如提高经济增长质量的理论基础是什么？经济增长质量应该包含哪些内容？经济增长质量在新时期有什么独具特色的特征？在实践上如何提高经济增长质量？这些问题均需要从理论上加以阐释，本章基于此试图进行一定的尝试。

第一节　经济增长质量的理论基础

主流的经济增长理论认为知识可以不断地产生，技术可以不断地进步，经济就可以持续不断地增长。于是，经济学家就设计出了世界各国经济增长的路径：发达国家通过投资维持其增长，发展中国家通过工业化加速其增长，而且经济增长以追求 GDP 为目标。

然而二战以后，世界经济增长的现实却对这种单纯追求 GDP 的速度型经济增长提出了挑战，在经济发达国家经济增长的同时，所引起的环境污染、资源耗竭、城市人口密集、生活质量下降等严重问题，也引起了一些经济学家的注意，并且对于当时经济发达国家所流行的经济增长模式提出了异议和批评。于是西方国家 20 世纪 60 年代末开始流行一种主张人口和国民生产总值必须停止增长，才能使人类避免灾难的思潮。这种理论的主要代表著作有：米香于 1967 年发表的《经济增长的代价》、福来斯特（J. Forresters）于 1971 年发表的《世界动态》和麦多斯（D. H. Meadows）等于 1972 年发表的《增长的极限》，这三本书推动了可持续发展理论的产生。其中米香的《经济增长的代价》、麦多斯等的《增长的极限》影响最大。特别是美国经济学家米香认为，当时经济发达国家为实现经济增长所付出的社会和文化的代价太大了，强调经济增长的代价。他打破了长期以来人们所公认的一些观点，诸如"经济增长必然带来生活水准的提高"。

传统的经济增长理论主要研究经济增长的动力、源泉及其形成机制，忽视研究经济增长的后果。于是从 20 世纪 70 年代末开始，经济学家又开始重视研究经济增长的质量，苏联经济学家卡马耶夫于 1977 年出版的《经济增长的速度和质量》和联合国发展计划署 1996 年的《人类发展报告》，讨论了经济增长与经济发展的关系，列举了单纯追求经济增长而导致的五种有增长无发展的状况：经济增长导致严重失业的无工作增长，导致贫困和收入分配严重不公的无情增长，失去了民主和自由的无声增长，生态严重破坏的无未来的增长及毁灭文化的无根的增长。世界银行于 2000 年出版了题为《增长的质量》（托马斯等，2000）的研究报告，近年来国内翻译的威廉·伊斯特《在经济增长的迷雾中求索》对发展中国家经济增长的关注、琼斯《经济增长导论》对"增长灾难"的分析、赫尔普曼《经济增长的秘密》对经济增长中收入分配不平等的关注，这些理论探讨使经济增长理论从研究经济增长的源泉和动力转向了研究经济增长的后果和质量。

同样与经济增长质量一脉相承的"包容性增长"的概念，也是 20 世纪中期以来，人们关于经济增长的认识在深化，增长的理念出现由单纯强调增长数量到"对穷人友善的增长"（pro‑poor growth）及"包容性增长"（inclusive growth）的演进。1990 年世界银行提出的"益贫式增长"目的在于强调增长的核心在于减贫或是使低收入人群从中受益。由于该概念对于经济增长的理解过于狭窄，进入 21 世纪以后，亚洲银行针对亚洲各国增长的状况进行分析，特别是不平等的现象在加剧、扩展的提出并且倡导各国和全世界要实现"包容性增长"。包容性增长一经提出，与世界的发展诉求不谋而合，此概念也迅速在经济发展的理念中风靡。世界银行的《世界发展报告 2006：公平与发展》集中对包容性增长进行了关注，另外，世界银行增长与发展委员会 2008 年发表的《增长报告：可持续增长与包容性发展的战略》将推动经济增长的关键要素概括为"三要"，即经济要开放、社会要包容、政府要有效，明确提出了要持续长期增长，社会要包容是关键，确保增长效益为大众所广泛共享。包容性增长的概念较为宽泛，其内涵是不仅要包容低收入人群，要低收入人群共享增长的结果，而且还着重强调增长应尽可能包容广大阶层，重视人的基本权利和发展，以及重视增长方式的转型和增长的长期性和持续性。总体来说，包容性增长的观念内核还是一种经济增长质量，即在物质极大丰富的今天，对经济增长的质量的关注和诉求才是发展的要义所在。

近几年美国金融危机、欧洲债务危机、全球经济失衡等一系列经济发展中的动荡，也凸显了经济增长质量问题的重要性。2011 年在大连召开的夏季达沃斯论坛主题就是关注增长质量，谋求经济可持续、平衡增长。一方面欧美发达国家在思索自己的经济模式，沉溺于短暂的强力刺激对长期可持续并无益处，美欧皆需要有质量的增长；另一方面作为新兴经济体的中国，风险淤积的经济也在接受着增长质量的拷问。不可否认，"关注增长质量"，是个很有时代意义的议题，因而这一有时代意义的主题成为千余位参会的经济学家、企业界人士热议的话题，仍然没有走出危机阴影的世界经济或是面对激烈挑战的中国经济，都没有理由不提高增长的质量。

第二节　经济增长质量的界定

国外经济学家注意到经济增长质量的很多，但是明确界定经济增长质量的很少，比较有代表性的观点体现在苏联经济学家卡马耶夫于 1977 年出版的《经济增长的速度和质量》中、世界银行于 2000 年出版的题为《增长的质量》（托马斯等，2000）的研究报告中和多恩布什与费希尔的《宏观经济学》中。

国内经济学界对于经济增长质量内涵的界定，概括起来主要有以下几种：

20 世纪 90 年代的研究认为一个国家或地区经济的增长，既包括数量的扩大也包括经济系统素质的改善（武义青，1995）。21 世纪初期有人把经济增长方式从粗放式向集约式的进化视为经济增长质量的提高，把经济增长方式从集约式向粗放式的退化视为增长质量的降低（钟学义，2001）。同时有人把经济增长质量看作是一个国家伴随着经济的数量增长，在经济、社会和环境诸多品质方面表现出来的优劣程度（彭德芬，2002）。随着研究的深入，形成了经济增长质量的多因素含义界定，认为经济增长质量是指一个经济体在经济效益、经济潜力、经济增长方式、社会效益、环境等诸多品质方面表现出的与经济数量扩张路径的一致性、协调性。经济增长质量的内涵体现了经济系统的发展水平、经济效益、增长潜能、稳定性、环境质量成本、竞争能力、人民生活等多个方面（赵英才，2006；马建新、申世军，2007；李俊霖，2007；严红梅，2008）。

我们认为，经济增长质量是经济的数量增长到一定阶段的背景下，经济增长的效率提高、结构优化、稳定性提高、福利分配改善、创新能力提高，从而使经济增长能够长期得以提高的结果。数量型增长反映的是经济增长的速度，而质量型增长反映的是经济增长的优劣程度。

（一）经济增长质量是数量增长到一定阶段的产物

没有一定的经济增长数量，不可能谈及经济增长质量。发展中国家由于经济落后，在经济增长的初期一般都追求赶超战略，试图在较短的时期赶上发达国家的现代化水平，摆脱贫穷落后的状态。单纯追求赶超的增长方式基本上还是传统的、粗放型的，是数量型经济增长。数量型发展模式在工业化的总体水平低、市场竞争不激烈、环境和资源约束较为宽松的条件下可以促进增长。随着经济发展进入比较高级的阶段，工业化的全面推进，经济增长整体水平的提高，片面追求赶超的数量型增长方式必然要走到尽头。现实中已经和正在凸现的增长与效益的矛盾，增长与环境生态的矛盾，经济增长与社会发展的矛盾，经济增长与自主创新能力不足的矛盾，归结起来就是数量型经济模式的矛盾。因此，当经济增长达到一定阶段之后，就需要实现从数量型经济增长向质量型经济增长的转变。

（二）经济增长质量是一个综合概念

经济增长质量包含诸多内容，经济增长的效率体现了经济增长的有效性，单位投入获得的产出越多，要素生产效率越高，经济增长质量越高；结构转化体现了经济增长的协调性，如果产业结构合理，则资源配置就是有效的，它会带来经济的持续快速稳定增长；如果产业结构扭曲，无效投入就会增加，资源配置的效果就会降低，经济的持续快速稳定增长不可能实现；经济增长的稳定性反映经济增长过程中资源的利用程度，稳定性的含义不在于经济增长率保持某一个数值不变，而是在潜在经济增长率附近窄幅波动，实现资源的充分利用；福利分配改善体现了经济增长的分享性，高质量的经济增长应使更多的人从经济增长中受益；生态环境代价低体现了经济增长的持续性。经济增长过程是经济要素、自然资源与生态环境有机整合的过程。忽视增长质量的经济增长给资源和环境带来了巨大压力，严重损害了可持续增长的物质基础。只有在自然资源被有效利用和生态环境得到有效保护的前提下，经济增长才是可持续的。创新能力提高体现了经济增长的潜力，技术创新既是企业竞争力的源泉，也是提高经济增长质量的关键。

（三）经济增长质量关注的是经济增长的结果和前景

经济增长质量诸多方面都涉及经济增长的结果和前景。经济增长是数量型的，经济增长和经济发展不一定一致，可能会出现"有增长无发展"的局面。联合国《1996年人类发展报告》的主题就是讨论增长与人类发展的联系，其中指出了五种有增长而无发展的情况：无工作的增长（jobless growth），指经济增长未能制造足够多的工作岗位，甚至恶化了就业形势。无声的增长（voiceless growth），指经济增长未能带来民众参与和管理公共事务、自由表达自己的意见和观点的可能性。在很多国家，经济增长与政治专制紧密结合在一起。无情的增长（ruthless growth），指经济增长导致了收入分配格局的恶化。财富的扩大带来了新的贫困阶级。无根的增长（rootless growth），指经济增长对文化的多样性造成的破坏，经济增长使得很多发展中国家失去了自己的文化家园和历史。无未来的增长（futureless growth）指的是经济增长对生态、资源和环境造成的破坏，消灭了经济增长的可持续性。当经济增长和经济发展不一致，出现上述五种"有增长无发展"的局面时，这种经济增长就是没有质量的。经济增长的前景研究则关注经济增长的潜在最大水平，这种经济增长能否长期持续。

（四）经济增长质量研究是一种规范分析

规范分析方法以一定的价值判断作为出发点和基础，提出行为标准，并以此作为处理经济问题和制定经济政策的依据，探讨如何才能符合这些标准。经济增长质量研究主要分析一种经济增长的优劣，它从效率提高、结构优化、稳定性提高、福利分配改善、生态环境代价低、创新能力提高等诸多方面提出衡量经济增长的价值判断，为经济增长方式和经济增长结果的评价及经济增长政策的制定提供判断依据。

第三节　经济增长质量相关概念的辨析

一、经济增长质量和经济发展

经济增长质量是在经济的数量增长的基础上，实现的经济增长的效率提高、结构优化、稳定性提高、福利分配改善，创新能力提高的结果。经济发展的含义具有不同的界定，有人指出经济发展是从贫穷走向富裕，从不发达走向发达的过程。有人认为是在经济增长导向下的经济、政治和社会体制的系统变化。也有人将经济发展等同于现代化，认为经济发展是实现现代化的过程。内容包括经济增长、经济结构的转变、收入分配、资源环境问题，也包括政治、文化和人的现代化进程，同时包括社会、公众观念和国家社会、政治制度等在内的综合性、多方面变化的过程。这两个概念之间实际有联系，又有区别的。两者的联系在于经济发展是目的，经济增长是手段。

经济增长质量和经济发展的区别在于：第一，侧重点不同。经济增长质量主要侧重于强调经济增长中的优劣判断，是好和坏的问题。而经济发展侧重于强调由经济增长带来的变化，是贫与富的关系。第二，经济发展的范围要比经济增长宽泛得多，无论是数量型增长和质量型增长都是在经济范围中，而经济发展是一个多层面的过程，不仅关注经济层面，而且关注非经济层面，不仅包括经济方面的效率提升、结构转变，而且包括社会和谐、公众观念和国家社会、政治制度、教育、营养健康、医疗卫生等在内的多方面内容。

二、经济增长质量和粗放型经济增长、集约型经济增长

粗放型经济增长方式是指在技术不变的前提下，主要依靠增加生产要素的投

入，即增加投资、扩大厂房、增加劳动投入，来增加产量，这种经济增长方式又称外延型增长方式。其基本特征是依靠增加生产要素量的投入来扩大生产规模，实现经济增长。集约型经济增长方式是指在生产规模不变的基础上，采用新技术、新工艺，改进机器设备、加大科技含量的方式来增加产量，这种经济增长方式又称内涵型增长方式。其基本特征是依靠提高生产要素的质量和利用效率，来实现经济增长。

粗放型增长、集约型增长是指经济增长的方式，强调的是经济增长是依靠要素投入规模还是提高要素使用效率。粗放型增长完全是一种数量型的经济增长，集约型增长尽管强调了效率问题，但是效率提升问题仅仅是经济增长质量六大维度的一个方面，而且只涉及经济增长的条件。经济增长质量包含的范围要比集约型经济增长宽得多，不仅包括效率提升、还包括经济增长过程中的结构问题及经济增长结果中的生态环境和福利提高问题。

第四节 经济增长质量的特征

经济增长质量是一种全新的增长理念，阐明了中国经济增长方式转变的目标模式，与数量型经济增长相比较，经济增长质量的特征主要表现在以下几个方面。

1. 经济增长质量体现了一种新的增长模式

数量型增长是一种 GDP 至上的发展观，即把经济增长简化为 GDP 的增长。数量型增长主要依靠投资和出口来拉动经济，走得是高投入、高消耗、高排放、低劳动力成本、低土地成本、低社会保障甚至是无社保、出口拉动的工业化道路。数量型增长的典型后果是经济发展不平衡，社会各个方面的差距持续扩大。质量型经济增长与数量型增长有根本性区别，提高经济增长质量体现了一种新的增长模式。在经济增长理念上，提高经济增长质量反映出了经济增长的出发点和归宿。在经济增长方式上，依靠投资、消费和出口的协同来拉动，注重消费对经济的拉动作用，依靠内需拉动，以充分就业作为经济发展的优先目标，大力发展战略性新兴产业和现代服务业。在经济增长的结果方面，强调各个经济利益主体矛盾的缓和，促使城乡差距、地区差距及群体差距的缩小与和谐共生。

2. 经济增长质量倡导公正和公平

经济增长质量最基本的含义是公平合理地分享经济增长。重视经济增长质量有以下的内涵：一是强调经济增长成果的分享性。"总产量达到一定水平之后，立法者与慈善家就无须再那么关心绝对产量的增加与否。此时最重要的事情是分享总产量的人数相对来说应该有所增长"。① 提高经济增长质量重新描述了公平与效率之间相互依存和良性互动的内在重视性，主张让更多的人分享经济增长的成果，让弱势群体得到保护；重视加强中小企业和个人能力建设；促进中等收入阶层的成长，缩小收入差距。二是在经济增长过程中保持平衡，强调区域经济发展平衡，建立新的区域经济发展格局，强调城乡经济社会一体化，重视城乡之间的平衡发展，主张建立城乡经济社会一体化新格局。三是重视经济发展和社会发展的协调。提高经济增长质量的关键在于经济增长包含社会发展，经济发展是社会发展的前提和基础，也是社会发展的根本保证；社会发展是经济发展的目的，也为经济发展提供精神动力、智力支持和必要条件。随着人民群众的物质生活水平日益提高，对精神文化、健康安全、教育水平等方面的需求也日益增长，更加要求社会与经济共同发展，缺一不可。四是提高经济增长创造就业的能力，通过高速、有效及可持续的经济增长，来争取最大限度地创造就业与发展机会，确保民众基本的福利保障。五是确保民众能机会平等、公平参与经济增长。经济增长质量的提高主要是通过经济增长创造和发展机会，社会所有成员都可以平等地利用这些机会，并在此过程中提高自身收入和能力，使经济实现可持续增长，社会发展步入良性循环。

3. 经济增长质量倡导了一种价值导向

经济增长质量向全社会倡导了这样一种新的增长价值导向，这种价值导向包括：一是倡导了增长成果共享的价值观。不同社会阶层共享增长成果，增长成果由人民共享，关注人的生活质量、幸福指数，把发展的目的真正体现到满足人民需要和提高人民生活水平上，特别要使低收入人群分享增长的成果。城乡之间共享增长成果，建立城乡经济社会一体化的新格局，消除城乡市场分割、体制分割、产业分割、促进城乡基本公共服务均衡配置，在城乡之间建立起共享增长成果的机制。二是倡导了民生导向的增长价值理念。要改变过多地强调GDP的增长的理念，在经济增长中更多地强调民生，在收入分配等方面都要向低收入人群和弱势群体方面倾斜。三是从"国富"到"民富"转型的价值理念。提高经济增长质量强调民富优先，意味着促进居民收入水平的提高将成为宏观经济政策的价值目标，这一目标意味着更多的社会产品分配给居民而不是企业和政府；意味着政府更多的财政支出用于社会福利体系建设而不是用于项目建设。使社会财富更多地为居民所有，居民的消费倾向和消费能力在经济增长中都应该得到极大的改善。

4. 经济增长质量更加强调人本主义的增长

经济增长模式分为两类：以物为本的经济增长和以人为本的经济增长。"以

---

① 约翰·穆勒：《政治经济学原理》（下卷），商务印书馆1991年版，第324页。

物为本"的经济增长把"物质经济增长"视为经济增长的关键，把物质生产的高速度和物质财富的高积累及物质生活的高消费放在核心的地位。从大多数国家的经济增长实践来看，最初的经济发展都是"以物为本"的模式，在经济发展的初期总是倾向于高投入、高消耗、追求高增长率和大规模生产。而倡导经济增长质量更加强调人本主义的增长，"以人为本"的经济增长以人的自由发展和福利改善为出发点，以人为主体的自由为核心，从生存自由、社会自由和精神自由为侧重点来设计发展的思路和实现路径。把经济增长的终极关怀建立在以人为本的基础之上，发展应该是为了一切人和完善人的发展。在发展中不仅要重视物的增长，而且特别要重视人的全面发展，健全公共服务，提高教育、医疗水平等与人的全面发展密切相关的问题。把提高人的生活福利、拓宽人的发展空间、维护人的发展权利作为经济发展的终极目标。

5. 提高经济增长质量是经济发展方式转变的具体化

经济发展是有阶段性的，不同经济发展阶段的发展方式不同，发展中国家在经济发展的初期，一般都实行追求增长速度的赶超战略，单纯追求"快"的增长方式是主流。随着工业化的全面推进，经济发展整体水平的提高，这种片面追求"快"的粗放型增长发展方式必然要走到尽头。在我国经济高速增长的同时，一些问题也逐渐暴露出来，资源浪费严重、生态环境破坏的背后反映的是经济增长模式问题。所以加快转变经济发展方式是关系国民经济紧迫而重大的战略任务，由数量、速度型增长向质量、效益型增长的转变，由资源耗费型和环境污染型增长向资源节约型和环境友好型增长的转变，由经济社会失调型的增长向经济社会协调增长的转变，由低成本的扩张向高效率创新型增长的转变，由要素投入型经济增长转化为内生技术进步型增长，由政府投资推动的增长转化为民间投资驱动的增长，由不可持续性增长向可持续性增长的转变，由出口拉动型增长向内需推动型增长转变，由结构失衡型增长向结构优化型增长转变，由高碳经济型增长向低碳经济型增长的转变，由技术引进型增长向自主创新型增长的转变，由"少数人"先富型增长向"共同富裕"型增长的转变。

第五章

经济增长质量对经济增长
理论框架的扩展

经济增长质量使得经济增长理论从经济增长的最优路径选择扩展到了最佳社会效应和最佳环境效应的实现方面，使经济增长理论的概念性框架从要素投入、要素效率提高与产出的关系扩展到了经济增长系统与外界的物质、能量和信息的交换，经济增长系统投入要素的知识技术含量增加和产出效率提高，经济增长部门和组成部分协同作用，经济增长系统组织能力的提高，经济增长技术进步方式的选择方面；也使经济增长的研究方法论从逻辑实证主义扩展到了规范分析，增添了价值判断；使宏观经济增长从关注短期扩展到了长期，从经济政策领域扩展到了社会政策领域和环境政策领域。本章主要研究这些扩展。

第一节 对经济增长理论原理的扩展

经济增长质量把经济增长研究的视野从研究经济增长的最优路径选择扩展到了经济增长最佳社会效应的实现和经济增长系统耦合的机制的建立方面。最优增长路径的选择意味着经济增长的净收益要最大化，经济增长的成本要最小化。最佳社会效应就是要实现成果分配的合理化，使大多数人分享经济增长的成果。经济增长的经济属性、社会属性和自然属性的耦合与互动是经济增长质量的核心。要保证经济增长有质量，就必须实现经济系统、自然系统和社会系统质量的耦合。

一、经济增长的最优路径选择

经济增长的一般路径有两方面：一是规模报酬不变或者递减基础上的规模扩张路径。二是规模报酬递增基础上的效率提升路径。在发展中国家经济增长的最初阶段或者起步阶段，资源约束弱，经济增长在当时社会的生产可能性边界范围内，经济增长以快为目标，以规模扩张为路径来实现增长。当经济增长到一定阶段，资源环境约束强化的背景下，经济增长接近或者达到生产可能性边界时，就需要实现经济增长路径的转化，从规模扩张向效率提升转变，从规模报酬不变的机制转向规模报酬递增的机制。经济增长最优路径选择的约束条件是经济增长成本的最小化，经济增长成本包括：经济增长的经济成本、经济增长的环境成本和经济增长的社会成本。经济增长成本是指经济增长在经济系统内的耗费，指在生产过程中消耗或转换的物质和服务的价值计量。在国民收入核算中是指本期被生产而又被消耗的产品，如原材料、辅助材料、燃料、动力、广告及其他不能用于最终消费的产品的价值。在国民收入核算的投入产出分析中被列为投入部分，经济系统的成本是一国经济增长中的正常的成本投入和消耗，这个成本投入主要由一定时期的技术水平、生产方式、消费方式及人类生产的集体行为来决定。自然系统的成本是指资源环境成本，即经济增长活动使用和消耗自然资源所必须支付的代价和经济增长活动对环境资源的需求量超过环境系统的资源供应量的环境系统自净力而造成的环境价值损失，经济增长的自然系统的成本主要取决于制度安排。社会系统的成本是由于经济增长会对社会系统产生影响，由此而产生的成本叫经济增长的社会系统成本，也就是科斯意义上社会成本的进一步扩展，包括：交易成本、体制成本。在三种成本中，经济系统的成本是经济增长导致的运行成本、自然系统的成本和社会系统的成本是支持系统的成本。当三种成本最小化时，就实现了经济增长收益的最大化，这时就实现了质量型经济增长。

二、经济增长最佳社会效应的实现

经济增长最佳社会效应就是伴随着经济增长，人们的社会福利得到提高，分享性加强，包容性提升，无根的增长和无情的增长得到抑制，实现更加有道德的经济增长。最佳社会效应包括：一是提高经济增长的减贫效应。经济增长具有趋利效应，在趋利效应的作用下，会形成两极分化。提高经济增长质量就是要减少趋利效应，使得经济增长中的绝对贫困减少，同时使机会分配更加公平。在教育机会分配更平等的地方，既定的增长率与更佳的减贫成果相联系，穷人所拥有的最大财富是其人力资本，教育和卫生保健可以改善人们的生活质量、提高穷人应对环境变化的能力。更加平等地分配人力资本、土地及其他生产性的资本意味着更平等地分配收入机会、强化人民利用技术优势创造收入的能力。二是分享效应。市场机制下的经济增长由于竞争的作用，会造成社会财富集中于少数人手中。提高经济增长质量就是要让经济增长的结果使更多的人分享，让更多的老百姓分享经济增长的成果，变不公平的经济增长为公平的经济增长。三是就业效应。经济增长速度通过影响就业率影响社会的稳定程度。在合理的经济结构背景下的经济增长能使就业率提高，失业率降低，有利于减少闲暇人口，让就业人口获得较高的平均工资，从而增加了国民的平均幸福程度。提高经济增长质量就是要实现以就业为先导的经济增长，使就业与经济增长相联系，变低就业的经济增长为创造就业的经济增长。

三、经济增长最佳环境效应的实现

经济系统、社会系统和自然系统是三个性质各不相同的系统，有着各自的结构、功能、存在条件和发展规律，但它们并不是彼此孤立，而是互相依存、相互制约的。经济系统是在人类物质资料的生产和消费过程中，各个不同地区、部门、单位和环节等所构成的社会经济统一体，它是经济增长的运行系统。社会系统是人的群体共同劳动和生活的有机整体，自然系统是自然界的生命子系统与其生存环境子系统在特定时空的有机结合，自然系统与社会系统是经济增长的支持系统。当三个系统之间相互冲突的时候，经济增长的质量低，当三个系统之间处于耦合优化状态时，经济增长达到资源充分利用，经济增长质量就会提高。这表明过去的经济增长政策往往偏重于考虑增加经济系统中实物资本的投资规模，而忽略了这仅仅是构成高质量增长的众多因素之一。提高经济增长质量还需要对社会系统中的人力资本和社会资本进行投资，以及对自然系统中的自然资源和环境资本进行投资，从而使物质资本、人力资本和自然资本之间存在一个相对均衡的增长率，使得经济增长的最佳环境效应得到实现。如果一国的大部分国民收入来自自然资源，那么通过牺牲自然资本进行物质资本积累的方式不可能是有质量的经济增长。如果经济增长更加注重于提高环境质量和资源使用效率，将有利于资本的积累、经济的增长和人类福利的增加。

第二节　对经济增长理论概念性框架的扩展

主流经济增长理论的概念性框架主要涉及经济增长中要素投入、要素效率提高与产出提高的关系。质量型经济增长理论则在主流经济增长理论概念性框架的基础上进行了一系列的扩展。

一、经济增长系统具有非线性、非稳定性和非均衡性特征

经济增长是一个复杂系统过程，而且是一类复杂的非线性反馈系统，具有非

线性、非稳定性和非均衡性特征①，因而建立在线性系统、稳定状态和均衡基础上的新古典经济增长理论存在着难以克服的缺陷和不足，无法解释和解决经济增长过程中出现的质量问题。用系统演化理论不仅可以研究和解决新古典经济增长理论无法解决的系统非稳定性、非均衡性背景下的增长过程，而且可以探索到提高经济增长质量的有效途径。

二、经济增长系统与外界的物质、能量和信息的交换促使系统质量的提高

按照系统论的观点，经济增长系统都是由要素及其相互之间的关系所构成的，经济增长要素的结构及其要素之间的关系变化构成系统的增长运动。当要素之间的数量比例协调、平滑替代效应及对产出贡献不断提高时，就会促使经济增长系统的运动和变化趋向于质量提高。经济增长系统趋向于质量提高的条件是增长系统具有开放性，能实现增长系统与外界不断进行的物质、能量和信息的交换，通过自然资源要素与自然生态系统，使劳动要素与社会政治和文化系统进行着物质、能量和信息的交换。增长系统是不断演化的，由于演化发展，在系统内要素、企业或企业集团、产业部门之间会出现协调障碍，产业政策和企业管理制度会变得陈旧，产业结构和企业组织将会逐渐老化，这些情况都会导致经济增长系统的无序性增加和增长速度的递减，从而使经济增长质量下降。要保持经济增长系统具有旺盛的生命力，并促使经济增长质量的提高，就必须使增长系统与外界进行物质、能量和信息的交换，不断地进行改革、开放、创新。只有通过引入新的理念，更新保守的观念，设计新的制度，建立新的组织，改造传统的技术，打破增长系统内的僵化平衡状态，才能使经济增长系统长期处于快速、稳定、协调和高效的运行，并不断地提高其质量。

三、经济增长系统投入要素的知识技术含量增加和产出效率提高时会形成质量型增长

在系统的内部，经济增长系统由各产业部门系统组成，各产业部门系统又由相应的企业集团或企业系统组成。各企业或企业集团之间、产业部门之间通过产品分配与技术转让、投资与消费、需求与供给关系相互耦合、相互作用，结成了一种自然的约束和彼此协调的稳定结构，构成了系统的整体增长行为，使系统呈

---

① 刘刚、顾培亮：《经济增长的系统理论分析》，载于《西北农林科技大学学报（社会科学版）》2003年第2期，第60~64页。

现稳定有序的经济增长。当经济增长系统中各个要素和产品中技术知识含量增加，以及经济增长系统要素产出效率提高时，就会出现质量型经济增长。

四、经济增长部门和组成部分协同作用是形成质量型增长的关键

在增长系统中，任何一个产业部门都不可能脱离整个增长系统而存在，也不可能离开经济增长系统中产业部门而增长，要受到系统增长及其他产业部门增长的约束与驱动。在系统增长的过程中，产业部门之间存在着相互约束、相互合作、共同发展的协同力量，这一力量促使产业部门之间以此消彼长、此长彼消的方式运动和变化，最终形成系统整体的、有序的增长行为，系统整体的增长行为一旦形成，反过来又会作用于各产业部门。由于经济增长系统的复杂性，系统中的各个组成部分和构成系统及这些组成部分的微观客体，如个人、团体、企业、机构等，都具有相对独立的决策能力，会出现分散决策。当经济增长部门和组成部分协同作用时，使各产业部门和各个组成部分以协同的方式运动时，会出现质量型增长。

五、自组织能力的提高是经济增长部门和组成部分协同作用的条件

由于经济增长系统的复杂性、增长状态的多样性及经济增长结果的不确定性，在经济增长各部门和组成部分协同作用的过程中关键是形成自组织能力。按照混沌理论，一个含有大量分子或其他结构单元的系统，在其内在作用力的驱动下，通过与外界交换能量、物质与信息，按一定的规律运动使这些结构单元实现重新排列，形成新的组合，并自发形成有规则结构的现象叫自组织能力。如果一个经济系统是靠外部指令形成组织的，这种现象叫他组织；如果不是依靠外部指令形成，系统按照相互默契的某种规则，各尽其责而又协调地自动地形成有序结构，这种情况就是自组织。布赖恩·阿瑟认为经济增长中报酬递增产生的根源是经济系统具有良性循环、相互补充和自我强化的内在机制①。在正反馈效应的作用下，经济系统运动与变化的路径存在多种可能的情形，系统的均衡点是多重的，存在着非稳定性、非均衡性和不可逆性。

从部门之间的经济关系来看，经济系统的自组织表现为部门之间的协调与趋同。一方面，部门之间的资源配置、生产协作、商品流通和产品供需都是在市场机制的作用下进行转移和调节的，部门间存在着资本流、劳动流和信息流。由于

---

① Arthur, W. Brain. Competing Technologies, Increasing Returns, and Lock – in by Historical Events. *Economic Journal*, 1989, 99 (5): 116 –131.

要素的流动，经济系统经常处于一种远离平衡的，乃至非平衡的状态①。另一方面，在经济系统内部每一个部门与其他部门之间存在着直接或间接的资源、生产、产品、信息等方面的有机联系，部门之间的有机联系使任何一个部门都不可能脱离整个系统而单独存在，也不可能离开其他部门而独立增长，必定要受到整个经济及其他部门增长的束缚与驱动，即部门之间存在着相互约束、相互合作、共同发展的协调力量，进而促使经济系统形成宏观的增长行为。整体的增长行为一旦涌现，反过来又会作用于各部门，使各部门之间以趋同和有序的方式增长。

生产要素所具有的报酬递减和报酬递增性是经济系统产生正、负反馈的根本原因，表现为生产要素对经济系统具有两种自组织效应：一是稳定原有结构，二是改变原有结构。在要素报酬递减性质的作用下，经济系统没有结构变化，不存在路径演化，要素报酬递减总使在平衡态附近不断波动的经济趋于回到平衡态，起到了稳定原有结构的效果。在要素报酬递增的作用下，经济系统存在多条平衡增长路径，存在路径演化，要素报酬递增改变了原有的结构，为经济系统新结构的建立提供了必要条件，实现了经济增长部门和组成部分协同作用。

六、经济系统自组织能力提高的关键是经济增长采用非要素增加性技术进步

当要素报酬递增机制改变了经济系统的结构时，经济系统的自组织结构就会提高。经济系统的结构改变需要通过技术进步的选择来实现。技术进步有两种方式：要素增加型技术进步和非要素增加型技术进步。要素增加型技术进步不改变经济结构，不会形成规模报酬递增；非要素增加型技术进步会导致经济结构发生变化，从而会形成规模报酬递增。如果生产过程是规模报酬递增的，而使用的技术本身是规模报酬递增的非要素增加型技术，这种规模报酬递增就是内在的，内在的规模报酬递增将提高经济系统的自组织能力。

第三节　对经济增长理论方法论的扩展

数量型经济增长关注经济系统本身的运行，考察经济增长的源泉和动力，运用实证主义方法论对经济增长进行客观描述，不涉及价值判断问题。质量型经济增长则以经济增长的结果、前景和持续性为主要视角，基于规范主义方法论，以

---

① 刘刚：《经济增长不确定性的自组织机制分析》，载于《商业经济与管理》2007 年第 1 期，第 28 ~ 32 页。

一定的价值判断作为出发点和基础，并以此作为处理经济增长问题和制定经济政策的依据。质量型经济增长理论把经济增长的研究从没有价值判断的逻辑实证主义方法论扩展到了以具有价值判断的规范方法方面来，从而使经济增长理论从过去逻辑实证主义方法论扩展到了在实证基础上的规范分析，这一扩展使得经济增长理论从没有价值判断的经济学扩展到了具有价值判断的规范分析上来。

质量型经济增长理论的价值判断分为终极价值判断与现实价值判断，终极价值判断与现实价值判断是经济增长质量价值判断的两个层面，质量型经济增长要求经济增长符合现实价值判断与终极价值判断相一致的价值判断体系。

质量型经济增长理论终极价值判断的核心是人的发展，是基于人本主义经济发展观的判断标准；以人为核心的经济增长要求以人为中心，解放人、发展人、实现人，把人的发展看作是社会发展的核心和最高目标，经济增长要实现人的幸福最大化，幸福最大化更多地体现在社会结构、社会文化、人文关怀方面；要以社会文化发展为前提，依据一定的文化理解经济增长，借助一定的文化价值规范对经济增长做出价值判断；把情感看作人的基本存在方式，关注人的精神状态和内在需求，避免人的异化。着眼于人性，注重人的存在、人的价值、人的意义，尤其是人的心灵、精神和情感。从人文关怀的精神出发，以人的终极关怀为根本，做出合理的发展规划与制度安排。

质量型经济增长的现实性价值判断则是以经济增长的有效性为核心，实现经济高效增长的判断标准。现实价值判断作为终极价值判断的实现手段，是终极价值判断的过渡价值判断，具体要求：一是实现经济增长代价的最小化，在促进经济增长的同时降低增长代价，实现经济的高效增长；二是社会福利的最大化，经济增长的成果能够带来社会总体福利水平的上升，使社会整体福利得到改善，实现社会福利分配的公平性；三是经济运行的平稳化，使经济增长率的波动幅度小，经济增长率的波动次数少；四是产出效率的最大化，实现增长方式的转变，实现要素生产率的提高；五是产业结构的高级化，在经济增长过程中不断进行产业结构的优化，最终达到产业结构高级化，形成经济增长与产业结构优化相互促进的良性循环模式。

第四节　对经济增长理论政策框架的扩展

质量型经济增长理论不仅扩展了主流经济学的基本原理、概念性框架及分析方法，而且对经济增长的政策框架从短期政策扩展到长期政策与短期政策的结合，使得提高经济增长质量的宏观调节政策从经济政策转向了社会政策层面。

一、质量型经济增长理论与数量型经济增长理论的异同

质量型经济增长理论是对经济增长理论分析框架的扩展，主流经济学的经济增长理论仅仅研究了经济增长的数量，质量型经济增长理论与数量型经济增长理论是整个经济增长理论同一问题的两个方面，数量和质量有机结合构成了完整的经济增长理论。但是数量型经济增长理论与质量型经济增长理论存在着差异性。

两种理论的目标不一样：数量型经济增长理论研究的是经济增长的源泉、动力，主要目标是经济增长的速度，因而数量型经济增长通过采用 GDP 或者人均 GDP 来衡量，可见数量型经济增长不仅追求经济增长的速度，而且追求的是物质增长的速度；而质量型经济增长研究的是在探索经济增长的源泉、动力的基础上追求经济增长的后果和前景，主要目标是追求经济增长的有效性，有效性涉及多个方面，不能采用单一指标来衡量，要采用复合指数来表示，可见质量型经济增长追求的经济增长有效性的核心在于人的发展。

由于关注的目标不一样，数量型经济增长理论与质量型经济增长理论的研究方法也有差异，数量型经济增长关注经济系统本身的运行，运用实证主义方法论对经济进行客观描述，不涉及价值判断问题。质量型经济增长理论基于规范主义方法论，以一定的价值判断作为出发点和基础，提出行为标准，并以此作为处理经济问题和制定经济政策的依据，探讨如何才能符合这些标准。基于社会伦理原则、文化观念和哲学观点的经济增长质量的价值判断是经济增长质量的终极价值判断与现实价值判断的统一。

同样由于关注的目标不同，数量型经济增长理论与质量型经济增长理论的逻辑也是不同的，数量经济增长理论是依据生产要素的性质，沿着线性思路来研究经济增长的，主流经济增长理论认为经济增长的生产要素包括劳动、物质资本、技术和知识等。劳动与物质资本具有稀缺性，由于稀缺性，当劳动与物质资本投入增加时，资源的使用成本在增加。主流经济增长理论认为经济增长有三种机制：一是保持其他要素投入不变，只增加一种要素投入，所得到的产出增量是递减的，这就是规模报酬递减；二是使所有的要素投入都成比例增加，产出的增加比例等于投入的比例，经济增长呈现出规模报酬不变状态；三是使所有的要素投入都成比例增加，产出的增加比例大于投入的比例，经济增长呈现出规模报酬递增状态。不论是规模报酬递增还是递减，经济增长是一个简单线性过程。在新古典增长理论的条件下，劳动与物质资本总是围绕平衡态附近不断波动，使经济趋于回到平衡态，劳动与物质资本的连续投入不会使经济结构发生变化，经济仅存在着一个鞍点均衡的稳态，稳态领域内只有一条唯一的平衡增长路径，也就是经济增长路径具有确定性。

质量型经济增长理论是依据多部门系统复杂性来研究经济增长的，认为经济增长是一个多部门的复杂系统，既存在系统内部的复杂关系，也存在系统之间的互动关系，因而经济增长是一个复杂系统构成的非线性过程，具有不确定性。从系统复杂性来看，经济增长系统的各个部门可以划分为资本品部门、消费品部门、知识品部门、服务品部门等。不同的部门具有不同的资源禀赋、要素效率及不同的盈利能力和经济地位。知识品部门、服务品部门和教育品部门是创新能力强的部门，这些部门是经济增长的源泉。资本品部门是资本密集型部门，对技术与知识的应用能力强，在规模经济约束下，是知识密集型部门的跟随者。消费品部门劳动存量大、技术含量低、资产规模小，是资本密集型、知识密集型部门的应用者。由于经济增长系统的复杂性，经济增长在不同时期具有不同的主导部门，主导部门是一国经济增长的动力源泉，主导部门的知识禀赋、要素效率是主导部门增长的关键因素。由于经济增长系统的复杂性，动力结构中的知识禀赋、要素效率是非线性的，经济增长存在多重稳定的、不稳定的均衡点，出现多条可能的增长路径，使得经济增长具有不确定性。在经济增长中存在规模报酬递减路径、不变路径和递增的多重路径，从而使经济系统产生正、负反馈，导致经济增长具有不确定性。在经济增长具有不确定性的情况下，就需要采取措施降低不确定性，降低不确定性的过程就是提高经济增长质量的过程。

二、质量型经济增长对宏观经济政策框架的扩展

由于质量型经济增长与数量型经济增长理论在目标、逻辑和方法上的差异，质量型经济增长对宏观经济政策的框架也进行了扩展。在宏观调控政策上，质量型经济增长理论把政策的着眼点从短期的货币政策、财政政策扩展到了扩大生产可能性边界的产业政策、人力资本政策和技术进步政策方面，从国富政策转型为民富政策，从经济政策领域扩展到了社会政策方面。

（一）对短期政策方向的校准

在货币政策方面，货币政策通常是通过调节货币供应量来调节总需求。从经济增长质量出发，货币政策在方向上应该更多地支持实体经济的发展，特别是要支持产业链条长、就业弹性高、创新能力强的实体经济，通过这些实体经济的发展不仅要增强经济竞争力和提高就业的能力，而且要抑制短期经济波动，熨平经济周期。货币政策要支持发展以知识和技术为主的现代产业部门，加快规模报酬递增机制的形成，提高经济增长的效率。在财政政策方面，财政政策既要支持新型工业化的发展，同时也要积极实施再工业化，通过再工业化加快传统部门改造，加大传统部门技术和人力资本投入，同时要促进产业结构升级，促使企业或

整个行业从原先的资本驱动型或劳动驱动型增长向知识驱动型转变，实现产业结构从传统规模报酬不变或者递减转化为规模报酬递增。同时调整财政支出结构，真正建立公共财政，更多地支持民生部门的发展。

（二）从短期政策向长期政策的扩展

短期政策是在生产可能性边界不变的情况下，通过货币供应量和财政收支的调节，影响总需求和总产出。而长期政策主要是实现生产可能性边界扩大的政策。经济增长质量关注经济增长的有效性，实现经济增长质量提高的宏观经济从短期扩展到了长期：一是在产业政策方面，产业政策的目标从结构多元化转向结构的高级化，从一国资源禀赋状态出发，遵循产业演进的规律，积极推动产业结构向合理化和高级化演进，加快现代产业体系的形成，增强产业结构的转换能力，使经济增长中产业演进的主要方向从以结构多元化求增长速度转向以结构高级化求增长质量；二是在人力资本政策方面，针对企业自主创新能力的提升、经济增长产出效率的提高及经济增长由要素驱动型向技术提高型转变，不断提高人力资本投资的水平，同时积极优化人力资本投资的结构，重视解决市场机制缺陷造成的人力资本错配，使人力资源真正在经济增长中发挥作用；三是在技术进步政策方面，提高经济增长质量需要发挥技术进步的作用，为此在技术进步政策上，要制定合理的技术进步政策，使得技术进步政策一方面要实现技术供给和技术需求的有效衔接，另一方面在技术选择上，更多地要使非要素增加型技术进步在实际经济增长中发挥作用，实现经济结构的优化，实现结构性增长。

（三）从经济政策领域向社会政策领域的扩展

质量型经济增长理论关注经济增长的最佳社会效应，使增长政策从经济政策领域扩展到了社会政策方面。社会政策是与公民福利有关的国家或政府的政策，在经济增长质量的提高中社会政策的作用是为了实现经济增长的最佳社会效应。社会政策是通过国家立法和政府行政干预，解决社会问题，促进社会安全，改善社会环境，增进社会福利的一系列政策、行动准则和规定的总称，社会政策要着眼于为经济增长质量的提高创造条件。社会政策一方面通过保证所有人的基本的社会和经济安全，满足人们生存的基本需要，增强社会的稳定，推进社会公正，营造经济长期稳定增长所必需的有利环境；另一方面它通过发展和释放人力潜能，降低社会工作风险，还可直接促进生产率的提高。因此，社会政策的设计要促进更大的平等，进而减少贫困。同时对社会弱势群体采取某种形式的补偿，目的是满足社会需要和改善公共利益，它要求实行资源的制度性的再分配，以保证全体公民生活的安全，提高生活质量，促进社会公平。在经济增长中要关注贫困问题的改善，关注保健、教育、经济发展、能源的利用、环境保护、社区发展、文化多样性保护等社会目标。

（四） 从经济和社会政策领域向环境政策领域的扩展

传统的经济增长模型主要关注物质资本、劳动、人力资本和技术。这些因素都是经济增长不可或缺的因素，但是传统经济增长模型主要着眼于经济系统，而忽视环境系统，环境系统的作用在经济增长模型中没有得到体现。质量型经济增长理论重视环境系统的作用，在政策上不仅体现出经济系统的特征、社会系统的特征，而且体现出自然系统的特征。政策框架需要从经济、社会政策领域向环境政策领域扩展，以保证实现经济增长的最佳环境效应。环境政策的目标要体现出公平和效率，一方面依据自然系统的特征和公正正义确定政策目标，以经济成本最小实现经济目标；另一方面依据经济效率最佳原则来确定政策目标，以资源最佳配置实现社会福利最大化。

第六章

质量型经济增长模型的构建

从国内外研究经济增长的文献来看，传统经济增长理论研究经济增长的数量，直到现代经济增长理论产生以后，才开始重视研究经济增长的质量。但是经济增长质的研究仅仅局限于对策研究，在基础理论上没有建立系统化的质量型经济增长理论，更没有建立解释质量型经济增长的系统模型。基于此，本章通过对数量型经济增长理论和经济增长实践中出现的"有增长无发展"现象进行反思，来研究质量型经济增长理论模型的建立问题。

第一节　质量型经济增长模型构建的理论基础与实践缘由

一、理论基础：对经济增长代价的思考

数量型经济增长理论主要研究的是经济增长的来源和动力问题，而质量型经济增长主要涉及经济增长的前景和后果问题。传统的经济增长理论认为知识可以不断地产生，经济便可以不断地增长。因此，经济学家将经济增长的路径设计为：发达国家通过赤字财政政策促进经济增长，发展中国家通过工业化来加速经济增长[①]。然而，从 20 世纪六七十年代经济增长的实践来看，赤字财政政策并没有进一步推动发达国家的经济增长，而工业化也没有使发展中国家完全摆脱贫穷落后的局面。对此，国际学术界通过对近代文明和工业化道路的反思，否定了以浪费资源、牺牲环境为代价的数量型经济增长观，开始反思经济增长理论，慢慢转向关注经济增长质量问题，逐渐形成了质量型经济增长理论。

---

① 任保平：《制度安排与可持续发展》，载于《陕西师范大学学报（哲学社会科学版）》2000 年第 3 期，第 86～91 页。

经济增长理论中所隐含的无代价经济增长的前提能否成立？在经济增长的过程中，人类不仅对经济系统产生影响，而且对自然系统和社会系统的干预是不可避免的，经济增长的过程就是对自然资源的利用过程，这种利用不管是对自然原始物的加工，还是对中间产品的再加工，其结果都是自然生态环境被破坏。特别是随着技术进步，人类对自然资源破坏的深度和广度都在加深，为了维持生存人类一刻也不能停止消费，也必然不可能停止生产。只要人类存在，就必须不断地与外部自然界进行物质、能量、信息的交换，以维持人类自身的生存。因此，在经济增长过程中，人类对自然系统和社会系统的干预是不可避免的，因而经济增长成本也是必然存在的。同时"由于人类认识的有限性，技术进步的相对性等多种因素，任何形式的经济增长都需要付出一定的代价，"① 只不过有些形式的经济增长代价小，而有些经济增长的代价高而已。因此，经济增长必然是有成本的，经济增长成本是经济增长质量分析的基本概念性框架。在经济增长质量的研究中，采用经济增长成本这个基本概念范畴来建立质量型的经济增长模型，从而对经济增长质量论进行合理的理论解释。

二、实践基础：对"有增长而无发展"的反思

从工业革命开始，随着科学技术的进步和商品经济的发展，人类生产力水平的巨大的进步推动了经济的快速增长，特别是二战以来，发达国家在凯恩斯主义经济学的推动之下，以国民生产总值作为衡量经济增长的指标，各国努力追求经济的高速增长，出现了前所未有的"经济增长热"。与此同时片面追求经济增长数量所导致的负面效应也显示了出来，许多发达国家出现了"有增长而无发展"的状况。同时，二战以来新兴独立的民族国家为了改变自身的落后局面，也形成了追求经济快速增长的局面。伴随着经济数量的高速增长，发展中国家的经济发展也出现了一些问题，人口包袱沉重、失业严重、环境污染、生态失衡，从而使得经济增长的成本日益增大，同样形成了"有增长而无发展"的现象。《1996年人类发展报告》在讨论经济增长与经济发展的联系时列举了五种"有增长而无发展"的现象："无工作的增长（jobless growth，出现严重失业的经济增长）、无声的增长（voiceless growth，失去民主和自由的经济增长）、无情的增长（ruthless growth，贫困和收入分配严重不公的经济增长）、无根的增长（rootless growth，毁灭文化，降低了人们生活质量的经济增长）、无未来的增长（futureless growth，造成资源耗竭、环境污染和生态破坏的经济增长）"② 。不论是发达国家还是发展中

---

① Mishan E. J. The Costs of Economic Growth. *Staples Press*, London, 1967.
② 郭熙保：《论发展观的演变》，载于《学术月刊》2001 年第 9 期，第 46 ~ 51 页。

国家过去经济增长的状况，再一次印证了"有增长而无发展"这五种现象的普遍存在。

"有增长而无发展"的现象是经济增长中表现出来的一种特殊现象，由于片面追求经济增长的速度和规模，虽然经济增长的速度快，产出率较高，但是这种高速度和高产出率是通过高代价而获得的，在高代价的经济增长模式下，虽然国民生产总值增长了，但是却造成了经济结构的严重失衡、失业严重、环境污染、资源耗竭、生态被破坏，使人类的生存环境遭到破坏，社会福利水平下降。按照新古典的索洛增长模型，在投资的边际产出等于折旧的情况下，经济增长处于稳态的长期均衡水平。此时经济的增长不仅处于稳态的长期增长均衡水平，而且能保持长期消费水平的最大化，这就是经济增长的"黄金律水平"。在"有增长无发展"的情况下，由于追求经济增长的速度和产出，使资本存量不仅偏离了稳态水平，而且超过了"黄金律水平"所要求的资本存量，这时的经济增长速度虽然快，但是经济发展的成本过大，形成了经济增长的高速度、低质量和低效益的特征，出现"有增长而无发展"的现象。

如图 6-1 所示，R_d、C_d 是经济增长的收益曲线和经济增长的成本曲线，在 E 点经济增长的边际收益等于经济增长的边际成本，这是经济增长最佳状态。在 E 点以下的经济增长水平上，经济增长的边际收益大于经济增长的边际成本，此时经济增长时，资源利用方面没有达到最优，总量没有达到最大，经济增长数量状况不容乐观；在 E 点以上的经济增长水平上，经济增长的边际收益小于经济增长的边际成本，此时经济增长有数量型增长但没有发展，这时的经济增长是低质量的。

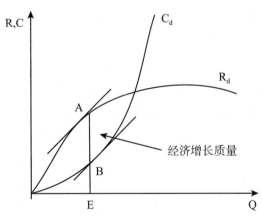

图 6-1 经济增长质量

"有增长而无发展"现象的出现有三个方面的原因：一是在经济增长中，没有把经济增长的短期收益和经济增长的长期收益结合起来，为了追求经济增长的短期效应，而忽视了经济增长的长期收益；二是在经济增长中，忽视了对经济增长成本的考虑，使短期经济增长的代价不断积累，形成了长期经济增长的成本，最后使经济增长的成本大于经济增长的收益，出现了"有增长而无发展"的现象；三是经济增长中的经济系统、社会系统和自然系统不协调。因此，在追求经济增长质量的过程中，要把短期经济增长和长期经济增长结合起来，降低经济增长的成本，提高经济增长的净收益，这样才能形成有质量的经济增长。

第二节　质量型经济增长模型中基本概念框架的确立

经济增长成本分析是经济增长质量的基本概念范畴。从这一概念范畴出发，经济增长质量就是使经济增长的经济成本、社会成本和资源环境成本达到最小状态。

成本是一个不断发展的概念，在经济学领域成本基本上是一个微观经济范畴，是与基本生产单位相联系的，这是最初的成本原论。随着社会经济的发展，成本概念的外延在日益扩大，形成了广义成本理论体系，突破了传统成本理论的束缚，形成了跨学科与多元化的成本范畴。在经济学说史上，19世纪初期就已经有人提出了"社会成本"的概念，并将社会成本界定为"生产单位的浪费行为对外部个人和社会的成本"[1]，或者是"当个人做出一项行动，他本人不一定要承担全部费用或收取全部收益。他所承担的部分叫私人成本，他不承担的部分叫外在成本，这两者的总和组成社会成本"[2]。20世纪中期美国经济学家科斯提出了社会成本理论[3]，虽然社会成本涉及了社会问题，但是还没有超出微观经济学的领域，社会成本理论基本还是微观经济学的一个理论。

本章所涉及的经济增长成本是指一个国家衡量为获得增长而支付的全部成本费用，它是把社会、经济、人口、资源、环境之间的协调发展和良性循环作为一个有机整体，综合研究一个社会经济增长的成本支出。因此广义的经济增长成本是指一个国家为获得经济增长而付出的代价。一个国家为获取经济增长不仅涉及经济系统，而且涉及社会系统和自然生态系统，它不仅要研究生产活动中的物化劳动和活劳动消耗而形成的经济成本，而且要研究经济增长中的资源环境成本，以及由于体制原因而形成的社会成本等。广义经济增长成本的结构包括以下内容：（1）经济成本。经济成本是"指在生产过程中消耗或转换的物质和服务的价

---

[1] Pearce, D. W. The Valuation of Social Cost. London: *Allen and Unwin*, 1978.

[2] 约翰·伊特维尔：《新编帕尔格雷夫经济学大辞典》（第二版），经济科学出版社1996年版，第280页。

[3] Coase, Ronald. The Problem of Social Cost. *Journal of Law and Economics*, Vol. 3,（October 1960）.

值计量"[1]。在国民收入核算中是指本期被生产而又被消耗的产品，如原材料、辅助材料、燃料、动力、广告及其他不能用于最终消费的产品的价值。在国民收入核算的投入产出分析中被列为投入部分。这是一国经济发展中的正常的成本投入和消耗。这个成本投入主要由一定时期的技术水平、生产方式、消费方式及人类生产的集体行为来决定。（2）资源环境成本。资源环境成本是经济增长中资源环境系统中的成本，指人类生产活动和消费活动对环境资源的需求量超过环境系统的资源供应量的环境系统自净力而造成的环境价值损失。（3）社会成本。这是一国经济增长中在社会系统中发生的成本，包括人力资源成本、体制成本等。从而有如下式子：

$$经济增长成本 = 经济成本 + 资源环境成本 + 社会成本$$

假如用 C_d 表示经济增长成本、C_e 表示经济成本、C_r 表示资源环境成本、C_s 表示社会成本，这样经济增长成本可以表示为：

$$C_d = C_e + C_r + C_s \tag{6.1}$$

C_e 是在经济增长中的经济系统中发生的成本，它是由一定时期的技术水平所决定的。C_r 是在经济增长中处理人与自然关系时在自然系统中发生的成本。C_s 是在经济增长中处理人与人之间关系时在社会系统中所发生的成本，包括体制成本、人力资源成本等。其中 C_r 和 C_s 主要取决于制度安排。

第三节　质量型经济增长模型的建立

经济增长质量就是要实现经济增长成本的最小化，依据这一基本思想，本章建立以经济增长成本为分析视角的经济增长质量模型。

经济增长成本的最小化即为 C_d 值的最小化，而 C_d 值的最小则要求 C_s、C_e 和 C_r 都要实现最小化，经济增长成本最小化的理论实质是资源配置的均衡，资源配置是经济学的核心，也是经济增长的关键。资源配置的均衡表示两层含义：一是资源配置在经济系统内部的耦合。资源配置在经济系统内部的耦合是指在经济系统内各项经济活动的边际要素投入所得到的边际收益相等的状态，即在经济活动中将各类资源按照边际投入所产生的边际收益相等的原则配置到经济系统内部的各个产业活动中去的，实现经济增长收益最大化。二是经济活动与其外部条件之间的耦合。因为经济活动的外部系统是经济系统内部经济活动的必要条件，在经济发展的过程中也需要向外部配置资源以维护其外部系统，由于外部条件也需要配置资源来维护，因此亦应满足边际投入与所得的边际收益相等的经济原则。经

---

① 钱伯海：《国民经济统计学》，高等教育出版社 2000 年版，第 78 页。

济活动与其外部条件之间的耦合包括两个方面：一是经济活动与自然系统之间耦合；二是经济活动与社会系统之间的耦合。

如果用 NR_d 表示经济增长的净收益，用 R_d 表示经济增长收益，C_d 表示经济增长成本。经济增长的净收益函数为：

$$NR_d = R_d(Q) - C_d(Q) \qquad (6.2)$$

经济增长净收益最大化的必要条件是：

$$\frac{dNR_d}{dQ} = 0 \text{ 即} \frac{dR}{dQ} = \frac{dC_d}{dQ} \text{或 } MR_d = MC_d \qquad (6.3)$$

进一步我们把经济增长的成本 C_d 分解，可得：

$$MR_d = MC_e + MC_r + MC_s \qquad (6.4)$$

从以上可以看出，经济增长净收益最大，即经济增长的最优状态即经济增长边际收益与增长边际成本相等。进一步来讲，经济增长的边际收益与经济增长的边际经济成本、边际资源环境成本和边际社会成本之和相等。经济增长质量就是低成本（代价）的经济增长，依据这一思路可以建立经济增长质量的模型。经济增长质量模型建立在如下前提假定基础之上：（1）经济增长质量与经济增长数量是有联系的，经济增长质量是在经济增长数量的基础上而形成的。经济长期动态增长变化的结果是经济增长质量，因而用经济长期的动态增长变化来说明经济增长质量。（2）由于经济增长质量是经济增长数量的长期动态变化，而对经济增长质量的长期动态变化起决定作用的是总供给，而总供给是由总量生产函数来决定的。因此，我们假定生产函数为新古典生产函数，其规模收益不变，我们可以运用柯布—道格拉斯生产函数这一特殊的形式作为总量生产函数，即 $Y = F(K, L)$。

新古典经济增长理论认为，经济增长表现为产量的增加，而产量取决于资本的投入水平。在资本的投入问题上经济增长理论的大师索洛强调资本、资源和人力资本三者的可替代性，由于三者之间的可替代性，而且资本总量 K 为物质资本（K_m）、自然资本（K_n）和人力资本（K_E）之和，即 $K = K_m + K_n + K_E$，"只要保持 K 不变，经济发展便是可以持续"[①]，新古典经济学允许一定程度的生态破坏、环境污染和自然资源的耗竭，只要人力资本的增长能充分补偿总资本中其他资本的减少，从而保持总资本随时间推移不下降，这是新古典经济增长理论的前提条件，在此条件的基础上构建了其经济增长模型。

以柯布—道格拉斯生产函数 $Y = AK^{\alpha}L^{1-\alpha}$（其中 $A > 0$ 和 $0 < \alpha < 1$）为代表的新古典生产函数是一个不考虑技术约束、资源环境约束和社会经济体制约束的生产函数，这样，在经济增长质量视角下，将价格抽象为 1，则有：$NR_d = R_d - C_d$，由于 $P = 1$，所以 $R_d = P \times Y = Y$，即：$NR_d = Y - C_d$。

---

① 邱东、宋旭光：《可持续发展层次论》，载于《经济研究》1999 年第 2 期，第 64~69 页。

这样将 C - D 生产函数代入上式，便可得到：

$$NR_d = AK^\alpha L^{1-\alpha} - C_d \tag{6.5}$$

从式（6.5）可以看出，谋求经济增长质量，即要求得 $maxNR_d$，实现净收益的最大化。可以看出，涉及总产出的最大化 $maxY = AK^\alpha L^{1-\alpha}$ 和总成本的最小化 $minC_d$。但是总产出最大化与总成本的最小化之间存在冲突和悖论，所以有质量经济增长是在两者之间权衡实现最优的结果。一方面尽可能求得大的产出，最重要在于另一方面即成本的消耗要少，所以这表明在长期的经济增长中要注意在合理利用人类现有自然资源的基础上，采取有力措施对成本进行有效控制，以成本最小化来使得增长净收益达到最大，这样就形成了有质量的经济增长。

第四节　质量型经济增长模型的结论与意义

通过从经济增长成本视角的质量型经济增长模型的建立来看，我们可以得出如下结论。

1. 追求经济增长质量即要实现经济增长成本的最小化

经济增长成本是经济增长质量的基本概念，经济增长成本的分析是经济增长质量分析的基本范畴，经济增长成本的最小化是经济增长质量追求的目标，经济增长质量就是要在经济增长过程中将经济增长成本降低到最小，从而实现经济增长净收益的最大化。经济增长成本是经济增长过程中的代价和损失，在经济增长成本不断增加的情况下，会给人类经济增长的持续发展造成制约。从国民收入核算的角度来看，经济增长成本的提高会造成经济增长的环境和生态系统的能力下降，造成社会福利水平的下降，抵消了经济增长的收益，最终会影响资源配置的效果，当经济增长成本超过一定限度时便会形成低质量的经济增长，这样的经济增长是不可持续的。因此，经济增长成本分析是经济增长质量的理论基础，经济增长质量只能降低经济增长成本，而不能完全消除经济增长成本。

2. 技术和制度创新是降低经济增长成本，提高经济增长质量的途径

由于经济增长质量只能降低经济增长的成本，而不能完全消除经济增长成本，提高经济增长质量就是要把经济增长成本降低到最小。降低经济增长的成本具体来讲，就是降低经济成本、资源环境成本和社会成本。对于经济成本和资源环境成本，技术创新是降低此类成本最优手段。通过技术创新和进步，提高资源的利用效率，改善全要素生产率，同时革新治理污染、净化环境的手段，从而降低此类的增长成本。而社会成本的降低需要制度方面的保障，基本方式在于制度创新。通过制度创新和完善协调社会中人与人的关系，打破不平等机制，谋求机会均等，同时改善交易软、硬条件，提高交易效率，来薄化这一部分的社会成

本。总之技术和制度创新是降低增长成本的关键，是提高经济增长质量的必由之路。

3. 战略创新来稳定产出降低增长成本，从而提高经济增长质量

传统的发展战略与增长模式，强调规模的迅速扩张，在中国发展的最开始阶段，谋求 GDP 的积累和持续高速度的战略是当时宏观情景下的最优选择。即在求得经济增长净收益最大的权衡中，对于产出最大化的追求成为首选。但随着时间的推移，对于"量"方面的追求已退至次席，同时一系列带来 GDP 增长的长期扭曲的制度安排也留下了重重问题及矛盾。对于增长成本的尽可能大限度地压缩成为现阶段中国发展的共识。在这一思想的指导下，发展战略从过去的规模型向效益型转变，从赶超战略、重工业优先发展战略向内生禀赋结构的产业及技术战略转变，以及从过分强调需求忽视供给管理向供需管理并举的方向转变就成为一种大势所趋。与此同时，基于中国要素禀赋和比较优势的战略创新，对稳定产出降低增长成本，进而提高经济增长质量显得重要且必要。

第七章

质量型经济增长理论的
基本假设与基本命题

经济增长质量需要考察经济增长的优劣程度，经济增长质量分析是一种新的分析范式。本章依据经济增长质量的内涵与特征的界定，提出了经济增长质量分析的十大命题和六大伦理原则。

第一节　经济增长质量分析的基本假设

经济增长质量分析是从后果和前景视角对经济增长问题进行的事后的规范评价，因此经济增长质量的分析是建立在以下假设基础上的。

1. 先有数量型增长，后有质量型增长

质量型增长是在数量型增长的基础上实现的。经济增长是有阶段性的，在不同阶段追求的目标不同。在经济增长的初级阶段，由于资源稀缺性不明显，经济增长主要依靠要素投入的扩张，是以规模扩张为主的经济增长，关注经济增长的数量特征。随着数量上的扩张，资源的稀缺性日益凸现，生态环境问题日益突出，在这种情况下，人类的经济增长逐步进入追求经济发展质量的阶段，经济增长开始由依靠自然资源转变为依靠知识和技术。

2. 经济增长质量关注的是经济增长的长期性

经济增长有长期和短期之分，短期经济增长主要关注需求因素，依靠投资、消费、对外贸易带动经济增长。而长期经济增长关注供给因素，主要依靠技术要素、制度要素和结构性转变实现增长，并提高经济增长质量。

3. 经济增长的数量和质量具有不一致性

高速度的数量增长不一定有质量，在经济增长过程中，如果经济增长速度快，而且成本低，质量就高。如果经济增长的速度快，但成本比较高，质量就比较低。在现实的经济增长中，由于数量型经济增长往往采取粗放增长方式，会造成经济增长的数量和质量的不一致。

4. 经济增长数量和质量的统一需要通过相应的制度安排来实现

提高经济增长质量，需要调整经济发展战略，依靠完善制度安排、规范约束经济主体的行为、改善福利分配、保持经济增长的稳定性、降低经济增长中的生态环境代价、提高国民经济素质和竞争力来实现。

第二节 经济增长质量分析的基本命题

经济增长质量作为一种新的分析范式，依据上述四个假设，我们建立以下命题。

命题 1：较高的生产率是经济增长质量的根本保证

生产率是经济增长的重要组成部分，也是经济增长质量的重要方面，它揭示了各种生产要素转化为产出的有效性。

我们将 C－D 生产函数变形为包含人力资本和实物资本的生产函数，其形式为：

$$Y = AK^{\alpha}(hL)^{1-\alpha} \tag{7.1}$$

式（7.1）中，Y 为总产出，A 为生产率指标，K 为实物资本量，L 为劳动力数量，h 为劳均人力资本量，α 为一个介于 0～1 之间的系数。将方程两边同时除以 L，可以得到劳均形式的生产函数，即：

$$y = Ak^{\alpha}h^{1-\alpha} \tag{7.2}$$

式（7.2）中，y 为劳均产出，k 为劳均实物资本量，这个生产函数表示为：

$$产出 = 生产率 \times 综合生产要素$$

为了比较不同时期生产率的差异，将两个不同时期的生产函数写为：

$$y_t = A_t k_t^{\alpha} h_t^{1-\alpha} \ 和 \ y_{t-1} = A_{t-1} k_{t-1}^{\alpha} h_{t-1}^{1-\alpha} \tag{7.3}$$

用式（7.2）比式（7.3），可以得到：

$$y_t / y_{t-1} = (A_t / A_{t-1})(k_t^{\alpha} h_t^{1-\alpha} / k_{t-1}^{\alpha} h_{t-1}^{1-\alpha}) \tag{7.4}$$

由式（7.4）可知，如果不同时期的综合生产要素相同，则式（7.4）可以变换为：

$$y_t / y_{t-1} = (A_t / A_{t-1}) \tag{7.5}$$

此时，产出的差异取决于生产率的差异。生产率是决定经济增长质量的重要方面。

（1）生产率的长期增长取决于技术进步。生产率的改进，意味着同等数量的生产要素结合起来可以得到更多的产出。技术进步可以改变生产要素的组合，提高生产率。由于在不存在技术进步时经济增长受到收益递减的限制，引入技术进步将消除收益递减的限制，产生收益递增，从而提高生产率。

（2）生产率来源于经济制度的效率，而效率来自经济体的组织结构。制度的主要功能在于向人们提供一个与日常生活相互作用的稳定结构，提供激励与约束，来减少因人的行为及环境复杂性引起的不确定性，降低交易成本。制度效率就是实施制度带来的收益与成本的比较，单项制度安排的效率主要取决于制度是否具有"普适性"、其他相关制度安排的完善程度和生产过程的技术性质，制度结构的效率则主要取决于制度配置状况。在技术没有变化的情况下，通过制度创新也可以提高生产效率，实现经济增长。

命题 2：稳定性可以实现资源有效配置和有效利用的结合，熨平经济周期波动，减少不确定性，从而提高经济增长质量

经济增长的稳定和持续性直接关系到经济增长的质量，是实现经济健康快速发展的关键。

（1）经济波动与经济增长之间呈反向关系。经济波动与经济增长之间呈反向关系，意味着期限结构较长的积极政策干预将对市场的有效运行产生一定程度的妨碍，因此频繁和剧烈的经济波动性将对经济增长水平带来负面影响。

（2）经济波动会导致经济增长率降低。经济波动性及经济中其他形式的不确定性也对经济增长率具有负效应，并认为当经济波动性超出一定的界限以后，经济波动所导致的经济增长率降低风险将急剧增加，波动性与增长率之间的反向影响在传导过程中具有非线性和非对称性。

命题 3：降低资源环境和生态成本，可以提高经济增长的净收益，从而提高经济增长质量

考虑资源环境和生态成本的生产函数应该具有以下形式：

$$Y = f(K, L, R, E) \tag{7.6}$$

其中，R 表示资源环境要素，E 表示生态使用，在短期内，使用资源和生态的技术水平不发生变化，R 和 E 与资本 K 和劳动 L 有着同样的作用，都满足以下假定：

$$\frac{\partial Y}{\partial R} > 0,\ \frac{\partial^2 Y}{\partial R^2} < 0;\ \frac{\partial Y}{\partial E} > 0,\ \frac{\partial^2 Y}{\partial E^2} < 0 \tag{7.7}$$

即要求资源环境 R 和生态 E 的使用量在其可以自行恢复的阈值以下。

短期内，技术条件，即总量生产函数不发生变化，生产过程所消耗的资源环境和生态成本与经济增长正相关，因此，经济增长不仅是新古典经济学所理解的要素供给增加的过程，还是资源、生态环境要素不断消耗的过程。

从资源环境和生态要素使用的角度，经济增长质量可以由经济增长与资源环境和生态成本的相对关系，即用 $\frac{RP_r + EP_e}{Y}$ 和 $\frac{d(RP_r + EP_e)}{dY}$ 表示，其中，P_r、P_e 分别表示资源环境和生态要素的价格，这种价格不仅仅具有理论上的意义，在实际中可以通过影子价格和贴现的方法做出粗略的估计。前一个式子表示总产出中资源环境的使用量，后一个式子表示边际产出中资源环境要素使用的边际使用量。这两个式子可以大略地反映一个社会在生产中对自然的依赖程度和破坏程度。从历史上看，虽然经济发展过程是人类不断征服自然的过程，利用自然资源和生态要素的范围和总量在不断增加；但是，经济发展过程的本质是对自然依赖的减少，通过分工、知识增进和迂回生产实现内生经济增长。因此上面两个式子可以表示经济增长的粗放程度，其值越大则反映经济增长的净效益越低，经济增长质量就越差。

（1）经济增长质量就是实现经济增长成本的最小化。经济增长是有成本的，广义的经济增长成本包括以下内容：①中间投入。是"指在生产过程中消耗或转换的物质和服务的价值计量。"[①] 在国民收入核算中是指本期被生产而又被消耗的产品，如原材料、辅助材料、燃料、动力、广告及其他不能用于最终消费的产品的价值，在投入产出分析中被列为投入部分。中间投入是一国经济增长中的正常的成本投入和消耗。这个成本投入主要由一定时期的技术水平、生产方式、消费方式及人类生产的集体行为来决定。②资源成本。资源成本是经济增长使用和消耗自然资源所必须支付的代价，"其数额应大于或等于自然资源自身的价值。"[②]③环境成本。环境成本是指经济增长对环境资源的需求量超过环境系统自净力而造成的环境价值损失。同时还包括人力资源成本、体制成本等。因此广义经济增长成本的函数为：

$$C = M + C_d + C_s \tag{7.8}$$

M 是生产成本，即中间投入，它是由技术水平所决定的。C_d 是在处理人与自然关系时的经济增长成本，包括生态成本、环境成本、资源资本。而 C_s 是在处理人与人之间关系时所发生的成本，包括体制成本、人力资源成本等。C_d 和 C_s 主要取决于制度安排。

提高经济增长质量就是要治理环境污染，进行生态环境的保护，合理地利用资源，控制人口的过分膨胀，从而使经济发展对环境损害所形成的经济增长成本达到最小状态。经济增长成本是指在处理人与自然关系时的经济增长成本，包括生态成本、环境成本、资源资本这几部分，即：

经济增长成本 = 生态成本 + 环境成本 + 资源成本

假如用 C_d 表示经济增长成本，C_s 表示生态成本，C_e 表示环境成本，C_r 表示资源成本，则狭义的经济增长成本可以表示为：

$$C_d = C_s + C_e + C_r \tag{7.9}$$

① 钱伯海：《国民经济统计学》，高等教育出版社 2000 年版，第 132 页。
② Paul Eawken, Amory Lovins, L. Hunter Lovins. Natural Capitalism. *Little, Brown and Company*, 1999.

经济增长成本的最小化即为 C_d 值的最小化，而 C_d 值的最小则要求 C_s、C_e 和 C_r 都要实现最小化，"其实质是生态、环境和资源利用折现率的合理化，"[①] 在这种折现率的基础上，使生态环境与自然资源的分配使用在代际维持均等状态。

（2）经济增长成本最小要求生态环境与自然资源利用的折现率达到一个合理的度，实现经济增长净收益最大化，从而提高经济增长质量。要达到增长成本最小，就要使生态环境与自然资源利用的折现率达到一个合理的度，而这个度的确定可依据边际收益等于边际成本的微观经济效益最大化原则来确定。经济增长成本最小化的理论实质是资源配置的均衡。如果用 NR_d 表示经济增长的净收益，用 M 表示中间投入，用 R_d 表示经济增长收益，C_d 表示经济增长成本，则：

$$NR_d = R_d - M(Q) - C_d \tag{7.10}$$

这样经济增长的净收益函数为：

$$NR_d = R(Q) - M(Q) - C(Q) \tag{7.11}$$

经济增长净收益最大化的必要条件是：

$$\frac{dNR_d}{dQ} = 0，即：\frac{dR}{dQ} = \frac{dC}{dQ} \tag{7.12}$$

$\frac{dR}{dQ}$ 是经济增长的边际收益，$\frac{dC}{dQ}$ 是经济增长的边际成本。

经济增长边际收益等于边际成本，从而实现经济增长收益最大化的充分条件是：

$$\frac{d^2NR_d}{dQ^2} < 0，即\frac{d^2NR_d}{dQ^2} < 0，\frac{d^2R_d}{dQ^2} < \frac{d^2C_d}{dQ^2}或者\frac{dMR_d}{dQ} < \frac{dMC_d}{dQ} \tag{7.13}$$

必要条件是通过制度的激励和约束作用实现经济发展的边际收益与边际成本相等。

命题4：经济结构的转化可以改变经济增长的动力机制

在新古典经济增长理论中，经济增长的源泉是要素供给的增加，这是因为新古典经济增长是一个同质的、一元化的过程。但是，每个国家和地区经济增长的道路各有不同，对于经济结构基本稳定的发达工业化国家而言，经济增长需要进一步增加要素供给，提高技术和人力资本，但对工业化过程中的发展中国家而言，经济增长的另一个重要原因在于经济结构的转化。

在"边际"这一概念刚刚提出时，戈森就提出等边际是实现最优化的必要条件。由于历史和政策原因，很多国家和地区的经济增过程往往是非均衡的，资源配置被扭曲。消除这些扭曲，重新配置资源会使得总量意义上的生产率提高，从而为经济增长提供动力。

---

① 沈满洪：《论环境经济手段》，载于《经济研究》1997年第10期，第54~61页。

以劳动生产率为例，设 LP 表示劳动生产率水平，下标 i 表示产业（i = 1，…，n，n 表示产业的个数），S_i 是产业 i 的劳动力占总劳动力的份额，即就业比重，上标 0 和 T 表示开始和最后这两个时期。0 和 T 的总劳动生产率分别为：

$$LP^0 = \frac{Y^0}{L^0} = \sum_{i=1}^{n} \frac{Y_i^0 L_i^0}{L_i^0 L^0} = \sum_{i=1}^{n} LP_i^0 S_i^0 \tag{7.14}$$

$$LP^T = \frac{Y^T}{L^T} = \sum_{i=1}^{n} \frac{Y_i^T L_i^T}{L_i^T L^T} = \sum_{i=1}^{n} LP_i^T S_i^T \tag{7.15}$$

T 期和 0 期劳动生产率之差为：

$$LP^T - LP^0 = \sum_{i=1}^{n} (LP_i^T - LP_i^0) S_i^0 + \sum_{i=1}^{n} (S_i^T - S_i^0) LP_i^0$$
$$+ \sum_{i=1}^{n} (S_i^T - S_i^0)(LP_i^T - LP_i^0) \tag{7.16}$$

将上式除以 LP^0 表示劳动生产率水平的增长率，得出

$$G_{LP} = \frac{LP^T - LP^0}{LP^0} = \frac{\sum_{i=1}^{n} (LP_i^T - LP_i^0) S_i^0}{LP^0} + \frac{\sum_{i=1}^{n} (S_i^T - S_i^0) LP_i^0}{LP^0}$$
$$+ \frac{\sum_{i=1}^{n} (S_i^T - S_i^0)(LP_i^T - LP_i^0)}{LP^0} \tag{7.17}$$

式（7.17）右边第一项为各行业的内部增长效应，即在劳动力份额不变的情况下，各产业劳动生产率提高对总生产率提高的影响。第二项为产业结构的静态转移效应，即在劳动生产率水平不变的情况下，劳动向最初时期具有较高生产率水平的产业转移对总的生产率的影响。如果本期具有较高劳动生产率的产业吸收了更多的劳动，因而提高了就业比重，则该项的符号为正，这一项支持了"结构红利假说"，即结构转化可以有效提高生产率。第三项为产业的动态转移效应，即劳动向劳动生产率增长率更高的产业转移对总生产率的影响。如果行业的劳动生产率和劳动份额同时增加或减少，该项为正，如果生产率增长较快的产业就业份额减少，或者生产率增长较低的产业就业份额增加，则该项为负。

从数学推导中可以看出，结构转化的背后是资源流动，要素重新配置，在这个过程中，即使没有要素供给增加和技术进步，也会为经济增长提供动力，同时会进一步优化经济增长质量。

（1）结构转化能使资源得到更有效合理的配置，从而提高增长质量。从社会供求角度分析，当经济发展到一定程度，社会需求结构就会发生变动，使社会供给结构不再与其吻合。此时就需要对产业结构进行及时调整，将稀缺资源在社会生产各部门、各行业重新进行更有效的配置，提高单位资源的效益，从而促进经济增长。从资源的供给和需求两个方面来看，在社会生产中，各个产业部门之间

资源的供给条件不同，造成各部门生产增长对资源的依赖程度和所需资源种类也不一样。在这种状态下，如能及时调整产业结构，建立新的产业部门替代生产资源短缺的部门，或提高这些部门的资源利用效率，扩大资源供给较为丰裕的产业部门的生产规模，就可以促进经济增长并提高经济增长质量。资源投入是经济增长的必要条件，结构升级影响资源投入的效率，从而影响经济增长质量。

（2）结构变动能使生产要素从低效率部门向高效率部门转移。结构性增长的本质，是要把要素投入型增长转变为要素效率型增长。结构变动对经济增长质量提高有促进作用，在生产要素总量一定的情况下，只要产业结构的变化能够适应需求的变化，能够更有效地对技术加以利用，劳动和资本能够从生产率低的部门向生产率较高的部门转移，促进了要素在各部门的合理配置和最优使用，结构的变动就会加速经济增长，并提高经济增长质量。

（3）结构转换会使国民收入在生产要素从低效率产业向高效率产业的越迁中获得增长。从投资型增长转变为技术型增长，也是由要素数量的增长转向要素效率的增长的过程。仅仅依靠投入量的增加，经济增长是有极限的，只有靠技术进步，优化经济结构，经济增长才能摆脱资源的限制。传统结构型增长的前提不是生产要素的多寡，而是不同产业效率的差异性。这种普遍存在的差异性是结构性增长的基本势能。与此同时，追求利润和市场竞争是生产要素从低效率产业向高效率产业转移并形成结构性增长的动能，这种势能和动能长期存在。只要将生产要素从低效率产业转向高效率产业，即使生产要素数量不增加，国民收入也会获得增长，其效果类似技术创新。

（4）技术创新和结构效率相关。结构效率的基础是国内产业之间、国内与国外产业之间存在效率差异，而不是难度相当大的技术创新。这对于缺少技术创新的发展中国家具有十分重要的意义，只要创造一个自由灵活的经济制度，将低效率产业的生产要素转移到高效率产业，就可以带来结构型增长。但是技术创新对经济增长是有帮助的，它可以为结构型增长创造更具效率的产业和增长空间，也有助于低效率产业向高效率产业的转移。

（5）结构型增长的本质是集约的要素效率增长。结构型增长是多源性的，可能有许多低效率产业部门同时向高效率产业部门转移，并且是经常性的。每个或每次产业转移都会获得结构效率，带来结构性增长，因此更具有稳定性和可持续性。当然，自由灵活的经济制度是结构型增长的基本前提，如果僵化的经济制度限制了生产要素的自由流动，结构效率就难以实现。在这个意义上，经济制度是结构型增长的重要约束条件。

命题5：福利分配可以实现经济增长成果的共享，形成长期激励，从而提高经济增长的质量

经济增长的最终目标都是为了增加社会的福利水平和幸福程度，福利分配可以实现经济增长成果的共享，形成长期激励，从而提高经济增长的质量。

（1）福利分配状况决定人力资本积累的水平，从而影响经济增长质量。福利分配状况决定了人力资本投资选择，进一步决定了人力资本积累的水平，而人力资本又是影响总产出的重要变量，收入分配通过人力资本积累机制影响总产出。当收入分配不平等时，低收入群体会选择不进行人力资本投资，作为非熟练劳动力在规模报酬递减的传统农业部门从事劳动；而如果收入分配相对比较平等，这部分劳动力就可以通过进行人力资本投资，从传统农业部门向现代部门转移，由于传统农业部门规模报酬是递减的，而现代部门规模报酬是不变的，这种转移能促进整个经济总产出的增长；收入分配不平等时，长期来看整个经济就会分化为两个阶层，高收入阶层将一代一代进行人力资本投资，而低收入阶层只能一代一代作为非熟练劳动力从事低端生产活动，由于在长期中非熟练劳动力将不再能向熟练劳动力转变，人力资本积累受到限制，从而影响到总产出。

（2）福利分配状况影响社会需求水平，从而影响经济增长质量。收入分配不平等会通过影响企业产品的市场规模，进而影响经济增长。当财富过于集中在特别富有的人手中，将导致对手工艺品和进口奢侈品的需求，而抑制国内制造业产品的市场规模，进而损害本国的工业化进程。同样，如果收入分配过度平均化，工业生产存在固定的事先投资成本，也会使得各生产部门因缺乏市场需要而无法发展。一国经济发展过程中，农业生产力的提高或出口的扩大增加了人们的收入，从而增加了人们对国内工业品的需求，最终会促进工业化的发展。但是国内农业发展和出口的增加并不必然带来工业化的发展，这要看收入分配的情况。农业收入或出口的收入增加，可能并没有增加对国内产品的需求，那么在国内工业品市场仍然比较狭小的情况下，工业化是不可能实现的。国内需求的扩大，特别是工业品需求的扩大，需要有一个中间阶层来支撑。这是因为富裕的人所需求的商品一般是一些高级工艺品或进口奢侈品，而不是国内的一般工业品。在分配不平等的农业国，富人需求的是国外时尚的高档消费品，而穷人的购买力有限，这样对国内生产的工业品需求不足。而工业化要求充分大的国内市场，以使用规模收益递增的生产技术，从而制约了国内工业化进程和经济发展。

（3）经济增长中福利水平的提高，需要通过政策从收入或经济增长以外去调整。经济增长与福利水平的相关程度并不高，收入或经济增长以外的因素，比如：心理满足感、家庭生活质量、健康水平、基本人权、失业与通货膨胀等，会显著地影响个人福利水平，也同时影响到个人对经济政策的反应。当经济增长的成果为全社会各阶层共享时，公共福利当然会得到改善。但是当社会两极分化、经济增长的成果仅为某些社会阶层独享时，不管增长的速度有多快，它都不可能改善全社会的公共福利状况。经济增长中福利水平的提高，需要通过政策从收入或经济增长以外去调整。

命题 6：国民经济素质是经济增长质量的综合表现，高质量的经济增长必然要求高素质的国民经济

国民经济素质是一个国家国民经济系统各种内在因素有机结合形成的整体功能特性，它表现为一个国家长期有效地开发和利用各种资源创造国民财富的基本条件和能力。因而国民经济素质是经济增长质量的综合表现，高质量的经济增长必然要求高素质的国民经济。

国民经济基础素质的改进有助于降低全社会的交易费用和生产成本，从而促进民间投资和外资的进入，有利于优化经济增长的结构，提高经济增长质量。

国民经济的能力素质决定了未来发展的潜力，具有创新能力的企业素质会影响经济增长的结构和经济增长的资源利用水平和环境代价。投融资能力和国际循环能力对于经济增长的稳定性有积极的影响。

命题 7：制度是经济增长的激励和约束因素，经济增长质量提高的关键是"使制度正确"

提高经济增长质量的关键是"使制度正确"。更一般地说，"使制度正确"就是要节约交易成本，在经济增长中创造秩序和降低交易的不确定性。在制度建设的基础上设计社会制度结构中的关键变量——社会激励结构，形成有利于经济增长质量提高的激励和治理机制。

激励机制不仅要提高制度安排的效率，更为重要的是要使制度安排的方向正确，即使得各类主体更加注重内化的能力建设，以能力建设和素质的提高来改善经济增长质量。"把激励搞对"是发展中国家经济增长的最大课题。在一个制度安排有效并且资源能够自由流动的经济中，其总的产出并没有达到生产可能性边界，这里就存在激励问题。经济基础因素的差异是导致国家间收入差异的重要因素，那么经济基础因素的变化就会导致收入的变化。如果经济基础因素的改革把经济体中的激励机制从鼓励转移转向鼓励生产性活动，就可以起到鼓励投资、技能积累、技术转变和更有效地利用这些投资的有效使用。这些改革措施提高了经济长期的稳定状态，从而提高经济增长的质量。

命题 8：经济增长质量追求长期增长

经济增长具有长期和短期之分，短期增长主要是扩大经济的有效需求导致的短期增长，长期增长是考虑经济在各种约束条件下均衡增长，是一种相对稳定、持续的增长。数量型经济增长重视短期需求引致的数量增长，而质量型经济增长关注结构转化、制度创新和技术创新所引起的经济增长。

（1）在短期中伴随着总需求水平的上升，产出便会相应增加，产出水平与需求水平呈现正相关的关系。经济增长通过需求拉动，通过人口、资本、自然资源等要素的使用来提升经济增长中产出的数量水平，依据规模经济的机制来实现增长。长期中，经济产出依赖于生产可能性边界的扩张来实现经济增长，而生产可能性边界的扩张取决于技术创新、制度创新和人力资本作用的发挥，这种增长不仅带来了数量的扩张，而且带来了质量的提升。

（2）追求长期的质量型增长必须发展创新型经济增长。创新型经济增长是以知识和人力资本为依托，以创新为主要的驱动力，以发展新技术和新产品为着力点，以创新产业作为标志的经济。依靠物质要素投入推动的经济增长方式属于要素驱动型经济增长。创新型经济增长就是利用知识、技术、企业组织制度和商业模式等创新要素对现有的资本、劳动力、物质资源等有形要素进行新的组合，以创新的知识和技术改造物质资本、提高劳动者素质和科学管理来实现效率提升为主的经济增长。

（3）追求长期的质量型增长必须实现从需求管理政策向供给管理政策的转变。追求长期的质量型增长使得供给管理变得更为重要。需求管理是在生产可能性边界不变的条件下进行的，而供给管理是在扩大生产可能性边界的条件下进行的，是经济发展中最重要的生产问题。要为长期经济发展提供坚实的实体经济支持和不竭的动力，促进从数量型经济增长向质量型经济增长的转变，实现经济发展从总量增长到质的提升，经济增长政策就要由需求管理向供给管理转变。

命题9：道德是推动经济增长质量提高的精神动力

（1）道德力量能促进生产和消费的良性发展，从而提高经济增长质量。正确而合理的生产、消费行为与理念，是提高经济增长质量的重要因素，合理的道德观有利于合理安排生产与消费。

（2）道德力量可以提高合作收益，进而提高经济增长质量。道德约束是促进经济主体达成合作的基础。道德力量可以促进经济主体的合作，提高合作收益，降低交易成本，提高经济增长质量。

（3）道德力量有助于实现经济增长中科学理性与价值理性的统一，调节经济增长中的社会利益关系，提高经济增长质量。

命题10：质量型经济增长是经济文明的内在体现

（1）质量型经济增长是人类文明形态的最高阶段。经济增长模式与人类文明形态紧密相关，在不同的文明形态阶段，具有不同的经济增长模式。不同经济增长模式中决定经济增长的因素的质变决定经济增长模式的选择和的质变。在数量型经济增长阶段追求物质文明，而到质量型经济增长阶段，要追求物质文明、精神文明、生态文明、社会文明的有机统一。因此，质量型经济增长是人类文明形态的最高阶段。

（2）质量型经济增长要实现最优化的经济文明新机制。质量型经济增长要实现生态效益、经济效益和社会效益相统一的最优化的经济文明新机制。通过经济增长中理念、机制、技术、管理和市场五大要素的综合创新，摒弃高投入、高消耗、高污染、低产出、低质量、低效益的经济增长方式，走健康、幸福、文明的经济增长道路。

（3）国民生产总值与经济增长质量的统一。质量型经济增长不仅仅要求创造了多少产品或财富，关键是如何生产和创造这些产品和财富以及这些财富如何促进了人类的经济文明，质量型经济增长的经济文明观要求，生产总值的增长，必须同经济增长质量的提升相统一。没有经济增长质量的产值，也是没有意义的。经济增长质量就是生产力的水平、效能和竞争力。产值的增加与经济效益和经济质量提升的统一，才是质量型经济增长所要求的经济文明的核心内容。

第三节　经济增长分析的伦理原则

经济增长质量分析的目的有两个：一是对某种经济增长的质量进行评价，判断其优劣程度；二是提出某种经济增长在数量提高的基础上如何提高质量。这两个方面都涉及价值判断，由此可见经济增长质量分析是一种规范分析方法。为了使社会主义市场经济健康发展，保证契约公正和可实施，保证竞争公平与经济高效率，除了要建立起完备的制度外，还应当重视经济道德的支持，重视经济增长价值判断模式的建立。因为不同的价值观导致不同的行为特征、不同的人际关系，以及不同的交易成本，从而对经济增长质量产生影响。价值观和价值判断作为一种文化纬度暗示的不同目标导向将对经济增长质量的提高产生影响。因此，经济增长质量分析涉及以下伦理原则：

原则1：经济增长质量内在地包含了"经济增长"与"伦理建设"的和谐统一。经济增长依赖于效率，又普遍地服务于人类的美好生活

（1）经济增长必须坚持民生导向，既要促进经济高速增长，又要使经济增长以提高人民生活质量为最高目标。

（2）经济增长是手段，提高人的生活质量是目的，经济增长应该服务于人的美好生活。

（3）以合乎规律性与至善目标相统一来衡量经济增长质量，考察经济增长质量的各个方面。一方面要自觉运用经济规律来促进经济繁荣，另一方面从至善原则出发，还要不断地创造出新的社会秩序结构、守法程序、精神文化、生活方式。

原则2：经济增长的结果必须惠及全体劳动者，使劳动者分享到经济发展的成果

增长的结果要惠及全体劳动者。"总产量达到一定水平之后，立法者与慈善家就无须再那么关心绝对产量的增加与否。此时最重要的事情是分享总产量的人数相对来说应该有所增长"①。改善劳动者的生活福利，使劳动者的收益与其努力程度相关，从而激励全社会的生产性活动。

（1）随着经济增长，居民可支配收入占 GDP 的比重不断提高，经济增长的成果越惠及全体劳动者，社会福利越会得到显著改善。国民收入是在政府、企业、居民部门之间分配的，如果居民可支配收入增速低于 GDP 增速，居民收入比重将减小，福利会降低；而居民可支配收入增速高于 GDP 增速，则居民所得收入比重增加，福利会提高。

（2）劳动者报酬总额占 GDP 的比重越高，表示劳动者的工资性收入在国民收入的初次分配所得份额越大，社会分配越均等、公平。随着经济增长，工资总额占 GDP 的比例不断提高，收入分配越公平，人民分享的经济增长成果越多。

（3）随着经济增长，劳动收益逐步提高，资本收益逐步减少，资本收益的加成定价转变为工资加成定价。劳动报酬总额占国内生产总值的比重是分配率，分配率越高，劳动者的报酬总额占 GDP 的比重越高，国民收入的初次分配越公平。

原则3：经济增长与社会福利同步增长，经济增长质量追求"最大多数人的最大幸福"的道德原则

经济增长质量强调民生本位，需要在经济增长和福利增进之间寻求一种平衡，要避免强调经济增长忽视福利增长。也要避免过分强调增长的核心地位，而忽视民众的福利改善。

（1）随着经济增长，绝对贫困逐步得到解决。经济增长质量的提高应该降低贫困率，使绝对贫困逐步得到解决。但经济的高增长本身并不能够自动减少贫困。有效促进经济增长质量提高的政策要改善贫困人口生存状态，确保贫困人口普遍受益。

（2）随着经济增长，基本公共服务均等化程度逐步加强。基本公共服务直接或者间接地促进人类发展。基本公共服务的改善将在促进经济增长质量提高中发挥核心作用。

第一，健康和教育等基本公共服务有助于促进人力资本积累，替代物质资源的投入，提高劳动生产率和资源利用效率，降低经济增长对物质投入的依赖。

第二，基本公共服务的供给中基本社会保障水平的提高，有助于减少居民的预防性储蓄，促进消费，扩大内需，实现经济发展方式的转变和经济结构的优化。

第三，基本公共服务水平的提高，将改善劳动力市场运行效率，合理配置劳动资源。

---

① ［英］约翰·穆勒：《政治经济学原理》，商务印书馆 1991 年版，第 320 页。

原则4：经济增长使人的发展条件得到改善

如果经济增长的成果不能被更多的人分享，就违背了追求"最大多数人的最大幸福"的道德原则，因而这种增长是毫无意义的，同时也是反伦理的。

（1）经济增长本身不是人的最终目的，它只是人类到达理想境界，实现自身全面发展的手段，人的发展依赖于经济的增长，但是经济增长归根到底是为了促进人的全面发展。

（2）在经济增长过程中，人始终是经济增长的主体。人类为了满足自身的需要，产生了各种各样的经济活动。人不仅是经济增长的起点，也是经济增长目的与归宿。人的一切活动都是为了人类自身利益。

（3）经济增长水平越高，从工作、生活获得的满足越多，人们的身心就越能够获得健康的发展。

原则5：经济发展与社会发展必须协调

经济发展是社会发展的前提和基础，也是社会发展的根本保证；社会发展是经济发展的目的，也为经济发展提供精神动力、智力支持和必要条件。随着人民群众的物质生活水平日益提高，对精神、文化、健康、安全、教育等方面的需求也日益增长，更加要求社会与经济共同发展。如果社会事业发展滞后，经济也难以实现持续较快发展。

原则6：经济增长终极关怀是人文关怀

数量型经济增长的终极关怀是物质财富的增长，人是经济增长的手段。而质量型经济增长的终极关怀是人文关怀，人是经济增长的终极目的。

（1）经济增长的最高尺度就是人的幸福最大化。经济增长应该有其自身的人文关怀。经济增长归根到底就是为了实现个人的全面发展。人的幸福最大化应当是经济增长的最高目标。要想在经济增长的同时极大地提高人们的快乐和幸福，就必须关注和提高人们的生活质量。政府在制定公共政策由追求经济总量的增长转到更加注重建立并维持一个健康、公平、正义的宏观制度安排。

（2）经济增长要关注人的生存与发展。人文关怀就是对人的生存状况的关怀，对人的尊严与符合人性的生活条件的肯定，对人类自由的追求。人文关怀就是要求经济增长要关注人的生存与发展，就是关心人、爱护人、尊重人。人文关怀是社会文明进步的标志，是人类自觉意识提高的反映。经济增长的人文关怀着眼于人性，注重人的存在、人的价值、人的意义，尤其是人的心灵、精神和情感。经济增长的人文精神倡导把情感看作人的基本存在方式，关注人的精神状态和内在需求，避免人的异化。

第八章

质量型经济增长分析的理论维度

任何一种理论都有其基本的概念及其概念之间逻辑，从基本概念的基本内涵与外延出发，形成了其理论分析的维度，这些维度构成了理论分析的基本框架。本章主要研究质量型经济增长分析的理论维度。

第一节 经济增长质量分析的理论框架

关于经济增长质量的内涵目前没有一个确定统一的认识，目前代表性的观点有：第一种意见是狭义的经济增长质量的概念，认为一个国家或地区经济的增长，既包括数量的扩大也包括经济系统素质的改善。经济系统素质的改善以投入要素的产出效率（生产率）来衡量。第二种意见把经济增长方式从粗放式向集约式的进化视为经济增长质量的提高，把经济增长方式从集约式向粗放式的退化视为增长质量的降低。第三种意见认为经济增长质量是指一个国家伴随着经济的数量增长，在经济、社会和环境诸多品质方面表现出来的优劣程度。相应地，经济增长质量包括经济运行质量、居民生活质量、生存环境质量。第四种意见认为经济增长质量是指一个经济体在经济效益、经济潜力、经济增长方式、社会效益、环境等诸多品质方面表现出的与经济数量扩张路径的一致性、协调性。经济增长质量的内涵应包含经济系统的发展水平、经济结构的优化、增长的效率与潜能、持续稳定性、环境质量成本、竞争能力、人民生活等多个方面。

从经济增长理论的角度来看，我们认为质量型增长是相对于数量型增长而言的，数量型增长单纯追求 GDP，单纯追求经济增长的数量，而忽视人的发展，忽视增长成果的分享性，忽视生态环境问题，把经济增长的后果、一些基本的条件以及增长过程中的一些要素及广泛的社会因素排除在目标之外，形成了有增长无发展的状态。基于当下时代主题和理论研究的新进展，强调提高经济增长质量的实质是从经济增长的条件、经济增长的过程、经济增长的后果及广泛的社会因素几个方面实现有效的增长模式。提高经济增长质量意味着增长的目标由追求数量转向追求质量，由追求增长得快转向追求增长得好，所以提高经济增长质量与落实科学发展观和转变发展方式是有机衔接的，科学发展观是指导思想，提高经济增长质量是实现科学发展观的基本模式，是转变发展方式的具体措施。从这一认识出发，我们认为经济增长质量的理论维度应该包括以下三个方面。

一、经济增长前提条件的质量

经济增长前提条件的质量主要涉及的三个方面——人的基本权利、人的发展与经济安全。一是经济增长要给予人基本权利足够的重视。经济增长如果忽视民主与权利，就会导致无声的增长，所以经济增长对权利的重视是要消除经济增长的机会不平等，首先在于解决贫困问题。但是按照阿玛蒂亚·森的权利观点，收入水平低是贫困的表面现象，深层原因在于发展能力的低下和发展权利的缺失。在发展能力方面表现为教育、营养和健康水平的低下；在权利的缺失方面表现为发展机会和发展话语权的缺失，不能参与和管理公共事务，不能自由地表达自己的意见和观点。因此，提高经济增长质量题中之义除了降低贫困发生率，逐步解决绝对贫困问题，更应该赋予贫困人口基本权利，确保贫困人口普遍受益，低收入人群能够受益于经济增长，与其他社会阶层一道分享繁荣。二是经济增长对人的发展予以重视。物质的发展使人失去了人性，人成为物、工具，沦为物质的奴隶。经济增长的终极关怀是人文关怀，人是经济增长的终极目的。所以经济增长归根到底不是物，而是为了实现个人的全面发展。人的幸福最大化应当是经济增长最高目标的判断，经济增长的最高尺度就是人的幸福最大化。经济增长能够极大丰富人们的物质生活，但物质生活的富足并不完全能带来人的快乐和幸福。要想在经济增长的同时极大地提高人们的快乐和幸福，就必须关注和提高人们的发展空间、发展诉求和生活质量。三是经济增长要注重经济安全。在经济增长过程，存在着不同的风险，既有系统性风险也有个人风险和财产风险。经济体系中的系统性风险一般包括：产业安全、金融安全、生态安全、能源安全、信息安全、粮食安全、食品安全等问题，这些安全问题直接威胁着经济增长的持续性。个人风险的存在使个人在经济增长过程中面临着失业的风险、养老风险和贫困的风险，同时个人财产由于灾害、经济波动等因素面临着损失的风险。这要求在经济增长过程中在国家层面上建立国家安全体系，从个人角度建立社会保障和商业保险体系。

二、经济增长过程的质量

提高经济增长质量不仅要求在经济增长条件上重视质量，而且要在经济增长的过程上重视质量，重视增长过程质量涉及最为重要的几个方面：对创新的重视、对劳动要素的重视和对文化的重视。一是经济增长对创新的重视。提高经济增长质量核心之意在于转变经济增长方式，经济增长方式的转型最重要的要求在于发展创新型经济，创新型经济体现为资源节约和环境友好的要求，以知识和人才为依托，以创新为主要驱动力，以发展拥有自主知识产权的新技术和新产品为着力点。发展创新型经济还要求科技创新和产业创新的互动结合，要求作为知识创新主体的大学和科研机构与作为技术创新主体的企业紧密合作。二是经济增长对劳动要素的重视。经济的增长主要决定于资源、资本和劳动力的投入。在现实的经济增长中，"重资本轻劳力"的观念导致劳动力的载体劳动者成为最易被忽视的群体。在发展中国家的增长和发展中，从宏观决策者到企业家，往往都是先考虑资本，重视资本的积累和投入，从而造成了经济增长不创造就业的"无工作的增长"，忽视劳动力素质的提高、忽视劳动力的营养健康的改善。由于在同样劳动力数量的投入情况下，由于劳动力的行为、素质、配置结构等不同，其推动经济增长的结果也不同。在经济增长过程中要重视劳动要素，重视劳动力的充分利用，重视劳动力素质的提高，重视劳动力的营养健康，在收入分配上体现出劳动力的价值。三是经济增长对文化的重视。经济增长忽视文化就会形成"无根的增长"，忽视文化的重要性，其结果往往会造成严重的民族和种族冲突。文化对经济增长的作用体现在三个方面：其一是文化可以使经济增长具有报酬递增的特性；其二是文化制约着人们对资源、技术、制度等要素的选择；其三是文化可以实现经济主体的个体理性到公共理性的转变，节约交易费用。文化影响着衡量与实施合约的费用，而且通过知识、观念和意识形态对企业家决策进行影响，因而一个有效的经济增长必须重视先进文化，并发挥先进文化对经济增长的作用。

三、经济增长结果的质量

经济增长质量强调在对经济增长条件、过程质量重视的基础上，关键是要强调经济增长结果的质量。对经济增长结果的重视同样在于三个方面：对利益和谐的重视、对经济可持续的重视与对道德伦理的重视。一是经济增长对利益和谐的重视。经济增长的规模、速度达到一定程度之后，就需要注意经济增长成果分享中的利益和谐问题，即要求所有阶层能够公平平等地分享经济增长成果。倡导机会平等是提高经济增长质量的核心，强调机会平等就是要通过消除个人背景不同所造成的机会不平等，从而缩小结果的不平等。质量型的增长在于不断消除人们参与经济发展、分享经济发展成果方面的障碍，并通过经济增长创造和发展机会，使得社会所有成员都可以平等利用这些机会，并在此过程中提高自身收入和能力，使经济和社会发展步入良性循环。二是经济增长对经济可持续的重视，经济增长如果忽视生态环境问题就会导致无未来的增长，通过总结长期经济增长的实践经验，人们意识到不顾自然资源耗竭和人类居住环境恶化而换来的增长是不可取的。经济增长的可持续性取决于四个因素：能源供给的可持续性、资源供给的可持续性、环境的承受能力的持续性和经济增长的长期持续性。因此，经济增长对可持续性的重视应正确处理经济增长与能源生产之间的关系，保持二者之间的协调发展，既要防止能源短缺，又要注重发挥某些地区的能源优势，充分、合理地利用能源。同时重视技术进步和制度创新对生产可能性边界扩大的作用，注重经济的长期的可持续的增长。三是经济增长对道德伦理的重视。道德对经济增长的作用主要体现在作为经济主体的道德意识、价值观念、伦理原则、道德人格和道德活动对经济增长的价值意义。道德力量能促进生产和消费的良性发展，正确且合理的生产与消费的行为与理念是提高经济增长质量的重要因素。道德约束是促进经济主体达成合作的基础，道德力量可以促进经济主体的合作，提高合作收益，降低经济增长中的交易成本。道德力量可以调节经济增长中的社会利益关系，促进经济增长中的科学理性与价值理性的统一，从而来提高经济增长质量。

第二节 经济增长质量分析的理论维度

一、结构优化维度

经济结构与经济素质、经济增长质量之间有着密切关系，经济结构决定了经济增长的质量。因此，结构转化不仅是我国经济增长的动力源泉，同时，结构优化也是经济平稳快速发展的必要条件，也是经济增长质量提高的必要条件和表现。具体表现为：

（1）国民经济结构中的产业结构是否协调决定了经济增长的效益。经济效益好坏取决于两个方面，一是由技术水平高低所决定的要素产出效率，二是要素是否得到最优配置的配置效率。结构视角下的经济效益主要考察要素是否在各部门得到有效配置。

传统农业的份额不断减少，现代工业的份额不断上升。在这个过程中生产率变化可以分解成两部分：一部分是技术进步所引起的全面生产率提高，另一部分是更多要素从低效率的农业进入较高效率的工业就业所引起的生产率增加和经济增长，这种理论也被称为"结构红利假说"，库兹涅茨（1999）认为要素在不同经济部门之间的充分转移，是获得人均产出的高增长率的重要原因。要素转移和结构转化也成为增长源泉核的分析重点（Denison，1967；Maddison，1987）。

要素在三次产业中充分转移并得到最优配置是经济效益提高的重要途径，人为扭曲的产业结构反映了要素配置的低效，而要素自然流动形成的产业结构才是有效的。产业结构是否协调反映了要素配置效率高低，反映了经济增长质量高低。

另外产业结构不协调与供需结构不协调有着紧密关系。第二产业比重若过高，则容易产生工业品相对过剩和生产能力闲置。第三产业比重偏低使得消费者的服务需求得不到满足，影响了全社会效用水平的提高。

（2）国民经济结构中的需求结构是否协调决定了经济增长的可持续性和稳定性。我国总需求方面的特点是消费需求长期不足和投资需求短期波动过大，这样就极易造成短期内由于投资冲击导致的"过热"和紧接着因为消费需求相对不足导致的"过冷"这样的冷热交替。由于国内消费不足，外需为总需求的重要部分。这意味着我国宏观经济与国际需求紧密相连，国际市场需求波动会对我国经济造成极大的冲击。因此，总需求结构不协调对应着宏观经济不稳定性，最终影响经济平衡快速发展。

（3）国民经济结构转化本身就意味着经济的质变和效率增进。这种质变就是工业化、城市化和传统经济向现代经济的二元结构转化，意味着经济增长进入了不同阶段。在二元结构下，经济增长最显著的特征是非平衡性，个别产业、个别地区得以优先发展，当不平衡发展到一定程度就出现国民经济不协调的现象，落后产业和落后地区成为制约国民经济发展的"短板"。二元结构转换过程就是国民经济从非平衡、不协调的状态到平衡、协调发展的过程，意味着经济进入了新的发展阶段。

二、要素生产率维度

要素生产率是经济增长质量的重要方面，它揭示了各种生产要素转化为产出的有效性。生产率的改进，同等数量的生产要素结合起来可以得到更多的产出。技术进步可以改变生产要素的组合，提高生产率。在不存在技术进步时，经济增长受到收益递减的限制。而引入技术进步，将出现收益递增，从而提高生产率。

（一）要素生产率、投入产出效率和经济增长方式

经济增长质量的内涵体现了经济系统的投入产出效率。从产出的角度看，经济增长质量反映了等量投入带来的产出变化。等量投入带来的产出增加，则经济增长质量提高。同理，从投入角度来看，经济增长质量就是单位产出的各种要素资源消耗的变化。单位产出的资源消耗越低，则经济增长质量越高。无论是从产

出还是从投入角度界定，经济增长质量的理论内涵是同一的。由此可见，不论是单要素生产率还是全要素生产率的变动都是衡量经济系统投入产出的效率，即体现经济增长的质量问题。

经济系统投入产出的效率直接和经济增长方式相关。经济增长方式是生产要素的组合形式，或者说是指经济增长过程中生产要素投入与要素生产率提高的构成方式，即实现经济增长所依赖的增长源泉构成及其路径。所以说生产要素的组合、使用方式，决定着生产力系统的整体效能和发展状况。

根据定义，经济增长方式分为两种，主要根据影响经济增长的两类因素在经济增长中所起作用的大小来划分。如果经济增长主要依赖生产要素在原来技术水平基础上的数量扩张，即土地、资本、劳动等生产要素投入量的增加，可称为粗放型的经济增长方式；如果经济增长靠技术进步、规模经济、结构优化、科学管理等全要素生产率的提高来推动，则称为集约型的经济增长方式。而经济增长方式的转变就是由粗放型向集约型的经济增长方式转变。经济增长质量的提高是以要素生产率的提高为前提的。

显然，一定时期要素生产率的高低决定了经济增长方式的状态，即要素生产率持续达到一定的数量界限，则可能意味着经济增长方式的转变，经济增长质量的提高。

（二）经济增长方式的转变、投入产出效率的改善和经济增长质量的提高

经济增长质量是与经济发展水平相联系的，但增长质量的提高却很大程度上取决于经济增长目标和经济增长方式的选择。加快经济增长方式的转变，就是要改变片面追求增长速度的倾向，进一步把增长重心转移到提高增长质量方面来。

第一，经济增长方式的转变是投入产出效率改善的条件。中国经济发展已经到了重视经济增长质量和转变增长方式的阶段，同时，改革开放的大环境也增加了提高经济增长质量的重要性。但应当说明的是，数量型增长向质量型增长转变是一个相当长的时期，可以划分为多个阶段，我国目前只是处于初期阶段。

经济增长方式的转变是一个渐进的动态过程，是一个不断地由量变到质变的飞跃过程。而只有通过经济增长方式的转变，才能提高经济增长的效率，主要表现为全要素生产率的增长率及其贡献率高。

从国际比较来看，发达国家的全要素生产率增长对经济增长的贡献率高达60% ~ 70%，一些新兴工业化国家的贡献率也超过了50%，而我国的全要素生产率对增长的贡献却远远小于这一比率，且多年来全要素生产率的增长很不稳定。[①]

---

① 吴国培、王伟斌：《我国全要素生产率对经济增长贡献的分析研究》，载于《统计研究》2014 年第12 期。

出现这种情况的主要原因在于我们落后的经济增长方式，以数量型扩张为主，使得整个系统投入产出的效率极端低下。

所以，经济增长质量的提高，即社会资源综合利用效率的提高。也就是说用较少的要素投入，获取更多的产出，使得生产要素在合理配置下形成低投入、高产出、高效益的良性循环。换句话说，经济增长质量提高的内涵之一即为整个经济系统内部投入产出的效率的改善和提高，而这最终归结为经济增长方式的转变。可以说，经济增长方式的转变可以被认为是投入产出效率改善的条件。

第二，经济增长方式转变的要求包含了经济增长质量提高的内容。我国经济增长方式的转变，总的说就是由数量型增长方式向质量型增长方式转变，包括扩大再生产由外延型为主向内涵型为主转变，经营方式由粗放型为主向集约型为主转变。应当指出，这种经济增长方式的转变不可能一蹴而就，而是一个长期和艰难的过程。

质量型经济增长方式在经济发展的不同阶段有不同的含义和要求。从现代经济增长特别是近年来国际经济增长的状况看，质量型增长的基本特征是：经济增长效率高，主要表现为综合要素生产率的增长及其贡献率的提高；国际竞争力强，主要表现为产品及服务的质量高而成本低；通货膨胀率低，即通货膨胀率相对于经济增长率低；环境污染程度低，即经济增长过程的环境污染面小和污染率低。因此，我国现阶段加快数量型增长方式向质型增长方式转变，通过宏观政策和改革措施，促进经济增长效率和国际竞争力较快上升，通货膨胀率和环境污染程度较快降低。

经济增长的质量取决于整个经济的投入质量、运行质量和产出质量。投入质量包括投入生产的物质资源质量和人力资源质量；运行质量主要包括生产技术水平、微观和宏观管理水平、产业结构等方面，产出质量主要是指产品和服务的质量水平、成本水平以及结构状况。这三个方面都涉及几乎所有的产业部门；同时投入质量、运行质量和产出质量之间是相互联系、相互影响的。在推动经济增长方式转变的过程中，要通过提高投入质量，改善运行质量，来达到提高产出质量的效果，并促进它们之间的良性循环。

三、稳定性维度

增长稳定性是解释经济增长质量极其重要的一个理论维度。稳定的经济增长之所以是经济高质量增长的重要内容，是因为：过度的经济波动对经济的动态效率损害很大，一是破坏了经济长期稳定增长的内在机制，造成社会资源的巨大浪费，从而影响经济增长的持续性；二是加大了宏观经济运行的潜在风险，经济过热往往导致通货膨胀，经济过冷又会造成高失业率。此外，它对一些特定的人群，特别是穷人会造成超乎常规的影响，一方面是因为穷人几乎没有什么资本来应对经济的冲击，他们要维持消费水平的稳定将比富人遇到更多困难。在那些社会安全网络还不太健全的国家，这种影响可能尤为严重（Furman & Stiglitz，1998）。另一方面是由于缺乏替代性选择，穷人经常从事那些最容易受到经济波动影响的工作，比如农业和建筑业。因此，经济危机会严重地损害他们的人力和自然资产，使他们在其后的繁荣中也得不到好处，同时可能会进一步加大贫富差距。

（1）稳定性可以实现资源有效配置和有效利用的结合，从而提高经济增长质量。资源配置是对相对稀缺的资源在各种不同用途上加以比较作出的选择。资源是指社会经济活动中人力、物力和财力的总和，是社会经济发展的基本物质条件。在社会经济发展的一定阶段上，相对于人们的需求而言，资源总是表现出相对的稀缺性，从而要求人们对资源进行合理配置，以便用最少的资源耗费，生产出最适用的商品和劳务，获取最佳的效益。资源配置合理与否，对一个国家经济发展的成败有着极其重要的影响。但是资源能够得到相对合理的配置，未必能实现资源的合理利用。只有当资源合理配置，并且合理利用时，才能实现经济效益的提高，经济增长才会有质量。

（2）经济稳定可以熨平经济周期波动，抑制大起大落，从而提高增长质量。一方面，稳定价格水平，提高经济增长中的资本利用效率。在市场经济中，价格机制在资源配置中起着不可或缺的基础性作用，价格提供给人们有关供求状况真实可靠的信息，是市场经济的"晴雨表"。经济过热必然伴随着通货膨胀，价格水平无规律变动，极大地削弱了市场经济的调节作用，破坏了资源配置的基础。生产者很难通过观察价格来掌握各种商品的需求规律，往往会造成生产和经营上的失误。因此稳定价格水平，就是稳定资源配置的基础，从而提高经济增长中的资源利用的效率。另一方面，稳定就业，实现劳动力的合理利用。对于市场经济的国家来说，就业水平是测度和衡量经济发展程度的重要标准之一。一般来说，经济过热后伴随着经济萧条，此时需求萎缩，生产锐减，企业停产、倒闭，就业大幅度下降，社会有效需求不足，劳动力和资源的利用程度下降，闲置资源增加。不能利用的劳动力显然不能转化为生产力，却构成了整个社会的成本，这样不仅降低了人民生活水平，还会进一步加剧经济衰退。失业率的飙升还可能会引起社会秩序的混乱和政局的动荡不安等问题，其危害更是无法估计。因此稳定就业，就是合理利用和分配劳动力及生产能力，避免闲置和浪费。

（3）稳定性可以降低经济增长中的不确定性，减少宏观经济运行的潜在风险，从而提高增长质量。经济增长过程在定量上具有多输入（例如劳力、资本、技术和资源等）和多输出（例如产品、消费等）的特点，定性上表现为非线性、外部扰动、内在结构及参数的不确定性，这种不确定性将不可避免地给宏观经济运行带来一定的风险和成本。而在经济稳定稳健的状态下，稳定的经济代表稳定的生产和消费、供给和需求，人们可以依照适应性预期对未来的经济形势做出判断和选择，将不确定因素降至最低。

四、福利分配维度

只有当经济增长的成果能够被绝大多数人所分享时，它才能够成为一种持续的发展过程。在追求经济增长的同时若忽视了福利分配问题将会影响到长期经济增长的数量和质量。福利分配是衡量经济增长质量的重要方面，二者的关系主要表现在：

（1）福利分配平等有利于解决经济发展过程中需求不足问题，促进经济增长质量改善。福利分配的平等有利于创造和谐的外部环境，有利于形成稳定的持久性收入预期，减少预防性储蓄，增加即期消费，扩大内需。

（2）福利分配平等有助于放松穷人的借贷约束，利于人力资本投资积累，增加低收入者的投资机会，提高经济增长质量。福利分配的平等，可以提高机会的平等性，提高人力资本水平，改善要素使用效率，促进技术创新与扩散，能使更多人员享受到经济发展的好处。

（3）福利分配的平等有利于激励经济主体从事生产性行为，减少非生产性行为，为经济发展创造良好的外部社会环境，促进经济增长质量的提高。福利分配的平等，有利于创造和谐的社会氛围，减少社会冲突，有效降低再分配压力。如果国民收入的初次分配能够实现公平公正，低收入群体寻求通过政府的再分配来改善自身处境的动力将不足，这将减少政治行为对经济发展的不利冲击。这样可以减少寻租行为，投资主体形成稳定的预期，对投资收益的产权保护充满信心，增强对经济长期持续增长的信心，改善经济增长质量。

五、资源环境代价维度

在经济增长与资源环境代价的关系问题上，存在两种观点：一种是"悲观论"，以《增长的极限》一书为代表，一方面，认为由于人口增长和经济增长的正反馈回路继续产生更多的人和更高的人均资源需求，必然导致自然资源（包括土地、矿产资源、能源等）的消耗速度不断按指数增长，最终达到极限——耗尽地球上不可再生的资源；另一方面，人口和工业化的正反馈回路也将使污染速度以指数增长，并很快超过地球吸收污染的能力，最终达到污染的极限，给地球和人类带来毁灭性的灾难。另一种观点可以称之为"必然论"，也有的叫作"代价论"。这种观点认为，经济增长必然造成严重的资源浪费、环境污染、生态破坏，带来大量的事故和质量损失及社会问题等，增长与代价可以说是一对孪生兄弟，不必惊慌失措，也无须去管它。更有甚者，竟然主张把环境代价、社会代价等作为经济增长的前提条件，作为必须付出的代价。两种观点都存在一定的片面性，而各国实践已证明，在经济增长过程中，一方面资源环境代价不可能自动消失；另一方面积极采取措施，合理利用资源、保护生态环境，可以在一定程度上缓解二者之间的矛盾，经济增长并不必然导致高的资源环境代价。

（一）资源环境是经济增长的必要条件

与经济增长有关的因素很多，除了资源环境之外还有政策导向、社会偏好等，在这里我们抽象掉其他因素，仅留下资源环境因素。

生产本质上是一个人类参与的物质资源的形态转化过程，在传统的生产函数中，自然资源作为生产要素必不可少，同时各类经济生产活动又要向周边环境释放废弃物。因此，经济增长进程中要从环境中索取生产要素进而进行各类更深层次的加工活动，环境要有吸纳经济增长过程中产生的废弃物的自净能力。可见，资源环境在经济增长过程中必然被消耗破坏，是经济增长的必要条件，是资源环境对经济增长的正反馈。《增长的极限》指出工业产量是以指数增长的变量，在这里狭义地理解为经济增长。那么在特定的资源存量、环境条件下，可以达到一定水平的经济增长。也就是说，资源存量越丰裕、生态环境状况越好，经济增长就可以产出越多的产品，同时产生的污染物也能被环境更充分的吸纳。

同时，合理的资源环境的消耗不会降低经济增长质量，即经济生产活动对资源环境的损耗是在环境可以恢复的限度内进行的，是一个良性循环的回路。

（二）过度的资源环境消耗制约经济增长质量的提高

在资源环境—经济增长系统中，存在着负反馈的回路，这个负反馈回路抑制经济增长是由于过度的资源环境消耗。负反馈回路则有助于调节增长，并使这一系统保持在某种稳定状态之中。在负反馈回路中，一个因素的变化是环绕着圆圈传播的，直到这个因素回到与最初的变化相反的方向为止。一方面，过度的自然资源消耗使得经济增长投入要素成本增加，会降低经济增长的速度；另一方面，经济增长速度越是加快，这一过程中过度的环境污染和生态的破坏的可能性就越大，也威胁到了人类的生产生活，这时必须进行污染治理、保护生态，才能继续进行经济生产活动，这样的成本生成也显然制约了经济的持续增长。负反馈回路对经济增长在正反馈回路的反方向上控制了经济的增长。这两个互相连锁的反馈回路使得经济增长的结果变得复杂。

在工业化初始阶段资源环境存量相对充裕，资源环境对经济增长更多是正反馈效用。进入工业化中期，过度的自然资源消耗最终会造成资源短缺将制约生产活动。同时，环境资源的再生成本是很高的，有些环境破坏是无法恢复的，因此，环境资源具有相当程度的不可再生性。从资源环境对经济增长的负反馈角度来讲，当资源环境的消耗超过一定限度时就会制约经济的进一步发展。资源的短缺以及生态环境的破坏都加大了经济进一步增长的成本，也破坏了生态本身的自净再生能力，这时负反馈效应显现。因此只有用越来越少的资源消耗和环境破坏来获取经济的不断增长，才是真正的经济发展；只有经济不断发展了，才能有更多的实力采取保护环境，节约和增殖资源，实现资源环境和经济的良性循环。

六、国民经济素质维度

国民经济素质是一个长期的概念，由它的指标构成可知，虽然它包括了众多方面，但是每一方面的指标都是一个长期的变化结果，短时间不可能发生大幅度的变化。这就说明国民经济素质是一个国家经济发展结果的综合反映。一段时期的经济发展，它会改变国民经济素质，而国民经济素质的改变，更新了经济增长的基本条件（基本素质），影响着下一期的经济发展。经济增长质量的高低既受到上一期国民经济素质的影响，从长期来看，经济增长质量的高低又缓慢地影响着国民经济素质的变化。

国民经济素质对经济增长质量会产生直接的影响，但国民经济素质作为一个抽象的指标，它影响经济增长质量的机制，必须要具体到国民经济素质的三个方面来说。同样，经济增长质量也是一个综合性的概念，它不同于传统意义上的经济发展水平和经济增长速度。因此，经济增长质量如何被国民经济素质的三个方面影响，也必须从经济增长质量的四个维度上考察。

（一）国民经济基础素质对经济增长质量的影响

国民经济的基础素质，反映了一定时期一国的基础设施状态、资源禀赋情况、国民素质及产业结构等综合水平。因此，国民经济的基础素质是影响经济增长质量的两个方面：经济增长的结构和经济增长的福利变化和成果分配。例如，一国国民经济基础素质的提高主要来自资源禀赋的变化（大量新资源被发现），那么该国经济增长的结构可能会发生重大变化。原来投入服务业的资本转移到资源开采中去。基础素质中基础设施状态的改进有助于降低全社会的交易费用和生产成本，从而促进民间投资和外资的进入，有利于改善经济增长的结构。国民素质的提高，对应着人力资本的提升。它将导致经济增长速度的增加，并且会降低社会的贫富差距，改善整个经济的福利分配情况。

（二）国民经济的能力素质对经济增长质量的影响

国民经济的基础素质和协调素质必须要通过国民经济的能力素质才能得到真正的体现。因为能力素质反映着一国国民经济发展的现状，并决定了未来发展的潜力。国民经济的能力素质对经济增长质量的影响是多方面的。能力素质中创新能力和企业素质，会影响经济增长的结构和经济增长的资源利用水平和环境代价。投融资能力和国际循环能力对于经济增长的稳定性有积极的影响。国际循环能力越强，意味着在世界范围内配置资源的能力越强。

（三）国民经济的协调能力对经济增长质量的影响

国民经济的协调能力包括调控能力和行政效率两个方面。调控能力对于经济增长的稳定性至关重要。行政效率则影响政府主导的各项改革的推进效率和实际效果，而这些改革主要是涉及社会公平医疗、教育、社会保障制度等。因此，行政效率的提高将改善经济增长的福利和成果分配，进而影响一国的经济增长质量的水平。

总结以上三部分的内容，可以得到图8-1，更加清楚地反映国民经济素质对经济增长质量的影响机制。

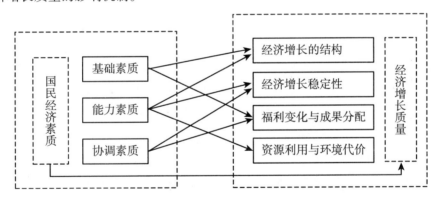

图8-1　国民经济素质影响经济增长质量的机制

七、经济竞争力维度

经济竞争力指一个国家或地区的生产能力、生产效率和生产效益，是其能够生产适应市场检验和扩大国民收入的产品和服务的能力或程度。经济竞争力应该包含三个层次，它们分别是微观层面的企业竞争力、中观层面的产业竞争力和宏观层面的政府竞争力。微观层面的企业竞争力构成了一个国家或地区经济竞争力的基础；中观层面的产业竞争力构成了一个国家或地区经济竞争力的核心；而宏观层面的政府竞争力则构成了一个国家或地区经济竞争力的保障。

（一）微观层面的企业竞争力

企业是市场经济中最为重要的微观主体，世界经济论坛（World Economic Forum）的《关于竞争能力的报告》将企业竞争力定义为："企业目前和未来在各自的环境中，以比它们国内和国外的竞争者更具有吸引力的价格和质量进行设计、生产并销售货物及提供服务的能力和机会"。① 迈克尔·波特将企业竞争力定义为："一个企业对其行为效益有贡献的各项活动，例如创新、具有凝聚力的文化、有条不紊的实施过程等"。② 根据上面对企业竞争力的定义，我们将企业竞争力定义为企业在市场竞争中自我生存能力和持续发展能力。具体表现为企业在产品设计、生产、销售等经营活动领域及在产品的价格、质量、服务和满足消费者需求方面所具有的竞争优势。经济增长质量与企业竞争力休戚相关，企业是构成某一产业和整个国民经济最为基础的单位，一个国家或地区的经济增长质量的提高必须通过无数个个人和企业竞争力的提高而实现，把微观层次上的竞争能力上升为宏观层次的国家竞争力。要从传统的依赖资源、能源投入的粗放型经济增长方式向现代集约型经济增长方式转变，提升企业竞争力是基础。

第一，纵观当今世界各国，特别是发达国家，企业在创新中具有先天的优势，通过企业家对资金、技术、制度等一系列创新资源的整合，企业已不容置疑地成为一个国家或地区创新的主力军。首先，创新是一项与市场密切相关的活动，企业会在市场机制的激励下去从事创新。其次，根据新古典经济学派的创新理论，创新是指生产要素的重新组合，这种组合只有企业家通过市场来实现，这个作用是其他组织和个人无法替代的。最后，技术需要许多与产业有关的特定知识，如工艺、制造方面的知识，企业更具有这方面的供给优势。在技术创新中，科技型小企业和大企业同等重要。大企业具有较强的资金、技术实力，使它们有能力从事产品创新与大规模的工艺创新；它所具有的比较完善的创新组织，又使其可以较容易地实施技术创新战略。而科技型小企业因机制灵活，创新动力大，一旦有资金帮助，会更愿意从事创新。

第二，市场经济条件下的企业作为一类组织，是整个社会资源最为有效的整合者，一方面，它承担着实现经济效益最大化，实现较高经济增长质量和保持较快经济发展速度的重担；另一方面，企业职工的物质福利待遇也与企业经营效益密切相关，企业以自己独特的方式来帮助企业职工分享改革所带来的红利。企业不仅提供就业机会，也与人们共同分享经济红利。因此，企业经济力的提升具有

---

① 《经济日报》2017 年 9 月 28 日。
② ［美］迈克尔·波特著，陈小悦译：《竞争战略》，华夏出版社 1999 年版，第 23 页。

经济和社会双重收益。

（二）中观层面的产业竞争力

产业是根据国民经济中按照一定的分工原则，为满足社会某种需要而专门从事某种产品和劳务生产的专业化部门。产业的概念是介于微观经济企业组织和宏观经济单位之间的中观"集合"。产业竞争力的概念最早是由迈克尔·波特提出的。波特认为产业竞争力是在一定贸易条件下，产业所具有的开拓市场、占据市场并以此获得比竞争对手更多利润的能力。

产业竞争力是联结国家竞争力和企业竞争力的纽带，提高我国的经济增长质量，关键在于培育一批具有世界竞争力的产业集群。

第一，国家竞争力本质上说是国家产业创新和升级的能力，一个国家的竞争力不一定在于整个国民经济，而主要看该国是否具有一些独具特色的产业或产业群。产业是社会分工的产物，伴随着社会分工程度的加深，生产的专业化程度，迂回程度乃至产业链条的长度都会不断提高和扩展。在这过程中，如果哪个国家率先促进社会分工并占领产业链条的高端，它就越能在国际竞争中获得优势。

第二，产业内企业竞争力的增强是该产业竞争力增强的基础，但产业竞争力绝非企业竞争力的简单叠加。从众多企业的个别竞争力转化为一个综合的竞争力，是一个复杂的过程，其中最主要的是处理好各企业间的关系。如果本国该产业范围内各企业之间无序竞争，则不利于该产业竞争力的提升；如果本国或地区该产业范围内各企业之间能做到有序竞争、相互模仿、技术交流、分工协作，以及在对外竞争时有所协调，则有利于提升产业竞争力。同时，相关产业的发展具有扩散效应，一个产业的发展，往往总是能带动一大批相关企业的发展。

（三）宏观层面的政府竞争力

在现代市场经济条件下和现代国际竞争中，政府的作用是不可替代的。迈克尔·波特把政府竞争力在生产要素方面的作用提到了政府是创造生产要素的发动机的高度，主要通过重视教育和培训、主动研发重要科技、发展基础设施、开放资金渠道、培养信息整合能力等方式发挥作用。经济增长质量的改善亦与政府竞争力密切相关，特别是对于中国这样一个正处于体制转型期的发展中大国，政府在推动经济中扮演着主导角色。

第一，政府通过制定市场经济的法律法规和政策措施，为各市场主体平等地参与市场竞争创造环境。整个社会经济竞争力的获得与否与政府能否推出有效的产权制度、技术政策等激励创新的宏观体制与政策密切相关。政府在扩张相关产业的国际市场，以及发展整体竞争优势上，也扮演重要角色。它通过媒体政策、产业集群政策、区域发展规划政策发挥作用。同时，政府的政策对企业的战略目标、组织管理、企业结构等也会产生重大的影响。

第二，政府的财政支出对整个社会的经济具有重要的引导作用。政府的真正作用在于通过调控的方式来弥补单纯市场的缺陷。政府用于支付的费用来自企业等市场经济主体的税收所得，并通过公共财政的形式对外支付。政府竞争力被称为"区域竞争力的龙头和核心"，政府竞争力强，不但能为企业发展提供有效的制度保障，同时政府的财政支出和公共产品供给对资金、技术、人才亦有很大的影响力。

第三，政府本身的组织运行成本是构成整个经济社会运行成本的重要组成部分，政府的运行效率对整个社会经济效率有着重要的影响。政府运行成本必然转移到政府所辖区域内企业和个人，政府运行成本过高必然导致区域内企业和个人不得不支付更多的费用，特别是在一个法制不健全的国家里，这点表现得更加明显。

八、社会发展维度

社会发展是一个内涵宽广的范畴，根据胡鞍钢（2003）的研究，衡量社会发展的指标包括经济指标、人口指标、教育指标、卫生发展指标、科技指标、文化发展指标、环境指标、基础设施指标和人类发展指标九个方面，可见其涉及了社会环境的各个方面，构成了经济增长的宏观社会环境。社会发展和经济增长质量不仅存在交叉重合的领域，同时构成了相互联系、相互作用和相互促进的关系，具体表现为，其一社会发展为经济增长质量的提高提供社会基础，其二社会发展本身可以作为评价经济增长质量的内容。

社会发展反映在经济增长宏观环境的各个方面，而经济增长质量的提高依赖于各种要素的使用效率，其效率的提高和作用机制必然与基础的社会环境相关。只有在与提高全要素生产率相协调的社会环境中，才能实现经济增长质量的提高。具体表现在：

（1）社会发展提高人力资本的"均化"程度，促进人力资本积累，从而提高经济增长质量。卢卡斯和罗默的研究表明，高质量的经济增长主要来源于人力资本存量的有效积累。在制度因素给定的条件下，决定经济增长的要素是人力资本、产业资本和技术进步，而不是传统理论下的劳动力、资本和技术进步，用人力资本代替劳动，是因为劳动是人力资本这一要素的载体，在本质上投入生产中的要素是人力资本。因此，经济增长质量的提高依赖于全要素生产率的提高，而全要素生产率的提高归根到底要靠人力资本存量的提高才能达到，人力资本的积累是凭借人力资本"均化"程度的提高实现的，从而可以推导出其基本的促进动力在于社会发展。

（2）社会发展推进科学进步和技术创新，直接作用于全要素生产率的提高，构成经济增长质量的核心要素。新古典增长理论否定了传统增长理论提出的资本积累是经济增长的决定因素，提出了技术进步是经济增长决定性因素的观点，之后发展起来的新增长理论进一步把技术进步内生化，认为经济增长质量提高的真正源泉在于技术进步。社会发展在科技方面即反映为技术进步，同时通过教育、人口和卫生的发展提高人力资本水平，与技术进步相互作用，共同提升全要素生产率，进而促进经济增长质量的提升。

（3）社会发展改善社会整体的环境、资源状况，降低经济增长的环境成本，有利于经济增长的可持续性，构成经济增长质量的环境资源因素。社会发展体现在环保领域的成绩在于控制环境污染趋势、改善地区环境质量、优化配置资源利用，从而抑制经济增长中经济主体可能发生的浪费资源、污染环境、破坏生态等机会主义倾向，降低经济增长的成本，从而实现经济增长的可持续性，实现经济增长的高质量。

第九章

经济增长质量指数的构建

经济数量增长的度量采用 GDP 指标，而经济增长质量需要建立经济增长质量指数来度量。经济增长质量是从经济增长内在的性质与规律上去刻画经济增长的，主要包含三个层次六个维度的内容：条件视角的国民经济整体素质，过程视角的经济增长效率、经济增长结构及经济增长稳定性，结果视角的福利变化与分配和生态环境代价。本章从度量的原理上来分析经济增长质量的统计度量。

第一节　经济增长质量指数构建的理论维度分析

对经济增长质量指数的构建需要建立在对其理论维度界定的基础上，而经济增长质量是对经济增长质量优劣程度的综合判断，对其含义进行界定是一个仁者见仁智者见智的问题。目前，对经济增长质量的研究主要有两类视角：狭义增长质量与广义增长质量。狭义经济增长质量是指经济增长的效率，即进行经济活动时所消耗和使用的要素投入与经济活动总产出之间的比较。对于一定时期的全部经济活动或一项经济活动而言，如果给定投入下的产出越多，或达到一定产出目标所使用的投入越少，就表明经济增长效率越高，经济增长质量越高（卡马耶夫，1983；王积业，2000；刘亚建，2002）。广义经济增长质量强调其是相对于经济增长数量而言的一个综合分析，不同学者从不同的角度出发，对经济增长质量的内涵存在不同看法。温诺·托马斯等（2001）认为经济增长质量作为发展速度的补充，是指构成经济增长进程的关键性内容，比如机会的分配、环境的可持续性、全球性风险的管理以及治理结构，并从福利、教育机会、自然环境、资本市场抵御全球金融风险的能力以及腐败等角度对各个国家或地区的经济增长质量进行了比较。巴罗（2002）认为经济发展是与经济增长数量紧密相关的经济方面的因素，而经济增长质量则是与经济增长数量紧密相关的社会、政治及宗教等方面的因素。经济发展从根本上反映了人均 GDP 的增长，其基本测度指标为人均

GDP 的对数、教育年限以及城市化率。而经济增长质量作为与经济增长紧密相关的社会、政治及宗教等方面的因素，具体包括受教育水平、预期寿命、健康状况、法律和秩序发展的程度及收入不平等等。刘树成（2007）认为提高经济增长质量是指不断提高经济增长态势的稳定性，不断提高经济增长方式的可持续性，不断提高经济增长结构的协调性，不断提高经济增长效益的和谐性。他指出经济增长的数量与质量是一个有机统一的整体，经济增长质量与经济增长数量的持续性紧密相关。钞小静、惠康（2009）认为经济增长质量是从经济的内在性质上来反映经济增长的，对经济增长内在性质的判断既要从其动态过程中来考察，也涉及经济增长的后果和前景问题。在经济增长的过程方面，经济增长的结构以及经济增长的波动问题构成了经济增长质量的主要内容，而从经济增长的结果来看，经济增长质量主要涉及经济增长的福利变化与成果分配以及资源利用和生态环境代价问题。

一个完整的经济增长的定义应该外在表现为总数量的扩张，而内在表现为质量的提高。经济增长数量扩张是经济增长质量提高的前提，它为经济增长质量的提高提供了必要的物质基础；但同时经济增长质量的高低也决定着经济增长的总量与速度，在其他条件相同的情况下，不同的经济增长质量水平可以带来不同的经济增长数量扩张与不同的增长速度。由此可见，经济增长既包括经济在数量方面的扩张，又包括经济在质量方面的提高，是数量扩展和质量提高的统一。从与经济增长数量相对应的视角，我们认为经济增长数量是从整体数量的变化上来描述经济增长的，它反映的是经济增长速度的变化。而经济增长质量则是从经济增长内在的性质与规律上去刻画经济增长的，它反映的是经济增长的优劣判断。对经济增长内在性质的判断既要从其动态过程中来考察，也涉及经济增长的条件与结果问题，即经济增长质量是从条件、过程和结果三个层次来讨论的。基于如上分析，归纳起来经济增长质量指数的构建应该包含以下三个层次。

（一）经济增长的条件层次

从经济增长的条件来看，经济增长质量是指国民经济整体素质的基本状况。国民经济素质是一个国家国民经济系统各种内在因素有机结合形成的整体功能特性，表现为一个国家长期有效地开发和利用各种资源创造国民财富的基本条件和能力，是经济增长的基础条件，高质量的经济增长必然要求高素质的国民经济。

（二）经济增长的过程层次

从经济增长的过程来看，经济增长质量包含经济增长的效率、经济增长的结构及经济增长的稳定性。在长期的经济增长过程中，人们总是要以最小的成本投入换取最大的收益。因而在长期经济增长中，如果投入与产出保持合理的比例关系，能以较少的投入换取较高的产出，我们便可以认为经济增长的产出质量比较高。经济增长结构是指经济系统内要素间联结关系及要素数量间的比例关系，包括产业结构、投资消费结构、区域结构等，而其中最重要的是产业结构，它在一定意义上决定了经济增长的方式。产业结构升级和转换的快慢程度是经济增长质量非常重要的内容之一。经济增长的稳定性指短期经济增长对长期经济增长趋势的偏离应保持在较小的范围内，这也是经济增长质量的重要方面。

（三）经济增长的结果层次

从经济增长的结果来看，经济增长质量是指整体社会福利的最大化与生态环境代价的最小化。经济增长终极价值判断的核心是人的发展，经济增长要实现人的福利最大化不仅涉及居民整体福利水平的改善，而且必须关注社会福利分配的公平性。只有当经济增长的成果能够被绝大多数人所分享时，它才能够成为一种长期持续的发展过程，在追求经济增长的同时要重视成果的分配问题。经济增长的现实价值判断是以经济增长的有效性为核心，强调实现增长代价的最小化，在促进经济增长的同时降低增长代价，实现经济的高效增长。生态环境破坏是经济增长的成本与代价，良好的经济增长质量是指经济的数量增长应以可持续的方式使用资源，而不以牺牲环境为代价。

因此，经济增长质量是指经济增长内在的性质与规律，它的提高是经济增长数量扩张到一定阶段的背景下，经济增长的条件、过程、结果同时得以改善的产物。按照系统论的观点，当经济增长系统的基础条件优良、各构成要素相互耦合、各利益主体之间、利益主体与自然生态系统之间的关系协调均衡时，整体的经济增长系统会呈现出有序的高质量增长。

对经济增长质量高低的判断是从条件、过程和结果三个层次来讨论的。归纳起来经济增长质量主要包含三个层次六个维度的内容：（1）从经济增长的条件层次来看，经济增长质量主要包含国民经济素质维度。（2）从经济增长过程的层次来看，经济增长质量包含经济增长的效率、经济增长的结构以及经济增长的稳定性三个维度。（3）从经济增长结果的层次来看，经济增长质量包括福利水平分配状况和生态环境代价的两个维度。

第二节　经济增长质量指数的指标体系构建

如前所述，经济增长质量并不是一个单一经济因素，而是一系列因素的综合，所以用数量指标来对经济增长质量问题进行度量必须借助由多方面、多个指标所构成的综合评价指标体系。根据经济增长质量指数构建维度的界定，我们从国民经济素质、经济增长的效率、经济增长的结构、经济增长的稳定性、福利变化与成果分配、生态环境代价六个维度构建中国经济增长质量的测度指数（见表9-1）。

表9-1　　　　　　　中国经济增长质量指数构成

方面指数	分项指标	基础指标	计量单位	指标属性		
				正指标	逆指标	适度指标
国民经济素质	基础素质	公路里程/人口数	万公里/万人	√		
		铁路里程/人口数	万公里/万人	√		
	能力素质	科学技术支出占财政支出比重	%	√		
	协调素质	行政费用占财政支出比重	%		√	
		公共安全支出占财政支出比重	%	√		
经济增长的效率		全要素生产率增长率	—	√		
		技术变动	—	√		
		技术效率变动	—	√		
		资本生产率	—	√		
		劳动生产率	—	√		
经济增长的结构	产业结构	工业化率	%	√		
		第一产业比较劳动生产率	—	√		
		第二产业比较劳动生产率	—	√		
		第三产业比较劳动生产率	—	√		
	投资消费结构	投资率	%			√
		消费率	%			√
	金融结构	存款余额/GDP	—	√		
		贷款余额/GDP	—	√		
	国际收支	进出口总额/GDP	—	√		
	城乡二元结构	二元对比系数	—	√		
		二元反差指数	—		√	
经济增长的稳定性	产出波动	经济波动率	%		√	
	价格波动	消费者物价指数	—		√	
		生产者物价指数	—		√	
	就业波动	城镇登记失业率	%		√	

续表

方面指数	分项指标	基础指标	计量单位	指标属性		
				正指标	逆指标	适度指标
经济增长的福利变化与成果分配	福利变化	人均GDP	元	√		
		城市人均住宅建筑面积	平方米	√		
		农村人均住房面积	平方米	√		
		城镇居民家庭恩格尔系数	%		√	
		农村居民家庭恩格尔系数	%		√	
	成果分配	泰尔指数	—		√	
		劳动者报酬占比	—	√		
经济增长的生态环境代价	资源消耗	单位地区生产总值能耗			√	
		单位地区生产总值电耗			√	
	环境污染	单位产出大气污染程度	倍数		√	
		单位产出污水排放数	倍数		√	
		单位产出固体废弃物排放数	倍数		√	

在充分考虑数据可得性与可靠性的基础上，我们选择各维度具有较高代表性和可比性的核心指标作为基础指标，构成由37个基础指标形成的中国经济增长质量指数。

国民经济素质表现为一个国家长期有效地开发和利用各种资源创造国民财富的基本条件和能力，是经济增长质量的综合表现。高质量的经济增长必然要求高素质的国民经济。国民经济素质包括基础素质、能力素质和协调素质三个方面。因此，我们选择人均公路里程、人均铁路里程来代表国民经济基础素质。选择科学技术支出占财政支出比重来代表国民经济能力素质。选择行政费用占财政支出比重、公共安全支出占财政支出比重代表国民经济协调素质，用基础素质、能力素质和协调素质等五大指标来作为基础测度指标来测度国民经济素质。

经济增长的效率是指各种投入转化为产出有效性的高低。高生产率是高质量增长的根本保证，生产率的长期增长取决于技术进步和经济制度的效率。从经济增长效率测度指标的选择来看，生产率揭示了各种生产要素转化为产出的有效性，因此我们选择全要素生产率、技术变动、技术效率变动、资本生产率以及劳动生产率作为经济增长效率的测度指标。

经济增长结构是指经济系统内各要素之间的联结关系及要素数量之间的比例关系。合理的经济结构是经济高质量增长的前提，经济结构的转化可以有效改变经济增长的动力机制，因此我们分别从产业结构、投资消费结构、金融结构和国际收支结构及城乡二元结构五个分项来进行测度。产业结构常见的测度指标有工业化率、三次产业产值比、三次产业就业人数比、比较劳动生产率等，我们选择产业结构的二级分项指标有工业化率、三次产业比较劳动生产率。投资消费结构的测度指标主要有全社会固定资产增长率、投资率、消费率、增量资本产出率等，此外由于投资与消费均存在着一个相对合适的比例，并不是仅仅投资率或消费率越高就越好，因此在投资消费结构的指标选择中我们将投资率与消费率作为适度指标纳入指标体系。金融结构的测度指标一般有金融相关率、银行业市场集中度、不良贷款率、市盈率以及 M2/GDP 等，虽然反映金融结构的常见指标为戈德史密斯的金融相关比率和麦金农的货币化程度，但是考虑到各地区相关数据的可得性与指标体系的完整性，我们选择存、贷款余额占 GDP 的比例作为衡量指标。常见国际收支结构的测度指标有贸易差额占 GDP 的比重、外汇储备/M2、外贸依存度、偿债率等，我们选择外贸依存度作为国际收支结构的测度指标。由于中国还具有典型的二元经济结构特征，所以在我国经济增长结构的度量中还需要考虑二元结构的转化问题。基于如上考虑，我们选择二元对比系数和二元反差指数来衡量城乡二元结构。

　　经济增长的稳定性是指经济体系的运行是否平稳。过度的经济波动会破坏经济长期稳定增长的内在机制，稳定性可以实现资源有效配置和有效利用的结合，提高经济增长质量。从经济增长稳定性测度指标的选择来看，经济增长过程中的周期波动主要是从产出波动、价格波动和就业波动三个方面来进行考察，因此我们也从这三个层次来测度经济增长的稳定性，分别选择经济波动率、消费者价格指数、生产者价格指数和失业率作为测度指标（我国目前的失业率是指城镇登记失业率，不包括农村剩余劳动力，也不包括农村进城务工的劳动力）。

　　经济增长的福利变化是指居民人均拥有财富的增加，这不仅仅包括实物形态的物质财富，而且还包括人力财富以及自然、社会环境财富等方面的内容。经济增长的最终目标是为了增加社会的福利水平和幸福程度，居民人均拥有财富的增加有利于经济增长质量的提高。对于经济增长的福利变化与成果分配，福利变化主要是从总体上来考察经济增长所带来的居民的福利改善问题，我们分别选择人均 GDP、城市人均住宅面积、农村人均住房面积、城镇居民家庭恩格尔系数以及农村居民家庭恩格尔系数作为基础测度指标，而经济增长的成果分配主要涉及的是收入分配问题，国际上最常用的度量收入分配差距的指标是基尼系数，但是由于现有方法和数据的问题导致我们无法准确计算出全国总体的基尼系数。我国收入分配的差距主要表现在城乡收入差距上，所以现有文献中也常用度量城乡收入差距的指标来反映收入分配的差距。城乡收入差距一般用城镇人均可支配收入与农村人均纯收入之比来度量，王少平、欧阳志刚（2008）认为这一度量方法没有反映城乡人口所占比重的变化，我国农村人口占有绝对大的比重，因此泰尔指数更适用于度量我国的城乡收入差距。基于此，我们将泰尔指数和劳动者报酬占比作为测度经济增长成果分配的基础指标。

生态环境代价是从成本视角考察经济增长是否以可持续的方式来使用资源。降低资源环境和生态成本，可以提高经济增长的净收益，从而提高经济增长质量。从经济增长的生态环境代价这一维度的测度来看，我们选择单位国内生产总值能耗、单位国内生产总值电耗、单位产出大气污染程度、单位产出污水排放数、单位产出固体废弃物排放数作为基础测度指标。

第三节　经济增长质量的指数合成方法

经济增长质量并不是一个简单的经济范畴，而是一系列因素的综合反映，所以用数量指标来对经济增长质量问题进行分析与度量是一个极端复杂的问题，它涉及了经济增长的方方面面，这也就意味着经济增长质量指数必须是由多方面、多个指标所构成的一个指标体系。在经济增长质量指数构建完成后需要解决的一个重要的问题就是选择什么样的方法进行各基础指标的合成。现有相关研究文献主要采用了相对指数法、层次分析法、熵值法和因子分析法等测度方法。相对指数法是将一系列指标变成可比的指数形式，然后进行简单加总或加权加总来评价的一种统计方法。如果采用简单算术平均就意味着各分类指标是等权重的，该假设未考虑到各分项指标之间可能存在的高度相关性，而且也主观认为各维度在经济增长质量中的作用是恒定不变的，加权平均法同样也会存在这样的权重结构问题。层次分析法是运用多因素分级处理来确定因素权重的方法，权重根据研究者对各指标重要性程度的认识进行赋值，在很大程度上依赖于人们的经验，主观因素的影响很大，它至多只能排除思维过程中的严重非一致性，却无法排除决策者个人可能存在的严重片面性。此外，这种方法比较、判断过程较为粗糙，不能用于精度要求较高的问题，至多只能算是一种半定量（或定性与定量结合）的方法。

熵值法属于一种客观赋权的方法，利用信息熵的工具根据各项指标值的变异程度来确定各分类指标的权重，但这种方法不能很好地反映相关指标之间的关系。因子分析法与主成分分析法也属于客观赋权的方法，这两种方法都是通过降维把多个具有相关性的指标约化为少数几个综合指标的指标合成方法，可以在尽可能保留原有数据所含信息的前提下实现对统计数据的简化。对于包含六个维度的经济增长质量测度而言，因子分析法将原始变量分解为公共因子和特殊因子两部分因素，对新产生的主成分变量及因子变量计算得分，从而实现降维，虽然这种方法可以避免指标之间的高度相关性和权重确定的主观性，但是却无法准确刻画出各个维度的具体变化情况，只能得到公共因子的变动态势。主成分分析法的权重也是根据数据自身的特征确定而非人的主观判断，但与因子分析法所不同的是，采用这一方法可以获得构成经济增长质量各个维度的量化结果，所形成的权重结构可以充分反映经济增长质量各维度各基础指标对于形成总指数的贡献大小。因此，采用主成分分析法（Principal Components Analysis）来确定各单项指数在方面指数中的权重以合成方面指数，并进而采用同样的方法合成总指数对中国经济增长质量状态进行量化是非常适合的。

如上所述，主成分分析法属于一种客观赋权的指标合成方法，可以通过降维把多个具有相关性的指标约化为一个综合指标，能够在保留原有数据所含信息的前提下实现对统计数据的有效简化。所以，中国经济增长质量指数的合成可以选择主成分分析法来进行指标合成。一般而言，主成分分析法的主要步骤为：（1）将各指标原始数据标准化后求出相关系数矩阵。（2）计算相关系数矩阵的特征根和特征向量。（3）确定主成分以及相应的权数。（4）计算得分。为了更加精确地提取有效信息，我们对现有主成分分析法进行了如下改进。

1. 将协方差矩阵作为主成分分析的输入

原始数据一般包含两种类型的信息：一种是各指标变异程度上的差异，这种信息由各指标的方差大小反映出来；另一种是各指标相互影响程度上的差异，这种信息包含在各指标所构成的相关系数矩阵中。从各指标的相关系数矩阵中提取主成分，也就是从标准化后的数据中提取主成分。标准化方法使各指标的均值为0，方差为1，这就会导致各指标变异程度差异信息的丢失，从丢失变异信息的数据中再提取主成分很难包含原始数据中的绝大部分信息。而经过均值化处理的各指标数据所构成的协方差矩阵能全面反映原始数据中的两种信息：其一，协方差矩阵的对角元素是各指标的变异系数，它能合理地反映各指标变异程度上的差异；其二，均值化处理并不改变指标间的相关关系，协方差矩阵包含了相关系数矩阵中指标间相互影响的全部信息。

2. 采用均值化方法进行无量纲化处理

由于各基础指标的属性和量纲量级不同，使得我们无法对其直接进行合成，因此在进行主成分分析之前，需要进行一定的变换与处理。对于指标属性问题，经济增长质量指数的各基础指标属性是不同的，如果对不同性质指标直接加总就不能正确反映不同作用力的综合结果，因此我们对所有逆指标均采取倒数形式，使所有指标对经济增长质量的作用力同趋化。对于量纲量级问题，经济增长质量指数的各项基础指标分别具有不同的量纲和量级，如果直接采用原始值就会造成主成分过分偏重于具有较大方差或数量级的指标，采用均值化后的协方差矩阵不仅可以消除量纲和数量级上的差异，还能保留各指标在离散程度上的特性，避免低估或夸大指标的相对离散程度。目前最常使用的无量纲化处理方法为标准化方法，但这一方法处理后的各指标均值都为0，而标准差都为1，只反映了各指标之间的相互影响，在无量纲化的同时也抹杀了各指标之间变异程度上的差异，因此，标准化方法并不适合用于多指标的综合评价中。而经过均值化方法处理的各指标数据构成的协方差矩阵既可以反映原始数据中各指标变异程度上的差异，也可以包含各指标相互影响程度差异的信息。基于如上考虑，我们选择均值化方法对原始指标进行无量纲化处理。

3. 采用第一主成分来确定各基础指标权重

在现有运用主成分分析法进行多指标综合评价的研究中，一般根据前面几个主成分的累计贡献率大于某一特定值（如85%）来确定主成分的个数，并求得综合主成分值。但是单个主成分综合原始数据信息的能力是以其贡献率来衡量的，这样的方法反映的仅是前面几个主成分单独综合原始数据信息能力的总和，其综合原始数据信息的能力不可能超过前面几个主成分的累积综合能力，也不可能超过第一主成分综合原始数据信息的能力。

因此，我们采用第一主成分来确定各基础指标的权数，将第一主成分中各基础指标的系数作为各基础指标相应的权数，由此求得各方面指数，再以同样的方法获得经济增长质量指数。

第十章

质量型经济增长价值判断体系的构建

经济增长过程中对增长数量过分追求，使其逐渐失去了价值判断标准，摒弃了哲学、社会学及伦理学的价值思考，这种纯数字和纯数量的增长以投入——产出最大化为唯一目标，当这种经济增长成为唯一标准，经济增长的结果即成为单一的物质财富的增加，增长的持续性及前景被忽视，作为社会主体的人成为实现增长的工具，无声的增长、无情的增长、无根的增长、无未来的增长使增长的价值合理性受到了质疑。质量型增长在此背景下以经济增长的结果、前景和持续性为视角，转变实证主义方法论，基于规范主义方法论，以一定的价值判断作为出发点和基础，提出行为标准，并以此作为处理经济问题和制定经济政策的依据，探讨如何才能符合这些标准，基于社会伦理原则、文化观念和哲学观点提出经济增长质量的价值判断标准。

第一节　经济增长质量价值判断体系的逻辑探究

经济增长质量的价值判断体系由终极价值判断和实践性价值判断两部分构成，经济增长质量的终极价值判断的核心是人的发展，是基于人本主义经济发展观的判断标准；经济增长质量的现实价值判断则是以功利主义为核心，实现经济高效增长的判断标准。经济增长质量的终极价值判断与现实价值判断是经济增长质量价值判断的两个层面，具有同时存在性与时间序列发展性。同时存在性是指在经济发展中，人的发展与增长效率的提高应当在质量型经济增长中同时实现，在提高增长效率的同时促进人的发展，以人本主义作为增长的基本目标，两种价值判断同时存在于经济增长过程。时间序列发展性是指价值判断标准在不同社会经济发展阶段是有变化的，在社会经济基础相对薄弱的发展阶段，现实价值判断占据主导地位，是终极价值判断的基础，经济效率的提升是实现人的全面发展的前提；在经济发展效率逐步得到提升后，终极价值判断成为主要价值判断标准，对人的发展的关注成为质量型经济增长的主要目标，现实价值判断是终极价值判断的实现手段，是终极价值判断的过渡标准。质量型经济增长的价值判断标准是现实价值判断与终极价值判断相统一的价值判断标准体系，质量型经济增长要求经济增长符合现实价值判断与终极价值判断相一致的价值判断体系。

价值判断是区分实证主义与规范主义的关键变量，经济学范畴内的价值判断是指对经济事物社会价值的判断，即对某一事物优劣性的判断。实证主义方法论忽视价值判断，研究经济发展的内在规律，根据这些规律分析和预测经济行为的效果，试图回答"是什么"的问题。规范主义方法论则以一定的价值判断作为基础，以某些标准作为分析处理经济问题的标准，建立经济理论的前提，并研究如何才能符合这些标准，解决"应该是什么"的问题。

以规范主义方法论作为出发点，任何经济理论都是从某一价值判断出发来形成自己的逻辑体系，并依据逻辑体系形成对现实问题的理论解读。价值判断不同，逻辑体系不同，对现实问题的解读不同，从而也形成不同的政策主张。经济增长质量研究作为一种规范研究，需要建立以质量为目标的价值判断，提出质量型经济增长应当具有的优劣属性，指出质量型经济增长的内在逻辑要求。

一、价值判断体系是经济增长质量研究的逻辑指向

价值判断不同，对经济学知识的来源认识不同，从而使经济学家在问题研究中形成的研究方法和叙述方法都不同。首先，经济增长质量研究的逻辑起点在于经济增长质量是一个复合概念①，既包含了经济增长中经济范畴内的概念，也包含了由经济因素带来的社会范畴概念。既包括经济增长的效率、结构、稳定性、福利分配、生态环境、创新能力，又包括社会均衡、人的幸福、人的发展，是一个多维度、多层面的复合概念。其次，经济增长质量以经济增长的结果和前景为视角，关注经济增长的结果，着重考察一种经济带来的结果是什么，以及经济增长能达到的潜在最大水平，这种经济增长能否得到长期持续的发展。经济增长质量研究中概念的复合型、以结果和前景为视角的导向，决定了经济增长质量研究的逻辑复杂性，因此在复杂的概念界定以及结果导向的研究中，价值判断为经济增长质量研究提供了逻辑指向。在逻辑指向的目标指导下，经济增长质量研究中明确质量型经济增长应当是怎样，怎样的经济增长是合理的，怎样的经济增长是具有道德意义的，为经济增长中出现的社会经济问题提供统一的判断标准，是社会经济长期发展的内在逻辑动力。

---

① 任保平：《以质量看待增长：对新中国经济增长质量的评价与反思》，中国经济出版社 2010 年版，第 57 页。

二、价值判断体系是质量型经济增长理论构建的基础

经济学理论的价值判断体系不同，理论体系建立的价值取向不同，理论研究的方法和叙述方法也不同，对社会关系合理性的解释也不同。经济增长质量理论改变了主流经济理论对经济增长快慢的单纯关注，以经济增长的优劣和好坏为构建理论基础，探讨经济增长状态问题，评价已经增长起来的经济优劣程度如何。在结构方面，是否实现了经济结构的高级化和现代化，在经济增长稳定性方面是否实现波峰平滑，在福利分配方面是否实现成果共享性，在增长代价方面是否实现低代价经济增长，在国民素质方面是否实现国民素质优化，在社会发展方面是否达到社会均衡发展，是否实现人的全面发展。一方面，就经济增长质量理论本身而言，其理论的规范主义方法论性质自身即对经济增长进行价值判定，判定经济增长的优劣与价值；另一方面，价值判断又是经济增长质量理论的理论基础，在既定价值判断的基础上，经济增长质量理论设定内涵界定、外延维度，在此基础上探讨经济增长质量的作用机理，以新的理论视角研究经济增长。

三、价值判断体系是对经济增长现实评价的依据和准则

作为一种科学的经济理论，必须做到价值判断、理论体系、经验事实和未来预测的一致性，做到这四者之间一致性的关键在于是否有价值判断。在主流经济学数量型经济增长理论的框架之外对经济增长的现实评价依赖于价值判断，以往的经济增长理论认为多即是好，但经济增长质量作为多维度的复杂理论体系，既不能简单地认为增速快就是合宜的，也不能认为财富多就是最佳结果，更不能仅仅将环境改善作为最终目标。因此，如何评价现实经济增长就需要与质量型经济增长相适应的价值判断体系。价值判断能够为现实经济增长提供评价依据和准则，在设定统一的价值判断的基础上，对经济现实进行理论分析，评价经济增长的状态，对未来发展方向进行预测与控制，通过调整政策导向和经济增长路径控制经济增长的结果，实现经济的可持续增长，实现增长质量的价值判断、理论机理、事实评价与发展控制的一致。

第二节 经济增长质量的终极价值判断

数量型经济增长的终极关怀是物质财富的增长，人是经济增长的手段。而质

量型经济增长的终极关怀是人文关怀，人是经济增长的终极目的①。经济增长归根结底是为了人本身的发展。以人为核心的经济增长要求以人为中心，解放人、发展人、实现人，把人的发展看作是社会发展的核心和最高目标。因此，经济增长质量的终极价值判断是人的发展。

一、经济增长要实现人的幸福最大化

经济增长归根到底就是为了实现人的全面发展。人的幸福最大化应当是经济增长的最高目标，经济增长的最终目标并不是国民财富的最大化，而应当是国民幸福的最大化。人的幸福作为一项综合性概念，除受经济发展影响外，还是作为经济主体的人的身体健康水平、工作条件状况、家庭美满程度以及社会和谐程度的综合反映。在经济增长速度不断提升，物质财富日益增加的社会中，越来越多的人感到不幸福，这使得我们反思经济增长的价值问题。质量型经济增长的终极价值判断首先是人的幸福最大化，在人的幸福最大化基础上实现社会文化的发展与人的最终发展。

以人为核心的质量型经济增长注重社会的人文关怀，对国民幸福感受的关注。在经济增长过程中，财富增加只是能够带来幸福感增加的次要因素，教育、婚姻、职业、信仰、国民性格都会对幸福产生影响，经济增长虽然与幸福水平具有正相关性，但这种相关性存在于一定区间，当经济增长发展在一定范围内，经济主体对幸福的追求表现为对财富的追求、对数量的追求、对增长的追求；当经济增长突破一定的界限，单纯的数量增长即无法实现经济主体的幸福，幸福最大化更多地体现在社会结构、社会文化、人文关怀方面。物质财富作为幸福的基础，只是人的整体发展的基础要素，经济增长作为物质财富的实现手段也仅仅具有工具理性，在以人为本的质量型经济增长中，综合考评经济增长的质量必须将人的发展作为最终价值判断，将实现人的幸福最大化作为终极判断标准的核心要素。

二、经济增长要以社会文化发展为前提

质量型经济增长的终极目的是人，而文化作为人的行为与思想的重要支配因素，为经济增长打上了深深的烙印，只有依据一定的文化才能理解经济增长，只有借助一定的文化价值规范才能对经济增长做出价值判断。质量型增长的终极价

---

① 任保平：《经济增长质量：理论阐释、基本命题与伦理原则》，载于《学术月刊》2012年第2期，第65～72页。

值判断是人的发展，文化则是终极价值判断的合理性标准。质量型经济增长中，经济增长必须同国家民族的文化尺度相一致，一旦偏离了文化价值尺度就与社会发展的基本方向相偏离，文化价值是判断经济增长质量的重要标准。佩鲁在《新发展观》中指出，"种文化价值'起着根本性的作用'，经济增长不过是手段而已。各种文化价值是抑制和加速增长的动机的基础，并且决定着增长作为一种目标的合理性。"①

文化作为经济增长的价值判断首先体现在文化与内生增长的关系上，文化影响着人们对资源、技术、制度等要素的选择，特别是对制度的选择具有重要影响，文化传统能通过"商业精神"对市场秩序的发展和培育产生影响，并对社会和地区的经济增长产生直接作用。文化是在长期社会历史发展过程中形成的民族特质，是民族思想深处的价值规范，是社会经济发展的关键变量。在积极繁荣、富有创造性的文化价值的推动下，经济系统能够迸发出持续发展的内在动力，促进经济效率的提升、创新精神的孕育、实现经济主体的能动性，同时实现经济增长与社会发展、人的发展的相互促进的良性循环模型。文化作为经济增长的价值判断最终体现在文化对经济增长的渗透作用，文化作为一种价值规范，决定经济行为的合理性。经济增长的过程发生在特定的文化环境中，每个经济主体遵守社会规则、习俗和行为模式，对社会文化驱使的特定目标的追求激励个人对经济社会发展做出贡献，特定的文化价值判断决定个人做什么与不做什么，社会文化的发展即是社会行为模式的发展，社会文化的发展促进社会价值规范的发展，对人的行为起到主要导向作用，是质量型经济增长的前提。

三、经济增长最终要促进人的发展

从经济增长结果来看，无论是提高经济增长的数量，还是提高经济增长的质量，根本出发点和归宿都是为了人的发展②，人的发展可以分为生存与发展两个层面。经济增长最终要促进人的生存主要体现在生活水平的提高，人的生活水平的提高包括两个方面：从数量方面来看，经济增长要提供丰富的物质产品，满足人民的物质文化生活需要；从质量方面而言，经济增长要提高人的生活的舒适程度与便利程度，为人们提供无公害、有益健康的绿色食品、清新的空气、清洁的生活环境。经济增长对人的发展的促进主要体现在人文关怀的改善，人文关怀就是对人的生存状况的关怀，对人的尊严与符合人性的生活条件的肯定，对人类自

---

① ［法］佩鲁著，张宁等译：《新发展观》，华夏出版社1987年版，第15页。
② 任保平：《经济增长质量提高的人本原则及其实现途径》，载于《改革与战略》2010年第5期，第45～48页。

由的追求，对人的关心、爱护与尊重①。人文关怀是社会文明进步的标志，是人类自觉意识提高的反映。经济增长的人文关怀着眼于人性，注重人的存在、人的价值、人的意义，尤其是人的心灵、精神和情感。经济增长的人文精神倡导把情感看作人的基本存在方式，关注人的精神状态和内在需求，避免人的异化。

经济增长带来财富增长的同时也带来了社会发展的病态以及人的异化问题，人的价值尊严逐渐失落在经济增长中。一方面人类在享受经济发展带来的科技成果、安逸生活、文明进步，另一方面也在承受社会冲突矛盾带来的困扰、日益加剧的贫富差距、道德伦理的衰败。人文关怀不再是个性解放的代名词，而成为应对经济增长、科技进步、财富增加对社会以及人性带来的负面影响的价值判断，人文关怀的核心是对人的生存与发展的关注，对人的价值、尊严、情感、道德与理想的重视，是关怀人、尊重人、以人为中心的价值判断标准②。质量型经济增长以人的发展为终极价值判断，应当从人文关怀的精神出发，以人的终极关怀为根本，做出合理的发展规划与制度安排。

第三节　经济增长质量的现实性价值判断

质量型经济增长的终极价值判断是人的发展，终极关怀是人文关怀，以人为经济增长的终极目标，而现实性价值判断作为终极价值判断的实现手段，是终极价值判断的过渡价值判断，是以功利主义为核心，实现经济高效增长的判断标准，具体要求经济增长实现增长代价的最小化、社会福利的最大化、经济运行的平稳化、产出效率的最大化以产业结构的高级化。

一、经济增长要实现增长代价的最小化

正如马卡耶夫的观点，仅仅从经济增长的速度角度看待增长是不够的，还应当考虑经济增长的代价问题。经济增长的代价主要包括经济代价与社会代价两方面，经济代价是指经济增长带来的经济范畴内的增长代价，包括资源环境代价、生态环境代价等，社会代价是指经济增长对社会范畴内的因素带来的增长代价，主要包括社会文化代价、伦理道德代价以及社会失衡代价等。经济增长质量的现实性价值判断要求实现经济增长代价的最小化，实现经济增长效率的最大化。

---

① 王朝明：《缓解贫困与人文关怀》，载于《经济学家》2002 年第 6 期，第 35 ~ 41 页。
② 常修泽：《论以人的发展为导向的经济发展方式转变》，载于《宏观经济管理》2010 年第 6 期，第10 ~ 13 页。

数量型经济增长普遍重视经济增长的产出，片面追求经济增长的收益，忽略经济增长的成本与代价，现实中经济在增长的同时，增长的负面效应相应不断积累，当增长的负面作用到达一定的临界值，就以社会经济问题的形式表现出经济增长的代价。经济增长的代价可以理解为超越经济增长成本所支付的价值，经济增长代价所消耗的资源不产生有社会需求的产品，其价值形态也不再转化为国民生产总值，是社会为增长所支付的损失性价值。经济增长代价的长期支付会对社会带来较大的社会损失，阻碍社会经济发展，带来社会经济危机。质量型经济增长现实性价值判断要求实现经济增长代价的最小化，在促进经济增长的同时降低增长代价，实现经济社会的高效发展。

二、经济增长要实现社会福利的最大化

社会福利水平是衡量经济增长质量的重要方面，经济增长质量的现实性价值判断要求经济增长实现社会福利的最大化。社会福利的最大化是指经济增长的成果能够带来社会总体福利水平的上升，使社会整体福利得到改善。社会福利水平决定增长的持续动力，福利水平过低会带来社会环境的恶化，经济增长动力不足，不利于经济高效增长。

社会福利水平的主要影响因素是福利分配状况，福利分配不平等可能会引发宏观经济波动和社会冲突、国内政治经济环境不稳定，从而造成再分配压力、寻租行为、产权保护薄弱，投资降低，最后妨碍经济增长。而福利分配的平等性则有利于创造和谐的外部环境，有利于社会大众形成稳定的持久性收入预期，减少预防性储蓄行为，增加即期消费，扩大内需，扭转中国经济高度依赖外需的局面，提高经济增长的持续性；有助于解决穷人的借贷约束，有利于人力资本投资积累，增加低收入者的投资机会，有助于改善机会的平等性，通过教育提高人力资本水平，改善要素使用效率，促进技术创新与扩散，提高劳动生产率，改善健康质量，实现经济成果的共享性；有助于激励经济行为主体从事生产性行为，减少非生产性行为，为经济发展创造良好的外部社会环境，促进经济增长质量的提高，有利于创造和谐的社会氛围，社会各阶层之间互谅互解，减少社会冲突。社会福利最大化有利于提高经济增长效率，质量型经济增长现实性价值判断要求实现社会福利的最大化，福利分配的平等性。

三、经济增长要实现经济运行的平稳化

经济的平稳增长是经济增长质量的内在要求，实现经济运行的平稳化是经济增长质量的现实性价值判断。经济稳定增长不同于经济的快速增长，稳定增长的

经济应包含两个内容：一方面经济增长率的波动幅度小，另一方面经济增长率的波动次数少。经济增长率的大幅度上升或下降，或者经济波动过快都是经济不稳定的表现，将会给未来经济增长埋下很多隐患。由于经济周期性规律的作用，经济波动是不可避免的，因此要正视周期性波动存在的客观性，同时在正确认识和解释波动现象的基础上进行理论构思和经济分析，采取现实可行的宏观政策，从而减缓剧烈的经济波动，熨平多余的经济波纹，消除有害的经济涨落，让稳定性贯穿于经济增长的全过程，才能保证经济增长的质量。

增长稳定性是经济增长质量价值判断的重要方面，稳定的经济增长是经济高质量增长的重要内容，因为过度的经济波动对经济的动态效率损害很大，一是破坏了经济长期稳定增长的内在机制，造成社会资源的巨大浪费，从而影响经济增长的持续性；二是加大了宏观经济运行的潜在风险，经济过热往往导致通货膨胀，经济过冷又会造成高失业率；此外，它对人们特别是低收入阶层会造成超乎常规的影响，因为低收入阶层几乎没有什么资本来对付经济的冲击，他们要维持消费水平的稳定将比高收入阶层遇到更多困难，同时由于替代性选择的缺乏，低收入阶层经常从事那些最容易受到经济波动影响的工作，如农业和建筑业。因此，一场经济危机会严重地恶化他们的人力和自然资产，使他们在其后的繁荣中也得不到好处，同时可能会进一步加大贫富差距，降低经济增长效率。经济的平稳增长是经济增长效率提升的重要前提，是经济增长质量现实性价值判断的关键命题。

四、经济增长要实现产出效率的最大化

经济增长质量的现实性价值判断以功利主义为核心，以实现经济高效增长为目标，而产出效率则是增长效率的直接反映，揭示了各种生产要素转化为产出的有效性，因此经济增长要实现产出效率的最大化。生产率的改进，同等数量的生产要素结合起来可以得到更多的产出，技术进步可以改变生产要素的组合，提高产出效率。在不存在技术进步时，经济增长受到收益递减的限制，而引入技术进步，将出现收益递增，从而提高生产率。经济增长要实现产出效率最大化，应当促进生产率的改进，加快技术进步。

经济增长质量的内涵体现了经济系统的投入产出效率，但经济系统投入产出的效率却直接和经济增长方式相关。经济增长方式是实现经济增长的生产要素的组合形式，或者说是经济增长过程中生产要素投入与要素生产率提高的构成方式，即实现经济增长所依赖的增长源泉构成及其路径。提高以技术为代表的全要素生产率要求经济增长方式转变，从传统的粗放式的增长方式向内涵式的经济增长方式转变，这种内涵式增长方式的主要动力并非来源于社会资源的投入，而是

技术进步和创新，它克服了资源有限性的约束，为经济增长提供持续动力。质量型经济增长的价值判断要实现产出效率的最大化，实现增长方式的转变，实现要素生产率的提高。

五、经济增长要实现产业结构的高级化

产业结构是经济增长中产业构成及其相互关系的反映，优化的产业结构能够提高经济增长效率，低层次的产业结构会阻碍经济增长效率的提升。经济增长质量的现实性价值判断要求经济增长实现产业结构的高级化，在经济增长过程中不断进行产业结构的优化，最终达到产业结构高级化，形成经济增长与产业结构优化相互促进的良性循环模式。

首先，产业结构的高级化要求产业结构合理化，要求不同产业比例关系协调，从而使要素在三次产业中充分转移，得到最优配置，提高要素的配置效率。其次，在经济增长的高级阶段，产业结构的高级化要求实现产业结构的高度化，优化的产业结构要求发挥科学技术在产业提升中的作用，注重发展高新技术产业，提高技术进步对经济增长的贡献率，高级化的产业结构要求产业结构发展符合低层次向高层次演进的过程，发展具备高技术含量的第三产业，实现技术密集化、产品技术化、高附加值化与高度加工化。另外，高级化的产业结构要求发挥资源的比较优势，能够充分利用资源禀赋，减少闲置资本，获得比较优势，同时随着资源优势的变化产业结构也应当进行相应调整，从而发挥经济增长的比较优势，提高经济增长效率[①]。质量型经济增长的现实性价值判断要求实现产业结构的高级化，实现产业结构的合理化、高度化与资源比较优势的发挥，是质量型经济增长终极价值判断的现实基础。

第四节　两种价值判断的关系

经济增长质量价值判断体系的构建为追求经济增长的数量、质量和效益提供了统一的判断标准。

经济增长质量的终极价值判断的核心是人的发展，是基于人本主义经济发展观的判断标准；经济增长质量的现实性价值判断则是以功利主义为核心的，实现经济高效增长的判断标准。经济增长质量的两种价值判断不是相互分离的判断标

[①]　钞小静、任保平：《资源环境约束下的中国经济增长质量研究》，载于《中国人口·资源与环境》2012年第4期，第106~111页。

准，而是同一判断标准的两个层面。

经济增长质量的现实性价值判断是价值判断在现实经济层面的反映，是适应性价值判断，是为了实现终极价值判断的手段与过渡标准。经济增长质量的终极价值判断则是质量型经济增长的最终目标，是超越性价值判断，是现实性价值判断的逻辑终点，是高层次的价值判断。现实性价值判断与终极价值判断贯穿于经济增长的各个领域与阶段，任何经济增长阶段都有现实与未来的关系，也都有目标与手段的区别，因此，经济增长质量的终极价值判断与现实性价值判断是相互统一的，经济增长质量的价值判断体系既包括实现人的幸福最大化、社会文化发展与促进人的发展的终极价值判断，又包括实现增长代价的最小化、社会福利的最大化、经济运行的平稳化、产出效率的最大化以产业结构的高级化的现实性价值判断。在提高中国经济增长的质量和效益中，对经济增长质量进行评价时应当同时结合终极价值判断与现实性价值判断进行综合考量，从而来实现中国经济增长中数量、质量和效益的统一。

第十一章

质量型经济增长中的主体行为

任何社会变革和社会政策的调整都是利益格局的演化，随着利益格局的变化，各社会经济主体的行为博弈也会随之发生变化，与此相适应的制度安排也需要作出调整，这是政治经济学的基本分析思维。在提高经济增长质量的过程中，需要实现从数量型增长向质量型增长的转型，而这一转型的实质就是利益格局的变化，从而增长主体的行为博弈也会发生变化。因此，从数量型增长向质量型增长的转型也是一个典型政治经济学问题。

第一节　质量型经济增长中利益格局的变化

经济增长的低级阶段以数量的扩张为主，而进入高级经济增长阶段不仅要追求数量上的扩张，而且要追求经济增长的质量，形成数量与质量的统一。从实践意义上来说经济增长的质量是指在经济增长过程中，在数量增长的基础上，还要考虑投入与产出比的合理性、经济结构的优化程度，努力提高经济增长的能力和持续发展的能力。从数量型增长向质量型增长的转变，意味着经济增长模式从一种向另一种的调整，这就难免要在各个利益归属间做出相应的调整，这种调整必然会导致利益格局发生变化，这些变化主要表现在：

一、经济增长终极关怀的变化

经济增长的根本出发点和最终落脚点都是为了人的生存与发展，为了提高人的生活水平，而人的生活水平的提高则要包括两个方面：从数量方面来看，经济增长要提供丰富的物质产品，满足人民的物质文化生活的需要。从质量方面而言，经济增长要提高人的生活的舒适程度与便利程度，为人们提供无公害、有益健康的绿色食品，提供清新的空气、清洁的生活环境。与数量型相对应的是"以物为本"的增长观，它把物质财富的增长作为经济发展的终极关怀，认为发展中国家要改变落后的局面，就必须致力于以物质增长为核心的经济增长，只要物质财富增长起来，发展中国家的一切经济问题就自然会解决。与质量型增长相对应的是"以人为本"的增长观，它把人的全面发展作为经济发展的最终目的和最强大的动力。在发展中重视人的全面发展，健全公共服务，提高教育、医疗水平等与人的全面发展密切相关的问题，把提高人的生活福利、拓宽人的发展空间、维护人的发展权利作为经济发展的终极关怀。作为一个发展中国家，我国的经济发展也经历了数量型增长阶段，这一阶段从本质上来看，它也是一种"以物为本"的经济发展模式。"以物为本"的经济发展模式是通过高投入和扩大规模的路径来实现，主要依靠增加物质生产要素如劳动和资本要素的投入，具有较大的波动性且建立在对资源的过度开采和过度利用、对环境的过度破坏和污染的基础上，破坏了自然生态平衡，从而损害了人类赖以生存的自然环境基础，危及了人类的长期生存和发展。而"以人为本"的经济发展模式是通过技术进步和知识创新提高要素效率来实现的，强调宏观经济的平衡与经济结构的稳定性，强调人的全面发展。因此，为了实现经济增长质量的提高，在数量型增长向质量型转变的过程中，经济增长终极关怀要实现由"以物为本"向"以人为本"转型。

二、增长成果分配格局的变化

从经济增长的后果来看，经济增长质量强调各个经济利益主体矛盾的缓解，城乡差距、地区差距以及群体差距的缩小与和谐相处。"效率"与"公平"之间并不是绝对对立的，收入分配不平等程度的持续上升，不仅不利于全民分享经济发展的成果，而且也通过各种机制抑制了经济的增长。缩小收入差距并不仅仅是为了实现道德层面的公平，如果任由收入差距扩大，那么经济增长本身将会受到损害，这对每一个社会成员都是不利的。但是，改革开放30年后我国收入分配的状况却不容乐观。从反映收入分配整体变动情况的基尼系数来看，根据程永宏（2007）研究中的计算结果，我国总体基尼系数的演变大体上可分为三个阶段，1981～1984年，总体基尼系数较低，在0.27～0.30之间；1985～1992年，总体基尼系数较高，在0.3～0.4之间；1993～2004年，总体基尼系数超过警戒水平，基本上都在0.4以上，其中1993年、1997年仅略低于0.4，2003年达到最高值0.4430，2004年为0.4419。从反映收入分配主要变动情况的城乡泰尔指数来看，通过计算我们发现我国1978～2007年间泰尔指数的变动趋势与基尼系数的状态基本是一致的，1978～1984年泰尔指数由0.091缓慢下降到0.04，而在此之后呈现出波动中上升的态势，到 2007 年我国泰尔指数已经达到 0.163。[①] 经济增长质量最重要的内容之一就是所有社会成员的参与和共享，其根本目的就是让人民公平合理地分享经济增长的结果，实现经济的均衡、协调、可持续发展。提高经济增长质量要求在初次分配与二次分配中都注重收入分配的平等程度，重视由利益冲突向利益和谐的转化，实现由少数人分享型的增长向全体人民分享的增长模式转变。所以，从数量型增长向质量型转变的过程就意味着收入分配格局的调整，在经济增长的同时，收入分配向低收入地区、低收入人群倾斜，使所有人都从增长中获益。

三、利益分享机制的变化

质量型增长的核心是以人为本，更加注重所有人共同的增长。实现数量型增长向质量型增长的转变就是要以尊重每一个个体为前提，给予每个个体足够的发展机会，从宏观层面来看就是要使社会增长的福利向各个阶层平等的流动，使得全体社会成员都充分共享经济发展的成果。基本公共服务是建立在一定社会共识基础上，由政府根据经济社会发展阶段和总体水平来提供、旨在保障个人生存权和发展权所需要的最基本社会条件的公共服务。它的范围和标准是随着经济发展水平和政府保障能力的提高不断调整的。基本公共服务直接或者间接地促进人类发展。基本公共服务的改善将在促进经济增长质量提高中发挥核心作用：（1）健康和教育等基本公共服务有助于促进人力资本积累，替代物质资源的投入，提高劳动生产率和资源利用效率，降低经济增长对物质投入的依赖。（2）基本公共服务的供给中基本社会保障水平的提高，有助于减少居民的预防性储蓄，促进消费，扩大内需，实现经济发展方式的转变和经济结构的优化。（3）基本公共服务水平的提高，将改善劳动力市场运行效率，合理配置劳动资源。因此，加快基本公共服务的均等化，不仅对于调整国民收入分配格局意义重大，而且更是实现质量型增长不可或缺的内容。但是，改革开放 30 年后我国基本公共服务的分布状况尚不容乐观，广大社会成员的公共需求全面、快速增长同公共产品短缺、基本公共服务不到位的问题成为日益突出的阶段性矛盾。进入质量型增长，就必须实现基本公共服务的均等化，在城乡之间逐渐实现机会平等，大幅提升义务教育、基本医疗卫生、社会保障、保障性住房、公共就业服务的供给和均等化水平。由此可见，从数量型增长向质量型增长的转变，就意味着基本公共服务重点的调整，在经济增长的同时，基本公共服务向低收入人群倾斜、向农村地区倾斜，使所有人都从增长中获益。

---

① 程永宏：《改革以来全国总体基尼系数的演变及其城乡分解》，载于《中国社会科学》2007 年第 7 期。

第二节　质量型经济增长中经济主体的行为

在市场经济中，家庭、企业与政府无论是作为单个的自然人、组织机构，还是作为依法享有行政权力的组织体系，都参与到市场经济的运行当中去，成为市场经济不可缺少的组成部分。其中，家庭是市场经济的消费主体，企业是市场经济的运行主体，而政府是市场经济的调节主体。从数量型增长向质量型增长的转变，要求经济增长中相关利益主体的行为也要进行调整。

一、政府主体的行为

在数量型增长为主导的经济运行下，政府以充分就业、物价稳定、经济增长以及国际收支平衡作为基本的调控目标，而随着经济增长由数量型向质量型的转变，政府的调控目标也要相应发生变化。从政府调控的基本目标来看，数量型增长把物质财富的增长作为经济发展的终极关怀，而质量型增长将人的全面发展作为经济发展的最终目的。因此，在数量型增长向质量型增长转变的背景下，政府在宏观经济调控的过程中需要把提高人的生活福利、拓宽人的发展空间、维护人的发展权利作为经济发展的基本目标。从政府调控的具体目标来看，经济增长质量从效率提高、结构优化、稳定性提高、福利分配改善，生态环境代价低，创新能力提高等诸多方面提出衡量经济增长的价值判断，这就为政府政策的制定提供了判断依据。经济增长生产率的改进、经济增长的稳定和持续性、资源环境与生态成本降低、经济结构的转化、经济增长成果的共享以及国民经济素质的提高成为质量型增长背景下政府调控的重要内容。

质量型增长重新描述了公平与效率之间相互依存和良性互动的内在包容性。政府在宏观经济调控中，一方面需要让更多的人分享经济增长的成果，让弱势群体得到保护；加强中小企业和个人能力建设，促进中等收入阶层的成长，缩小收入差距。另一方面在经济增长过程中需要保持平衡，尤其要注重区域经济发展平衡，建立新的区域经济发展格局；重视各个利益主体矛盾的缓解，城乡差距、地区差距及群体差距的缩小，各个群体各尽所能、各得其所而又和谐相处；强调城乡经济社会一体化，重视城乡之间的平衡发展，主张建立城乡经济社会一体化新格局。此外，政府还需要重视经济发展和社会发展的协调，经济发展是社会发展的前提和基础，也是社会发展的根本保证；社会发展是经济发展的目的，也为经济发展提供精神动力、智力支持和必要条件。随着人民群众的物质生活水平日益提高，对精神文化、健康安全、教育水平等方面的需求也日益增长，更加要求社会与经济共同发展。如果社会事业发展滞后，经济也难以实现持续较快发展，因此经济增长必须包含社会发展。

二、企业主体的行为

在数量型增长为主导的经济运行下，企业主要依靠要素投入的扩张来推动发展，而随着经济增长由数量型向质量型的转变，企业的行为目标也要相应发生变化。结构性增长是经济增长质量的重要内容之一。在新古典经济增长理论中，经济增长的源泉是要素供给的增加，这是因为新古典经济增长是一个同质的、一元化的过程。但是，每个国家和地区经济增长的道路各有不同，对于经济结构基本稳定的发达工业化国家而言，经济增长需要进一步增加要素供给，提高技术和人力资本，但对工业化过程中的发展中国家而言，经济增长的另一个重要原因在于经济结构的转化。结构性增长的本质，是要把要素投入型增长转变为要素效率型增长。结构变动对经济增长质量提高具有促进作用，在生产要素总量一定的情况下，只要产业结构的变化能够适应需求的变化，能够更有效地对技术加以利用，劳动和资本能够从生产率低的部门向生产率较高的部门转移，促进了要素在各部门的合理配置和最优使用，结构的变动就会加速经济增长，并提高经济增长质量。从投资推动型增长转变为技术驱动型增长，也是由要素数量的增长转向要素效率的增长的过程。仅仅依靠投入量的增加，经济增长是有极限的，只有靠技术进步，优化经济结构，经济增长才能摆脱资源的限制。传统结构型增长的前提不是生产要素的多寡，而是不同产业效率的差异性。这种普遍存在的差异性是结构性增长的基本势能。与此同时，追求利润和市场竞争是生产要素从低效率产业向高效率产业转移并形成结构性增长的动能。这种势能和动能长期存在。只要将生产要素从低效率产业转向高效率产业，即使生产要素数量不增加，国民收入也会获得增长，其效果类似技术创新。基于此，在数量型增长向质量型增长转变的背景下，企业也需以追求增长的质量作为行为的目标，依靠技术创新提高企业的竞争力，创造更具效率的增长空间。

三、家庭主体的行为

在数量型增长为主导的经济运行下，家庭主要依靠劳动与投资来获取收入，家庭的消费行为取决于收入获取的情况，而随着经济增长由数量型向质量型的转变，家庭的行为目标也要相应发生变化。福利分配是经济增长质量的重要内容之一，福利分配的改善可以实现经济增长成果的共享，形成长期激励，从而提高经济增长的质量。在数量型增长向质量型增长转变的背景下，一方面，家庭的人力资本投资选择会发生改变。当收入分配不平等时，低收入群体会选择不进行人力资本投资，作为非熟练劳动力在规模报酬递减的传统农业部门从事劳动；而如果收入分配相对比较平等，这部分劳动力就会选择进行人力资本投资。另一方面，家庭的消费需求会发生改变。消费需求依赖于家庭的收入水平，国内需求的扩大，特别是工业品需求的扩大，需要有一个中间阶层来支撑。这是因为富裕的人所需求的商品一般是一些高级工艺品或进口奢侈品，而不是国内的一般工业品。当财富过于集中在特别富有的人手中，将导致对手工艺品和进口奢侈品的需求，而抑制国内制造业产品的市场规模。随着经济增长由数量型向质量型转变，福利分配的情况将会得以改善，中间阶层家庭的比重将会得以提升，家庭的消费倾向也就随之发生改变。

第三节　质量型增长背景下的制度创新

从数量型增长向质量型增长的转变过程中，利益格局和主体行为发生了变化，就需要制度创新来形成与质量型增长相适应的制度安排。提高经济增长质量的关键是"使制度正确"，更一般地说，"使制度正确"就是要节约交易成本。在经济增长中创造秩序和降低交易的不确定性。在制度建设的基础上设计社会制度结构中的关键变量——社会激励结构，形成有利于经济增长质量提高的激励和治理机制。

一、制度创新影响经济增长质量的逻辑机理

第一，制度目标创新是实现提高经济增长质量目标的基本前提。制度目标创新就是在制度创新过程中根据衡量经济增长质量指标的变化情况对现有制度框架进行调整。从目前关于经济增长质量内涵界定的文献可以看出，经济增长质量是衡量经济增长的多维度指标体系，既要求宏观经济在总量上实现持续增长，还要求人们赖以生存的生态环境、社会环境得到改善，居民能够充分享受到长期经济增长所带来的福利成果，同时经济结构在总量增长的过程中得到进一步优化。所以，制度目标创新就是要改变原有制度目标的设计思路，即在原有仅仅追求经济快速增长或者社会福利最大化的制度框架下，通过制度目标创新将优化经济结构、提高居民福利水平以及改善生态环境质量等目标统一起来，纳入整体的制度设计过程之中，从而充分调动现有生产要素，激励经济主体在追求经济增长的同时，把降低生态环境成本、改善收入分配作为经济活动的一项重要内容。只有通过制度目标创新，才能利用制度约束保证经济主体的各项经济活动都始终围绕提

高经济增长质量的目标进行。因此，要把制度目标创新作为通过制度因素激励经济主体提高经济增长质量的前提。

第二，制度设计方法创新是实现提高经济增长质量目标的关键条件。提高经济增长质量的过程是涵盖多个维度的经济发展过程，针对不同维度则需要选择不同设计方法对旧有制度进行调整和设计。为追求经济总量上的持续增长，在要素边际收益递减规律的影响下，按照新古典经济增长理论仅仅依靠鼓励物质资本投入的制度安排是无法满足长期经济增长要求的，这就需要按照新经济增长理论抑或是动态随机一般均衡理论（dynamic stochastic general equilibrium）等经济增长理论的最新研究成果对原有制度体系进行调整，形成更有效率的资源配置体系，为长期经济增长提供动力来源。同样，为了保障经济增长成果能够被全体社会成员公平分享，必须按照公平分配的目标要求，针对现有分配制度存在的问题和缺陷，特别在产权界定还不完全清晰的条件下，按照产权理论和契约理论等，对其进行重新调整和设计，构建能够实现效率和公平目标兼顾的社会福利分配制度。再者，改善生态环境和社会环境的核心问题在于如何将经济活动产生的外部成本内部化，这就需要借鉴规制经济学和信息经济学的分析方法，设计出能够充分显示外部成本信息的制度安排，将外部成本内生化，使经济主体在改善生态环境和社会环境的过程中实现自身收益的最大化。另外，由于经济增长质量各维度之间相互制约相互影响，这就决定了为维持经济持续增长、社会福利能够共享以及生态环境改善所进行的制度创新并非孤立的个体，而是构成了完整的制度创新系统，因此，需要借鉴系统论或者系统工程的研究方法有效降低不同制度创新之间的冲突、提高制度创新的协同性，这对于实现提高经济增长质量的目标显得至关重要。随着经济发展阶段的变化，经济增长、福利分配以及环境保护等方面所面临的问题也会不断变化，客观上也要求针对相应的制度安排进行调整和设计，同时还要保证不同制度之间的协调性，而制度设计方法的创新就是解决上述问题的关键条件。

第三，制度创新结果的有效评价是实现提高经济增长质量目标的重要保障。对制度创新结果的评价，不仅要探寻影响制度创新的因素，还要对制度创新产生的经济效应进行分析，不仅要判断经济制度是否沿着创新方向进行变革，而且要分析在制度创新之初所确立的目标是否在逐步实现，制度创新的实施成本是否过高。在制度创新目标为提高经济增长质量的前提条件下，对制度创新结果的评价主要包括五个方面：一是，制度创新是否促进了经济总量的持续增长；二是，伴随经济增长的过程，制度创新是否有助于改善居民生产和生活过程中赖以生存的生态环境和社会环境；三是，制度创新是否促进了全体居民对经济长期增长结果的共享；四是，所有创新的制度之间是否实现了协同变迁，不同制度之间是否存在冲突；五是，经济制度是否沿着提高经济增长质量的方向变迁，即要根据对制度创新结果的评价探寻影响制度创新的因素，分析制度创新目标的设定以及设计方法选择过程中是否存在问题，并根据存在的问题不断完善制度创新的整个过程，使整个制度沿着提高经济增长质量的方向创新。因此，通过对制度创新引起的经济效应进行科学评价和分析，发现并消除阻碍制度创新的因素，降低制度创新产生的各种成本，保障制度创新沿着提高经济增长质量的方向变革，才能为经济增长质量的提高提供最有效率的制度安排，为提高经济增长质量的经济发展目标提供制度保障。

二、以制度创新提高经济增长质量的路径

基于上述对制度创新与中国经济增长质量的理论与实证考察，笔者认为要实现提高经济增长质量与效益的目标，就应该在制度创新的过程中注意以下几点：

第一，依据经济发展阶段的要求，拓展制度创新的目标。如前所述，提高经济增长质量除了包含经济数量上增长外，还要求资源环境能够在经济增长过程中得到保护和可持续开发，收入分配差距也能够不断缩小，而且经济结构能够伴随经济发展阶段的提升而逐渐升级。所以，除了把促进经济增长作为制度创新的目标之外，还应该突出资源环境保护、收入分配改善、经济结构优化等内容，具体讲：一方面要完善资源环境方面的立法，强化其对经济主体行为的约束力，通过相应的约束与激励机制控制环境污染、提高资源利用效率，以实现通过法律制度创新降低经济增长的资源环境成本的目标；另一方面要加快收入分配体制建设，创新当前收入分配体制，在兼顾分配效率的同时，把促进收入分配的公平作为收入分配体制创新的核心，同时强化税收、转移支付、社会保障等二次分配在调节收入分配过程中的作用，最终保障全体居民能够分享经济增长的成果；再者，结合当前经济发展阶段和趋势以及资源禀赋条件，创新相关的经济和产业发展战略，优化经济结构，把经济结构升级作为提高经济增长质量的一条重要途径。

第二，转变创新主体观念、提升人力资本，完善制度创新的方法和思路。在新制度经济学家们看来，观念作为文化的重要组成部分，是构成制度创新的源泉之一，而人力资本水平的高低，直接关系到制度创新思路和方法的选择，影响制度创新的层次以及实施的结果。从追求经济数量增长到经济增长质量的提高，这体现的是发展观念和思路的转变。与之相适应，制度创新主体的创新观念也应随之调整，从单纯追求经济增长的制度创新向追求经济、生态、社会全面协调发展的制度创新转变，通过制度创新激励和约束经济主体行为把生态成本和社会成本能够限制在维持经济、生态、社会三者可持续发展的水平之下。同时，积极采取措施强化对制度创新主体人力资本的提升，特别是要强化制度创新主体对制度设计理论和方法的学习，包括掌握如何获取相关利益主体信息集的方法，如何构建全面评价制度创新绩效的方法等，从而保证创新的制度能够最大限度地激励和约

束经济主体的经济行为沿着提高经济增长质量的方向不发生变化，并积极提升制度创新主体对制度创新流程的认识，鼓励制度创新主体和相关研究人员对制度创新理论进行研究，不断修正现有制度安排和制度创新过程中的不足，为中国经济增长质量的提高提供最有效率的制度保障。

第三，加快政府职能的转变，优化制度创新主体结构，拓展制度创新的动力空间。中国改革开放过程中，以政府为主导的强制性制度创新模式为中国经济制度的成功转型以及长达30余年的经济高速增长提供了条件，在这一过程中，制度创新的主体主要是政府。但是随着发展阶段的深化以及市场经济制度的确立，企业和居民的地位也迅速提升，过去依靠政府主导的制度创新模式已无法完全适应全社会提高经济增长质量的诉求，要解决保护生态环境、降低社会成本等问题已离不开企业和居民的参与，所以在制度创新的过程中要把政府、企业、居民三者的作用有效结合起来：一是政府在制度创新过程中，要顺应经济发展的趋势和相应阶段基本特征，实现从"强制性"制度创新向"辅助性"制度创新过渡。随着中国经济发展阶段的深化，市场所反映的信息越来越不易于被政府掌握，在信息不充分的条件下政府强制性的制度创新对经济增长质量影响越来越大，所以要逐渐淡化政府主导型的强制性制度创新，把企业和居民纳入制度创新的过程，政府通过提供信息、搭建平台、权益保障等方式辅助并鼓励企业和居民参与完成制度创新的整个过程；二是企业和居民要积极参与制度创新过程，要逐渐成为制度创新的主要动力。制度最终影响的是市场主体的行为，企业和居民往往也是制度激励与约束机制的承受者，这也决定了企业和居民对当前制度安排存在的问题认识更清楚、更深刻，而提高经济增长质量的制度创新最终受益者是企业和居民，他们也最有"意愿"通过创新制度而实现自己的预期收益，当企业、居民参与到制度创新的过程后，他们将充分显示资源环境保护、收入分配调整以及生产和消费结构转换过程中的相关信息，而这些信息构成了现阶段制度创新的基础，通过政府部门的搜集、统计和处理，最终为制度的调整和设计提供依据，为制度创新效率的提高提供条件。当然在上述过程中，政府要发挥引导作用，保证制度创新的过程始终沿着提高经济增长质量的方向变迁，而且保证政府、企业、居民三者之间在制度创新过程中形成良性互动、信息共享，这才是影响制度创新能否成功的关键。

第四节　质量型增长背景下的政策调整

提高经济增长质量是以相应的制度安排与政策支持为基础的，制度的设计是否合理、相关政策的实施是否有效都直接制约了经济增长质量改善的最终效果。

基于此，经济增长由数量型向质量型转变的政策需要调整如下。

一、收入分配政策的调整

我们之所以关注经济增长的过程并不仅仅是为了其本身，更是为了经济增长的结果，追求经济增长的最终目的是整个人类福利水平的改善。因此，作为经济增长质量重要维度的福利分配问题，对于我国经济增长质量的提高具有举足轻重的作用。改革初期我们强调"一部分人先富起来"，改革的利益和成果没有被大多数人所分享，造成了收入分配的差距，随着改革深入，在改革目标和价值判断上要强调改革成果的分享性，使大多数人能够分享改革的成果。因此，为了提高中国经济增长的质量，需要对收入分配政策进行调整，在初次分配与二次分配中都注重收入分配的平等程度，重视由利益冲突向利益和谐的转化。首先，应当促进收入分配体制的创新，完善各项社会保障制度。在经济发展的新阶段，初次分配和再分配都要注重效率，加强政府对收入分配的调节职能，规范分配秩序，完善住房、医疗和养老保险等各项社会保障制度。其次，应当扩大中等收入者的比重，在收入普遍提高的基础上缩小收入分配的差距。收入分配不平等通过市场规模、投资水平、财富积累激励、政治经济以及社会政治环境等机制制约了经济增长，影响了整体居民福利水平的改善。在现阶段，社会分配不公已经不仅仅是一个社会道德问题，而且是危及社会稳定的社会问题与国家政权稳定的长期问题。因此，在提高经济增长质量的过程中我们应当以共同富裕为目标，既要打破新的平均主义，又要控制收入分配差距，扩大中等收入者的比重，提高低收入者的收入水平。

二、产业政策的调整

经济增长结构最主要的内容是产业结构，现代经济增长方式本质上是结构主导型增长方式，即以产业结构变动为核心的经济增长。经济增长质量的提高不仅取决于经济增长的动力有多大，还取决于市场需求和空间的大小。结构变化不仅发生在三大产业之间，而且随着三大产业结构变动，各部门内部结构也在发生变化。国际经验和中国的实践都表明，结构优化升级与经济的持续增长具有强相关性。因此，为了实现中国经济增长质量的提高，需要进一步推动产业结构的优化升级。经济转型以来我国的三次产业结构是有所改善的，在经济发展的新阶段，我国的产业结构调整应当以提高资源配置效率、促进产业升级为重点，通过产业政策的调整来促进产业结构的升级。在产业政策中，不仅需要继续发展劳动密集型产业、加强能源原材料等基础产业，而且需要将发展机械装备制造业、投资类电子产品制造业、精细化学工业、信息技术产业等技术密集型产业放在战略性的地位，以此来推进国民经济各个部门物质技术基础的现代化，提高短缺性资源的利用效率。经济增长质量是一个包括经济增长的结构、经济增长的稳定性、福利变化与成果分配以及资源利用和生态环境代价四个维度的多元的概念。因此，在产业政策的制定过程中，还需要把各种产业、各种产品的资源消耗和环境影响作为重要的考虑因素。为了实现经济增长质量的全面提升，需要在产业政策的制定与执行中严格限制能源消耗高、资源浪费大、污染严重的产业发展，积极扶持质量效益型、科技先导型、资源节约型的产业发展；应当重视技术进步与技术改造在产业升级、治理污染中的作用，大力发展环保产业；需要将可持续发展纳入产业政策的考虑范围，促进资源的合理配置和产业布局的协调发展；需要积极发展低碳经济，采取以低能耗、低污染、低排放为基础的经济模式来降低生态环境代价，实现经济持续增长。

三、金融政策的调整

经济增长的稳定性是经济增长质量的重要方面，过度的经济波动不仅会破坏经济长期稳定增长的内在机制，导致供求关系失衡、经济增长的结构失衡，而且还会造成一部分居民福利水平的损失以及福利分配状况的恶化，影响经济增长的质量。2008 年，发端于美国的次贷危机演变为一场百年一遇的全球性金融危机，这不仅给全球金融领域造成了灾难性的打击，同时也引发了世界性的经济衰退。对于保持经济增长的稳定性而言，如何防范金融创新中的风险、维护本国金融体系的安全与稳定变得越来越重要。随着经济全球化的不断发展，我国参与国际生产、贸易和资金循环的深度与广度也在不断增加，金融体系的稳定不仅受到国际油价上涨、美元贬值、国际政治纷争等不可控制因素的影响，而且面临着跨境金融风险的传染性的威胁。从资本监管政策来看，目前我国国际资本尤其是短期资本的流入规模急剧增长，流入速度不断加快，这不仅给货币政策的执行带来压力，而且也容易诱发国际游资的冲击，影响金融体系的稳定。虽然我国存在资本管制，但是资本的非正式流动一直是存在的，随着对外交往得更加频繁，对资本账户的管制面临更大的困难，完善资本监管制度对于防范外流异动风险、保障金融稳定具有重要意义。从汇率政策来看，汇率变动的压力如果不能以主动的方式加以化解，就必然会以危机的方式释放。僵硬的汇率制度很难反映真实的汇率变动趋势，在投机者的冲击之下将会引发市场信任危机，从而导致金融体系的不稳定。我国现阶段实施盯住"一篮子货币"的有管理的浮动汇率制度，中国人民银行在保持适度人民币汇率水平的同时，更需要注重增强人民币汇率的灵活性，实行弹性汇率制。进一步推进人民币汇率制度的改革，注意与金融监管模式的协调才能保证金融稳定性目标的最终实现。

四、财政政策的调整

在政府的公共政策中，财政政策是常用的工具政策之一，主要关注政府支出和税收之间的关系，涉及政府支出、征收可以满足支出税收收入及两者之间的关系问题。对于经济增长质量的提高，财政政策的作用是多方面的，它能够控制资源配置价格体系、增加工业的种类和提高就业率、调整收入再分配以及向公共投资提供资金。因此，为了提高中国经济增长的质量，需要对财政政策进行调整，运用税收政策鼓励经济结构的优化、减少投资对经济稳定的冲击、对低收入者进行转移支付并通过财税体制创新来提高资源利用的效率。第一，充分运用税收、信贷、折旧等经济手段优化三大产业之间的结构，并利用政策倾斜驱动和政府推动来加速消除结构性失衡。第二，借助财政政策的调整来降低投资对经济增长稳定性的冲击。第三，通过财政政策的相关手段对低收入者进行转移支付。第四，进行财税体制创新，提高资源利用效率。

五、资源环境政策的调整

资源利用和生态环境代价是经济增长质量的重要维度之一，体现着经济增长成本的高低。为了提高中国经济增长的质量，需要对资源环境政策进行调整，强化产业结构调整中的环境管理力度，制定全面调整产业结构、减少结构性污染的环境经济政策，建立向低碳经济投资激励与约束的政策。第一，将经济规律与生态规律相结合，强化产业结构调整中的环境管理力度。第二，制定全面调整产业结构、减少结构性污染的环境经济政策，大力发展环保产业。第三，建立向低碳经济投资激励与约束的政策。将低碳经济发展纳入国家战略，建立低碳经济发展的激励与约束政策。

第十二章

质量型经济增长的道德基础
与文化基础

道德基础作为一种价值判断是推动经济增长质量提高的精神动力，对经济增长质量提高具有重要的影响。提高经济增长质量必须重视经济道德基础的构建，为经济增长质量建立价值判断。文化并非生产中的直接投入要素，文化对经济增长绩效的影响是通过生产要素、技术和制度等因素间接发生作用的，经济增长如果忽视了文化的发展，就会形成"无根的增长"。因此，本章从精神因素出发，来研究质量型经济增长的道德基础与文化基础。

第一节　质量型经济增长的道德基础

一、道德基础对提高经济增长质量的作用

道德基础作为一种价值判断是推动经济增长质量提高的精神动力，对经济增长质量提高具有重要的影响。

（一）道德基础能够为经济主体提供精神动力，促进经济增长质量的提高

经济增长质量的道德基础能够为经济主体提供激励和约束，正如诺斯所说："即使在最发达的经济中，正式规则也只是决定行为选择的总体约束的小部分，大部分行为空间是由习惯、伦理等非正式规则来约束的。"① 道德基础在客观上是作为一种无形的经济构成要素而存在的。这种隐形的经济构成要素通过为经济活动提供理念支持、精神动力以及营造良好环境来提高经济增长质量。

经济活动效率受制于具体的经济制度，而一种经济制度的构建总是在一定价

---

① ［美］道格拉斯·C. 诺斯著，杭行、韦森译：《制度、制度变迁与经济绩效》，上海三联书店1994年版，第40页。

值理念的支配下完成的，道德基础作为社会的主流理念对经济制度的构建发挥了重要的作用。积极的道德基础有利于构建合理的制度结构，能够有效规范经济主体的行为、降低交易成本，提高经济效益，促进增长。道德基础通过激励为经济主体的风险性经济行为提供精神动力，"开拓""进取""奋进"等伦理精神对经济主体的开拓性经济行为给予激励，使其在承担高风险的条件下依然勇于前进，即使主体的风险性经济行为遭遇到经济上的失败，经济伦理也能够使他获得精神上的补偿，使败者虽败犹荣，胜者名利双收。这种效应就能够引导更多的人进行理性的风险投入，从而为个人和社会利益的最大实现创造条件，促进社会创新、经济发展。道德基础通过协调，为营造良性竞争环境提供基础，只有在良性竞争环境中，经济主体才能实现利益最大化。法律以外规范竞争环境的主要因素即为道德基础，它以确认经济主体的人格平等为前提，充分肯定每个人追求自身利益的合理性。虽然市场竞争的道德基础承认经济主体之间竞争能力上的差别，并把竞争中的胜利与失败看成是经济运行过程中的必然结果，但它坚决反对把竞争优势上升为人格优势，并且反对以各种不正当手段确立的竞争优势。在倡导竞争的同时，它提倡经济主体之间的相互合作，致力于协调竞争关系的结果，从而使经济压力转化成了经济动力，实现经济利益最大化的目标。

（二）道德基础能够促进自利行为公益化，促进经济增长质量的提高

道德基础体现了经济主体的社会性，直接服务于社会功利目标，体现经济主体与社会和他人关系的一致，肯定道德基础对于促进经济发展的作用就是肯定经济主体的社会责任与经济责任的统一。德国经济伦理学家卡尔·霍曼认为，从道德上规范现代经济生活的重点在于创设这样一种经济体制：在这种经济体制中，所有经济主体都能履行其道德义务。唯有如此，个人良心方可抵消体制失灵，最终保证道德标准高的经济主体的利益实现，[①] 表明认同并开发道德基础的价值对体现社会公平的特殊意义，强调经济主体向其他社会主体的利益延伸。虽然自利行为公益化有时候会使经济主体的利益有所减少，但从长期来看，却促进了其利益的增加。

自利行为过程的公益化是指经济主体的自利实现过程也是他利的实现过程，市场经济的交换原则决定了个人利益的取得只能在与他人的双边关系中实现。作为对等的经济主体，双方的利益在交换过程中的顺利表达，要求每一方在取得利益的同时必须要有对等的付出，也就是说自利行为必须要以他利为前提。由于与特定经济主体发生交换关系的对象是多元化的，因此，他利便形成了公益。如果一种经济行为过程只表现出自利性而无法达到公益化，则在经济上违反了等价交换原则，在道义上也陷入利己主义，也就是道德基础所反对的。相应的，结果的

---

① 陈泽环：《功利、风险、生态、文化》，上海社会科学院出版社1999年版，第13页。

公益化是指经济主体自利行为所带来的既得利益，必须同时作为社会化公益而存在，体现出对于社会和他人的有用性。道德基础要求经济主体从两方面做出努力实现自利行为的公益化：一方面，通过税收使一部分经济利益的所有权发生改变，由特定的经济主体所有转化为社会公有，常常以财政收入为形式，以社会公共福利为归宿；另一方面，通过投资使税后的经济利益以新的形式产生效益，这种效益对于经济主体意味着更多的个人利益，对于社会则意味着更多的就业机会和更多的税收，公益性得以实现，道德基础对经济的促进作用也由此表现出来。

（三）道德基础促进"经济人"与"道德人"的内在统一，促进经济增长质量的提高

经济的快速增长使社会文化充斥着经济利益，商业文化、企业文化等。虽然也包含着文化的品位，但文化的深层内涵却被明显地物质化了，文化成为服务于经济利益的工具，马克思在揭示市场交换的文化危害时就指出："它把宗教的虔诚、骑士的热忱、小市民的伤感这些情感的神圣激发，淹没在利己主义打算的冰水之中。"[①] 虽然在现实经济发展中文化发展与经济增长存在冲突，但在道德基础的作用下，这种冲突能够得到有效的化解，道德基础能够帮助将物化的文化人性化，实现道德基础的文化价值。

道德基础可以通过倡导经济活动中的人文意识，淡化经济文化的物性特质，增强经济活动中的人文情怀，从而缩小物性文化与人性文化之间的差距。虽然经济文化的物性特质是不可避免的，但它可以融入现实的人文情境之中，使物性的经济文化以人性的文化特征来表现。道德基础可以控制经济文化中的唯利主义，阻止经济文化的物性特质过分膨胀，最终把经济文化定位在符合人性的基础上。现代道德基础在肯定经济主体的自利权利时，特别将互利作为一个基本原则凸现出来，对"互利"的认同，实质上是对其他主体权利的确认，在人格意义上体现着对其他主体价值的肯定。尽管这是一个经济领域的文化概念，其人性特征却很鲜明，由于有了人性作为纽带，经济文化与人性文化的沟通就成为可能，人们将不会感到经济文化与人性文化的巨大反差，对于促进"经济人"与"道德人"的内在统一，对整体社会风气的改善具有很大的好处，有利于促进经济与社会的协调发展，提高经济增长质量。

二、经济增长质量道德基础构建的目标

我们不仅需要经济增长，而且还要追求有道德的经济增长。这种经济增长不

---

① 中共中央编译局编译：《马克思恩格斯选集》第1卷，人民出版社1972年版，第253～254页。

纯粹是物质财富的累积，同时还包括增长主体道德水准的提升。道德对于经济增长质量的提高具有巨大的推动作用，经济增长质量呼唤与之相适应的道德基础。经济增长质量道德基础构建的目标包括以下方面。

（一）在经济增长中理性求利

经济主体对利益的追求是市场经济条件下促进经济发展的主要手段，是市场发挥作用的表现方式，经济增长质量鼓励经济主体理性求利，正当的追求自身利益。经济增长质量是在单纯追求经济数量增长的基础上提出的社会、经济全面发展的增长模式，经济的发展依赖于在市场机制的作用下，经济主体在看不见的手的作用下，在理性求利的道德准则下，社会合理运转，兼顾经济增长与道德优化。经济增长如果没有合理的道德约束，违背了理性求利的道德准则，就会出现损害经济持续增长的现象，诚信缺失、拜金主义、享乐主义都是由于在经济增长过程中对财富的追逐偏离了理性求利的道德准则。理性求利要求在追求经济增长过程中坚持公平竞争、诚实守信，坚持个人利益与社会利益相一致，将自身的发展建立在促进社会发展的基础之上；强调自身利益的获取是一种积极的财富创造过程，并非掠夺、侵占或寻租，主张自身利益的获取与社会发展相一致。

（二）在经济增长中理性消费

正确而合理的生产、消费行为及其理念是提高经济增长质量的重要因素，合理的道德观有利于生产与消费的合理安排，经济增长质量提倡理性消费，既弘扬勤俭节约的传统美德，反对奢侈浪费，又提倡合理消费。"勤俭节约""崇俭黜奢"是中华民族的传统美德，也是中国传统经济伦理中的核心原则之一，适度消费，崇尚节俭有助于提高社会资本积累，促进社会扩大再生产、生产率较高的工业部门发展，实现经济的高速增长，从而促使经济增长的效益得到扩散，失业问题、社会福利问题都将得到有效的解决。消费作为拉动经济增长的重要因素，是社会经济进步的重要推动力量，在出口增长遇到越来越多问题的当前，我国的经济增长越来越依赖于消费的增长。因此合理消费是实现经济质量型增长所应提倡的道德准则，经济增长质量要求与之相适应的理性消费的道德准则，实现生产与消费的合理安排，促进经济发展与人民生活水平提高，实现经济社会协调发展。

（三）在经济增长中承担社会责任

经济的快速增长、对个人利益最大化的追求使个体的社会责任感弱化，导致个体对国家集体的社会责任缺失如此无休止地演进下去，人类的同情心就会逐渐湮灭，相互间的道德同情被物质利益替代，造成了无情的经济增长。事实上，每个社会成员都是"经济人"与"道德人"的结合，价值规律与道德基础共同引导着社会的协调发展，人类的道德同情使个体在追求经济利益的同时显示出感性的一面，使社会充满温情。遭遇不幸的个体得到公众的同情，遇到困难的个体在他人的帮助下渡过难关，社会、国家面对危难时，大家都勇于承担责任，各尽所能，贡献自己的力量。经济增长质量呼唤有道德同情心的社会责任，社会的每个成员都肩负起自己的责任，充分发挥人性中的同情心，培养起高度的责任感，就能够实现经济增长与社会的和谐发展，从而促进经济增长质量的提高。

（四）在经济增长中维护社会基础的稳固

家庭是社会发展的基础，婚姻是家庭的基本组成方式，婚姻道德是家庭美德的组成部分，婚姻道德关系到家庭美德建设的成败，关系到社会基础的稳固，是关乎经济、社会协调发展的重要因素。随着经济增长速度的加快，传统的婚姻家庭模式受到了极大的挑战，越来越多的经济因素威胁着稳定的家庭结构，外界的诱惑使婚姻关系面临越来越大的崩溃危险。然而，家庭的重组为社会发展带来了极大的影响，社会稳定性降低、子女心理健康面临负面影响、经济发展的基础不稳固、社会风气败坏、人伦观念丧失。因此，经济增长质量要求经济增长成为包容家庭婚姻道德基础的发展，提倡和谐稳定的婚姻关系，一旦步入婚姻，双方应当主动承担相应的责任和道德义务，共同构建和睦的家庭，相互理解、相互尊重、相互珍惜、爱护子女，保持长久的婚姻关系，通过道德基础信念抵制家庭外的诱惑，实现家庭婚姻关系的稳定。"齐家"是社会发展的关键因素，在法律规范之外，家庭婚姻道德基础是约束家庭成员的重要因素，只有实现社会婚姻道德基础的提升才能最终实现经济社会全面发展的经济增长质量。

第二节 质量型经济增长的文化基础

文化并非生产中的直接投入要素，文化对经济增长绩效的影响是通过生产要素、技术和制度等因素间接发生作用的，经济增长如果忽视了文化的发展，就会形成"无根的增长"。本节侧重从文化角度对包容性经济增长进行分析，探讨经济增长如何实现对文化的包容。

一、文化对经济增长质量影响的机理

一般意义上讲，文化主要有广义和狭义之分，广义文化是指人类历史实践过程中创造的物质财富与精神财富的总和①。狭义文化主要是指社会意识形态，即

---

① 任保平：《经济增长质量：理论阐释、基本命题与伦理原则》，载于《学术月刊》2012年第12期，第63～70页。

精神财富，包括宗教信仰、风俗习惯、道德情操、学术思想、文学艺术、科学技术、各种制度等，构成了社会成员内在和外在的行为准则。本书所讨论的文化主要是狭义上的文化，不涉及具体的物质文化遗产①。经济增长的过程中不能忽视文化的积极作用，忽视文化的经济增长很容易导致无根的增长，形成文化之间的冲突，给经济社会的长期稳定发展带来重要影响。文化对于经济增长的影响也是多方面的，笔者认为主要是通过习惯、惯例等非正式制度渠道对人们行为等因素产生影响，从而影响经济的发展，其理论机理表现如下。

（一）文化能够使经济增长具有规模报酬递增的特性

一方面，文化能够提高经济投入要素的使用效率，实现经济产出的规模报酬递增。改革开放之后，中国经济持续了近30多年的高速增长，这一"增长的奇迹"与中国的传统文化是密不可分的。中国文化在家庭的管理方面体现的是"勤俭持家"思想，这就要求家庭成员在生产方面要勤于耕作，为家庭赚取更多的财富，消费开支方面，最优的支出水平是保证成员的消费达到社会的平均消费水平，同时限制超前消费、借贷消费，主张财富的积累。"勤俭持家"这种轻消费、重积累的理念为中国的储蓄率长期处在40%以上提供了条件，巨额的储蓄恰好可以转化为投资，随着投资规模的增加，资本规模报酬递增的效应逐渐发挥出来，从而推动了经济的长期快速增长。相比较美国家庭则是一种重消费、轻积累的行为模式，部分家庭的消费甚至完全建立在负债的基础上，导致美国民众的储蓄率长期低于20%，投资总额相对较小，资本规模报酬递增的效应无法得到有效体现，对经济增长的贡献度相对较低，最终影响经济增长速度长期处于较低水平。另一方面，文化能够通过市场需求的扩大，推动规模报酬递增。文化的发展往往会形成新的消费需求，而且随着同一文化的普及，相对应的市场和需求也会进一步扩大，这就为规模经济的形成提供了条件。例如，能够反映文化特色的产品和服务的消费需求，由于文化产品和服务的价值被市场认可，一般情况下会随着文化理念的普及而逐渐增加，普及程度越高需求量也会越来越大，生产者投入的固定成本会逐渐予以分摊，平均成本开始下降，消费价格也会有所下降，从而形成规模报酬递增的效应。因此，文化不仅在生产投入阶段对经济增长的规模报酬产生影响，在消费阶段也发挥着同样的作用。

（二）文化影响着人们对资源、技术、制度等要素的选择

特别是文化对制度选择的影响，韦森指出："没有文化之外的制度，更没有无道德维度和伦理基础的制度，只有在一定的文化氛围中并建立在一定道德伦理

---

① 本书不讨论《保护世界自然和文化遗产公约》中规定的文物、建筑群、遗址等"文化遗产"。

基础之上的制度规则，才会具有现实的约束力，才会为经济增长提供充分激励。"① 同时，文化传统有可能通过"商业精神"对市场秩序的发展和培育产生影响，并对社会和地区的经济增长产生直接作用。这一观点表明了制度对经济增长的促进作用必须孕育在一定的文化之中，文化影响着制度的选择。韦森（2004）运用这一命题对山东和浙江、广东的经济发展进行了分析，发现山东地区的儒家文化本质上是一种农耕文化，是一种农业家庭自给自足的"小农意识"文化，使人们满足于现状、循规蹈矩不求改变，具有严重的路径依赖特征，而广东、江浙地区盛行的文化历来有"重商"的精神特征，这种精于商道、勇于冒险的精神正是现代市场经济秩序所需要的参与主体应有的文化特征。由于在计划经济条件下，政府强大的行政控制压制了这种商业精神的发展，致使浙江在新中国成立初的一段时间里，成为计划经济时代中国最落后的地区之一。但是改革开放之后，江浙、广东地区由于文化特征的关系迅速适应了现代市场经济秩序，文化同样也对技术的选择发挥着重要作用。这里主要从微观的角度进行分析，从企业角度来讲，如果内部员工的文化水平相对较低，引进先进的生产技术不一定会带来生产效率的提高。在中国改革开放之初，通过市场换技术，认为只要采用先进的生产技术，生产率就会提高。但是由于没有考虑到员工们的技术水平、文化水平，致使投入生产的过程中不仅不能降低生产成本，反而产生了高额的维护成本，这才引起了相关部门的思考，改变思路，大力投资增加对高新科技人才的培养，提高工人的文化素质水平。此外，由于企业在生产的过程中对环境产生了很大的压力，员工的工作安全有时得不到保障等问题的出现，使得社会各界普遍对企业的社会责任给予高度关注。而且，在当前全球经济激烈的竞争中，企业社会责任成为竞争力的重要影响因素，有时甚至将企业的信用标准同企业社会责任等同起来，在一定程度上也是企业文化的重要体现。所以，这种理念对企业的管理和决策行为、生产行为形成了很强的约束力，企业必须采用节约能源、环境友好型的生产技术，保护环境、节约资源、保护员工的生命安全，否则将被激烈的竞争所淘汰。

（三）文化可以实现经济主体的个体理性到群体理性的转变

首先，文化的发展能够实现经济主体从个体理性向公共理性转变。马克斯·韦伯在《新教伦理与资本主义精神》一书中，分析指出通过路德、加尔文等领导的宗教改革，既使资产阶级功利主义得以普及，也为资产阶级提供了辛勤的劳动者，宗教改革中得救预定论和禁欲主义的文化思想"留给功利主义后来人的遗产，首先是获取金钱时那种令人吃惊的心安理得，……只要那钱来的名正言顺，

---

① 韦森：《文化精神、制度变迁与经济增长》，载于《国际经济评论》2004 年第 7 期，第 60～63 页。

不可能令上帝愉悦的一切踪迹都已荡然无存"①。这一论述表明，人们冲破了传统教派的束缚，把追求功利看成是普通寻常的事，是为上帝履行在世间的义务，资产阶级追求经济利益和利润是正确的价值观念。而且"宗教禁欲主义的力量也给他们提供了沉静、自觉、异常勤勉的劳动者，而这些劳动者会像对待上帝指定给他的毕生目标那样对待自己的工作"。其次，禁欲主义还给资产阶级带来了一种令人鼓舞的自信心："现世财富的分配不均乃是神圣天命的特殊安排，在这些差异中，如同在具体的恩宠中一样，神圣天命所要达到的神秘目的，凡人不得而知。"② 这种宗教文化思想为资产阶级的发展和壮大提供了价值导向，同时也使资本主义的精神得到全面的推广，并逐渐转化成为人们的公共行为，推动了当时资本主义的快速发展。最后，文化通过非正式约束能够降低交易费用。诺斯（1990）指出："正式规则，即便是在那些最发达的经济中，也只是塑造选择约束的很小一部分。只要略加思索，我们就会发现非正式约束的普遍存在。在我们与他人的日常互动中，不论是在家庭内部，还是在外部的社会交往中，还是在事业活动中，支配结构的绝大部分是由行事准则、行为规则以及惯例来界定的。"③ 而文化正是这些非正式制度的重要来源。以惯例为例，在发达的市场经济条件下，租约、合同、契约等文书都已是印好的文本，在进行交易的过程中，一般只需要双方负责人在相应的位置签署姓名即可发挥法律效力，这种使用标准文本的习惯能够有效减少谈判、协商、讨价还价等经济活动，既简化了交易流程，又降低了交易费用，从而提高了交易效率。正如诺斯在其著作中所言："惯例最重要特征是：在交换成本给定的情况下，衡量成本被降到最低，这对交换双方都是有利的，而且，交换能够自我实施。"④ 可见，在一定的条件下，文化能够发挥降低交易费用、提高交易效率的作用。

总之，文化对经济增长的作用是多方面的，不同的文化对经济增长的影响内容也是不同的，但是并非所有的文化都能促进经济的发展，因而有效率的经济增长应当发挥文化对经济增长的作用。

二、文化内生的经济增长质量模式

影响经济增长的因素是多方面的，文化作为众多因素之一，也应当贯穿于经

---

①② ［德］马克斯·韦伯著，阎克文译：《新教伦理与资本主义精神》，上海人民出版社 2010 年版，第 271 页。

③ ［美］道格拉斯·C. 诺斯著，杭行、韦森译：《制度变迁与经济绩效》，上海人民出版社 2010 年版，第 50～51 页。

④ ［美］道格拉斯·C. 诺斯著，杭行、韦森译：《制度变迁与经济绩效》，上海人民出版社 2010 年版，第 57 页。

济增长的整个过程，这充分肯定了文化对经济增长的作用。文化内生化的经济增长模式和传统的经济增长模式相比，其特征表现在：

（一）文化可以成为推动经济增长的投入要素

根据主流经济学中经济增长的相关理论，一般认为土地、资本、劳动力是推动经济增长的主要生产要素，并且通过不断追加上述要素投入可以提高经济的增长速度，但是这样的要素投入模式带来的是经济高速增长的同时出现高耗能、高污染的低效率增长。通过经济增长对文化进行包容，将文化作为拉动经济增长的新的投入要素，这在理论上是对传统经济增长理论的突破和创新，

首先，文化可以作为生产要素纳入生产函数当中，即：

$$Y = AF(K, L, C, u) \tag{12.1}$$

其中，Y 表示经济总产出，A 表示外生的技术进步，K 表示资本，L 表示劳动力，C 表示文化投入，u 表示影响产出的其他因素；

其次，文化作为新的投入要素，能够一定程度上减少对传统投入要素的依赖，缓解传统生产要素对经济增长的约束；

最后，文化不仅自身可以直接构成经济增长的贡献因素，而且在一定条件下通过改善资本和劳动力的素质和效率，间接提高经济增长的效率。

作为生产函数中的投入要素，衡量文化对经济增长作用的指标就是贡献率。如果将生产函数显化为 C - D 生产函数，

$$Y = AK^{\alpha}L^{\beta}C^{\gamma}u \tag{12.2}$$

式（12.2）中 γ 就表现为文化对经济增长的贡献水平，γ 值越高，反映了文化对经济增长的贡献程度就越高。但是仍需要对这一衡量指标做进一步说明：一方面，该指标不能全面反映文化对经济增长的影响，原因在于 γ 不能反映出文化对经济增长的间接效应，即文化通过对资本和劳动力的效率改善实现对经济增长的促进作用；另一方面，该指标受到严格的模型假定条件限制，一般情况下需假设 C - D 生产函数是规模报酬保持不变的，而且投入要素必须是以存量形式引入模型。这些条件都限制了这一指标的代表性，但是根据目前研究情况，将文化对经济增长的间接影响从资本、劳动等要素中分离出来的方法还不成熟，而且在进行实际估计时，对于模型是否符合规模报酬不变的假定经常是根据实际研究结果予以讨论。因此，用文化对经济增长的贡献率衡量经济增长对文化包容的要素特征仍具有理论上的可行性和实践上的可操作性。

（二）经济增长与文化充分结合

文化内生化的经济增长模式要求经济增长过程中注重文化的发展。在传统的增长模式条件下，由于未能深刻认识到文化对经济增长的重要作用，导致在经济

增长的过程中忽视了对文化的发展，或者为了发展文化而发展文化，而没有将文化与经济增长充分结合起来，结果出现文化与经济之间、不同文化与文化之间的不相容情况，影响了经济的持续稳定增长。经济增长对文化的包容，这一理念就是要改变传统经济的发展模式，重新审视文化与经济增长之间的关系，将经济增长与文化充分结合起来，在经济增长的过程中推动文化的发展，利用文化形成的非正式制度及正式制度，引导并约束经济主体行为适应市场经济发展的要求，从而推动经济增长。所以，经济增长对文化的包容在经济发展模式层面上应包含两层含义：一方面，通过经济增长对文化进行保护和传承，如果文化消失了也就失去了非正式、正式制度的重要来源；另一方面，通过宣传和倡导文化观念加速制度约束的形成，使文化观念成为市场主体的普遍行为规则。

三、文化促进中国经济增长质量的路径

（一）实现经济增长对文化包容的政策原则

只有引导文化向正确的方向发展，才能使文化对经济增长产生促进作用。因此，要推动经济增长对文化的包容，实施的政策应遵循以下原则：

第一，文化发展的客观性和多元发展的原则。多样性是文化的一个重要特征，而且从中国古代就有体现文化思想多元化发展的"百家争鸣"这一优良传统。中国历来都是一个多民族的国家，每个民族都有自己的文化，就是同一民族、不同地区所表现的文化也不尽相同。因此，在经济增长的过程中，要以客观性为前提，尊重各民族、各地区的文化，不能因个别民族的文化与经济发展不相容，而主观上去消除该文化，引起民族矛盾与冲突。故此，要持客观态度，在经济增长过程中允许中国文化向多样化、多元化方向发展，努力提升中国文化发展水平，坚持以客观性、多元化为指导思想，积极地鼓励和引导文化向健康方向发展，推动经济增长。

第二，本土特色原则。中国幅员辽阔，各地发展水平差异显著，文化资源禀赋特殊性强，且发展目标定位上也存在显著差异。因此，在培育和发展文化的过程中，应秉承因地制宜的原则，从各地区、各民族自身的发展需求出发，不可能也不能完全按照某一种发展模式或者套路发展文化。在经济增长的过程中，中国各地区应该从自身的现实着手，既要充分培育并挖掘优秀的文化因子，又要重点地开发和利用，打造具有本土特色、本地区特色的文化发展模式。

第三，循序渐进原则。在经济增长过程中实现对文化的包容，不能急于求成，像投资于生产那样期待在短期内看到政策的实施效果，文化的发展既要沿着历史积累的轨迹不断演进，也需要合理、正确的培养和扶持，不能一蹴而就。中

国经济增长对文化的包容，不应该只是一个经济增长的结果，更应该是体现经济增长对文化发展起到促进作用的这样一个过程，文化伴随着经济总量的增加、社会的发展以及全体公民的自我发展，不断向满足人民发展目标的方向演进。因此，需要遵循循序渐进的原则，逐步推动文化向更高水平发展。

第四，以核心文化为依托。文化在一定层次上讲，是一种价值观的体现，且很大程度上表现为国家和民族的精神状态、意志品格和内在凝聚力，而这一切都形成于人民对社会核心价值的归属感、认同感。这就要求在尊重各民族核心价值的条件下，以社会主义核心价值体系为核心去引领各地区、各民族文化的发展，鼓舞广大人民群众，激发人民群众热爱家园、建设家园、维护家园的动力和热情。积极利用社会主义荣辱观引领社会文化的发展方向，努力将社会主义核心价值体系融入社会主义文化建设和发展的全过程，把核心价值体系的基本要求渗透到广大人民群众的具体行为规范和各项行业管理制度中，使建立在文化基础上的正式规则和非正式规则成为约束和规范每个市民的行为标准，发挥文化对经济增长的促进作用。

（二）实现文化对经济增长促进作用的措施

要实现经济增长对文化的包容，就是要体现文化对经济增长的促进作用，将文化作为推动经济增长的重要因素。基于此，相应的措施应该包括以下几方面：

第一，注重采取不同的具体措施保护和传承文化。要体现文化对经济增长的作用，首要环节就是要根据各地区实际情况，对文化实施有效的保护和传承。首先，要加大对文化保护的投入，由于长期以来只注重了经济的增长，而忽视了对文化保护的资金投入，加之我国历史文化悠久，全国各处特色文化丰富，使保护资金的需求量远超过了国家和地方财政的供给水平，导致许多文化及文化遗产处于濒临消失的边缘，因此需要鼓励民间资本、社会力量提供资金和帮助，共同推动文化及文化遗产的保护工作。其次，要加大有助于文化发展的基础设施建设，通常情况下，卫星传播技术、电信网络等基础设施能够对文化的宣传和继承起到积极的推动作用。但是在经济发展水平相对落后的西部地区，由于这些基础设施的缺失，提高了当地文化保护和继承的难度，因此需要支持发展文化的基础设施建设，加速文化的传播和继承。最后，需要组建有知识、有经验的文化保护工作者，对文化进行管理和保护。

第二，挖掘、培育与经济发展相适应的文化。文化具有多元性，并非所有的文化都具有适应经济发展的特性。中国幅员辽阔，地区文化差异显著，文化工作者以及人民群众应该根据经济发展状况分析当地文化能否成为推动经济增长的因素。对于有可能产生积极影响的文化因素，就要进行挖掘培育，通过媒体、网络等传播渠道，对该文化进行宣传和推广，使之能够影响到人民群众生产生活的行为方式，以适应市场经济发展要求。但是，对于属于本土所特有，不能显著与经济增长相关的文化，则应该采取审慎的态度，使之得到继承和发展，特别是在能够反映一些地区民族特色的问题上。对于那些不良的文化，特别是恶风恶习，必须通过教育和引导，逐步取缔这些文化。以上是从文化管理的角度考虑，如果从文化消费角度分析，社会成员则应该选择符合现阶段中国经济发展需求的文化及文化遗产进行消费，积极传承和发扬优秀文化传统，形成推动经济增长的重要资源。

第三，充分发挥外来文化对经济增长的促进作用。随着时代的发展，经济、政治、文化全球化的趋势明显加强，任何国家和民族在谋求发展的过程中都不可避免地受到这些趋势的影响，中国作为最大的发展中国家也不例外，特别是在改革开放之后，西方世界的价值观体系对中青年一代产生了重要影响。例如市场经济中的竞争意识已经得到普遍认可和接受，并作为市场经济存在和发展的基础对中国当前经济的发展起到重要的推动作用。但是和中国本土文化相比，西方外来文化在一定程度上具有异质性，在思维方式、风俗习惯等方面存在着较大差异，如果不能合理对待这些思想文化上的差异，就很有可能重蹈东欧、苏联的覆辙。而且西方文化又与资本主义市场经济体系之间存在着非常密切的关系，中国要发展市场经济还不能完全忽视这些文化，因此，中国要在市场化改革的进程中，树立正确的原则，利用外来文化推动经济增长。

经济高质量发展

　　高质量发展是新时代中国特色社会主义政治经济学的重大理论创新，实现高质量发展是保持经济社会持续健康发展的必然要求，是适应我国社会主要矛盾变化和全面建设社会主义现代化国家的必然要求。作为社会主义大国的中国如何在中等收入阶段摆脱围绕速度判断经济发展的范畴，推动经济实现质量变革、效率变革和动力变革，实现经济高质量发展是一个极具挑战性的崭新课题。基于此，本书下篇对中国经济发展的历史过程与主要特征进行归纳总结，由此寻找中国经济发展阶段转变的基本规律；在此基础上基于新发展理念提出高质量经济发展的内在要求与分析框架，做出我国经济由高速增长阶段转向高质量发展阶段的基本判断，进一步甄别我国经济在发展动力、发展结构与发展成果三个层面的突破性因素，探讨以创新驱动、结构协调、成果共享推动我国经济发展质量变革的实现机制。

第十三章

新时代经济高质量发展的理论基础

党的十八大以来，"质量"成为这个时代我国经济社会发展的最强音，质量成为新时代我国经济发展的主题，高质量发展的实践需要质量经济学来提供理论指导。但是现有研究中国质量问题的研究成果，大多依据西方经济学的质量经济学理论。其实马克思在《资本论》中对质量问题有过多方面的论述①，总结和概括马克思《资本论》中的质量经济学理论，构建具有中国特色的质量经济学，对新时代构建以质量为导向的中国特色社会主义政治经济学和实现高质量发展都具有重要的现实意义。

第一节 高质量发展的政治经济学理论基础

一、质量经济属性的政治经济学阐释

"质量"在《辞海》中的解释包含两重含义：第一重含义认为质量就是量度物体所含物质多少的物理量，或者是物体惯性大小的量度，这是从质量的自然属性角度来解释的。第二重含义认为质量就是事物、产品或工作的优劣程度，这是从质量的社会属性角度来解释的。从经济学的角度来研究质量，主要采用的是质量的第二重含义，也就是质量是指事物、产品或工作的优劣程度。根据《辞海》对于"质量"的解释，我们知道质量本质是一种价值判断，经济学范畴内的质量是指对经济事物社会价值的判断，即对某一事物优劣性的判断。随着中国经济从数量时代向质量时代的转变，质量问题就成为一个研究的热点问题，这就需要从经济理论的高度来分析质量的经济属性。

---

① 任保平：《新时代高质量发展的政治经济学理论逻辑及其现实性》，载于《人文杂志》2018 年第 2 期。

从质量作为价值判断的角度而言，这实际上涉及质量的现实性价值判断，即追求经济效率，但没有涉及质量的终极价值判断，没有涉及实现人的全面发展。因此，从广义的质量经济学视角来看，质量的经济属性应当同时涉及质量的现实价值判断与终极价值判断，因此，我们对质量概念的外延应当进一步拓展。从微观的角度，质量不仅仅包括产品质量与企业质量，还应包括人口质量与环境质量。从微观经济视角来看，质量的经济属性不论是产品质量还是企业质量，实际上都关注的是投入和产出，要求实现成本最低，收益最高。从中观的角度，质量包括产业发展质量、工业化质量、城市化质量、金融发展质量和生活质量。从宏观的角度，质量包括经济增长质量、国民经济运行质量、经济发展质量、公共服务质量、对外贸易质量、高等教育质量和经济政策质量。

因此，分析微观、中观、宏观"三位一体"的质量经济属性，就意味着我们要同时关注质量的现实价值判断和终极价值判断。从现实价值判断的角度，微观上的质量是要实现生产成本的最小化和效益的最大化，中观和宏观上的质量是要实现经济发展的代价降低，实现经济发展成本的最小化。从终极价值判断的角度，微观上的质量经济属性就是使人的幸福水平提升，使人力资本得到提升。中观和宏观上的质量经济属性就是要实现国民素质优化，使经济社会实现均衡发展，最终实现人的全面发展。

二、高质量发展的政治经济学理论依据

马克思在《资本论》中论述政治经济学的基本理论时抽象掉了商品质量的差别，只是从一般意义上研究商品经济问题及其理论。但是马克思在《资本论》中也从不同角度论及了一些质量的经济问题，形成了马克思主义政治经济学的质量经济理论，这些理论构成了新时代高质量发展的政治经济学理论基础。

（一）高质量微观经济发展的政治经济学理论依据

马克思在《资本论》中对微观质量的经济分析主要研究的是产品质量问题，在这方面马克思依据劳动价值理论分析了产品质量与使用价值、价值之间的关系。这些论述构成了高质量微观发展的政治经济学理论依据。

1. 质量的劳动价值理论分析

由于质量的经济性是指在投入与产出比较的情况下，用尽可能少的劳动消耗，生产能够满足消费者需要的更多产品，从而获得尽可能多的产出和收益的特征。因而质量的经济属性必然涉及商品经济中价值和使用价值的关系分析，质量的经济属性分析必然要以劳动价值理论为理论基础。马克思的《资本论》在创立劳动价值理论时，运用了科学抽象法，为了便于分析，抽象掉了产品质量的差

异，使用中等质量水平的标准来进行研究。这样做是因为："第一，这是马克思抽象方法的运用。他把同最终研究目的没有直接关系的范畴都抽象掉了；第二，马克思处于商品经济发展的数量型经济阶段，质量问题对社会经济活动的影响尚不显著。"① 例如，马克思在《资本论》第3卷论述价值的转化形式时所使用的是"生产部门相同种类相同，质量也接近相同的商品"的概念。这种抽象只是为了便于问题分析进行的科学抽象，目的是为了更好地突出《资本论》揭示资本主义社会运动规律这一最终目的。尽管如此，马克思依据劳动价值理论对产品质量的经济性质也做过论述，这些论述包括以下方面：

（1）从劳动质量角度来分析产品质量。

马克思在《资本论》中首先从简单劳动和复杂劳动的关系入手，分析了劳动质量的差别，同时又在此基础上，分析了劳动质量差别对产品质量的影响。

首先，马克思在《资本论》中分析了简单劳动和复杂劳动的差别，并指出，简单劳动是指不需要经过专门训练的，没有一定技术专长，任何劳动者都可以胜任的劳动。复杂劳动是指经过专门训练以后，具有技术专长的劳动，复杂劳动多指智力劳动。马克思认为，在复杂劳动计量时："比较复杂的劳动只是自乘的或不如说是多倍的简单劳动，因此，少量的复杂劳动等于多量的简单劳动"②。按照马克思政治经济学原理，商品的价值是由"社会必要劳动"决定的，而这种社会必要劳动是以简单劳动为基础计量的。复杂劳动在计量时可以换算成倍加的简单劳动。由此可见，马克思关于简单劳动和复杂劳动关系的区分本质上是分析不同劳动质量之间的差别。

马克思认为产品质量与劳动质量之间是相互影响的，过去的劳动质量影响过去的产品质量，过去的产品质量又影响现在的劳动质量和产品质量，两者之间形成了一种循环影响。因此，正常质量的产品必须与"正常质量的劳动"相一致，使得产品生产的"劳动要具有正常程度的品质与强度"③。正如马克思所认为的"在这里，劳动的质量是由产品本身来控制的，产品必须具有平均的质量"④。关于劳动质量决定产品质量的原因方面，马克思认为在制造产品的过程中，劳动能使产品形成满足人们需要的物质功能。同时劳动过程是具有目的性的，使所制造的产品符合一定的社会需要。这表明产品要有质量，生产产品的劳动能够使得产品具有一定的物质功能，这种物质功能能够满足社会的需要。

因此马克思在《资本论》中指出"只要过去劳动过程的产品作为要素、作为劳动材料或者劳动资料进入一个新的劳动过程，是我感兴趣的，只是过去劳动的

---

① 郭克莎：《马克思论"质量"的经济问题及其现实意义》，载于《兰州学刊》1988 年第 1 期。
② 《资本论》第 1 卷，人民出版社 2004 年版，第 645 页。
③ 《马克思恩格斯全集》第 49 卷，人民出版社 2016 年版，第 80 页。
④ 《资本论》第 1 卷，人民出版社 2004 年版，第 635～636 页。

质量，劳动产品实际上是否具有它所要求具有的那种合乎目的的属性，这一劳动是好是坏""它们作为使用价值的质量，它们在这种特殊消费过程中实际充当的使用价值的程度就只是取决于一种特殊劳动的结果，取决于这种特殊劳动的质量。同在一定的劳动过程中完全一样，劳动之所以引起我们的兴趣，只是由于它是作为具有一定物质内容的一定的有目的活动起作用，只是由于产品的好坏程度以及它实际上所具有的和包括的使用价值（它在劳动过程中应当获得这种使用价值）的程度取决于劳动的质量，取决于劳动的完善程度以及劳动合乎自身目的的性质"①。

（2）关于产品质量与价值量关系的研究。

马克思在《资本论》中认为产品质量决定着社会必要劳动时间的凝结量，而社会必要劳动时间的凝结量又直接影响着产品价值量的高低。因为马克思在《资本论》中建立的关于社会必要劳动时间决定商品价值的原理认为，商品价值量是以"平均样品"为基准来决定的，他认为"作为价值是社会劳动时间的化身，并且只有在劳动时间化为一般社会劳动时间，即同等社会劳动时间自乘的情况下，它们才是包含在自身中的劳动时间的化身"②。因此，个别产品中劳动时间与"平均样品"的劳动时间不一致时，所决定的价值是有差别的。如果个别产品的质量高于"平均样品"的标准质量，产品可以凝结较多的价值，因而高质量的产品就具有了比较高的价值量，质量与商品的价值呈正比关系。同样的道理，个别产品的质量低于"平均样品"的标准质量，这样只能形成较少的价值量，低质量的产品所拥有的价值量就少。

（3）关于产品质量和商品经济的一般规律关系的研究。

等价交换是商品交换过程中的一般规律，而等价交换规律作用的前提是质量保证。如果商品质量有问题，那么商品等价交换的规律就无法发挥作用，也就是说在市场经济条件下，使用价值与价值是有机联系的，使用价值是价值的物质体现者，价值是体现在具有有用性的具体物质商品中的，消费者购买所需要的商品质量是商品交换发生的基础条件，因此商品生产不仅有数量要求，而且有质量要求，质量是所生产的商品必须具有的基本条件。不同质量的商品具有不同的价格，质量高的商品必然价格高，质量低的商品必然价格低，这是商品交换中的一般质量规律。如果质量差，就会在市场竞争中处于不利地位，所以马克思指出"使自由工人成为比其他工人好得多的工人，因为他像任何商品卖者一样对他所提供的商品负有责任；他的商品必须具有一定的质量，否则他就会被同种商品的

---

① 《马克思恩格斯全集》第 47 卷，人民出版社 2016 年版，第 63 页。
② 《马克思恩格斯全集》第 47 卷，人民出版社 2016 年版，第 64 页。

另一些卖者从市场上排挤出去"[1]，"在资本主义生产方式的基础上，奴隶制是非正义的；在商品质量上弄虚作假也是非正义的"[2]，"自由工人倒是被自身的需要驱使着而劳动的。自由地自己决定自己这种意识，即自由的意识，使雇佣工人成为比奴隶好得多的劳动者，甚至产生责任感，因为他像任何商品卖者一样对他所提供的商品是负有责任的，如果他不想被同种商品的另一些卖者所排挤，他就必须提供一定质量的商品"[3]。

2. 关于质量和使用价值关系的研究

研究质量和使用价值的关系，最为重要的就是研究质量作为单个商品使用价值如何转化为社会使用价值。传统的政治经济学理论把使用价值看作商品的自然属性，否定使用价值的社会属性，因此没有对社会使用价值进行研究。商品经济使用价值的本质是社会使用价值。商品的使用价值是为别人、为社会生产的使用价值，这就使商品的质量成为社会的质量，同时，作为社会质量，必须符合社会的质量要求、质量标准，并且适应这些要求和标准的变化而变化，这就使商品的使用价值在内容上成为社会需要的反映，使用价值的社会质量最终得以体现。

（1）质量是使用价值的重要方面。

马克思在《资本论》中认为质量也是提高使用价值量的因素。马克思曾指出"由于在产品上使用了更多的手工劳动，产品的使用价值不是通过产品量的提高而是通过产品质的提高而提高了"[4]。因此，在质量经济背景下，个体商品的使用价值要转化为社会使用价值，就意味着商品的质量要符合社会必需的质量水平，必须与社会必要的质量相适应。如果单个商品质量与社会必要的质量不相适应，单个商品的使用价值就不能转化为社会使用价值。质量是使用价值的重要方面，超越了社会需要的社会需求和消费水平所决定的质量水平，也不能具有社会使用价值。所以，社会使用价值在量上的规定性是符合一定量的社会需要，而商品质量的变动在其中起着重要的作用。

（2）使用价值方面质量的二重性。

马克思政治经济学认为"创造越来越多的、质量越来越好的、越来越多种多样的使用价值——大量的社会财富"[5]，实际说明使用价值不仅有数量，而且使用价值也存在质量问题。马克思认为"产品质量的好坏程度以及它实际所具有和包括的使用价值（它在劳动过程中应当获得这种使用价值）的程度取决于劳动的质

① 《马克思恩格斯全集》第 49 卷，人民出版社 2016 年版，第 91 页。
② 《资本论》第 3 卷，人民出版社 2004 年版，第 379 页。
③ 《马克思恩格斯全集》第 48 卷，人民出版社 2016 年版，第 10 页。
④ 《马克思恩格斯全集》第 46 卷（上），人民出版社 2016 年版，第 416 页。
⑤ 《马克思恩格斯全集》第 48 卷，人民出版社 2016 年版，第 41~42 页。

量，取决于完善程度以及劳动合乎自身目的的性质"①。在这段话中马克思主要分析了使用价值角度质量的二重性，"产品质量的好坏程度"指的是产品的品质或耐久性，这是讲质量的物质属性；使用价值首先是指物质能够满足人们使用的物理属性，这是指质量的物质属性。产品实际上所具有的使用价值的程度是产品的实用性功能，这主要是指产品的物质性能的社会表现，也就是指质量的社会属性，满足社会需要的经济功能。而商品使用价值质量的二重性则取决于生产商品劳动的质量及其完善程度。

3. 质量和价值的关系

从质量和价值的关系来看，价值是具有社会性的，而质量和价值的内在联系就是通过质量的社会性起作用的。

（1）产品质量对价值的影响。

从劳动价值论来看，质量对价值的影响是社会必要劳动时间决定商品价值的重要内容。这是因为，一定量的使用价值不仅与一定量的社会必要劳动时间相联系，而且与一定的质量水平相联系。也就是使用价值取决于产品的数量和质量两个方面，在产品数量相同的条件下，使用价值的大小就取决于产品的质量，产品质量越高，单个商品耗费的劳动时间少于当时社会必要劳动时间，在这种情况下单个商品的自身所具有的使用价值就会转化为社会的使用价值，产品实现的社会价值就越大。

（2）产品质量和价值决定的关系。

从相对动态的再生产过程中，也可以考察质量与价值的关系。从再生产过程来看，每个生产者的产品质量会发生变化，在劳动生产率不变的条件下，质量变化会影响到商品价值量。如果产品的质量提高，那么在转化为社会价值的过程中，折算为社会平均质量水平的数量就能够增多，在这种情况下同一单位劳动时间生产的使用价值就会增多，但是根据价值决定的规律，仍然需要通过社会必要劳动时间形成价值。那么，与原先同等的社会时间，实质上是代表了更多的社会价值，如果根据这个增大的价值量来补偿同量的劳动耗费，那么质量提高的产品就含有更多的价值量。同样，如果一种产品的质量下降，那么意味着同样时间生产的使用价值降低，此时生产的劳动时间要高于社会必要劳动时间，那么根据价值决定规律，这一高出部分无法得到价值补偿，原先同等的劳动时间只能够代表更少的社会价值。根据减少的价值量来补偿同量的劳动耗费，就意味着质量下降的同量产品具有较少的价值量。因此，产品价值随质量提升而增加，随质量下降而降低。

---

① 《马克思恩格斯全集》第47卷，人民出版社2016年版，第63~64页。

（二）高质量宏观经济发展的政治经济学理论依据

马克思在《资本论》中对宏观质量的研究主要体现在《资本论》第 2 卷的生产过程的质量循环链、生产力质量和经济增长质量等问题，这些论述构成了高质量宏观经济发展的政治经济学理论依据。

1. 质量循环再生产的分析

马克思政治经济学认为社会再生产是数量再生产循环和质量再生产循环的有机统一体，这个有机统一体社会再生产既是数量的再生产，也是质量的再生产。社会再生产的有机联系系统是数量循环和质量循环的有机统一，这种统一体就构成了社会再生产过程中的质量循环过程，在这个循环过程中产品质量水平的提高是通过再生产系统中数量和质量循环的有机统一来实现的。在《资本论》第 3 卷中马克思写道："废料的减少，部分地要取决于所使用的机器质量""在生产过程中究竟有多大一部分原料变为废料，这要取决于所使用的机器和工具的质量。最后，还要取决于原料本身的质量。而原料的质量又部分地取决于生产原料的采掘工业和农业的发展（即本来意义上的文化的进步），部分地取决于原料在进入制造厂以前所经历的过程的发达程度"。[①] 这表明质量是具有循环再生产特征的，生产过程中的质量取决于生产条件的质量，生产条件的质量又取决于提供生产条件的产业的质量。在质量循环的过程中，不同环节和不同部门之间是相互影响的，一些部门、产业和企业的质量问题，又可以在质量循环过程中影响到另外的生产部门、产业和企业的产品质量。

2. 生产力质量的分析

生产力理论是马克思主义政治经济学的主要内容之一，马克思的生产力理论是从数量和质量统一的意义上去研究的。过去我们在理解马克思生产力理论时，仅仅只研究了生产力的数量，而忽视从质量意义上研究生产力水平。马克思认为"生产力当然始终是有用的具体的劳动的生产力，它事实上只决定有目的的生产活动在一定时间内的效率。因此，有用劳动成为较富或较贫的产品源泉与有用劳动的生产力的提高或降低成正比。相反的，生产力的变化本身丝毫也不会影响表现为价值的劳动。既然生产力属于劳动的具体有用形式，它自然不再同抽去了具体有用形式的劳动有关。因此，不管生产力发生了什么变化，同一劳动在同样的时间内提供的价值量总是相同的。但它在同样的时间内提供的使用价值量会是不同的：生产力提高时就多些，生产力降低时就少些。因此，那种能提高劳动成效从而增加劳动所提供的使用价值量的生产力变化，如果会缩减生产这个使用价值量所必需的劳动时间的总和，就会减少这个增大的总量的价值量，反之亦然。

---

① 《资本论》第 3 卷，人民出版社 2004 年版，第 117～118 页。

一切劳动，从一方面看，是人类劳动力在生理学意义上的耗费；作为相同的或抽象的人类劳动，它形成商品价值。一切劳动，从另一方面看，是人类劳动力在特殊的有一定目的的形式上的耗费；作为具体的有用劳动，它生产使用价值"① 这段话表明生产力是具有质量特征的，生产力质量的标志是生产力的效率，说明生产力效率提高时提供的使用价值量就多些，反之生产力效率低的情况下生产的使用价值数量就少。在生产过程中，衡量生产效率的标准，一般采用单位时间生产的产品数量和单位产品耗费的劳动时间两种方法。同时马克思进一步论述了生产力要素中机器的质量、原材料的质量、土地的质量对剩余价值和财富创造的影响。

3. 经济增长质量的分析

马克思的经济增长质量理论主要体现在《资本论》第 2 卷的扩大再生产理论和《资本论》第 3 卷的地租理论中。一方面，马克思在《资本论》第 2 卷第八章中，把扩大再生产分为两种类型：外延扩大的再生产和内涵扩大的再生产。外延扩大的再生产是指通过增加要素投入来扩大生产规模的方式来实现的扩大再生产，外延扩大的再生产的关键是扩大生产要素的投入数量；而内涵扩大再生产是指通过提高生产要素的使用效率来实现的扩大再生产，其关键是通过技术进步和创新作用的发挥，从而来提高要素的使用效率。一是提高要素的结合效率，通过技术进步改善资本和劳动的结合，进而提高生产率，技术进步通过资本有机构成来衡量；二是通过提高资本的使用效率、提高劳动生产率、提高生产资料的效率来扩大生产规模，内涵扩大再生产的核心因素是技术进步，关键是效率的提高。

另一方面，马克思在《资本论》第 3 卷的地租理论中论述级差地租时，提出了粗放经营和集约经营两种经济增长方式，他指出："这种比较不肥沃的地区会获得剩余产品，并不是由于土地的肥力高，从而使每英亩的产量高，而是由于可以进行粗放耕作的土地面积很大，因为这种土地对耕作者来说不用花费什么，或者同古老国家相比，只花极少的费用。""这里起决定作用的，不是土地的质，而是土地的量。这种粗放耕作的可能性，自然会逐渐消失，新土地越肥沃，消失得越慢；它的产品出口得越多，消失得越快。"② 这种"只需要很少的资本，主要是劳动和土地"为主要生产要素的经营方式就是"粗放型经营"，粗放型经营依靠的是数量，而不是依靠质量。"在经济学上，所谓集约化耕作，无非是指资本集中在同一土地上，而不是分散在若干毗连的土地上。"③ 依据《资本论》的这些论述，一个社会的经济增长方式可以依据要素投入的不同分为粗放型和集约型两

---

① 《资本论》第 1 卷，人民出版社 2004 年版，第 59～60 页。
② 《资本论》第 3 卷，人民出版社 2004 年版，第 756 页。
③ 《资本论》第 3 卷，人民出版社 2004 年版，第 760 页。

种类型。粗放型经济增长方式是通过要素数量的投入增加，从而通过规模扩张来实现的经济增长，粗放型经济增长属于数量速度型增长。而集约型经济增长方式依赖于生产要素的质量和使用效率的提高来实现，在技术进步条件下，实现生产要素组合方式的优化。同时通过提高劳动者素质，提高资金、设备、原材料的利用率而实现的经济增长，由此可见，集约型经济增长是以提高经济增长的质量和经济效益为核心。

4. 对外贸易的质量分析

马克思在分析质量问题时，不仅分析了微观上质量与使用价值、价值的关系，宏观上生产过程的质量循环链、生产力质量、经济增长质量，而且研究了国际贸易质量，探讨了产品质量对国际贸易质量的影响。

李嘉图的比较优势学说在国际贸易理论中长期占据统治地位，这一学说是从数量意义上来研究国际贸易的，只强调了国际贸易中的产品数量，而忽视了国际贸易中的产品质量。古典经济学家李嘉图在论述比较优势学说时曾经认为，我们生产工业品并用来在国外购买其他商品，是因为这样做比在国内生产能获得数量更多的商品。针对李嘉图的这段论述，马克思在"数量更多的商品"后面用括号加上了一句评论："没有质量的差别！"[1] 并运用了惊叹号。他的意思是李嘉图只强调了国际贸易中的工业品数量，而忽视了国际贸易中的工业品质量。"然而遗憾的是，在马克思之后，质量问题在比较成本理论中一直没有得到重视"[2]，在数量意义的比较成本学说指导下的国际贸易理论虽然取得一定的成就，但是在价值链竞争的国际贸易竞争背景下，质量就成为比较成本学说的一个短板。

第二节　高质量发展政治经济学理论基础的现实性

党的十九大报告指出："建设现代化经济体系，必须把发展经济的着力点放在实体经济上，把提高供给体系质量作为主攻方向"，[3] 2017 年中央经济工作会议进一步提出"要建立推动高质量发展"的考核体系，"加快形成推动高质量发展的指标体系、政策体系、标准体系、统计体系、绩效评价、政绩考核的创建和完善制度环境，推动我国经济在实现高质量发展上不断取得新进展"。因此，新时代中国经济发展的核心问题是提高质量和效益，从数量追赶转向质量追赶，在质量追赶中需要从微观、中观到宏观全面提高质量。因此，我们需要以马克思主

---

① 《马克思恩格斯全集》第 26 卷，人民出版社 2016 年版，第 601 页。

② 郭克莎：《比较成本与比较质量》，载于《云南财贸学院学报》1990 年第 1 期，第 51~54 页。

③ 习近平：《决胜全面建成小康社会 夺取新时代中国特色社会主义伟大胜利》，载于《人民日报》2017 年 1 月 28 日。

义政治经济学的质量经济理论为指导，结合新时代的现实需要，"建立起宏观、中观、微观相结合的中国特色的社会主义质量经济学理论"①，对指导新时代中国高质量发展具有重要的现实意义。

一、构建新时代经济高质量发展的理论框架

中国特色质量经济学应该是中国特色社会主义政治经济学的重要组成部分，新时代高质量发展的现实需要建立以质量为导向的中国特色社会主义政治经济学。在马克思那个时代，由于质量问题没有成为主要问题，因此马克思《资本论》主要是以数量分析为核心的。当代中国经济发展已经进入质量时代，质量问题成为现时代的大问题。在构建中国特色社会主义政治经济学的过程中，需要在马克思主义政治经济学关于质量问题分析的基础上，沿着马克思质量经济理论的逻辑方式，对经典马克思政治经济学进行扩展，构建以质量为导向的中国特色社会主义政治经济学，建立新时代高质量发展的理论框架。首先，以质量为核心，扩展马克思的劳动价值理论。在价值、使用价值、价格、劳动二重性理论中引入质量分析，为构建质量型的中国特色社会主义政治经济学奠定理论基础。其次，在微观分析中，以提高劳动生产率为核心，引入生产要素质量分析、产品质量分析、企业质量分析等，以微观质量的提高为核心，深化供给侧结构性改革。再次，在宏观经济分析中扩展马克思关于内涵扩大再生产、集约生产方式、结构分析等，为新时代的结构升级提供理论依据。最后，分析国际贸易质量、生态环境质量问题，为新时代的开放发展中提高国际竞争力和落实绿色发展提供理论依据。

二、促进新时代高质量的微观经济发展

按照马克思《资本论》的质量理论，建立中国特色的微观质量经济学理论，在提高微观发展质量的过程中，要从使用价值的二重性出发，既要重视质量的物质性，更要重视质量的社会性，把质量的物质性和社会性有机结合起来，使生产结构和需求结构相适应，促进微观经济质量的提高。同时按照马克思《资本论》的质量理论，产品质量是通过劳动质量的提高来实现的，企业必须通过提高劳动质量来提高产品质量。在当前中国经济进入新时代的背景下，我国经济运行中出现了严重的产能过剩，产能过剩有多方面的原因，也有多方面的解释。从马克思

---

① 任保平、魏婕、郭晗等：《超越数量：质量经济学的范式与标准研究》，人民出版社2017年版，第6页。

《资本论》的质量理论来看，主要是企业生产中，仅仅只注意了产品使用价值的物质属性的质量，而忽视了产品使用价值的社会属性的质量，生产结构不能满足社会需要而过剩了，也就是缺少社会属性的质量，相对于社会需要而过剩了。因此，在新时代首先要重视产品质量的提高，以提高产品质量为基础促进微观发展质量的提高。

（一）以劳动质量来提高产品的质量

《资本论》的质量经济理论认为劳动质量决定产品质量，因此，产品质量的提高依赖于生产要素的质量，包括生产条件的质量、技术进步、人力资本质量和产业发展的质量，通过生产条件的改善、技术进步和人力资本作用的发挥、产业发展质量的提高，进而提高劳动质量是提高产品质量的根本性措施。在提高微观经济质量过程中，首先要鼓励和引导企业促进技术研发，加强生产技术改造，实现产品更新换代，提高新技术在企业生产中的利用效率，促进社会的先进科技向企业生产过程的转化。加强人力资源的教育和培训，在技术进步和人力资本开发的基础上不断应用新材料和新工艺、开发新产品、开辟新市场、发展新产业，依据社会需求的变化和消费的升级努力提高产品的质量。

（二）依据需求端消费水平的升级，使生产和消费相适应

依据《资本论》中揭示的经济规律，总需求结构决定总供给结构，总需求结构要与总供给结构保持大体平衡，产品总供给结构和总需求结构的变化影响着经济结构和产业结构。随着收入水平、消费水平和消费质量的提高，消费品的功能、档次和质量也需要不断地按照需求提高。新时代中国经济发展进入了新的消费升级阶段，消费升级对产品的质量要求更高。随着消费从低端消费水平走向中高端消费水平，消费者对产品质量标准要求不再是经久耐用，不再是追求消费的数量，而是更加追求消费的质量，诸如消费的安全性、时尚性、便利性、环保性、健康性和舒适性。因此，依据在收入水平不断提高的情况下消费需求的不断升级，需要生产者不断提高产品质量，生产高质量和高品质的产品。

（三）依据世界新科技革命和新产业革命的要求，进一步提高企业的发展质量

按照《资本论》的质量理论，企业生产的循环过程也决定产品质量，产品质量决定于生产过程质量，生产过程质量决定于管理质量，管理质量最终决定于企业人力资源的素质，要在提高产品质量的过程中，首先提高企业发展的质量。企业要树立质量理念，完善质量标准体系，制定严格的企业质量管理流程。把质量看成是企业的第一生命线，落实在每一个生产环节中，贯彻在每一个生产环节中。同时通过创新提高企业的质量，通过企业技术进步、管理的规范化、工艺流

程改善，通过提升研发水平、管理水平和提高人力资本素质来提高企业的生产率。优化企业的创新环境，激发企业的自主创新能力，在加快技术进步的基础上来提高企业发展质量。同时实施全面质量管理，把质量管理纳入企业的发展战略之中，以产品质量提高为核心，以管理质量的提高为手段，建立起一套科学高效的质量管理体系，以提高企业的发展质量。

三、促进新时代经济高质量的中观经济发展

进入新时代以后，我国经济发展最大的制约因素是经济结构失衡和产业结构的低端锁定，这种经济结构失衡和产业结构的低端锁定造成了供给结构与需求结构不平衡，这些结构性失衡形成了资源的误配置和资源的不能有效利用，这样形成了经济发展中传统产品产能过剩与高端产品供给不足同时存在的矛盾，导致了中观经济质量问题，制约了产品质量社会属性的实现，影响了微观产品质量的提高。因此，需要依据《资本论》中的质量经济理论，建立中国特色的中观质量经济学理论，以产业结构转型升级为目标，促进产业结构的高级化和合理化，促进中观经济质量的提高。

（一）促进产业结构的高级化和合理化

改革开放后，我们依靠大量农村剩余劳动力转移促进了工业化的发展，通过劳动力禀赋中的比较优势实现了产业结构的多元化。但是由于技术进步的约束，虽然实现了产业结构多元化，但是没有实现产业结构高级化和现代化，在全球价值产业链条中处于低端位置，产业附加值低、环境压力大，低端锁定成为中国经济转型升级的主要障碍。因此建立中国特色的中观质量经济学理论，中观经济质量的提高要在打破产业结构的低端锁定上下功夫，以质量提升促进产业结构高级化，形成产业发展新格局，推动产业向中高端迈进，在积极融入全球产业链的基础上，使得我国的产业结构向国际产业价值链的中高端迈进，提高中观产业发展的质量。

（二）以生产力质量的提高带动结构升级

新时代我们仍然面临着发展生产力的问题，但是当前的主要任务是提高生产力质量，通过生产力质量的提升形成新的发展动力。目前全球生产力发生着巨大的变革，新生产力孕育着新一轮技术革命和产业革命，在新技术革命和新产业革命背景下新生产力要素中的信息技术成为当前世界经济发展中促进经济发展的主要生产力力量。在当前世界经济发展中，推动经济发展的生产力要素不仅有数量问题，更重要的是有质量问题，要更加重视生产力的质量。我们必须把握世界生

产力发展的大趋势,通过创新努力提高生产力质量,从依赖低质量的生产力要素转向利用高质量的生产力要素,通过生产力质量的提高培育经济发展的新动能,以生产力质量的提高推进我国中观经济质量的提高。

(三)促进传统产业的提升和整合

在中观经济运行和产业转型升级过程中,产业结构的转型升级依赖于新技术、新产品、新产业、新经济的发展。中观经济质量提高关键在于结构升级,而结构升级要坚持以创新为支持,以市场为导向,按照技术、安全、环保、能耗等标准进行传统产业的提升和整合。在传统产业升级中,建立产业创新链,提高企业技术改造效率。鼓励推动企业优化产业链和价值链,在产业结构层面,引导传统产业向全球价值链升级,鼓励企业改造供应链关系,提高企业的核心竞争力。在产业组织层面,进行产业组织结构调整,推进行业兼并重组,通过企业之间的合资、合作、股权置换、产权流转等方式,进行产业价值链并购重组,通过带动传统产业转型升级实现中观质量的提升。

四、促进新时代高质量宏观经济发展的实现

依据马克思在《资本论》中提出的宏观质量理论,集约型的增长方式是以提高经济增长质量和经济效益为核心的。因此,按照《资本论》的宏观质量理论,建立中国特色的宏观质量经济学理论,要以提高经济增长质量和效益为核心,促进我国宏观经济质量的提高。

(一)以技术创新形成高质量宏观经济发展所依赖的技术创新支持体系

依据《资本论》中提出的宏观质量理论,劳动生产率的提高既可以表现为数量的增加,也可以表现为质量的提高。在提高宏观质量的过程中,要以技术创新支持体系的完善推动技术创新,提高经济增长和运行的效率,进而提高宏观经济质量。在这个过程中,关键是通过建立完善的技术创新体系实现协同创新机制,促进技术进步和人力资本在宏观经济运行中发生真实作用,提高技术进步对经济增长的贡献率。提高宏观经济发展质量的科技创新中要实现创新数量和创新质量的协调,加快由增长激励向创新激励的转变,促进技术创新从模仿创新转向自主创新,提高技术创新的质量,形成经济增长质量提高的完备的技术创新体系。

(二)加强体制创新为高质量宏观经济发展建立激励导向机制

提高宏观经济质量的关键在于突破体制约束,体制具有激励导向功能,在我

国宏观经济质量提高过程中，要以体制创新来形成宏观经济增长和发展质量的激励和导向。首先要完善质量型的经济评价体制，突破 GDP 数量评价的局限性，从数量评价转向质量效益评价，消除提高宏观经济发展质量的体制机制约束。其次消除宏观经济质量提高中的科技创新的各种体制性约束，让科技创新成为提高宏观经济增长质量的主导因素，让科技创新引领产业结构转型升级和宏观经济增长质量提高的新动力。最后要建立质量效益型的宏观调控新体制，实现宏观调控从数量调控转向质量调控，建立起总量调控与结构调控相结合、需求调控与供给调控相结合、短期调控与长期宏观调控相结合，具有质量效益特征的宏观调控新体制。

（三）进行发展战略转型为高质量宏观经济发展提供战略支持

从宏观经济质量提高来看，发展战略转型就是依据经济发展资源禀赋条件的变化，通过发展战略的调整和变革来整合资源，进而形成新的经济发展的战略导向。新中国成立以来我们实施了追赶战略，改革开放以来我们又延续了这一战略，多年的追赶战略促进了中国经济的发展。进入新时代，我们已经成为世界第二大经济体，必须由追赶战略向质量效益战略转型，宏观经济质量提高的战略要从数量追赶战略向质量追赶战略转变，从比较优势向竞争优势转变，发展出具有竞争优势的新型产业链，通过质量效益战略提高中国宏观经济的发展质量，实现中国经济的可持续发展。

五、促进新时代经济高质量开放发展

党的十九大报告指出："中国开放的大门不会关闭，只会越开越大"，新时代的中国经济要实现开放发展，推动形成全面开放新格局。在世界经济由数量型向质量型转变和新技术革命背景下国际贸易竞争日益激烈的条件下，国际贸易中的质量问题发展为质量竞争并不断上升到首要地位。按照马克思《资本论》的国际贸易质量理论，建立中国特色的国际贸易质量经济学理论，实现开放发展，以提高质量为核心，从比较优势向竞争优势转变，促进我国对外贸易从数量扩张向质量提高转变，从以提高数量的比较优势向以提高质量的竞争优势转变。

依靠科技创新，提高出口产品质量。选择和培育一批具有开发潜力的出口企业和行业，促进高科技技术产品的出口，提高出口产品附加值，提高出口产品的国际竞争力，实现出口产品由低附加值向高附加值转变。

优化进出口产品结构，提高对外贸易质量。注重对劳动密集型和资源密集型行业的生产技术进行升级改良，提高相关出口产品的科技含量，走集约型的出口增长方式，从而使现有具有出口优势的产品能够在长期的发展过程中，实现产品的换代升级，保持持久的竞争力。逐步改善本国要素资源配置向技术含量较高的产业转移，最终为贸易增长方式的转变提供有利条件。

通过创新制度安排，提升对外贸易质量。通过能源控制和管理，限制甚至有可能要禁止涉及战略意义的矿产资源出口和贸易，同时减少高能耗产品和行业的重复建设和运营，合理规划产业布局，加大对贸易部门生产技术方面的科研投入。建立严格的环境规章制度，降低贸易部门生产过程中污染的排放，规避"污染天堂"在正常贸易过程中出现。

第三节　高质量发展开拓了中国发展经济学的新境界

经过新中国70多年的发展，我国经济发展取得了巨大的成就，"1952 年中国经济总量占世界的比重仅为 5.2%，2018 年达到了 90.0309 万亿元，占世界经济的比重达到15%。我国由一个落后的农业国转变为了工业化国家，已经成为世界第二大经济体，正在逐步向经济强国迈进。"[1] 根据习近平总书记在全国哲学社会科学工作座谈会上的讲话中关于构建中国特色哲学社会科学体系要从我国改革发展的实践中挖掘新材料、发现新问题、提出新观点、构建新理论要求，应该从学理上"系统总结改革开放以来中国社会主义现代化建设的丰富实践经验，回应我国进入中等收入发展阶段面临的重大发展问题挑战"[2]。进入新时代中国经济由高速增长阶段转向高质量发展阶段，因此高质量发展开拓了中国发展经济学的新境界。[3]

一、高质量发展阶段的新发展理念开拓了中国发展经济学发展观的新境界

新中国成立70多年以来，我国经济在不断发展的过程中，呈现出了不同的阶段性特征。在不同的阶段背景下，发展观也在不断变化，从 20 世纪 50 年代的"社会主义建设"的发展观，到 20 世纪末的"发展是硬道理"的发展观，再到21 世纪初的"科学发展观"。迈入新时代，高质量发展阶段的新发展理念成为新

① 任保平：《新中国70 年经济发展的逻辑及其发展经济学领域的重大创新》，载于《学术月刊》2019 年第 4 期。
② 洪银兴：《以创新的经济发展理论阐释中国经济发展》，载于《中国社会科学》2016 年第 11 期。
③ 任保平、张星星：《高质量发展对中国发展经济学新境界的开拓》，载于《东南学术》2019 年第 6 期。

的发展观，这一新型的发展观开拓了中国发展经济学发展观的新境界，是发展观的一次重大创新。具体表现在：

（一）创新发展体现了发展动力理论的新境界

创新是引领发展的第一动力，经济发展的速度、效能以及可持续性皆由发展的动力决定。习近平总书记明确指出："我们必须把创新作为引领发展的第一动力，把创新摆在国家发展全局的核心位置，不断推进理论创新、制度创新、科技创新、文化创新等各方面的创新，让创新贯穿党和国家的一切工作，让创新在全社会蔚然成风。"[①] 新时代，我国要着重提高我国的创新能力和科技创新水平，提高科技对经济发展的创新能力，扩大科技对经济增长的贡献率。发挥创新在经济发展中的引领作用，推动经济发展速度的提高，提升经济发展的效能，增强经济发展的可持续性。

（二）协调发展开拓了发展结构理论的新境界

习近平总书记指出："协调发展既是发展手段又是发展目标，同时还是评价发展的标准和尺度。"[②] 我国进入中等收入阶段后，不平衡问题在经济发展中更加突出。我国经济发展亟须转向协调发展，增强新时代发展的整体性，推动新时代的供求结构、产业结构、区域空间结构以及相应的发展战略趋向均衡。新时代，协调发展提出了多方面的要求：一是可持续发展的要求，经济、社会、环境资源等整体协调发展，同时注重在代内、代际的协调。二是需求侧拉动经济增长的消费、投资和出口的"三驾马车"作用的协调。三是推进产业和区域的协调发展，解决我国发展过程中存在不协调的问题。

（三）绿色发展开拓了新时代经济发展财富理论的新境界

在传统发展经济学中，财富仅指物质财富。新时代，绿色发展理念在原有财富论的基础上，引入人—自然—社会复合生态系统的整体性观点形成了新的财富论，进一步强调了自然资源在财富构成中的重要性。习近平总书记明确提出："牢固树立保护生态环境就是保护生产力、改善生态环境就是发展生产力的理念。"[③] 新时代，绿色发展理念不仅是强调要保护环境和生态问题，还是治理和改善过去发展所遗留下来的生态环境问题，在创造更多物质财富和精神财富的同时提供更多优质的人民美好生活所需的高质量的生态产品，进一步丰富和发展经济发展的财富观。

---

① 《习近平谈治国理政》第2卷，外文出版社2017年版，第198、205~206页。
②③ 《习近平关于全面建成小康社会论述摘编》，中央文献出版社2016年版，第165页。

（四）开放发展开拓了经济全球化理论的新境界

开放发展强调从融入全球化到主导全球化的转变，使我国由经济全球化的从属地位转变为主导地位，对我国开放型经济提出了转型升级的新要求，构建对外开放新格局。习近平主席在 2013 年博鳌论坛上就早已指出："中国将在更大范围、更宽领域、更深层次上提高开放型经济水平。"① 新时代，我国要更加深入地融入世界经济的发展浪潮中，积极参与到全球经济治理中，为我国发展创造内外联动的条件。进一步优化我国的区域开放布局，推动我国更深层次的开发，提高我国的总体对外开放水平，利用好国外国内两个市场、两种资源。灵活地运用国际经贸规则，科学应对国际经贸摩擦，增强我国的国际经济话语权。抓住技术和产业革命的重要战略机遇，推动产业高质量发展，推动我国迈向全球产业链中高端。

（五）共享发展开拓了发展目的理论的新境界

共享发展体现了人的全面发展思想，要在新时代实现改革和发展成果全民共享。习近平总书记在十九大报告中指出："新时代我国社会主要矛盾是人民日益增长的美好生活的需要和不平衡不充分发展之间的矛盾，必须坚持以人民为中心的发展思想，不断促进人的全面发展、全体人民共同富裕。"② 新时代，我国一方面要以公平正义为核心价值构建实现共同富裕的体制机制，坚持以人民为中心和人的全面发展的理念，以共享发展来解决收入分配领域的矛盾，建立资本与劳动的协调、共赢机制，让人民共享发展成果；另一方面还要注重人的全面发展，满足人民日益增长的对美好生活的需要，推进人的现代化进程。可见，五大发展理念开拓了中国特色社会主义发展的政治经济学中发展观的新境界，是发展观的一次重大创新。

二、高质量发展阶段的发展目标开拓了中国发展经济学发展目标的新境界

新中国成立之初，针对当时贫穷落后的状态，我国经济发展的目标是国家富裕，任务是发展生产力，方式是数量型增长，以解决落后的社会生产力和人民日益增长的物质文化生活需要的矛盾。经过新中国 70 年的发展，我们已经成为世界

---

① 《习近平谈治国理政》第 1 卷，外文出版社 2018 年版，第 114 页。
② 习近平：《决胜全面建成小康社会，夺取新时代中国特色社会主义伟大胜利——在中国共产党第十九次全国代表大会上的报告》，载于《人民日报》2017 年 10 月 28 日。

第二大经济体，国富的发展目标已经实现。党的十九大报告指出，我国经济发展已经由高速发展阶段转向高质量发展阶段。新时代的高质量发展开拓了发展目标的新境界，高质量的发展就是如何通过质量变革、效率变革、动力变革促进全要素生产率的提高，促进中国经济的转型发展，打造中国经济发展的升级版。

（一）质量变革实现了数量型发展向质量型发展的转型

质量变革是高质量发展的前提和基础保障。质量变革旨在提升产品质量、生产质量和生活质量，其中提高产品质量是基础，提升生产质量是关键，提升人们的获得感、安全感和体验感，全面提升生活质量是目标。新时代，我国要积极推进供给侧结构性改革，提升生产质量，推进我国的供给体系转型升级。要积极推动产品质量的提升，增加有效供给，在技术档次、产品质量以及安全和卫生等各方面满足消费者的需求。提供更多的各方面优质产品，一方面要注重满足人民日益增长的美好生活的需要，另一方面也要满足人民日益增长的生态环境需要。推动经济高质量发展，让人民共享发展成果。

（二）效率变革实现了从规模扩张型发展向质量效益型发展的转型

效率变革是高质量发展的核心目标。效率变革旨在通过生产效率、市场效率以及协调效率等不同方面的变革拓展效率视野、提升效率层次、追求效益优先。新时代，我国要从根源上解除效率变革的障碍，加快各个层次效率变革的推进。具体而言，宏观层面要注重宏观生产要素配置效率的提高，充分发挥市场机制的作用，全面提高教育水平，提升人力资本质量，为宏观效率变革提供根本保障。中观层面要积极转变政府职能，深化市场化进程，有效去除过剩产能、落后产能和污染产能，全面构建三次产业协同创新体系，促进产业结构优化。微观层面要改善营商环境，推动企业效率提高，加大创新投入，优化研发投入，提高技术创新水平。

（三）动力变革实现了从要素驱动型发展向质量效益型发展的转型

动力变革是高质量发展的关键保障。动力变革是指经济发展动力的调整，即在创新发展动力、结构发展动力、城镇化发展动力以及产权保障动力等各方面有所调整。创新发展是高质量发展的第一驱动力，能够有效促进生产能力的提升，推动实现协调发展。结构发展动力是高质量发展的战略支撑，通过优化产业结构、动力结构以及要素结构来实现高质量的经济发展。城镇化发展动力是高质量发展的外部拓展，通过发挥在劳动要素的分布结构、配置水平、协调能力中发挥提升作用以促进实现高质量的发展。产权保障动力是指推进现代产权制度建设，以加强产权保障激励企业投资扩张和产业创新发展实现高质量的发展。新时代，我国要加快通过创新发展动力、结构发展动力、城镇化发展动力及产权保障动力等不同维度推动我国的动力变革，以顺应新时代社会主要矛盾的转变，落实新的发展理念，有效提升资源配置效率，推动全要素生产率的提高，努力实现更高质量、更有效率、更加公平、更可持续的发展。

新时代，我国通过经济发展的质量、效率和动力变革，在解决过去经济高速增长过程中带来的一系列问题的同时，也推动我国经济发展切实转到高质量发展的轨道上，促进经济结构的优化和发展方式的转变。可见，推动高质量发展已成为当前和今后一个时期确定发展思路、制定经济政策、实施宏观调控的根本要求，成为我国科学发展的时代主题，成为现代化经济体系的关键要求和战略目标，开拓了中国发展经济学中发展目标的新境界。

三、高质量发展开拓了中国发展经济学发展任务的新境界

进入新时代后，中国步入了中等收入国家的行列，国家富裕的任务基本完成，"富民"成为当前经济发展的新目标，是我国当下推进经济改革以及现代化建设过程中应当着重考虑的关键点，即考量能不能给人民带来利益，能否使经济发展的成果让人民共享。这既是新时代中国发展经济学的任务，也开拓了中国发展经济学发展任务的新境界。

（一）开拓了以富民为目标的新境界

中国发展经济学以"富民"为目标，"不仅涉及加快经济发展问题，还涉及经济发展成果如何分配，才能使人民群众得到最大收益、最大的社会福利问题。"[①]　即，一方面要实现经济又好又快发展，好强调质量，快强调速度，好放在快前面，追求经济的高质量发展，是新时代发展观的新境界；另一方面提升居民收入水平，提高人民生活质量，实现人民富裕。既要不断扩大中等收入者的比重，与此同时还要在居民收入普遍提高的基础上进一步缩小贫富差距，完善社会保障体系，解除居民消费的后顾之忧，推动居民生活水平的全面提高。新时代，经济又好又快发展，向高质量转型必然要求坚持质量第一，效率优先的基础导向，遵循创新、协调、绿色、开放、共享的发展理念，实现更高质量、更有效率、更加公平、更加可持续的发展[②]。

（二）开拓了实现人民富裕的新境界

"让人民富裕"在我国经济发展中具体分为两步进行，一是允许一部分人先

---

①　洪银兴：《以人为本的发展观及其理论和实践意义》，载于《经济理论与经济管理》2007 年第 5 期。

②　金碚：《关于"高质量发展"的经济学研究》，载于《中国工业经济》2018 年第 4 期。

富起来，二是先富带动后富，最终实现共同富裕。"一部分人先富起来"在改革开放的进程中已经逐步实现，当前我国要注重扩大中等收入阶层比重，推进共同富裕的实现。要坚持以公平正义为核心价值，经济增长的过程中注重共享发展，有效吸收"包容性增长"和"益贫式增长"模式中的有利之处，推动建立资本与劳动的协调、共赢机制，有效调节收入分配。迈入新时代，人民的富裕水平已经不单单是看收入水平，更要注重生活质量的提高。这就要求经济发展的过程中不仅要增加物质财富，还要注重精神财富和生态财富等协调发展，在实现人民物质富裕的同时，积极推进人民在精神财富和生态财富等其他方面的富裕。

（三）实现从强调以人为本转向了追求人的现代化的新境界

在经济发展的过程中也逐步从强调以人为本转向了追求人的现代化，即包含人的素质现代化，人的身体素质、道德素质和文化素质均达到现代化水准，推动人的全面发展，推进实现以提高人的素质和变革生活方式为主体的人的现代化。可见，随着国家富裕目标的实现，"富民"成为经济发展中新的关注点，开拓了中国特色发展经济学中经济发展任务的新境界，是经济发展任务的一次重大创新。

四、高质量发展开拓了中国发展经济学发展模式的新境界

进入新时代以后，经济发展的新目标、面临的新问题均要求我们摒弃过去粗放型经济发展模式，探索新的发展路径，即推动我国经济发展从高速增长向高质量发展转型。这一转型的实现必然要进行发展模式的创新，开拓经济发展模式的新境界，要以经济发展质量的提高为核心，以质量为关键变量，通过转方式、调结构以及创新发展等手段，将中国经济引入高质量发展的轨道上来，开拓以质量效益为基础的发展模式的新境界。

（一）实现了发展模式的升级

新时代我国经济发展模式在质量效益的基础上，强调在诸多领域推进经济结构的全面升级，促进经济高质量的发展。强调经济运行质量，提升经济发展的协调性和可持续；强调财富分配质量，形成以按劳分配为主体，各种生产要素有序参与分配的有利局面，缩小贫富差距；强调要素利用质量，推进我国经济发展由要素驱动向创新驱动转变，从追求速度向追求质量转变。

（二）实现了向质量效益型发展的转变

我国经济发展从要素配置效益、生产创新效益和质量组织效益三方面实现质量效益型发展。要素配置效益是指要素配置的结构不断优化，使存量要素配置到

生产效率较高的领域，以提高产出效益；生产创新效益是指通过科技创新推动要素生产率的提升，优化生产体系，实现产出效率更高，成本控制更好；市场组织效益是指建立优化的制度体系和管理体制，形成有效的市场机制，进而增长市场匹配能力，提高竞争效率，推动效率提升和收益增加。新时代，我国经济发展要全面提升要素配置效益、生产创新效益以及市场组织效益，推进实现质量效益模式的实现，推动经济高质量发展。

（三）确立了效益优先的发展标准

质量第一是高质量发展的运行基础和内在要求，新时代中国经济发展追求速度与质量效益的同步提升，不能仅以 GDP 为标准，还要重点考量经济发展过程中不平衡和不充分问题的解决，要将人民群众对美好生活的需要列入考量标准，注重居民生活质量的提高，提升居民生活幸福感。与此同时还要着力缩小我国的贫富差距和城乡差距，让人民群众共享经济发展的成果。可见，追求质量第一、效益优先，推动经济发展从高速增长向高质量发展阶段的转型，开拓了中国特色发展经济学中经济发展模式的新境界，是经济发展模式的一次重大创新。

五、高质量发展开拓了中国发展经济学发展动力的新境界

进入新时代，我国经济发展呈现出新特征，发展目标由摆脱贫困转向了基本实现现代化，由建设经济大国转向建设经济强国。为此，在高质量发展背景下我国经济发展必须实现发展动力的转换，即要从要素驱动转向创新驱动。因此，高质量发展开拓了中国发展经济学发展动力的新境界。

（一）不断强化创新引领新时代发展的动力作用

党的十八大以来，习近平总书记就把创新摆在国家发展全局的核心位置，高度重视科技创新，围绕实施创新驱动战略、加快推进以科技创新为核心的全面创新，提出一系列新思想、新论断、新要求。习近平总书记提出："从全球范围看，科学技术越来越成为推动经济社会发展的主要力量，创新驱动是大势所趋。"[①] 科技创新是全面创新的引领，应大力推动科技创新成为产业创新的动力，推动新经济培育和产业结构向中高端转型。习近平总书记强调："我们必须认识到，从发展上看，主导国家发展命运的决定性因素是社会生产力发展和劳动生产率提高，只有不断推进科技创新，不断解放和发展社会生产力，不断提高劳动生产率，才

---

① 中共中央宣传部编：《习近平总书记系列重要讲话读本》，人民出版社、学习出版社 2014 年版，第65 页。

能实现经济社会持续健康发展。"① 新时代要发挥创新的引领作用，积极鼓励知识创新、科技创新、产品创新，为经济增长注入新活力，推动我国经济高质量发展和现代化强国的建设。

（二）增强了自主创新的动力

抓住科技创新的核心，自主创新，由跟踪模仿为主向跟踪模仿与并跑领跑并存转变。提升科技成果转向生产力的转化效率，推动产学研协同创新。正如党的十九大报告所强调指出："世界每时每刻都在发生变化，中国也每时每刻都在发生变化，我们必须在理论上跟上时代，不断认识规律，不断推进理论创新、实践创新、制度创新、文化创新以及其他各方面的创新。"② 因此，我们必须抓住机遇，利用巨大的国内市场空间、较强的产业专业化能力以及强大的科技人才储备，强化基础研究，突破关键领域的技术难关，增强自主创新能力。

（三）促进我国产业迈向全球价值链中高端

党的十九大报告指出："支持传统产业优化升级，加快发展现代服务业，瞄准国际标准提高水平。促进我国产业迈向价值链中高端，培育若干世界级先进制造业集群。"③ 这就要求我们要加快构建以企业为主体、市场为导向、产学研深度融合的技术创新体系，鼓励融合科技创新的科技创业，推动高新技术产业化。依靠创新驱动，实现我国产业结构的优化升级和绿色发展，进一步提高生产过程的附加值水平，促进我国产业迈向全球价值链中高端。可见，创新驱动是我国实现建设现代化的经济强国的经济发展目标的必然要求，开拓了中国特色发展经济学中经济发展动力的新境界，是经济发展动力的一次重大创新。

六、高质量发展开拓了中国发展经济学发展动能的新境界

在经济发展的不同历史阶段，发展的动能是不同的，改革开放初期阶段农村工业化是新动能，发展外向型经济阶段对外开放是新动能。目前中国经济发展进入高质量发展时代，正处于新旧动能转换的关键时期，亟须为经济增长注入新活力，培育经济发展的新动能是适应和引领中国经济新常态的必然要求。新动能不仅是经济发展的新引擎，也是改造提升传统动能，促进经济发展的动力。培育和

---

① 习近平：《在深入推动长江经济带发展座谈会上的讲话》，载于《人民日报》2018 年 6 月 14 日。

② 习近平：《决胜全面建成小康社会，夺取新时代中国特色社会主义伟大胜利——在中国共产党第十九次全国代表大会上的报告》，人民出版社 2017 年版，第 26 页。

③ 习近平：《决胜全面建成小康社会，夺取新时代中国特色社会主义伟大胜利——在中国共产党第十九次全国代表大会上的报告》，人民出版社 2017 年版，第 30 ~ 31 页。

发展经济新动能就是要给经济增长注入新活力、新能量。长期以来我国都面临着"人民不断增长的物质文化需要"与"落后的社会生产"之间的矛盾，扩大生产规模、提高产出增速、满足需求增长成为我国经济增长的重要动力。进入新时代，随着我国社会主要矛盾逐步转化为"人民日益增长的美好生活需要"与"不平衡不充分发展"之间的矛盾，提高供给的质量，优化供给的结构和体系，满足以人为本的需求成为新的经济发展动力。供给体系的质量、运行结构、组织方式和创新机制取代需求的规模扩张、投入增长成为经济增长动力变革的重要基础。因此，高质量发展的新时代我国新动能的培育与形成需要供需双侧协调发力。

（一）培育供给侧新动能

供给方面，通过创新驱动、结构调整、制度变革等手段培育供给侧新动能。充分发挥创新的驱动作用，抓住世界新产业革命带来的新机遇，鼓励科技创新、产业创新以及制度创新等不同层面的创新，转变动力机制，推动产业优化升级，以新业态、新模式推动我国创新型经济的发展。与此同时，要强化产品创新，加快形成科技创新和产品创新有效衔接的机制，切实在供给端提供更多新产品。创新引领我国经济发展在新技术、新产业、新经济等不同层面培育新动能。要加快结构调整，着重解决有效供给不足和无效产能并存的结构性问题。推动供给结构优化升级，满足居民消费需要在健康、安全、卫生、档次等各方面的新变化，加强补给中高端消费的供给。与此同时还要通过去产能、去库存等手段解决无效低端产能过剩的问题，通过结构调整的方式推进新旧动能的转换。积极推进制度变革，一方面在新旧动能转换的关键时期要充分发挥政府的作用，有效监督去产能、去库存等去除无效产能和落后产能的举措有效实施；另一方面要建立配套措施，在积极鼓励创新的同时也重视各方面高端人才的供给与培养。顺应时代发展的要求，为新动能的培育提供良好的制度环境。

（二）重振需求侧的动能

需求方面，通过消费、投资、出口需求协同拉动重振需求侧动能。要积极推动消费结构转型升级。一方面要引导消费者形成科学合理的消费观，朝着智能、绿色、健康、安全方向转变；另一方面要全面提高居民收入水平，提升居民消费能力，鼓励中高端消费者个性化、定制式消费，同时也将低收入群体的消费需要作为重点，提升社会消费力。投资方面要紧跟产业革命的步伐，加大在创新产业方面的资金投入，积极培育战略性新兴产业，减少在落后淘汰产业方面的资金投入，充分发挥投资对经济增长的拉动作用，促进新旧动能的转换。出口方面，也要积极为新经济的发展创造更大的市场空间，积极带动新动能的培育。可见，随着我国社会主要矛盾的转化对经济发展提出了培育新动能的必然要求，开拓了中国特色发展经济学中发展动能的新境界，是发展动能的一次重大创新。

七、高质量发展开拓了中国发展经济学发展战略的新境界

进入高质量发展的新时代以后，中国经济发展过程中面对的已经不再是单纯的发展问题，而是需要着重关注发展起来以后的后现代化问题。相应地，过去的追赶战略已经不再能够有效解决我国当前经济发展所面临的后现代化问题，高质量发展新阶段中国发展经济学必须进行发展战略的创新，开拓发展战略的新境界。具体而言：

（1）在战略思路上，高质量时代中国发展经济学要以促进经济高质量发展为目标，以创新为第一驱动，以知识、技术、信息和人力资本等先进生产要素为核心，构建现代化经济体系，以围绕解决后现代化问题为核心，推动实现以新型工业化、信息化和农业现代化为核心的新时代经济现代化，以追求公平、效率、秩序、民主、正义为核心的新时代政治现代化，以城市和城镇深度融合发展为特征的新时代社会结构现代化，以提高人的素质和变革生活方式为主体的新时代人的现代化，建设现代化强国。从高质量的发展目标、现代化经济体系、多维度的现代化格局等各个层面推动我国经济发展战略从短期战略向长期战略转型、从总量战略向结构战略转型、从赶超和追赶战略向质量效益战略转型。

（2）在战略目标上，高质量时代中国发展经济学要以高质量发展为目标，要由过去的制度创新转向以建设创新国家和现代化强国为内容的综合创新。高质量的发展是能够满足人民日益增长的美好生活需要的发展，是坚持五大发展理念提出的发展要求的发展，是有效配置资源、高质量的投入产出比的发展，是经济增长处于合理区间的发展。以高质量发展为目标就是要通过质量变革、效率变革、动力变革来实现生产效率的提升。建设创新引领、协同发展的产业体系，实现实体经济、科技创新、现代金融、人力资本协同发展，建设统一开放、竞争有序的市场观体系，逐步形成市场机制有效、微观主体有活力、宏观调控有度的经济体制。建设资源节约、环境友好的绿色发展体系，推动我国经济发展转型升级[①]。建设创新型国家要求我国坚定实施创新发展战略，将创新作为我国经济社会发展的核心驱动力，加大整个社会对创新活动的投入，推动科技创新能力持续提高，充分发挥科技进步和技术创新在产业发展中的作用，增强产业的国际竞争力。建设现代化强国即要求我国全面提升物质文明、政治文明、精神文明、社会文明、生态文明，推进实现经济现代化、政治现代化、社会结构现代化以及人的现代

---

① 任保平、李禹墨：《新时代我国高质量发展评判体系的构建及其转型》，载于《陕西师范大学学报》2018 年第 4 期。

化，推动我国成为综合国力和国际影响力领先的国家，为人民群众创造幸福安康的生活。

（3）在战略措施上，高质量时代中国发展经济学要推进市场化、工业化、城市化和生态化的协调同步发展，以"强起来"为目标构建对外开放新格局，建设多元平衡、安全高效的全面开放体系，全面提高对外开放水平。市场化、工业化、城市化和生态化协调同步发展，并不是强调"四化"齐步发展，水平一致，而是有先有后，补齐短板实现协调发展，也不是"四化"各自孤立推进，而是彼此相互促进，各个领域深入融合，共同发展。以推进生态化为基础，市场化深化推动城市化迈入新阶段，城市和城镇深度融合发展，共同促进新型工业化发展，工业化进程继续向前迈进。以"强起来"为目标构建的新时代对外开放新格局要求我国要抓住时代发展的新机遇，重塑我国对外开放的新优势，培育开放发展的新动能，发展更高层次的开放型经济。优化我国的区域开放布局，拓展对外开放空间，实现更宽领域、更深层次的开放，积极推动我国迈向全球价值链中高端，提升我国参与全球经济治理的话语权①。

同时从战略思路、战略目标以及战略措施等各方面推进从追赶战略向质量效益战略的转型，围绕解决我国当前经济发展所面临的后现代化问题，推进我国经济、政治、社会、科技、文化等各方面的高质量发展。可见，新时代从战略思路，到战略目标，再到战略措施共同开拓了中国发展经济学中发展战略的新境界。

八、高质量发展开拓了中国发展经济学发展型式的新境界

"发展型式"这一概念最早是由美国发展经济学家钱纳里提出的，他认为"发展型式"是对经济发展过程中重要领域的系统变化的概括与提炼②。在经济发展过程中，不同阶段的发展型式是不同的。我国早期的发展型式是围绕解决贫穷落后问题而形成的，这种发展型式以速度为目标，发展生产力为途径，以要素投入为动力、以规模扩张为方式实现经济发展。进入高质量时代后，我国社会的主要矛盾已经由人民日益增长的物质文化需要同落后的社会生产之间的矛盾转化为人民日益增长的美好生活需要和不平衡不充分的发展之间的矛盾，中国经济面对的不再是发展问题，而是发展起来以后的现代化问题，此时就要围绕变化之后的主要矛盾和经济发展过程中面临的新问题，开拓发展型式的新境界。

（一）要以发展质量为目标

以发展质量为目标就要坚持质量第一、效益优先的基本原则，注重提升经济

---

① 洪银兴：《新编社会主义政治经济学教程》，人民出版社 2018 年版，第 469～481 页。
② 钱纳里：《发展的型式 1950～1970》，经济科学出版社 1988 年版，第 5 页。

发展的稳定性、协调性和可持续，提高要素配置效益、生产创新效益以及质量组织效益，着力解决发展的不平衡和不充分问题。这就要求我们要切实推进供给侧结构性改革，加快从产品质量、生产质量及生活质量等不同方面共同推进质量变革，带动经济发展从数量型向质量型转变，满足人民对美好生活的需要。以创新为驱动力就要高度重视科技创新，推动实施创新驱动战略，加快推进以科技创新为核心的全面创新，增强自主创新能力，依靠创新驱动，实现我国产业结构的优化升级和经济绿色发展。这就要求我们要瞄准世界科技的前沿，努力实现引领性创新成果重大突破的实现，加快实现研究成果的有效转化，推动科技领域、产业领域的信息化发展，逐步打通从科技强到产业强、经济强、国家强的通道，切实实现新时代经济发展从要素驱动向创新驱动转变。

（二）以效率提升为主要方式

以效率提升为主要方式就要在把握拓展效率视野、提升效率层次、追求效益优先关键方向下，同步提升生产效率、市场效率和协调效率，推进新时代发展型式的转变。这就要求我们要加快解除效率变革的阻碍，从宏观、中观、微观等不同层面推进我国的效率变革，推动效率提升，带动经济发展从规模扩张向质量效益转变。以满足人民对美好生活的需要为终极目的不单要满足人民日益增长的美好生活需要，还要满足人民在民主、法治、公平、正义、安全、环境等各方面日益增长的对美好生活越发广泛的需要。这就要求我国在继续坚持发展是第一要务、坚持以人民为中心的发展思想的同时，加快现代化的建设，注重推进人的现代化水平提升，促进人的全面发展。

（三）以现代化建设为主线

以现代化为主线就要以经济现代化为先导，然后逐渐向政治、生态、社会等多个维度拓展，实现国家治理体系和治理能力的现代化，从满足人民的物质富裕到逐步实现人民的精神富裕，逐步实现从基本实现现代化到建设成为富强民主文明和谐的社会主义现代化强国的现代化蓝图。这就要求我们要加快推进我国新型工业化、信息化、城镇化和农业现代化的"四化同步"的现代化，建设现代化国家创新体系，在经济、社会、文化等各个方面推进现代化进程，带动我国经济发展型式的转变。可见，新时代我国在发展目标、发展动力、发展方式、发展目的以及发展主线等各方面都呈现出新的变化，共同开拓了中国特色发展经济学中发展型式的新境界，是发展型式的一次重大创新。

第十四章

经济高质量发展评判体系的构建

高质量发展已经成为未来中国经济发展的新方向，高质量发展意味着中国经济步入提质增效的新时期。在高质量发展背景下，为了使我国经济更好地从高速增长向高质量发展转型，需要我们从理论上清楚地研究高速增长和高质量发展的关系、高质量发展的内在要求、高质量发展的判断体系的构建及从高速增长转向高质量发展的转型路径。

第一节　经济高质量发展内涵与特征的理论分析

随着近年来国际市场环境和国内要素条件的变化，我国经济发展的阶段也在逐步转变过渡并进入新时代。自国际金融危机爆发后，世界经济复苏乏力，陷入持续低迷，外部需求对我国经济的拉动作用明显弱化。同时我国劳动年龄人口在不断下降，劳动参与率持续走低，劳动力成本优势逐渐消失。这些情况表明我国市场需求结构不断升级，但国内供给侧还不能很好地满足这一需求，越来越多的高端需求因此转向海外。内外部的共同作用使得我国原有的主要依靠要素投入、外需拉动、投资拉动、规模扩张的增长模式越来越受到制约，经济的增速也从过去9%的高速增长慢慢下降为目前6%左右的水平。在当下我们越来越需要转变发展方式，追求经济的高质量发展的过程中，首先需要研究经济高质量发展的内涵与特征。

一、新时代的经济学阐释

按照马克思主义的时代观，时代是构成一个特定历史阶段社会结构、政治结构、经济结构、文化结构的重要手段，是维系政治关系、经济关系、文化关系的重要纽带，是决定一个时代发展战略的主要依据。随着社会历史条件的变化以及主要矛盾的变化，时代的内涵、特征和任务都不同。每一个时代有每一个时代主题、问题和特征，人们可以从不同的主题、问题和特征入手理解一个时代的特征，并依据时代的特征确定发展方向、制定发展战略。

党的十九大提出中国特色社会主义进入了新时代的重大判断，深刻揭示了我国社会发展所处新的历史方位，意味着中国特色社会主义进入了更高的历史方位，反映了中国特色社会主义建设取得的重要历史成就，丰富和发展了马克思主义政治经济学的时代理论，为我们党科学制定具有全局性、战略性、前瞻性的行动纲领提供了根本依据。运用马克思主义政治经济学的原理对新时代中国特色社会主义阐释如下：（1）新时代中国特色社会主义的内涵。中国特色社会主义进入新时代，意味着中华民族迎来了从站起来、富起来到强起来的伟大飞跃。进入了从经济大国向经济强国转变、从科技大国向科技强国转变的关键阶段，因此新时代是中华民族"强起来"的时代。也就是要在全面建成小康社会的基础上，把我国建成富强民主文明和谐美丽的社会主义现代化强国，实现中华民族的伟大复兴。其内涵包括：在国家层面上，要在全面建设小康社会基础上建设社会主义现代化。在人民层面上，要不断创造美好生活，实现人民的幸福安康。在民族层面上，要实现中华民族的伟大复兴。在中国与世界关系的层面上，要为人类做出更大的贡献。（2）新时代中国特色社会主义的起点。党的十八大就是新时代的起点，因为党的十八大以来，我们提出并实施了五大发展理念、四个全面的战略布局、五位一体的总体战略布局。取得了改革开放和社会主义现代化建设的历史性成就，中国社会经济发展进入了新的发展阶段。因此，新时代是从党的十八大以来我国社会经济发生的历史性变革进程中做出的科学判断。（3）新时代中国特色社会主义的定位。新时代是承前启后、继往开来、在新的历史条件下继续夺取中国特色社会主义伟大胜利的时代，是全面建设社会主义现代化强国的时代。是属于社会主义初级阶段的时段，而不是超越或脱离社会主义初级阶段的时段。新时代不改变中国处于社会主义初级阶段和仍然是发展中国家的事实，新时代仍然处于社会主义初级阶段，但是新阶段的社会主义初级阶段发生了历史性变化，取得了历史性成就。（4）新时代中国特色社会主义的新要求。新时代中国特色社会主义的发展提出了更高的要求，意味着，我们的发展不仅要在量的方面继续一如既往下大功夫，把数量不断做得更大，但同时我们更要把质量做得更好。从高速增长阶段转向高质量的发展阶段，从数量追赶转向质量追赶，从以解决贫穷落后为主题转向以实现现代化为主题。（5）新时代中国特色社会主义的标志。一是从生产力发展水平看，我国社会生产力已经不是落后问题，而是进入了居于世界前列的时代。生产力发展水平是衡量社会进步的根本标准。实现从站起来、富起来到强起来的历史性飞跃，首先是实现社会生产力发展的历史性飞跃；中国特色社会主义进入了新时代，首先是社会生产力发展进入了新时代。二是主要矛盾的变化。党的十九大报告指出，我国社会主要矛盾已经转化为人民日益增长的美好生活需要和不平衡不充分的发展之间的矛盾。主要矛盾的变化是新时代的重要标志，标志着中国特色社会主义建设取得的历史性成就，反映了我国时代发展、社会发展的基本特征。解决不平衡不充分问题成为我们党和国家未来的根本任务和工作重点。三是从社会制度完善程度看，中国特色社会主义制度进入更加成熟定型的时代。在经济制度方面，坚持把以公有制为主体与促进多种所有制经济协调起来，建立并完善了中国特色社会主义基本经济制度；把社会主义基本制度与市场经济结合起来，建立并不断完善社会主义市场经济体制；将"先富"与"共富"衔接起来，让"先富"带动"后富"，最终达到共同富裕目标，这一切为解放和发展社会主义生产力开辟了广阔的道路。我国社会主义实践前几十年的主要历史任务是建立社会主义基本制度，未来的主要历史任务是完善和发展中国特色社会主义制度，实现国家治理体系和治理能力现代化。四是是从中国发展对世界的影响看，我国进入能够为人类做出较大贡献的时代。日益走到世界舞台的中央，为解决人类问题贡献了中国智慧和中国方案，得到了国际社会的广泛认可和积极响应。改革开放初期我们是积极融入全球化，新时代是主导全球化。

二、经济高质量发展与高速增长的比较

与当前高质量发展相对应的是过去的高速增长。在 21 世纪初的 10 年间我国完成了经济起飞，创造了改革开放以来的增长奇迹，实现了从低收入国家向中等收入国家的跨越。但伴随外部需求的减少、传统人口红利的消失及市场结构的不断升级，高速增长的时代已经过去，现在我们应当关注如何释放潜在增长率，从而推动经济的高质量发展。高质量发展和高速增长的本质是不同的[①]。

（一）目标不同

高速增长体现的是发展的目标，它是以投资驱动从而带动规模扩张以实现经济增长的。在经济的高速增长阶段，我们更多追求的是经济总量的扩大。而高质量发展体现的是现代化的目标。现代化的目标即要求我们做好信息化、工业化及城镇化。在信息产生价值的时代，信息产业将会成为未来发展的核心与潮流，"两化"融合也将为经济发展创造出新的增长点，这也是高质量增长所追求的目标。同时伴随美国再工业化浪潮和德国工业 4.0 计划，工业化再次引发人们的重视。在这一背景下，为了高质量发展的实现，我国也推出了"中国制造 2025"的计划。总体而言，我国的快速工业化进程总体已进入工业化后期，其结构也正面

---

① 任保平：《新时代中国经济从高速增长转向高质量发展：理论阐释与实践取向》，载于《学术月刊》2018 年第 3 期。

临着从高速工业化向高质量工业化转型，这也正是高速发展向高质量发展递进的过程。而城镇化是与工业化相伴随的，以往城镇化过程中"不完全城镇化""拼资源""摊大饼"式的"跑马圈地"需要被关注并矫正，在高质量发展下我们追求的是新型的城镇化，一切以人为核心，从而提高城镇化质量。

（二）内涵不同

经济增长仅指经济总量的扩张，而发展的内涵更为丰富，它不仅关注经济总量，还包含对经济的效率、结构、稳定性的多维衡量。高质量发展强调的是经济效益、社会效益和生态效益的结合。人的全面发展、资源环境的可持续性甚至机会的分配都被考量在高质量发展中。其中经济效益主要指在高质量发展中要稳中求进，不能放弃经济增长的效率和质量；社会效益包括社会保障、人口素质、生活质量和社会环境等方面，更为关注社会的安定协调与健康发展；生态效益则强调了在经济发展中的可持续发展和生态保护问题。

（三）价值判断不同

高速增长的价值判断是快和慢，是通过一系列要素数量的作用发挥来提高经济增长的速度，高速增长的特征是高速度、高投入、低质量和低效益。而在新的发展需求下，传统的一味追求 GDP 的发展方式难以为继，需要建立新的经济发展价值判断。高质量发展的价值判断是好与坏，是对经济发展优劣程度的判断。高质量发展是高速增长提高到一定水平后更高层次的目标，它是在数量的基础上对质量的进一步追求，它抛弃了过去一味追求速度的价值判断，而力求经济发展的持续、健康。在经济的高质量发展阶段，生态文明成为"千年大计"，可持续发展作为经济建设的目标与追求。衡量经济发展状况不再仅看总量与规模，而是追求多个方面的协调共生。高质量发展下的价值判断与价值取向是从整体出发，统筹经济社会与生态环境的需求，具有全局观。

（四）要求不同

高速增长追求的是单一的经济总量与增速，而高质量发展要求我们依靠人才、技术、知识、信息等高级要素，通过创新驱动来消解全球化红利和我国传统的人口红利不断下降的不利影响，培育高素质劳动力来创造新型人口红利，实现发展新旧动能的转换。同时高质量发展阶段还要求我们进一步深化改革开放，紧跟全球趋势，让更多的企业加入全球经济浪潮中去，从而提升自己的竞争力。此外，我国当前经济中的主要矛盾已经不是总量矛盾，而是结构性矛盾，从主要矛盾的变化出发，高质量发展要求我们坚持结构性改革，从供给端入手加大与高质量发展相适应的制度供给，并通过投资结构改革、要素结构改革和消费结构改革来推动经济运行方式的调整升级。

三、高质量发展的内涵

从上述高速增长与高质量发展的比较来看，高质量发展比高速增长的内涵更加丰富。具体来讲，高质量发展的内涵包括以下几个方面。

（一）经济发展高质量

高质量发展就是在经济增长的基础上，一个国家或地区经济结构和社会结构持续高级化的创新过程或变化过程。这一阶段我们已经不再仅关注经济的总量和规模，而是更加辩证地看待"量"与"质"、"速"与"效"的关系，把评判的焦点更多地放在"好不好"的问题上。高质量的经济应在结构和动力上更加合理完善，同时其经济体制和分配制度也将更加健全，区域发展更加协调。具体来讲，高质量发展在经济总量上应表现为产品和劳务的增加，以及经济总量与规模的蓬勃发展；在经济结构的优化和改进上表现为技术结构、产业结构、收入分配结构、消费结构以及人口结构等经济结构的良性变化。经济发展质量的改善和提高表现为一个国家或地区经济效益的提高、经济稳定程度、卫生健康状况的改善、自然环境和生态平衡以及政治、文化和人的现代化进程。

（二）改革开放高质量

我国从 1978 年开始实行对内改革、对外开放政策。改革就是在坚持我国社会主义制度的前提下，调整生产力同生产关系、上层建筑同经济基础之间不相适应问题；开放则是指加强对外贸易往来和文化等多方面的交流交往。当前我国的改革开放政策已经实施了 40 多年，前期的成果使我国创造出了中国增长的奇迹。高质量发展下的对内改革要求我们进一步深化改革进程，首先应以产权制度改革和产权关系调整为核心和主线；其次应促进政府在内的多元主体进行体制创新，以政府政策改革为突破口创造出联动效应，带动更大范围内的改革与突破；最后应遵循制度变迁的规律，汲取过往的经验，循序渐进地推动改革。而高质量发展下的对外开放，高质量更是要求我们继续坚持"引进来"和"走出去"并重，扩大与各国的双向投资与贸易往来，共建更加开放的世界经济体。高质量的对外开放还要求我们通过共同打造互联互通的人文环境与物理条件，扩大全球的有效需求，为全球经济的复苏做出贡献。

（三）城乡建设高质量

城乡建设是指通过各级政府的统筹规划来合理安排城乡发展的建设空间布

局，从而合理利用资源，缩小城乡差距。高质量的城乡建设首先应当以城市建设为依托，带动农村发展，实现以工促农、以城带乡，从而实现城乡经济社会发展一体化；其次应当做到城乡经济发展建设、城乡总体规划建设和土地利用建设的融合，建立打造城乡信息共享平台，实现城乡空间布局合理化。高质量城乡建设的第一步就是城镇化率的提高，2020 年我国常住人口城镇化率已超过 60%。但城镇化率的提高并不是城乡建设的唯一内核，高质量的城乡建设追求的应是城乡差距的进一步缩小，其核心就是要促进农村经济的发展，帮助农民增收，通过加强城乡互动逐步改善城乡二元经济结构。

（四）生态环境高质量

生态环境是指影响人类生存与发展的水资源、生物资源、土地资源、气候资源的数量与质量总称。生态环境的高质量要求人类在利用和改造自然以保障自身生存与发展的同时，尽量消减对自然环境破坏和污染所产生的危害人类生存的各种负反馈效应。因此在高质量发展中促进绿色产业发展，实现绿色可持续发展是我们的愿望，也是传统经济增长方式的转型与调整。如果发展是以牺牲生态环境为代价的，那就违背了经济建设的初衷。在高质量发展下，生态环境应得到改善，资源的消耗强度应得到降低。此外，合理地应对气候变化也是生态环境高质量的内涵，需要我们加强能源资源节约，长期坚持并落实好《巴黎协定》的内容与要求。

（五）人民生活高质量

人民生活质量是指一定时期内一个区域内人们生活的社会环境和生活保障状况，是反映人生活的经济社会条件质的方面的具体水平。社会民生的持续改善是高质量发展的内在要求，也是其重要内涵之一。高质量发展下更突出的是百姓的获得感，人民生活水平的提高并不再简单指人均收入的增长，而是包含着生活的幸福度、尊严感等多维度的提升，是物质水平和精神水平全方位的高质量。此外，在把握高质量发展中人民生活质量的内涵上要注意生活质量和生活水平概念并不相同，人民生活的高质量是经济生活、政治生活、精神文化生活、社会保障、社会安全和生活劳动环境的协调发展。在经济生活中高质量的人民生活应当是社会人均收入呈枣核状，各阶层收入水平和消费水平没有明显较大差距，在劳动安置、休息和居住的权利上做到全社会人人平等；在政治生活中高质量的人民生活应当是公民都享有并积极行使参与政治生活的权利，社会民主权利和自由程度较高，法律制度完善；在精神文化生活中高质量的人民生活应当是人们享有丰富多彩又休闲益智的闲暇生活；在社会保障、社会安全中高质量的人民生活应当表现在社保费用占国民收入的比重较高，就业率较高，每万人刑事案件发生率及离婚率较低；在生活劳动环境中高质量的人民生活表现在较高的城市绿化面积、人均环保费用和工业"三废"处理率等方面。

四、经济高质量发展的特征

目前我国经济正在向高质量发展阶段过渡和迈进，转向高质量发展是我们直面新时代和突破发展瓶颈的紧迫任务。高质量发展的特征主要体现在以下几个方面。

（一）产业结构的合理化与高级化

我国产业结构的矛盾主要出现在第二、第三产业内部。高耗能、高污染重化工业产能明显过剩，制造业大而不强，现代服务业发展不充分，这都是过去经济高速发展所遗留下的问题。而在经济高质量发展下，其产业结构应显现出合理化与高级化的特征。合理化与高级化是产业结构演变的一般规律，随着经济发展阶段的演进，产业形态上呈现出从低级向中级、高级不断攀升的特征，也就是随着经济发展向高质量阶段的演进，产业结构演变的一般趋势是从单一结构转向多元产业结构，再转向产业结构的合理化和高级化。改革开放以来，我们实现了从计划经济时期单一的产业结构转向了产业结构的多元化，通过多元化实现高速增长，但是没有实现合理化和高级化，造成了产业结构的低端锁定。从高速增长阶段转向高质量发展阶段，就必须实现产业结构的合理化和高级化。

（二）创新成为推动经济发展的第一动力

我国经济过去的高速增长是通过要素投入、粗放型经济增长的路径，这种路径在促进经济增长的同时造成了严重的环境、资源、生态、社会问题，使经济增长缺乏可持续性，缺乏创新能力。同时创新能力的不足不仅制约了经济的发展，也会阻碍经济结构的转型升级。此外，创新能力缺乏也制约了经济的竞争能力，虽然我国研发总支出已经居于世界第二位，但整体的科研创新能力仍有待提升，在高速增长阶段很多行业主要还是依靠低水平重复建设和价格战争来争夺市场的，缺乏竞争力显然与高质量发展的要求背道而驰，在这样的背景下，创新成为经济高质量发展的第一动力。在高质量发展阶段，科技教育体制改革将得到深化，同时科技成果向生产力转化的能力显著提升，科技人员流动的体制机制障碍也会得以破除，最终在创新的推动下全要素生产率跨上新的台阶。创新将为经济发展创造出新的增长点，互联网创新也是高质量发展阶段创新的重点，信息技术的进步将会带来新的机遇。

（三）供给体系有质量

党的十九大报告指出今后要将提高供给体系的质量作为改革的聚焦点，同时优质的供给也是高质量发展的重要特征之一，它要求我们从供给侧发力，提升供给的水平。具体表现为：一是经济高质量发展阶段，其供给体系能随需求的变化而不断地调整适应，并在一定程度上引领需求。通过供给体系和需求结构的不断配合适应，推动经济发展质量与效率提高。二是表现为产业上、中、下游之间协同性不断增强，以土地、资本、劳动力和创新为核心的要素流入流出更加自由、顺畅、高效，同时价值链也在不断攀升，经济发展的动力不断加强。三是要素质量及其配置效率不断得到提升。高质量发展将通过要素质量及其配置效率的提升来提高供给体系的质量。要素质量及其配置效率得到了提升，要素报酬率才会提高，高端要素的作用才能得到发挥，供给体系的质量和经济发展的质量才会提高。

（四）人民对美好生活的需要将会得到不断满足

新时代背景下我国社会主要矛盾已经转化为人民日益增长的美好生活需要和不平衡不充分的发展之间的矛盾。在高质量发展阶段，人民的闲暇偏好增加，对生活品质的需求在不断提高。新时代下人民群众期盼有更好的教育资源、更完善的基础设施建设、更高水平的医疗卫生与养老保障及更优美的居住环境，而这一切都需要我们放弃对速度的偏好，重视发展的质量，从而实现人民生活质量的长期提高。因此高质量的发展要更注重满足人民在多方面日益增长的高层次需要，更好推动人的全面发展、社会全面进步，人民对美好生活的需要将得到不断满足。在这一阶段改善民生和富民产业将成为民生工作的重点，同时脱贫攻坚并动态地巩固其成果也是高质量发展阶段的艰巨任务。此外，人民生活质量的提高应当是全社会水平的共同提高，高质量发展需要我们努力克服民生健康水平的地区发展不平衡的问题，着力实施普惠性的民生工程，满足多样性的民生需求，在优质教育、医疗、养老和基建方面做好全国的协调发展与统筹规划。

第二节　经济高质量发展的核心要义与政策取向

随着从高速增长向高质量发展迈进，中国经济正在开启新的时代。高质量发展是新时代中国经济发展质量的高水平状态，在理论上高质量发展是以新发展理念为指导的经济发展质量状态，在实践上高质量发展是中国经济发展的升级版。在转向高质量发展的过程中，我们要准确理解高质量发展的核心要义与政策取向。依据党的十九大精神和习近平总书记关于高质量发展的论述，高质量发展的核心要义与政策取向包括以下几个方面①。

一、培育新动能是经济高质量发展的关键

高质量发展新动能培育的路径在于创新，核心在于构建以实体经济为本体、新产业培育和传统产业改造为支撑的产业发展新格局。高质量发展的新动能主要指以新技术、新产业、新产品、新业态模式为核心，以知识、技术、信息、数据等新的高级生产要素为支撑的推动高质量发展的动能。在高质量发展中要积极推进新动能的培育。

（一）使科技创新成为高质量发展的强大动能

高速增长阶段的动能是要素投入与规模扩张，而高质量发展阶段的动能是创新，要让创新成为高质量发展的第一动能。由于创新是高质量发展的第一动力，在高质量发展中加速推进产学研一体化，推动新型研发机构和科技创新平台开展目标导向式创新，实现高质量发展的创新驱动。在强化原始创新、协同创新、开放创新的过程中，构建全方位、多层次的科技创新格局，为高质量发展培育原生动力。聚焦重点领域和战略性新兴产业开展科技攻关，加快中低技术水平制造业向先进制造业转型升级。完善科技投融资体制，引导社会资金进入科技创新领域。发挥金融资本的作用，支持原创性重大科技创新。

（二）培育壮大高质量发展的产业新动能

目前世界范围内新一轮科技革命催生着新产业、新业态、新模式经济的发展，新产业革命呈现产业融合、业态多元、组织网络化等新特征。新产业革命在移动互联网新技术的驱动下，人工智能对经济社会发展产生重大影响，新一代人工智能的发展受到了国家的高度重视。在我国高质量发展产业新动能的培育中要把握新一代人工智能发展的特点，为高质量发展提供新动能。在高质量发展中激活传统产业旧动能，培育产业发展新动能需要把传统产业和新兴产业结合起来，加快传统优势产业升级，通过利用新技术改造传统产业，使传统产业走向数字化、智能化高端化发展之路。

（三）加快新动能培育的体制机制创新

新动能培育的关键在于体制机制创新。要围绕制约新动能培育的体制机制障

---

① 任保平、赵通：《高质量发展的核心要义与政策取向》，载于《红旗文稿》2019 年第 13 期。

碍，深化改革，让市场在新动能培育中起决定性作用；更好地发挥政府在高质量发展新动能培育中的作用，为各类市场主体的创新活动创造公平、公正的竞争环境。建立以企业为主体、市场为导向、产学研深度融合的协同创新体系，打破阻碍企业家精神有效发挥的各种制约因素。

二、做大做强做优实体经济是经济高质量发展的基础

我国由经济大国走向经济强国，由数量追赶转向质量追赶，实现高质量发展需要把实体经济做大做强做优，实现高质量发展最终的成果需要体现在实体经济的发展上，发展高水平的实体经济是实现高质量发展的基础。实体经济是地方财税的主渠道，是现代化产业体系的基本细胞，因此做大做强做优实体经济是高质量发展的基础。其中做大就是做大规模，做强就是指做强实力，做优就是指做优质量。

（一）以供给侧结构性改革做大实体经济

实体经济是供给侧结构性改革的主战场，在高质量发展中要把振兴实体经济作为深化供给侧结构性改革的重大任务。在推进高质量发展中努力解决实体经济面临的问题，释放实体经济企业的动力和活力，降低实体经济发展的制度成本，更要着力促进实体经济转型升级。在实体经济发展中推进战略性新兴产业发展和传统制造业技术改造，培育实体经济增长的新动能。

（二）以创新引领做强实体经济

创新是实体经济高质量发展的引擎，是实体经济结构调整优化和转变发展方式的动力，是发展高水平实体经济的第一动力。要破解实体经济发展不强的困局，必须坚定不移地抓住科技创新这个关键，深入实施创新驱动发展战略，推动战略性新兴产业加快发展。运用新技术改造提升传统产业，实现效率变革，促进新动能发展壮大，促进新旧动能转换，实现动力变革，创新供给能力全面提升，进一步做强实体经济。

（三）抢抓智能制造这个制高点做优实体经济

全球正处于新技术、新产业快速涌现的时期。随着全球新工业革命的深化，信息化、高端化成为实体经济中制造业发展的重要趋势，智能制造成为制造业转型升级的制高点。智能制造可以实现整个制造业价值链的智能化创新，我们要抓住新工业革命为制造业带来的机遇，实现我国实体经济和制造业的跨越式发展。

三、促进产业转型升级是经济高质量发展的核心

从高速增长阶段转变为高质量发展阶段，产业转型升级是核心，更是实现高质量发展的必由之路。必须推动产业发展由加工制造向创新创造转变，构建现代化产业新体系，全面提升产业核心竞争力。以产业转型升级为核心推进高质量发展。

（一）加快推进产业向高端化发展

在高质量发展中围绕产业转型升级，进一步提升产业链，加快推进优势产业和重点企业的链条向深度和广度延伸，以产业结构高级化为目标，推动传统产业以价值重构为核心的升级模式，促进工艺流程升级、产品升级、功能升级。

（二）积极促进传统优势产业改造升级

传统优势产业改造升级是高质量发展的基础，高质量发展不仅要培育新产业，培育新动能，而且还要改造传统产业，使传统产业释放新动能。2014 年 5 月在河南考察时，习近平总书记提出，要推动中国制造向中国创造转变、中国产品向中国品牌转变。传统优势产业是产业转型升级的短板和压力点，要通过采取技术工艺和产品升级发展、品牌提升、渠道拓展等各种方法，由粗放型向集约型转变，使传统产业沿着科技型、品牌化方向转型升级；引导传统产业以智能制造、网络制造、绿色制造、服务型制造为路径，以新一轮技术改造提升为抓手，推动传统产业向数字化、精细化、柔性化、绿色化转变。[①]

（三）以新动能的培育构筑产业体系的新支柱

新动能作用的发挥是通过产业体系中的新支柱产业发挥作用来实现的，因而高质量发展新动能的培育需要构筑新支柱产业。在高质量发展中，以新一代信息技术、高端装备制造、绿色低碳、生物医药、数字经济、新材料、海洋经济等战略性新兴产业发展为核心，构筑产业体系新支柱，培育经济发展新动能。研究新产业的特点和发展规律，制定完善新支柱产业的发展规划，营造支持新支柱产业发展的政策环境。瞄准信息技术、高端装备制造、新材料等新支柱产业前沿领域，加快搭建新支柱产业发展的载体建设。加强互联网、大数据、人工智能与传统产业的深度融合，促进信息技术在企业研发设计、生产制造、经营管理、销售

---

① 《习近平在河南考察时强调：深化改革发挥优势创新思路统筹兼顾 确保经济持续健康发展社会和谐稳定》，载于《人民日报》2014 年 5 月 11 日。

服务等全流程和全产业链的集成应用，创造新支柱产业成长的产业结构环境。跟踪国际新产业发展的前沿进展，从技术链、价值链和产业链出发，全面推动新支柱产业的集聚发展。

（四）以企业技术创新激活企业创新创造活力

企业是推动经济高质量发展中产业转型升级的主体，要引导企业加大研发投入。积极推进企业技术创新、制度创新和管理创新，推动企业走创新发展和可持续发展的路子。充分发挥财政资金的杠杆作用，重点对工业企业技术创新项目、新产品研发及产业化、创新平台建设、品牌培育和质量提升、校企合作等方面给予扶持，聚集一批科技型中小企业，建成一批重大产业技术创新平台。进一步优化企业创新环境，降低企业创新成本，增强科技创新引领作用，推动形成产学研用协同的创新格局，为经济高质量发展提供坚实保障。

四、壮大战略性新兴产业是经济高质量发展的重要产业支撑

影响经济高质量发展的因素有很多，从全球新一轮产业变革发展的趋势来看，壮大战略性新兴产业要靠数字化、网络化和智能化，加快经济转型，也就是壮大数字化、网络化和智能化等战略性新兴产业是经济高质量发展的产业支撑。战略性新兴产业是以重大前沿技术突破为核心，以重大发展需求为基础，对经济社会长远发展具有带动作用的新兴产业。目前来看，战略性新兴产业包括新一代信息技术、新能源汽车、高端装备制造、新材料等产业。培育壮大战略性新兴产业是高质量发展的重要内容。

（一）通过创新发展促进战略性新兴产业的发展

战略性新兴产业是企业升级发展的重要方向，通过创新发展促进战略性新兴产业发展，要加快自主创新体系建设，为壮大战略性新兴产业提供技术创新支持，掌握战略性新兴产业核心关键技术；构建产学研用协同创新的战略性新兴产业技术创新平台，推进战略性新兴产业创新要素集聚，加快壮大战略性新兴产业人才的引进。充分发挥人工智能等领域重点项目，实现战略性新兴产业关键技术突破。

（二）在现代产业体系建设中推动战略性新兴产业发展

加快构建壮大战略性新兴产业的新规制，加快培育战略性新兴产业先进生产供应能力，以智能制造为主攻方向推动战略性新兴产业技术变革和优化升级。推动制造业产业模式变革，提高战略性新兴产业效率，培育更多战略性新兴产业新

增长点，夯实战略性新兴产业发展基础，提高宏观调控水平。

（三）培育战略性新兴产业发展的新动能、新增长极

战略性新兴产业作为我国产业体系中的新支柱、产业发展中的新动能，对于实现高质量发展具有重大意义。坚持制造业向专业化和价值链高端延伸，生活性服务业向规范化品牌化方向发展。构建战略性新兴产业开放新格局，引进资金与引进国际先进技术、管理理念和高端人才相结合，推进重点战略性新兴产业领域国际化布局，促进国际技术和产能合作，支持战略性新兴产业融入全球产业分工体系。

五、支持民营经济是经济高质量发展的重要保障

强调民营经济是推动社会主义市场经济发展的重要力量，是推动高质量发展和建设现代化经济体系的主体。在我国经济的高质量发展阶段，支持民营经济是高质量发展的重要保障，民营经济将在高质量发展中发挥重要作用。

（一）民营经济是推动高质量发展质量变革的重要主体

质量变革的核心就是要通过产业结构调整和新型产业培育，不断提升供给体系质量，从而提高产品和服务的质量。民营企业数量占我国规模以上工业企业总量超过了80%，在普通制造业及制成品等行业已占绝对优势，在重大装备、高技术等高端制造及制成品等行业也占据绝对优势。在我国高质量发展提升供给质量、产品质量和服务质量的过程中，民营经济将是质量变革的重要主体。因此，需要引导民营企业贯彻新发展理念，抓住新一轮科技革命和产业变革的重大机遇，以技术创新为核心，积极推进管理创新、机制创新和市场模式创新，进一步推动质量变革，努力实现中国产品向中国品牌转变。

（二）民营经济是推动高质量发展效率变革的力量

效率变革的核心是实现要素资源的合理配置，提高资源配置的效率。民营经济具有经营机制灵活的特点，对内可以为经济发展不断提供新活力，对外能成为中国经济融入经济全球化的纽带。民营经济在技术进步和创新驱动发展中的作用也将会越来越大，进一步成为高质量发展中产业升级和经济增长效率提升的源泉。同时民营企业和民营企业家是我国市场配置效率提升的重要力量，也是未来我国经济高质量发展效率提升的重要加速器。因此在高质量发展中要着力破解民营企业发展面临的障碍，推动民营经济向产业价值链高端攀升、向创新驱动转换，使民营经济成为推动高质量发展效率变革的中坚力量。

（三）民营经济是推动高质量发展动力变革的力量

动力变革更多依靠劳动者素质提高、技术进步和全要素生产率的改进。民营经济是在竞争中成长起来的，面向市场生存和发展的能力强。而且民营企业为了在市场上求得生存，对技术创新和创新成果市场化具有强烈的追求，民营企业在科技创新中的作用十分突出，已经成为我国企业创新的重要主体，实现高质量发展的主体之一。因此，民营经济在我国高质量发展动力转换过程中将起到极为重要的作用，将为我国经济高质量发展实现动力变革提供支撑。我们要支持、鼓励和引导民营企业加大技术创新、产品创新、模式创新和管理制度创新，以民营经济的创新发展推动我国高质量发展的动力变革。

六、增进人民的福祉是经济高质量发展的出发点与落脚点

高质量发展意味着经济发展不再简单追求量的扩张，而是要追求量质齐升。推动高质量发展必须坚持以人民为中心，永远把人民对美好生活的向往作为奋斗目标。高质量发展具有丰富的内涵，但是核心的内涵在于人民生活的高质量，人民生活的高质量意味着人民福祉的增进，这是高质量发展的出发点与落脚点。

（一）在高质量发展中更突出人民的获得感

高质量发展是更加突出以人民为中心的发展，以人民为中心包含着生活的幸福度、尊严感等多方面内容，是物质水平和精神水平全方位的高质量。高质量发展要在发展中保障和改善民生，为人的全面发展、全体人民共同富裕创造条件，增强人民群众的获得感，把人民的获得感、幸福感作为检验高质量发展的重要尺度。

（二）以人民生活高质量为核心推进高质量发展

人民生活的高质量是多方面的综合，在经济生活中的高质量应当是各阶层收入水平和消费水平没有明显较大差距；在政治生活中的高质量应当是社会民主权利和自由程度较高，法律制度完善；在精神文化生活中的高质量应当是人们享有丰富多彩又休闲益智的闲暇生活；在生活劳动环境中的高质量表现在较高的城市绿化面积、人均环保费用和工业"三废"处理率等方面。

（三）不断满足人民对美好生活的向往

进入新时代，人民对美好生活的需要呈现多样化、多层次、多方面的特点，人民对美好生活的向往不仅对物质文化生活提出了更高要求，而且对社会生活和

精神生活方面的要求日益增长。因此，高质量发展要不断满足人民对美好生活的向往。

第三节　经济高质量发展的评判体系构建

高质量发展是中国经济发展到一定程度后的转型升级，这种转型升级是将经济从以外延型增长为驱动力转变为以内涵型增长为驱动力，同时也是一个将产业从以低劳动成本和低附加值为主向高附加值的知识密集型转化的过程。伴随着高质量发展，我国经济将从依靠投资拉动升级向依靠投资和消费的共同作用拉动转变，速度和效益也将完成有效的结合，资源利用率将大大提升，生态环境也会得到更好的保护。而要实现我国经济从高速增长向高质量发展的转变，就需要构建高质量发展的评判体系[①]。

一、经济高质量发展的指标体系

推动高质量发展，首先要构建评价高质量发展的指标体系，只有这样才能更加科学地对经济发展水平进行多维度衡量，并找出我国当下经济高质量发展所存在的缺陷和面临的问题[②]。同时，不同的人对高质量发展的内涵与外延的理解不同，从而导致了学界缺少对高质量经济发展的一致性评估，这就需要我们建立一个统一的指标体系去评估测算经济发展的质量，并以此更好地发现问题、解决问题。过去的指标体系主要体现在速度指标体系、总量指标体系、财务指标体系方面，反映经济建设方面的指标偏多，反映社会发展、人与自然和谐发展的指标少，并且在衡量经济高速发展水平时多采用单一指标，只能反映出某一方面的数量特征，缺乏整体性与全局观。高质量发展则要求我们增加反映产业、行业、地区等各方面的结构协调性方面的指标、质量效益指标和新动能发展指标，多用质量效益指标去考核各类主体。特别是在加入质量指标时，要多从工业增加值率、企业杠杆率、有效投资率、产能利用率几个方面考核经济的发展状况，从而更好地反映价值链分工、经济发展结构、劳动者报酬及投入产出的比率。在评价时应更加重视民生事业发展和资源环境改善情况，并将就业、收入、消费、生态环境等指标的重要性不断提升。从长期与短期、宏观与微观、总量与结构、全局与局

---

① 任保平、李禹墨：《新时代我国高质量发展评判体系的构建及其转型路径》，载于《陕西师范大学学报》2018 年第 2 期。

② 王薇、任保平：《我国经济增长数量与质量阶段性特征：1978—2014》，载于《改革》2015 年第 8 期。

部、经济发展与社会发展等多个维度探讨高质量发展指标体系的构建。

二、经济高质量发展的政策体系

推动高质量发展要明确其政策体系，在宏观政策层面上要做到尊重市场、尊重规律、尊重趋势。当前我国市场还存在着低水平竞争、集中度不足的现象，部分中小企业发展质量还不高，同时部分行业存在着扭曲市场机制的垄断现象，这都需要通过政策体系的建立去规范和引导，从而实现高质量发展。高质量发展的政策体系就要把数量型政策与质量型政策相结合，长期政策与短期政策相结合，把正向引导与负面约束相结合，运用负面清单制度来引导高质量发展。从完善宏观政策、产业政策、微观政策、改革政策、社会政策等多个方面健全更高质量发展的政策体系。在宏观政策中要把握好经济发展的基调与大方向，在发挥财政政策、金融政策等数量型政策的基础上，更加重视人力资本政策、技术创新政策等质量型政策的作用。在产业政策中落实对行业的指导与帮扶，积极引导战略性新兴产业的发展和传统产业的改造升级。在微观政策上加强对企业的激励并提升其竞争力，在社会政策上给予民生更多的关注。同时政策体系的核心在于有效地协调竞争政策与产业政策，即以竞争政策为基础，通过建立和维护竞争秩序来保护市场机制的有效运行，从而通过产业政策来促进产业结构的高级化。此外，高质量的政策体系要求政府更多地把政策重点倾注在培育科技创新上，以此促进战略性新兴产业发展与传统产业升级转型相结合，达到传统制造业与互联网的深度融合，以信息化为支撑促进经济高质量发展。同时高质量发展的政策体系还要求政府通过出台一系列政策文件去加强知识产权的保护和管理，抑制以降低质量为代价的恶性竞争。

三、经济高质量发展的标准体系

高质量发展应在宏观、中观和微观层面都有所表现，因此在这三个层面上都应建立合理的标准体系。首先，在宏观方面，高质量发展的标准体系表现为中高速合适的增长速度。近年来虽然我国经济发展增速有所下降，但仍是世界上发展速度最快的经济体。而现今我们所需要做的是在稳定当前合理的经济增速的同时，加强经济发展新动能的培育，释放出经济发展的潜在增长率，为长期发展提供保障[①]。其次，在中观方面，高质量发展的标准体系表现为合理的产业结构和

---

① 向国成、李真子：《实现经济的高质量稳定发展：基于新兴古典经济学视角》，载于《社会科学》2016年第7期。

梯度合理的地区差异。合理的产业结构是我们充分利用人力、物力、财力实现国民经济部门协调发展的前提，而尊重地区差异并发挥区域比较优势也是中观层面推动经济高质量发展的落脚点。在高质量发展的标准下要做到生产要素的跨区域有效流动，从而解决资源配置在区域间的不平衡、不协调等结构性矛盾问题。最后，在微观方面，高质量发展的标准体系表现为产品和服务的质量系统化和品牌系统化。系统化的质量标准是对市场进行监控、纠正与改进活动的重要途径。当前我国制造业领域关键零部件和中间品的国产配套水平较低，存在过分依赖进口的问题，同时我国产品的品牌、品质、品种都与世界先进水平有一定差距。因此通过推进产品与服务的质量系统化，有助于其考核与衡量，并促进其在对比中实现升级赶超。而品牌系统化要求我们抓好品牌建设的工作，培育出能够代表民族形象的大品牌，形成自己的比较优势，带动企业及产业发展。

四、经济高质量发展的统计体系

数据是做决策的基础，统计工作有助于我们对经济社会发展的现状进行科学搜集、整理和分析，从而全面科学地反映经济高质量发展的状态与新进展。进入新时代，中国经济从高速增长阶段转向高质量发展阶段，这就要求加强统计制度的改革与创新，加快对经济发展中的新动能、新经济的统计制度以及统计方法的建立，对经济发展中的不平衡、不充分实施动态监测。同时，继续利用大数据、互联网、云计算等新兴技术来提高统计生产力，变革统计生产流程，提高统计效率，提高数据质量。同时在统计对象方面，高速增长的统计多以企业为主，高质量发展应更多关注人的统计，比如就业、失业、居民消费行为等方面。因为高质量的发展应该是经济效益、社会效益和生态效益的统一，传统统计体系下仅以GDP论"英雄"，只关注经济效益的模式是不健全的。人民的幸福生活才是高质量发展所追求的终极目标，因而除去经济指标，生态环境、城市基建、医疗、教育与养老等问题也应当被纳入高质量发展的统计体系中来。只有这样，高质量发展才能做到立体、多样和以人为本。此外，由于传统的统计信息难以突破部门的限制实现多部门互联共享，容易形成信息孤岛。高质量发展统计体系的建立要重点解决这一局限，实现统计体系的共建共享，这有助于各部门对形势进行全面的了解并以此做出统一的科学的判断。

五、经济高质量发展的绩效评价体系

绩效评价是指通过量化指标和评价标准，采取一定的评价方法，对高质量发展目标的完成度和为实现这一目标所进行的项目措施成果所进行的一种科学的综合性评价。高质量发展下的绩效评价就是对其完成程度及投入与效益进行的结果分析，追求这一效益意味着我们要在一定程度上淡化对经济增长速度和数量的追求，而更看重质量与效益的提升，更看重经济建设与社会建设、生态建设的协同发展。高质量发展绩效评价要从四个方面来考核：一是经济增长速度，这是高质量发展的基石，高质量发展下的经济增长速度需要靠效率提高来驱动，具体表现为资本产出效率、劳动生产率、全要素生产率等较高，这也是我们对经济增长速度进行科学评价的主要方向。二是经济结构，高质量发展阶段的知识技术密集型产业比重比高速增长阶段有显著提升，同时在这一阶段我国的产业与产品在国际分工中应处于较高分工地位等。三是创新成果质量，这是绩效评价的关键。在科技创新水平的绩效评价上应重点关注代表高质量专利的三方专利所占比重，国际论文引用数等。四是经济可持续性，高质量的经济应当是健康可持续的，不能仅关注眼前的利益，即今天的使用不应减少未来的实际收入。从可持续性出发，我们应注重单位 GDP 能耗、污染物排放量、PM2.5 及城市优良空气比率等方面的绩效。

六、经济高质量发展的政绩考核体系

经济发展的高质量不能仅依靠市场的作用，还需依靠政策进行联动调节。而为了防止宏观调控所出现的寻租设租和政策失灵等问题，就需要建立一套合理的政绩考核体系来规范顶层设计。高质量发展的政绩考核指标要求我们弱化速度指标，坚持质量第一、效益优先，切实破除唯 GDP 论，完善干部考核评价体系，把质量提高、民生改善、社会进步、生态效益等指标和实绩作为重要考核内容。对于限制开发区域，不再一味地考核地区生产总值，减轻其总量压力，以防地方政府在经济建设时为追求经济总量而忽视了经济发展的可持续。同时政策的不稳定也是抑制经济高质量发展的成因之一。因此在构建高质量发展的政绩考核体系时应引导地方政府和干部树立正确的政绩观，克服政策设计中的短视性，从长期出发进行经济社会发展规划，并建立政策决定的终身负责制，运用法律和政策制度进行监督，使得政策决定更加慎重，从而更有效地实现经济调控措施的软着陆，进一步发挥政策的理论前瞻性和现实指导性。此外要明晰高质量发展的政绩考核体系关键在于落实，因而需要各地区各部门把思想统一到高质量发展要求上来，改进考核方式，完善考核结果运用，为经济发展提供有效机制和制度导向。总而言之，科学合理的政绩考核体系既要看发展又要看基础，既要看显绩又看潜绩，特别是要把民生改善、社会进步、生态效益等指标和实绩作为高质量发展考核的重要内容。

第四节 从高速增长向经济高质量发展转型的路径

经济高质量发展的关键是要解决发展不平衡、不充分问题。经济高质量发展就是能够很好满足人民日益增长的美好生活需要的发展，是体现新发展理念的发展，是创新成为第一动力、协调成为内生特点、绿色成为普遍形态、开放成为必由之路、共享成为根本目的的发展。目前我国经济虽然已开始向高质量发展转变，但仍有相当数量的资金、土地、劳动力等资源沉淀在严重过剩产能与高污染产业中，拖累了经济转型与效率的提高。同时绿色发展、创新发展、协调发展仍任重而道远。因此在未来进一步高质量发展的过程中我们应坚持以下路径。

一、构建现代化的经济体系，建立经济高质量发展的经济体系

经济的高质量发展首先需要建立高质量的经济体系，这是现阶段实现高质量发展和跨越转型关口的迫切需求。只有这样才能够提供更多质量上乘的产品和服务，才能打造更多先进适用、具有高附加值高效益的新技术、新产业、新业态及带动就业的新型劳动密集型产业和服务业，才能创造出环境友好的生产方式、生活方式、消费方式。具体来讲，需要从以下三方面出发。

（一）构建经济高质量的增长体系

现阶段经济的发展需要从传统增长点转向新的增长点，而新增长点在先进制造，还在于互联网、大数据与人工智能和实体经济的深度融合，还在于中高端消费、创新引领、绿色低碳、共享经济、现代供应链、人力资本服务等。我们需要切实提高制造行业的共性技术服务，以科技为落脚点，提升投入产出比。只有牢牢把握住新的增长点，有针对性地进行生产规划，才能更好地构建高质量的增长体系。

（二）构建高质量的业态和模式体系

高质量的经济体系应立足于生产和生活消费升级的需要，因此我们要通过加快培育和发展新业态、新模式、新技术、新产品，在中高端消费、创新引领、绿色低碳、共享经济、现代供应链、人力资本服务等领域培育新增长点。同时高质量的业态要求我们具有公平、统一、开放的市场，即要以完善产权制度和要素市场化配置为重点，实现产权的有效配置，从而促进经济的良性发展。

（三）构建高质量的产业体系

高质量产业体系指工业化程度比较健康的、现代服务业发展比较充分的产业化。是实体经济、科技创新、现代金融、人力资本、制度创新协同发展的产业体系。依照这一标准我国高质量的产业化仍有很长的路要走。我们需要从经济智能化、产业绿色化、发展高端化出发，来推进战略性新兴产业的升级进步和现代服务业的系统优化，最终实现产业体系从规模速度型粗放增长向质量效率集约型增长转化。同时加快制造业强国建设，促进先进制造业发展，实现我国产业迈向全球价值链的中高端。

二、实现三大变革，提高发展动力的质量

实现质量变革、效率变革、动力变革，提高全要素生产率，使经济发展动力从传统增长动能转向新的增长动能。从要素驱动、投资驱动尽快转换到创新驱动。要充分发挥创新引领作用，推动社会进入全面创新阶段，引领增长质态升级。

（一）推进质量变革

全面提升企业素质和产品质量，扩大有效和中高端供给。转向高质量发展阶段，必须高度重视经济质量，坚持质量第一的原则，强化和提高产品或服务质量标准，推进产品或服务质量升级，以满足人民日益增长的对高质量产品或服务的需求。

（二）推进效率变革

高质量来源于高效率，只有提高劳动生产率、资本生产率、全要素生产率，才能以较少的生产要素投入，提供高质量的产品或服务。同时效率变革可以通过促进优质要素向战略性新兴产业配置集聚，从而带动生产要素优化组合，激发创新活力与创造潜能。

（三）推进动力变革

经过30多年的高速增长阶段，旧动力的作用在递减，过去的经济发展范式存在产业链条过短、就业弹性较低等一系列问题。因此我们必须推进动力变革，培育新动能，实现新旧动力的接续转换[1]。而新动能的培育就在于供给侧"三大发

---

[1] 任保平：《新常态要素禀赋结构变化背景下中国经济增长潜力开发的动力转换》，载于《经济学家》2015年第5期。

动机"——制度变革、结构优化和要素升级。不同的制度安排将会带来不同的经济绩效，这也是进行制度变革的理论基点。供给侧的制度变革就是要求我们在宏观政策层面简政放权，放松政府对经济的管控，降低企业进入门槛，进一步发挥市场的作用，从而推动经济实现高质量发展。同时结构优化作为供给侧结构性改革的核心也是在今后的经济发展中需要重视的问题，对于处在经济发展转型阶段的中国来说，结构调整将是一个长期、紧迫、艰巨而又痛苦的过程。一方面，国内的发展环境与条件已经不能支撑原有的经济结构，传统的发展方式必须加以转变；另一方面，世界各经济体纷纷开始采取措施，加快自身经济结构调整，这也成为当今全球的一个趋势。我国作为世界第二大经济体，结构调整并不是一蹴而就的，经济运行惯性大，地区差距和贫富矛盾问题突出，使得结构优化之路更加困难。在我国的经济结构优化上，应从结构性失衡的特征出发进行调节。此外，近年来我国对要素投入的重视度有所增加，但要素升级的影响力却在不断下降。要素升级就是指将死资源变为活资源、黑资源变为绿资源、冷资源变为热资源，即将推动经济发展的传统要素升级为创新要素。这是未来供给侧结构性改革需要克服的问题，也是使我国跨越中等收入陷阱的出路。要素升级要从四方面入手，分别是土地要素升级、人才要素升级、资金要素升级和环境要素升级。土地要素升级是指要优化土地资源市场化配置，将其更多地向优质企业和项目集聚，通过激活这一要素释放出更多的发展空间。人才要素升级是指要加强对高素质劳动力的培育，创造出能够带动我国高质量发展的人力资源。资金要素升级是指要提升金融环境，扩大间接融资规模，提高金融发展活力。环境要素升级是指要在经济运行中关注发展的可持续性，不能以牺牲环境来换取经济增长。

三、实现活力、效益与质量的有机结合，提高供给体系的质量

高质量发展不仅是指某一种产品或服务标准符合国际先进水平，而是整个供给体系都要有活力、有效益与有质量。过去我们的经济增长模式是通过大规模的资金与资源投入来拉动的，但若再像过去那样以要素投入为主带动发展，既没有当初的条件，也会受到边际效应递减规律的制约。总之，需求侧竞争优势的弱化，本质还是供给侧出现了问题，因此我们要从供给侧发力，注重要素供给的质量。

（一）关注劳动力供给质量的提升

人是高质量发展的重要支撑，也是动力变革的核心力量，因此在提高供给体系质量时我们应以提升劳动力的素质和技能水平为基点，推动资本劳动比的上升，推动劳动生产率的稳步上升。同时通过建立激励措施，引进人才、留住人

才，激发人才的主动性、积极性和创造性，使其为高质量发展提供动力。此外还应注重企业家精神和现代工匠精神的培养，只有拥有了具有创新精神、注重发展实体经济的企业家和大批精益求精、不断创新精进工业的现代产业工作者，才能结合提升供给体系的质量。

（二）注重供给主体的质量

从企业角度来讲，应提高其生产的技术水平和管理水平，提升企业产品的质量水平、技术水平和服务水平。要以提高企业的整体素质为目标，积极有效地处理"僵尸企业"，努力培育出具有竞争力的世界一流企业，提升我国企业在世界500强企业中的占比，从而在关键的制造领域和行业中保持全球领先的综合实力与行业影响力。此外还应注重金融供给的质量，要坚决防范和化解新形势下的金融风险，严守不发生系统性金融风险的底线，防止单体局部风险演化为系统性全局风险，使宏观杠杆率得到有效控制。同时将金融机构进行有效的整合，并建立健全资本管理政策，完善资本约束机制，在"虚实分离"的常态中坚守"实体经济决定论"，从体制上扭转"脱实入虚"的趋势。此外，还要努力提高经济体金融体系、产品和要素市场体系、基础设施体系、公共服务体系的效率和质量水平。最后要注重产品供给的质量。应加强产品设计、制造、配送、销售等环节的质量标准、行业监督，保持市场的公平竞争。

四、提升企业效率，培育经济高质量发展的微观主体

企业是最基本的市场供给主体，只有激发企业活力、提升企业效率，才能构建起高质量发展的微观基础，要想使经济发展达到一个高质量的层次就需要以企业为抓手，构建高质量发展的微观主体。目前我国企业无论是在国际市场还是在国内市场都存在着竞争力不足的现象，因为我国企业的竞争对手均是在长期优胜劣汰的竞争性市场中成长起来的，其全球资源调动能力、技术和人员储备能力、企业管理与创新能力都有着明显的优势，因此我们必须要培育一批规模大、竞争力强的企业。基于此，我们应从以下几个方面出发。

（一）把质量和效益作为企业决策的出发点

回顾我国企业质量管理的发展道路会发现它存在很多问题，其中之一就是企业质量管理发展不协调。由于我国质量管理的发展不是随着生产力的发展逐步形成并不断进步的自然历史过程，而是同所有发展中国家一样通过向发达国家学习、引进形成的现有质量管理的框架，这便造成企业决策时对质量方面不够重视。与此同时我国企业发展在效益方面也存在问题，潜在经济效益、资源配置经

济效益、规模经济效益和技术进步经济效益及管理经济效益都有着大大小小的缺陷。在高质量发展阶段，微观主体必须受到投入产出比的约束，因此我们要将质量和效益作为经济主体决策的基础和出发点，以此来推动产品质量的提升和企业生产方式的改变。这样一方面可以提高生产要素的利用率，另一方面又能通过创新带来的先进工具与技艺降低成本。

（二）构建以企业为主体的创新体系

企业作为国家创新力重要的载体，是微观层面实现经济高质量发展最重要的一环。因此我们要以提高自主创新能力为目标，以推进创新驱动核心战略为抓手，加快构建以企业为主体、以市场为导向、以产学研深度融合为支撑的产业科技创新体系。此外还需激发广大企业的创新积极性，通过普惠性的财政科技资金补贴和各种政策来支持其成长与发展。

（三）推进创新型企业的发展

伴随着科技的进步和信息技术革命不断推进，创新型企业将是未来企业发展的趋势，未来我们应深入实施创新型企业培育计划、强化人才与服务两大保障、深化产学研三方协同创新，提高企业研发经费占主营业务收入的比重。同时要鼓励引导更多的企业投入发展战略性新兴产业上来，提升高新技术企业的科技基础与原创能力，努力摆脱过去在技术上受制于人的问题。

（四）推进企业品牌建设

大品牌、大市场是企业品牌建设的中心与重点，也是提高企业核心竞争力的思路之一。当前我国产品市场还存在着品牌竞争力较低的问题，品牌建设作为提高地区形象，促进产业上下游共同发展的重要意义并未受到人们的充分重视。未来在高质量发展中，企业应重视品牌建设与规划，并将此提升到企业经营战略的高度，提升企业的传播影响能力。

五、发挥质量型政策的作用，建立经济高质量发展的宏观调控体系

高质量的发展需要发挥政府在体制机制中的作用，从高质量发展的本质出发将政策重心从高速增长转变到高质量发展上来，这就需要分两步走。

（一）第一步是发挥质量型政策的作用

财政政策、货币政策都是数量型政策，它们更侧重于通过调控税收、公共支出和货币的供应量等手段来刺激经济的增长，但这个推动力是外生的并可能造成

排次效应。而人力资本政策、创新政策、结构升级政策才是质量型的经济政策，质量型政策更侧重于通过创造内生动力来促进经济发展，刺激人民群众的创造力和追逐生活提高个体经济发展的原始本能，从而达到一个自发的良性循环。同时从政策的制定到政策的落实要经历一个很长的阶段，这就给政策扭曲和执行效果的偏差创造了机会，为了消减这种偏差就需要通过质量型政策进行多维度的约束。

（二）第二步是实施高质量的宏观调控

在高质量发展阶段宏观调控目标更多地依赖于质量效益指标。针对高质量发展实施宏观调控，目标是把调控政策精准化，把调控手段下沉到中观层面，从部门经济、地区经济和集团经济的层面来提振经济增长。同时宏观调控不能再依赖数量指标，而要更多依靠质量效益性指标，重点调控就业、收入、企业利润的合理增长，物价的稳定，风险规避等方面。此外在宏观调控中要注重避免过度干预，而是应该为各类主体提供一个良性的市场竞争环境。在市场准入方面应当降低门槛，防止垄断的发生，为各类主体提供一个公平公正的参与市场竞争的机会。在调控时要通过建立质量型政策去保护知识产权，解决企业及科研团队在创新研发上的后顾之忧，将立法和政策相衔接，做到调控时有法可依、有法必依。通过科学的政策引导去倒逼企业进行科技创新，并加大对企业创新的政策支持、补偿与激励，实现微观、中观与宏观经济主体的共赢。

第五节　我国经济高质量发展需要处理好的十大关系

经济高质量发展的总体目标要求就是要打造新时代中国经济发展的升级版。与经济高质量发展的要求相适应必须处理好以下十个方面的关系①。

一、正确处理数量增长和高质量发展的关系

数量增长仅指经济总量的扩张，而高质量发展以总量为基准，还包含对经济的效率、结构、稳定性和可持续性等角度的多维衡量。高质量发展强调的是经济效益、社会效益和生态效益的结合，在高质量发展的实现过程中，需要正确处理数量增长和高质量发展的关系，通过转变发展方式、优化产业结构，提高城镇化工业化水平，以质的提升促进量的增长。

---

① 任保平：《实现高质量发展必须正确处理十大关系》，载于《经济参考报》2018 年 11 月 29 日。

二、正确处理旧动能转换与新动能培育之间的关系

高质量发展阶段要求我们通过创新驱动来培育高质量发展的新动能，做好新旧动能的转换，从而突破要素的瓶颈制约，实现发展新旧动能的转换。高质量发展新动能主要在创新发展，创新驱动和科教人才的聚集又取决于要素报酬水平的高低和创新环境的好坏。正确处理旧动能转换与新动能培育之间的关系，通过创新驱动催发新的优势，补短培优是推动高质量发展的关键。

三、正确处理好传统技术改造和新技术利用的关系

高质量发展的机遇在于利用新的技术革命和工业革命形成的技术代差，我国近年自身发展的良好的表现也都是互联网和大数据等新技术的产品创新带来的。新一轮科技革命正在兴起，第四次工业革命正在形成新的增长点，实现高质量发展，需要正确处理好传统技术改造和新技术利用的关系，培植新技术革命的力量。

四、正确处理好传统产业升级与新兴产业培育之间的关系

新时代实现高质量发展必须要正确处理好传统产业升级与新兴产业培育之间的关系，加快培育发展高端产业、加快实现新旧主导产业的更替，利用庞大的传统产业基础，进行传统产业的技术改造。同时要立足既有的产业基础，通过植入新技术和新创意，提高产品质量和效能，衍生新的产品和新的产业，实现传统产业与现代产业之间的融合发展。

五、正确处理好工业化与城市化的关系

以工业化的逻辑作为高质量发展的路径，将传统产业的改造和新兴产业的发展有机结合，以制造业的发展和现代化为核心，在高质量发展中实现金融和科技创新服务实体经济。促进工业化与城市化在高质量发展中的协调，在相互影响的过程中推动城乡区域协调发展。深入推进以人为核心的新型城镇化，培育发展中小城市，分类发展小城镇，走出一条符合高质量发展中工业化与城市化协调发展的道路。

六、正确处理好制造业与服务业的关系

制造业是国民经济的主体，而制造业的发展离不开服务业的支撑。在我国高

质量发展中需要实现制造业的转型，需要正确处理好制造业与服务业的关系：大力实施项目带动战略，通过大企业、大产业、大项目为高质量发展提供动能和支撑。促进生产性服务业的发展。实现高质量发展服务业空间最大的是生产服务业，其中核心是知识密集型服务业，为高质量发展建立专业服务体系。促进我国制造业与互联网的融合。实现制造业与服务业的协调发展，努力促进制造业与互联网融合，以生产性服务业的不断发展来推进制造业的转型。

七、正确处理好区域均衡发展与非均衡发展之间的关系

区域均衡发展和非均衡发展是一个结构优化问题，也是高质量发展中需要正确处理的关系问题。推动高质量发展，必须正确处理好区域均衡发展与非均衡发展之间的关系：强化重点地区发展，保持或提升区域的整体竞争力和优势；缩小区域差距，避免区域发展中可能出现的明显不均衡问题；区域经济转型、产业升级、新产业发展、城市化与国家区域政策对接。

八、正确处理好供给与需求的关系

为实现经济运行中供给侧与需求端相结合的高质量发展，需要正确处理好供给与需求的关系。要把供给侧的改革与需求侧的扩大需求相结合，在供给侧和需求侧两端共同发力，通过推进结构性改革实现高质量发展。要协调好经济发展的长期与短期关系，更加重视长期发展问题，要实现供给结构的调整。在供给端探索与新经济新业态相适应的管理改善供给结构，建立公平的竞争环境。通过市场机制调整资源在不同产业之间的合理配置。改善制度供给，加快制度创新，从而引导高质量发展。

九、正确处理好政府与市场的关系

高质量发展背景下，正确处理好政府与市场的关系。继续深化改革，让市场更好发挥作用，提高资源配置效率效能，推动创新要素自由流动和聚集，使创新成为高质量发展的强大动能。发挥政府作用保持宏观经济稳定，保障公平竞争，弥补市场失灵，加强市场监管，维护市场秩序。

十、正确处理好短期与长期的关系

从长期来看，高质量发展要通过提高全要素生产率，着力加快实体经济、科

技创新、现代金融、人力资源协同发展的现代产业体系来实现。从短期来看，推动高质量发展又面临着环境污染严重、生态系统退化，人民群众对良好生态环境的需求不能满足等问题。因此，在推进经济高质量发展过程中，必须正确处理好短期与长期的关系，把当前防范化解金融风险、社会稳定风险放在首位，为经济高质量发展营造良好的经济社会秩序和环境。

第十五章

经济高质量发展的标准及其决定因素

主流的经济增长理论研究的是经济增长的数量和速度，这种增长理论导向在实践过程中产生了许多问题，包括环境污染、生态破坏、资源浪费、能源枯竭、气候异常等，这些错综复杂的社会问题造成经济发展的高成本、高代价，在这种背景下高质量发展被提上日程。党的十九大报告中明确指出："我国已从高速增长阶段转向高质量发展阶段"，2017 年中央经济工作会议进一步强调了高质量的发展，2018 年是中国质量元年，步入 2018 年中国经济开始转向高质量发展，2021 年党的十九届六中全会通过的《中共中央关于党的百年奋斗重大成就和历史经验的决议》提出了"必须实现高质量发展"的任务，高质量发展进入加速落实阶段。这是新时代中国经济鲜明的特征。本章依据经济发展质量理论来研究新时代高质量发展的标准，分析新时代我国高质量发展的决定因素，从而提出新时代实现我国高质量发展的路径[①]。

第一节　经济发展质量和经济高质量发展

在经济发展过程中，经济增长数量和质量是人们最初的研究重点，但是在追求经济增长的过程中出现了很多问题，如资源短缺、收入分配不公、环境恶化等，这些问题已经影响到经济增长的可持续性，于是有必要把经济增长和经济发展区别开来。托马斯（Vinod Thomas，2001）认为经济增长质量是经济发展速度的补充，是经济发展质量的重要组成部分。

一、经济发展质量

从内涵角度来看，韩士元（2005）将经济发展质量的内涵界定为各类生产要

---

① 任保平、文丰安：《新时代中国高质量发展的判断标准、决定因素与实现途径》，载于《改革》2018 年第 4 期。

素的配置关系及它们共同作用的一切结果的总和。李永友认为"经济增长突出了经济发展的稳定性、可持续性和效率特征"。徐学敏认为经济发展质量实质上是一种效率的观念，主要体现在经济结构与经济增长方式之中。

从经济效益的角度来看，经济发展质量是投入产出比。于红英认为经济增长的目标在短期和长期都有可能实现，经济发展的目标在短时期内很难实现，它需要坚持科学发展观，走可持续发展道路。

从包含的内容上来看，罗伯特·J. 巴罗（2004）认为经济发展质量除了包括经济增长，还包括政治制度、收入分配制度、健康状况、宗教信仰和犯罪等内容。郭克莎认为经济发展质量主要表现在综合要素生产率的增长及其贡献高低、产品和服务质量、通货膨胀状况、环境污染程度。何伟认为经济发展质量是指在经济增长中国民经济在稳定性、协调性、有效性、创新性、分享性和可持续性等方面的优劣程度。

从衡量经济发展质量的标准上来看，毛海波把经济发展质量界定为经济发展的过程中表现出来的国民经济有效性、稳定性、协调性、分享性、创新性及可持续性等方面的优劣程度。梁东黎提出经济发展质量和效益是否提高，根本标准是有没有实现以人为本，以人为本的一个重要方面就是居民收入在国民收入分配中的比重和提高劳动报酬在初次分配中的比重。

从上述研究成果可以看出，经济发展质量是一个内涵丰富的多维度概念。它衡量一定时期经济发展的优劣程度和结构之间的协调状态，不仅表现经济总量和物质财富数量的增加，而且是一种水平高低的价值判断，任何单一指标都无法对经济发展质量做出科学的评判。

经济增长的最终目的是增进国民福利，提高居民生活质量，经济发展质量反映经济增长的效率，也就是各种经济资源的配置关系及它们综合运用的一切结果的总和。自然资源、人力资源、资本、技术进步、对外开放、制度环境等资源是经济发展的主要源泉；经济资源运用效率决定经济质量高低，即资源之间的配置关系至关重要，包括配置比例、配置方式和配置结构等。与经济增长速度相比较，经济发展质量在强调数量的基础上更加强调质量。

从宏观上看，经济资源的配置及其相互作用的结果会影响到经济发展质量的各个方面，如经济的持续稳定增长、经济结构的优化、给人类社会发展带来的影响等。经济发展质量提高了，不仅意味着资源创造的物质财富增多，还表现为经济结构和产业结构的优化升级，以及在技术水平不变的条件下，等量的资源可以使用更长的年限，可以保证人类有足够的时间寻找到替代资源、新的经营方式和先进的技术，并且可以有足够的资金支持科学技术的发明创造、提高教育水平、发展医疗卫生事业，提高人民的生活质量，改善被恶化的生态环境，转变落后的价值观念乃至文化习俗。因此，经济发展质量的内涵不仅包括数量的增加，而且包括质量的改善，是数量和质量的有机统一。

二、经济高质量发展

经济发展质量是优劣程度的判断，而高质量发展与否是质量水平是否高的评判，可以说高质量发展是经济发展质量的高级状态和最优状态，是国民经济整体质量和效率高的经济发展，在高质量发展状态下生产要素投入少、资源消耗低、环境成本小、社会经济效益好的发展水平。在理论上高质量发展是以新发展理念为指导的经济发展质量状态，创新成为高质量发展的第一动力、协调成为高质量发展的内生特点、绿色成为高质量发展的普遍形态、开放成为高质量发展的必由之路、共享成为高质量发展的根本目标。

高质量发展是经济发展的有效性、充分性、协调性、创新性、可持续性、分享性和稳定性的综合，是生产要素投入低、资源配置效率高、资源环境成本低、经济社会效益好的质量型发展水平。在实践上，高质量的发展是中国经济发展的升级版，是通过质量变革、效率变革、动力变革来实现生产效率提升，以实体经济发展为核心，以科技创新、现代金融、人力资本协同发展的产业体系为基础，以市场机制有效、微观主体有活力、宏观调控有度的经济体制为要求，使中国经济进入高水平状态。

第二节　新时代我国经济高质量发展衡量标准的确立

国民生产总值是一个国家或地区在一定时期内新生产的产品和服务价值的总和。这一指标能够衡量经济增长速度的快慢，但是不能衡量经济发展质量的程度。早在 20 世纪 70 年代末，美国经济学家威廉·诺德豪斯和詹姆斯·托宾已经认识到 GNP 核算的缺陷，提出用经济福利尺度（NEW）来代替 GNP 指标衡量经济发展。他们把闲暇和无报酬的就业赋予积极的价值考虑到衡量经济发展质量标准中，但是他们没有把环境的成本考虑进去。随后，美国经济学家赫尔曼·戴利和约翰·科布建立可持续的经济福利指数（ISEW）衡量经济发展质量，这个指数把经济活动成本从经济收益中扣除。萨缪尔森等也发展了 NEW 理论，经济学家柯利设计了新经济福利指数（NEWBI），这个指数把实际人均收入也包括进去，共有 7 个指标，反映不平等、失业、通货膨胀和利息率的水平及其变化，从而得出综合的福利指数衡量经济发展质量。哈根、尼维阿罗斯基等设计综合度量指标来衡量经济发展质量，包括 5 个指标：基本必需品的消费量、收入和分配的均等程度、识字率、健康水平和就业状况，指标采取加权方法进行合成。《联合国人文发展报告》按照各国人文发展指数（HDI）来衡量各个不同国家的经济发展质量高低。但是这个指标的权重确定比较困难，主观性较强，为了避免这些缺点，需要研究更加全面地衡量经济发展质量的指标和指标体系。

一个国家或地区经济发展质量可以用投入产出效率高低、结构的合理性、经济发展的潜力、可持续发展的程度、经济增长成果的分享程度等方面来综合衡量，而经济发展不仅只是经济量的增长，还包含质的飞跃。参照目前学术界关于经济发展质量内涵的界定，我们认为衡量高质量发展的标准应包含经济发展的有效性、协调性、创新性、可持续性、平稳性和共享性等方面。

一、经济发展的有效性

经济发展的有效性通过效率的高低来体现，一般通过资源投入与产出的比例关系来表示。每一单位经济资源投入获得的产出越多，说明其经济资源的产出效率就越高，经济发展就比较有效，经济发展质量就越高。有效性是衡量高质量经济发展的尺度之一，同时也是判断经济持续增长的基本条件。经济资源配置比例、配置方式和配置效率决定了经济发展质量。如果经济发展质量依赖于资源数量投入的增加，那么经济发展就是数量型方式，经济发展的效率就较低；如果经济发展质量依赖于经济资源配置效率，那么经济发展就是质量型方式，经济发展就有效，经济发展质量就较高，因此高质量的发展就是高效率的发展。

二、经济结构的协调性

依据经济学原理，经济结构包括产业结构、城乡结构、区域结构和贸易结构等，这些结构之间的比较关系要协调，任何一个结构与其他结构不协调，都会影响整个经济结构的整体协调，经济效益和经济发展质量就难以提高。经济结构的合理和协调程度可以作为评价经济发展质量高低的基本标准。产业结构在国民经济体系中占主导地位，包括供给结构、需求结构、国际贸易结构和国际投资结构，产业之间存在着投入与产出的关系，可以体现产业之间相互依赖和相互影响的关系，因此，如果产业之间能够相互服务和相互促进，产业之间就是协调的。因此，经济发展的协调性可以用产业结构高级化和合理化、区域结构的合理化来作为判断高质量发展的指标。

三、经济发展的创新性

创新性包含技术创新、产业创新、产品创新、管理创新、制度创新、战略创新等方面的协同创新。技术创新是高质量发展的动力，企业是高质量发展的主体，企业的创新水平、创新能力，不仅直接决定企业竞争力，而且对整个高质量发展有着重要的影响。从高质量发展的微观基础来说，企业采用新的生产方式和经营管理模式，开发新产品，提供新服务，提高产品质量，增加产品附加值，提高生产效率，从而推动整体经济向高质量方向发展。进入21世纪以来科技创新已经成为世界各国经济发展的新动能。同时知识经济的兴起使各类创新成为推动经济发展的第一动力。因此，创新能力是高质量发展的手段，也成为我国新时代衡量高质量发展的重要标准。

四、经济发展的可持续性

经济持续发展取决于资源的利用程度，如果能把稀缺的资源充分利用，经济就会充分地发展。高质量发展在注重经济发展速度的同时，需要重视经济发展给自然生态系统带来的损害。经济要得到持续发展，前提是必须有效地利用自然资源，避免过度开发，并对生态环境进行有效保护。粗放式经济发展必然付出巨大的资源和环境被破坏的代价，这会导致经济低质量的发展，人民生活水平质量下降。因此，高质量发展的标准必须把资源利用和环境代价考虑进去。

五、国民经济运行的平稳性

经济发展的稳定性是指国民经济平稳运行的情况。国民经济平稳运行是经济健康发展的基础，是高质量发展的重要保障。经济发展的稳定性是国民经济发展速度在一个适度范围内波动，但不出现较大的波动，使资源优化配置并得以充分利用。如果经济发展出现过热现象，总需求过度高涨，经济发展速度过快，通常会导致通货膨胀；而如果经济发展速度过慢，总需求不足，企业对未来发展预期持有悲观态度，投资急剧下降，失业率增加。因此，国民经济平稳运行，经济发展的稳定性就越好，资源就会有效配置和利用，经济发展质量就越高。这一指标可以用经济增长波动、价格波动、就业波动等来衡量。

六、经济发展成果的共享性

经济发展的目的是满足国民不断增加的物质和文化生活的需要，减少贫困，提高居民生活质量，实现发展成果的共享也是判断高质量发展的基本标准。高质量的经济发展应是人民生活的高质量，使更多的人民群众从经济发展中得到好处。如果只注重经济发展的速度，而忽视人的发展，居民的消费水平较低，储蓄水平较高，城乡之间、区域之间、产业之间居民收入差距较大，收入分配不合理，这样的经济发展是低质量的。因此，应该把发展成果的共享性、居民生活质量的提升作为衡量高质量发展的标准之一。居民生活质量的提高可以用居民收入增长率、恩格尔系数、基尼系数、泰尔指数等来衡量。经济发展成果的共享性要求各个行业、各个阶层、各个地区、各个民族的全体人民要共享发展成果，发展成果包括经济、政治、文化、社会和生态在内的所有发展成果，发展成果共享的依据是人人参与、人人尽力的共建。同时要在保障和改善民生、实施脱贫攻坚和推进基本公共服务均等化方面，为发展成果共享提供政策路径。

第三节　新时代我国经济高质量发展的决定因素分析

发展经济学家分析了经济发展的决定因素。索洛把技术进步引入经济增长理论之中，认为技术进步产出贡献率越高，经济增长质量也就越高。托马斯的研究报告通过一个包含人力资本、物质资本和自然资本在内的研究框架，研究结论认为在资源总量一定的条件下，三类资本的综合作用就能引发较高的发展质量。

国内学者对此也进行了相关研究。一是厉以宁从知识产权、资源消耗和环境破坏三个角度对经济发展质量进行评价，指出经济发展方式的转变是提高经济增长质量的根本途径。二是刘伟教授通过投入产出比、技术进步、资源环境三个维度对中国经济增长质量进行了评判，认为这三个因素影响到经济增长质量的提升。三是罗序斌把利用生产率、经济结构、技术进步、人力资源开发看作影响经济发展的主要因素，并通过这些指标研究我国中部地区经济发展质量的高低。四是郑伟腾、庄惠民利用经济增长、经济结构的调整、资源与环境支持、科技创新支持、经济效益等指标研究和比较浙江、上海、广东、福建及全国的经济发展方式。五是董正信、耿晓玉、杨晶晶认为社会总需求、产业结构、科技进步、资源环境、民生改善都可以影响经济发展质量的高低。

以上研究大致包含了决定高质量发展的主要因素：经济增长、经济结构优化、技术进步、人力资本、资源配置状况、收入分配状况等。这些因素都是相互作用、相互影响的。但是研究高质量发展，还需要考虑环境因素、制度因素、市场的开放性等。本节把相关因素进行综合分析，结合新时代的实际，认为决定新时代高质量发展的因素包括：

一、人口的质量与结构

人是高质量发展的核心要素，在人口红利逐步消退的同时，要从人口红利转向人力资本红利，在高质量发展中提高劳动生产率。人口质量就是人的思想品质、文化教育、科技及自身的身体状况的水平。人口质量尤其是劳动力质量的状况对经济发展质量起着至关重要的作用。人口质量和劳动力质量的变化对经济发展质量有很大的影响。当人口质量和劳动力质量提升时，就会促进经济发展质量的提升；当人口质量和劳动力质量普遍低的情况下，就会降低经济发展质量。劳动力具有较高的身体素质和文化科技素质，劳动生产效率就高，经济发展质量提高就越快。人口结构包含人口的性别结构、年龄结构、城乡结构、产业结构和地域结构等几个方面，每一个方面涉及很多细分的人口结构某一方面特征的指标。人口的性别结构、年龄结构、城乡结构、区域分布对经济发展有重要影响。

二、资源环境的质量

自然资源是指在一定时间和技术条件下，能够产生经济价值，提高人类福利的自然环境因素的总称。自然资源是物质生产活动的必要投入品，也是高质量发展的重要基础条件。但是资源是具有稀缺性的，随着经济社会的发展，不可再生资源已经无法满足人类社会的长期需要，必然面临枯竭的状况，因此资源的利用必须和经济发展相辅相成，不能够过度开发和利用，同时利用技术创新的力量开发新能源、新资源是高质量发展的重要途径。生态环境是经济系统运行的基础，也是高质量发展的生态环境基础。经济发展只是手段，不是目的，其目的只是为了满足人民群众对美好生态环境的需求。人民群众需要美好的环境，高质量的空气、纯净的水、没有污染的食品等。生态环境问题是人类长期的生产和生活对生态环境破坏的累积效应反作用于人类而产生的结果。因此，经济发展与环境保护、人与自然协调发展是高质量发展的基础保障。

三、资本积累的质量

资本积累是一个国家从农业国家变为工业化社会重要的要素，发达国家在经济发展中都经历了持续资本积累的过程。资本积累包括物质资本积累、人力资本积累和社会资本积累。物质资本形态种类繁多，既包括道路、供水、供电等能够直接增进国民福利的设施，又包括厂房、设备、机器、生产工具等投资所形成的物质资本；人力资本是指通过规教和培训形成的体现在劳动者身体中的能力和素质的综合，人力资本积累指的是对劳动的现实量和劳动的潜在量进行积累，人力资本积累可能发生在学校、研究单位、生产过程中以及贸易过程中。社会资本积累是指对社会有秩序的调控，包括社会有序性的增强、社会欺诈的减少等。提高资本积累质量就是通过资本积累促进创新，采用更先进的生产技术、管理水平和更好的机器设备，提高资本的有机构成，提高劳动生产效率，调整产业结构，实现经济增长方式的转型，从数量型的经济发展转变为高质量发展。

四、技术创新的质量

技术创新是高质量发展的重要因素。资本积累是经济增长的源泉，但是当资本积累到一定数量后，资本折旧随着资本数量的增长而增加，当投资等于折旧时，资本存量就会保持一个动态的稳定值，这时经济增长不再继续，国民收入也就不再增加，因此，资本积累带来的经济发展是有极限的。经济发展的依赖因素需要转变到技术创新上来，技术创新在经济增长中的贡献率很大程度上体现了一个国家或地区的经济发展质量的高低。技术进步不仅有数量，而且有质量，技术创新的数量和质量对经济发展都有影响，但是在中国经济进入新时代的背景下，技术创新的质量对高质量发展更具影响作用。在高质量发展中我们不仅要重视创新驱动，而且要重视创新的质量，创新的质量决定发展的质量，要把技术创新建立在高质量水平上。

五、对外开放的质量

高质量发展包括高质量的对外开放，随着经济全球化的发展，对外开放对经济发展的重要作用日益显现。对外开放为经济发展的生产要素在区域间的流动、集聚提供了一条通道，为各种生产要素在全球范围内合理配置和有机结合搭建了平台，通过对外开放不但可以使国际市场中的生产要素成为我国高质量发展的现实生产力，而且也部分弥补了本国经济发展要素禀赋的非均衡分布，提高了我国经济发展要素配置效率。因此，对外开放对于经济发展要素的积累和效率提高起着积极的促进作用，并通过经济发展要素的作用机制推动经济发展。在中国进入新时代的背景下，在实现高质量发展的过程中，更加强调对外开放的质量，高质量对外开放对高质量发展作用机制的有效发挥还取决于合理的经济政策、市场经济体制、国际收支状况、市场结构、贸易条件等条件。

六、制度安排的有效性

制度是用于约束人们行为的一系列规则，涉及政治、经济、文化等行为规范，通过一系列规则来约束人们之间的相互关系，以减少交易成本、机会主义，保护产权，促进社会的发展。经济学家道格拉斯·C.诺斯把制度安排分为正式制度安排、非正式制度安排和制度环境。正式制度安排是以正式方式确定的制度安排。而非正式制度安排是指人们在长期社会生活中逐步形成的生活习俗、伦理道德、价值观念、文化传统、意识形态等对人们的行为产生非正式约束的规则。诺斯在《经济史中的结构与变迁》中指出，市场制度、产权制度、政治法律制度等是制约社会经济发展的根本原因，教育、科技、资本积累、基础设施等是经济发展的前提条件，这些前提因素只有在一定制度条件下才能对经济发展发挥作用。有效的制度结构决定了经济发展的质量。有效的制度安排能够使人们行为的责、权、利有机统一起来，人们能够通过稳定的预期计算自己行为的收益，把外部性风险和交易成本降到最低限度，从而促使人们进行积极的生产投入和提高效率，促进经济发展。在人类的行为约束体系中，非正式制度在经济社会发展中具有十分重要的地位，即便在最发达的经济体系中，正式规则仅仅决定人们行为选择的总体约束中的一小部分，大部分行为选择主要是受非正式制度约束的。因此，非正式制度对高质量发展的实现起着至关重要的作用。

第四节　新时代实现我国经济高质量发展的途径

实现高质量发展要在创新上下功夫，必须把立足点放在提高经济发展质量和效益上来，同时重视资源的开发、利用和保护，改善民生，环境污染的改善和环境保护，更加重视经济社会全面发展。发展经济学把经济发展驱动力划分为要素驱动、投资驱动、创新驱动和财富驱动，其中创新驱动阶段是国家或区域经济转型发展的必经阶段。创新驱动是高质量发展的第一动力，在创新驱动过程中，企业依赖自主创新获得竞争优势，并会带动一系列相关企业的发展，形成比较完善的产业集群，形成高质量发展的新动力，推动高质量发展的实现。总体来看，新时代实现我国高质量发展的途径在于：

一、以科技创新为经济高质量发展提供技术创新体系

高质量发展要解决创新能力和人力资本不足的问题，要把创新作为第一动力，依靠科技创新不断增强经济的创新力和竞争力，进一步提高供给体系的质量。在高质量发展的技术创新体系中，以提高自主创新能力为目标，逐步建立起以企业为主体、协同创新为方式，市场为导向、产学研融合的高质量技术创新体系。在高质量发展的宏观科技创新层面，要以科技创新形成高质量发展的技术创新支持体系，让更多科技活力成为高质量发展的动力。通过科技创新为高质量发展建立起适应未来30年经济发展所需要的供给体系，围绕新供给体系的形成突破重大关键技术，搭建高水平的技术创新平台，打造高质量发展的科技创新引擎，

促进科技创新与高质量发展的深度融合，通过提升经济发展的创新贡献和技术含量实现高质量的发展。在高质量发展的微观科技创新层面，企业成为创新主体，实现企业创新链、资金链、产业链和政策链的有机结合，促进企业开发新产品、采用新材料，扩大新品种、新花色，加速老产品的更新换代，不断提高企业管理水平和技术含量，通过开发新产品和提高技术含量推动高质量发展。

二、以产业创新为经济高质量发展构建现代化的产业体系

高质量发展中的创新是技术创新、产品创新、产业创新、管理创新、战略创新、模式创新、市场创新的集成创新，产业创新处于重要地位，需要以产业创新为高质量发展构建现代化的产业体系。一是着力提升产业价值链，推动产业迈向中高端水平。构建现代化产业体系需要在产业结构上实现合理化和高级化。目前在全球第三次产业革命的推动下，以信息化和智能制造为核心的第三次工业革命将使全球要素的配置方式发生深刻变化。在实现高质量发展的过程中，需要依据全球第三次产业革命的发展趋势加快产业创新，构建现代化产业体系，促进产业结构向全球价值链的高端攀升。二是加强产业转换能力的提升。由于产业升级转型的能力体现了创新的能力，在高质量发展的现代化产业体系构建中要充分重视产业转型能力的提升。因此，高质量发展中现代化的产业体系的构建要重视产业转型能力的培养，以高端制造和低碳发展为目标构建高质量发展的现代化产业体系和创新链。三是通过科技投入与人力资源的结合大力发展战略性新兴产业、信息数字产业、高新技术产业、先进制造业，增加高质量产业部门的供给。同时推进人工智能、大数据、互联网与实体经济的深度融合，在融合基础上促进传统产业改造。

三、以制度创新为经济高质量发展提供激励导向

新制度经济学认为，良好的制度安排是经济发展的首要保证。影响经济发展的因素很多，制度是决定经济发展质量提高的最根本性因素。只有在制度安排能够促进生产力发展时，才会出现经济发展。制度经济学认为制度是经济发展的重要内生变量，而且制度对经济效率和发展质量有决定性的影响。制度的功能在于激励和约束经济快速、有序和健康的发展，因此，在实现高质量发展的过程中，首先，需要尊重市场规律，依照市场规则、市场价格和市场竞争配置资源，减少政府对资源配置的直接干预，打破要素市场的行政性垄断和区域行业部门的市场分割格局，实现资源最优化配置和效率最大化，从而实现高质量发展。其次，市场和政府要相辅相成、优势互补，有机结合。深化产权制度改革，明晰企业的权

责利关系，通过产权的激励效用协调好各种利益关系，建立质量效益型激励，为高质量发展提供有利的激励导向。最后，促进企业制度创新。促进企业发展模式从规模扩张转向以质量作为第一增长动力。提高企业的创新水平和管理质量，以企业制度创新促进管理方式升级、研发升级、人力资本升级、产品升级。

四、以战略创新为经济高质量发展形成战略支持体系

高质量发展在战略上首先要从追赶战略转向质量效益战略，重视战略创新。过去我们往往重视技术创新、制度创新与产业创新，而忽视了战略创新，高质量发展关键是进行战略创新。一是宏观上进行战略创新。通过宏观上的战略创新引导经济发展从数量追赶转向质量追赶，从速度追赶转向效率追赶，推进产业结构优化，建立系统的高质量发展的增长体系。通过质量效益战略来统筹各方面资源，促进经济发展从要素驱动转向创新驱动，从规模扩张转向效率提升。高质量发展的战略创新就是要突出质量效益战略，在宏观上推进质量强国战略，推动中国制造向中国创造、中国速度向中国质量、中国产品向中国品牌转变。二是微观上强调企业战略创新。由于现代企业发展受到环境变化的影响越来越大，企业面临的风险也越来越大，企业间的竞争越来越激烈，这种情况更加需要加强企业战略创新。微观战略创新要突出企业在质量强国中的核心地位，强化企业质量主体责任，完善企业质量管理体系，加大企业知名品牌的培育，进一步提高企业产品质量。引导创新要素向企业聚集，在企业中引入高素质的人力资本，建立先进的质量管理体系，建立覆盖企业全链条、全领域、全阶段、全过程的质量创新，激发企业质量发展的新动能，实现企业内生的高质量发展。

五、以人的全面发展为经济高质量发展提供持续动力

提高人民群众的生活水平和生活质量是经济发展的终极目标，在高质量发展中把资源开发与利用、经济发展同提高居民生活水平有机联系，以人的全面发展为高质量发展提供持续动力。一是实现发展成果的共享性。把经济发展的成果更大程度地惠及广大人民群众。进一步深化在就业、收入分配、教育和医疗等领域的体制改革，增强经济发展的共享性、公平性、公正性和可持续性，使发展成果更多地惠及全体人民，以提高劳动者的生活水平。二是进行分配制度改革。完善收入分配制度，调整收入分配格局，改善收入分配差距，维护社会公平正义，为实现人的全面发展创造条件。完善以税收、社会保障等为主要内容的再分配调节机制，逐步缩小收入差距，使经济发展成果更公平地惠及全体人民。增加就业规模和劳动者薪酬水平。降低人们生病的概率，延长人们的预期寿命，提高人们的

健康水平，为经济发展质量的提高提供持续的动力。三是调动人们高质量发展的积极性。在高质量发展中尊重劳动、尊重知识、尊重人才、尊重创造，把人的发展放在高质量发展的核心位置。同时要鼓励创新、激励探索，推动大众创业、万众创新，在高质量发展中最大限度调动人民群众的积极性、主动性、创造性，激发人的创造潜能，依靠人的全面发展激发人们高质量发展的积极性。

六、市场与政府有机结合，建立经济高质量发展的资源环境基础

高质量的生态环境和高质量的资源环境条件是高质量发展的重要内容，在高质量发展中要把市场与政府结合起来，建立高质量发展的生态环境基础。一是发挥市场机制的作用。实现高质量要发挥市场配置资源的决定性作用，理顺价格机制，打破资源由低效部门向高效部门配置的障碍，提高资源配置效率。把市场的自发调节机制和政府的宏观调控有机结合，充分发挥市场机制优化配置资源的基础作用，实现节能、减排、绿色能源，加快经济发展方式的转变。二是完善资源环境保护制度。健全和落实资源有偿使用制度、生态环境补偿机制和严格的环境保护目标责任制。大力发展节能和环保产业，开发节约能源、循环利用、减少污染的先进技术，提高能源利用效率。实施自然资源的资产化制度，做好重点流域水污染处理，加强生态环境建设，推行绿色发展，实现生态效益和经济效益的结合，提高经济发展质量。三是加快资源节约型社会建设。进入新时代，中国经济发展进入新的阶段，经济发展规模将不断扩大，信息化、现代化、工业化和城市化进程也会进一步加快。随着经济发展水平的提高和人民收入的增长，居民消费结构将不断升级。与此同时，资源供需矛盾和环境压力也会越来越大。面对这一严峻挑战，高质量发展要加快资源节约型社会建设，形成有利于节约资源和保护环境的生产方式和生活方式，以最少的资源消耗、最小的环境代价来实现高质量发展。

第十六章

经济高质量发展中生产力质量的提升

高质量发展不仅是未来中国经济发展的目标导向，也是中国经济发展的升级版。高质量发展要研究生产力，这是由现阶段高质量发展的任务所决定的。对生产力的研究有三个层次的内容：一是解放生产力，二是发展生产力，三是保护生产力。这就表明在经济高质量发展中不仅要研究生产力的数量，而且要研究生产力的质量。在数量型发展阶段我们一直重视对生产力数量的研究，进入推进高质量发展的新阶段，我们需要重视对生产力质量的研究①。

第一节　经济高质量发展是由高质量生产力决定的

生产力理论是马克思主义政治经济学的主要方面，马克思的生产力理论是从数量和质量统一的意义上去研究的。过去我们在理解马克思生产力理论时，仅仅只理解了其数量意义上的生产力，而忽视了质量意义上的生产力水平。

马克思在《资本论》中指出："生产力当然始终是有用的具体的劳动的生产力，它事实上只决定有目的的生产活动在一定时间内的效率。因此，有用劳动成为较富或较贫的产品源泉，与有用劳动的生产力的提高或降低成正比。相反的，生产力的变化本身丝毫也不会影响表现为价值的劳动。既然生产力属于劳动的具体有用形式，它自然不再同抽去了具体有用形式的劳动有关。因此，不管生产力发生了什么变化，同一劳动在同样的时间内提供的价值量总是相同的。但它在同样的时间内提供的使用价值量会是不同的：生产力提高时就多些，生产力降低时就少些。因此，那种能提高劳动成效从而增加劳动所提供的使用价值量的生产力变化，如果会缩减生产这个使用价值量所必需的劳动时间的总和，就会减少这个

---

① 任保平、李禹墨：《经济高质量发展中生产力质量的决定因素及其提高路径》，载于《经济纵横》2018 年第 7 期。

增大的总量的价值量，反之亦然。一切劳动，从一方面看，是人类劳动力在生理学意义上的耗费；作为相同的或抽象的人类劳动，它形成商品价值。一切劳动，从另一方面看，是人类劳动力在特殊的有一定目的的形式上的耗费；作为具体的有用劳动，它生产使用价值。"[①] 这段话表明生产力具有与质量一样的特征，说明生产力效率提高时提供的使用价值量就多些，反之就少些；衡量生产效率的大小，可以用单位时间生产的产品数量的多少和单位产品耗费的劳动时间多少等两种方法。同时马克思还进一步论述了机器的质量、原材料的质量、土地的质量等生产力要素对剩余价值的影响。当代中国经济面临的重大问题是高质量发展问题，高质量发展取决于高质量的生产力，在新时代推进高质量发展，就需要提升生产力的质量。以生产力的质量推进高质量发展。这是由以下几个方面原因决定的。

一、这是由世界科技革命的新特征决定的

中国特色社会主义经济发展离不开世界经济发展的大环境。目前世界范围内，第三次科技革命在不断的兴起，它以原子能、电子计算机和空间技术的广泛应用为主要标志，涉及信息技术、新能源技术、新材料技术、生物技术、空间技术和海洋技术等诸多领域的一场信息控制技术革命。这次科技革命出现了许多新的特点，科学技术本身的发展速度越来越快，科学技术转化为生产力的速度越来越快，所形成的新的技术能力，对人类生产力发展产生了空前巨大而深刻的影响，新的科技革命正在改变世界发展格局。而且科学与技术的结合在生产中得以产业化，从而对生产力进行改造，使生产力发生根本变革，生产力的质量在高质量发展中具有重要作用。世界科技革命的新特征以及新科技革命对生产力的影响表明，不是生产力的数量，而是生产力的质量成为推动高质量发展的主要力量。因此，在新科技革命背景下，中国高质量发展不仅要研究生产力数量，而且要研究生产力质量。

二、这是由新时代我国经济发展的要素禀赋条件的变化决定的

要素禀赋条件是指支撑一国生产力发展的自然资源、劳动力、人力资本和物质资本等的相对丰裕程度，要素禀赋条件是生产力的基础。在进入新时代之前，我国经济发展的要素禀赋是自然资源，而且自然资源丰裕，经济发展是典型的数量型发展，数量型发展依赖的是生产力的数量，通过生产力要素的大规模投入和低端生产要素来实现经济高速发展。进入新时代以后，我国经济发展的资源禀赋

① 《资本论》第1卷，人民出版社2004年版，第59~60页。

条件发生了变化，经济发展要从高速增长转向高质量发展，促进经济发展的生产力要素要从低端要素向高端要素转变，生产力也要从强调数量转向强调生产力的质量[①]。因此，我们在推进高质量发展中需要把握要素禀赋条件变化的事实，聚焦生产力质量问题，并以此为出发点分析新时代我国高质量发展的前景。

三、这是由新时代我国经济发展新阶段的特征所决定的

长期以来，我国经济发展主要追求经济发展的速度规模，而对于内在含量的质量水平的提高没有达到理想的水平。党的十八大以来强调要提高经济增长的质量和效益，十九大报告提出中国特色社会主义进入新的阶段，也就是进入了强起来的阶段，开始从高速增长阶段转向了高质量发展阶段。在高质量发展新阶段下我国的社会主要矛盾开始转变，劳动年龄人口不断下降，新兴经济体加快了工业化与城镇化的步伐，信息化带动了各个产业的发展并将成果惠及群众，国内外市场需求结构转型加快。而在这样的背景下要实现强起来，新时代的经济发展就必须从高速增长转向高质量发展，经济发展方式从规模速度型转向质量效益型，经济发展动力从主要依靠资源和低成本劳动力等要素投入转向创新驱动。归根结底生产力要由生产力的数量转向生产力的质量。把科技创新作为第一生产力，积极推动技术创新，不断改进产业技术水平，用先进的科学技术生产出科技质量高的产品。这就要求我们把握好生产力质量的内涵，将生产力质量的理论机理运用到高质量发展的实践中。

第二节　新时代经济高质量发展中生产力质量的决定因素

任何事物都是质和量的统一，生产力是人们改造自然和征服自然的能力，生产力也具有质量和数量的二重属性，是质量和数量的统一。生产力的数量以人们改造自然获取的物质资料数量规模来表示，生产力质量是指人们改造自然获取的物质资料数量的效率。传统的生产力理论主要探讨的是数量层面的动力及决定因素，但实践过程中带来了许多问题，资源短缺与浪费并存、环境污染和生态破坏屡次出现。这些错综复杂的矛盾造成了社会经济发展的高成本、高代价与低效率，这就决定了我们的经济发展必须从高速增长转向高质量的发展，在高质量发展中生产力质量问题的研究就被提上日程，而我国高质量发展中生产力的质量主

---

① 任保平：《新常态要素禀赋结构变化背景下中国经济增长潜力开发的动力转换》，载于《经济学家》2015 年第 6 期。

要由以下三个因素决定。

一、生产力要素的质量

生产力是广义生产的第一要素，它是社会再生产能力与力量的结合，而生产力要素切不可与生产要素混为一谈。生产力是由多种要素构成的，同时其构成要素的内涵随着经济的演进过程而不断深入。亚当·斯密曾将生产力要素概括为分工工艺、教育和政策等。其后马克思也将其观点进一步发展，除去劳动、劳动对象、劳动资料等简单要素外，他将生产的组织与管理、分工协作、自然力以及科学技术都纳入了生产力要素的范畴。而伴随社会经济的发展，科技革命与互联网的出现，新的生产力要素也在不断涌现，这些新型的高质量的生产力要素的合力共同决定了生产力的质量。

首先，高技术劳动决定了生产力的质量。劳动者作为最重要的生产力要素，其对生产力质量的影响作用不可小觑。生产力是劳动的生产力，劳动作为核心生产要素对生产力质量的影响作用日益提高。劳动者是生产活动的主体，也是生产工具的创造者，是生产活动中最活跃的核心要素。同时伴随着分工的演进，劳动者的生产技巧因专业而精进，表现出了更大的专业度、判断力和熟练度。在当今的后工业时代，劳动已由简单劳动阶段充分过渡到复杂劳动阶段，谁掌握了更高的劳动技术，谁就能创造出更大的价值。其次，创造性劳动决定了生产力的质量。当代科学技术的发展，不仅使社会经济生活发生了巨大的变化，而且也使劳动的内涵与外延发生了根本性变化，创造性劳动在生产力进步和经济发展中的作用越来越重要。以知识和信息的生产、扩散和应用为基础的知识经济将占据世界经济发展的主要地位。在新科技革命浪潮中，技术进步加快，技术革命向产业转化的周期以及技术、产品的生命周期大大缩短，生产力的质量提升更加依赖知识和技术进步的持续推动。"而知识与技术的创新是通过创造性劳动来实现的"[1]，因此创造性劳动决定了生产力的质量。最后，现代科技要素决定了生产力的质量。科学技术作为重要的生产力要素，其对生产力质量的影响力也不断攀升。科学技术是有使用价值的，作为人类劳动的成果，它已经可以作为独立的生产力要素发挥作用。在大工业时代背景下，科学技术使劳动过程的智力与工人相异化，而当前经济生活中科技更是进一步发挥了其"历史的杠杆"作用。现代的科学技术把我们带入了信息时代，劳动方式向智能自动化迈进，产业结构不断转型升级，这一系列的变化都推动了人们物质资料数量的效率。也正是以上种种生产力要素的共同作用，决定了生产力质量的发展。

---

[1] 任保平：《论创造性劳动》，载于《唐都学刊》2003 年第 2 期。

二、生产力要素的组合质量

马克思指出："不论生产的社会形式如何，劳动者和生产资料始终是生产的因素。但是，二者在彼此分离的情况下只在可能性上是生产要素。凡要进行生产，它们就必须结合起来。"① 因此本节在进行生产力要素组合水平的考量中，选取狭义的生产力要素，即劳动者和生产资料进行讨论。如果想实现生产力质量的提升，就需要使劳动者和生产资料间维持适当的比例，从而创造出最大的经济效益。规模经济的规律提醒我们，能取得最大经济效益的规模就是最合适的规模，其生产力要素的组合水平在最大经济效益的规模方面达到最佳。

在实际的生产活动中，劳动者和生产资料之间的相互适应与制约决定了生产力的质量。从生产资料层面看，生产资料是生产活动中劳动资料和劳动对象的总和。在经济发展的前期，生产资料的增加与经济总量的发展会呈现正向的拉动作用，但伴随生产资料增加到一定规模后，结构比例失衡无法避免，边际效益下降会出现规模不经济，此时就需要通过技术进步调整生产效率，使得生产资料和劳动者之间重新适配。生产力要素的组合同样离不开劳动者，从劳动者层面来看，决定劳动生产力的因素包括："工人的平均熟练程度，科学的发展水平和它在工艺上应用的程度，生产过程的社会结合，生产资料的规模和效能，以及自然条件。"② 站在社会性角度考量劳动者，其核心是劳动者在生产中的分工与合作。在简单协作阶段，不同的劳动者分工在生产的不同环节或同一工作的不同方面，通过熟练度的提升促进了生产效率的提高。在工场手工业发展阶段，通过不同种的手工业劳动者或从事同一工作的劳动者联合生产，从而实现了生产效率的提高。而演进到机器大工业阶段，通过机器的科学技术性质和要求进行劳动者的分工，最终达到生产效率的提高。在生产力发展的过程中，如上两种生产力要素不仅能够独立发挥作用，还会相互渗透。生产资料与劳动者之间通过数量的组合伴随着从农业到轻工业、重工业的顺序发展不断地进行比例调整。也正是这种多要素之间的组合与协同推进最终促进了生产力质量的发展。

三、生产力的成果产品质量

产品质量是指产品适应社会生产和生活消费需要而具备的特性，它是产品使用价值的具体体现。产品质量是生产力发挥作用的结果，也是生产力的物化成

---

① 《资本论》第2卷，人民出版社2004年版，第44页。
② 《资本论》第1卷，人民出版社2004年版，第53页。

果。马克思曾指出："由于在产品上使用了更多的手工劳动，产品的使用价值不是通过产品量的提高而是通过产品质的提高而提高了。"[①]　因此，质量也是提高使用价值量的因素，个体商品的使用价值要转化为社会使用价值，就意味着商品的质量要符合社会必需的质量水平。因为"创造越来越多的、质量越来越好的、越来越多种多样的使用价值——大量的社会财富"[②]，说明使用价值不仅有数量，而且也有质量。因为"产品质量的好坏程度以及它实际所具有和包括的使用价值的程度取决于劳动的质量，取决于劳动的完善程度以及劳动合乎自身目的的性质"，[③]　所以，产品质量既是生产力质量的体现，也是生产力的决定因素。

产品质量是决定生产力质量的因素，因为决定产品质量的因素也是影响生产力质量的因素。从人的因素来看，制造产品的人员、操作人员对质量的认识、技术熟练程度、身体状况等既是决定产品质量的因素也是影响生产力质量的因素；从物质因素来看，制造产品所用的机器设备、工具的精度和维护保养状况，以及制造产品所使用的原材料的成分、物理性能和化学性能等以及制造产品所使用的加工工艺、工装选择、操作规程等既是决定产品质量的因素也是影响生产力质量的因素；从环境因素来看，产品制造过程中所处的工作场地的温度、湿度、照明和清洁条件等既是决定产品质量的因素，也是影响生产力质量的因素。

第三节　新时代经济高质量发展中生产力质量的度量

马克思主义认为任何事物均是质和量的统一，生产力也遵循了这一原理。而如何科学地分析生产力的质与量，就需要构建一个大的生产力质量观。在前文中我们已经得出生产力质量是指人们改造自然获取的物质资料数量的效率，因此在新时代高质量发展中生产力质量也应通过效率角度来度量，具体而言就分为生产力的要素投入产出效率、生产力的结构效率和生产力的组合效率三个方面。

一、生产力的要素投入产出效率的度量

要素投入产出效率是特定的经济社会在生产资料和科学技术既定的条件下所能发展出的各种商品最大数量的组合，这是在资源稀缺性和经济选择性下的一种反映。而要素投入产出效率的提升也不仅包括对生产力数量的提升，还包括内涵

---

① 《马克思恩格斯全集》第 46 卷（上），人民出版社 1979 年版，第 416 页。
② 《马克思恩格斯全集》第 48 卷，人民出版社 1985 年版，第 41～42 页。
③ 《马克思恩格斯全集》第 47 卷，人民出版社 1985 年版，第 63～64 页。

式的生产力质量的改善。在要素的投入产出比达到最佳时，资源得到充分利用，生产要素不再存在闲置。生产力要素投入产出效率从多维度理解，其所包含的内容就更加宽泛了，具体度量上可以从劳动者投入产出效率、资本投入产出效率和科学技术投入产出效率等角度进行度量。

如上所述，对要素投入产出效率的标准，在于对投入产出效率的分要素度量。所以生产力的要素投入产出效率的度量主要包括以下几个方面：一是劳动者的投入产出效率。高效率的劳动者投入产出是以最小的投入换取最大的产出的组合，这一最佳组合下的每一点都落在生产可能性边界上。只有提高劳动者的投入产出效率，才能带动人均财富和收入的增加。而通常我们使用劳动分配率、人工成本产出系数、全员劳动生产率、人事费用率、人工成本含量、劳动力投入产出比等指标来衡量。二是资本的投入产出效率。我国的经济经历了一个资本深化的过程，资本的投入产出效率也成为衡量经济能力和生产力质量的重要尺度。当某一企业或行业的资本投入产出效率低于平均数时，就会产生预警信号，提醒我们需要转变生产的方式和调整供需结构。同时资本的投入产出效率也常使用资本投入产出比衡量。三是技术的投入产出效率。技术的投入产出效率体现了企业或产业的投入产出结构能否符合总体的要求并使之发挥出最大的效益，常使用边际生产率及技术的投入产出比等指标衡量。

二、生产力的结构效率的度量

结构是经济学研究永恒的主题，而结构效率是其中的重要分支。生产力结构是产业结构、技术结构及生产组织结构的总和，也是一个经济体性质的体现。生产力结构效率从广义上来说就是产业结构效率、技术结构效率及生产组织结构效率的集合。对生产力结构效率的关注可以有效地提高生产力质量，维持经济运行的稳定性，改善经济发展的结构，创造良好的经济运行环境。

对于生产力结构效率的度量标准，主要从以下几个角度来考虑：第一是产业结构效率方面，产业结构是伴随着一个国家或地区生产力的发展不断转移调整的，即经济发展的重心由第一产业向第二产业和第三产业逐次转移。其中产业间结构效率可以通过三次产业的占比进行衡量，而产业内结构效率则常使用高新技术产业产值占比衡量。第二是技术结构效率方面，技术结构是一个经济体在一定时期内不同层级、不同类型的物质形态和知识形态技术的组合和比例。技术结构反映了技术的水平和状况，甚至会对产业结构和经济发展产生影响。技术结构效率就是由这样的一个含量结构所带来的成效，按照法雷尔（Farrell，1957）的观点，技术结构效率就是在同一产出下生产单元理想的最小可能性投入与实际投入的比率，它体现的是给定各种投入要素的条件下实现最大产出的效率。第三是生产组织结构效率层面，生产组织结构是对经济活动的一种分工、分组和协调合作，通过劳动者、生产资料和科学技术等生产要素的合理配置来保证生产活动的顺利进行，生产组织效率的提升就有赖于这种合理配置。因此，生产力结构效率的度量在于考察产业结构效率、技术效率和生产组织结构效率。

三、生产力的组合效率的度量

生产力的组合效率是指按照最佳组合方式进行要素投入，从而达到一个最优的产出。在投入不变的情况下，通过要素之间的组合和有效配置来提高生产的效率，最终实现生产力质量的增长。在社会经济发展的一定阶段上，相对于人们的需求，要素总会出现一定程度上的稀缺，因此会要求我们对有限的、相对稀缺的要素进行合理的组合。从生产力要素的组合方式上看，主要分为两种。第一种是计划的组合，即计划部门按照计划配额和行政规划进行要素的组合分配。在特定的经济背景下，这种组合方式会集中资源完成重点领域的生产活动。但这种计划下的组合配置会排斥市场，甚至出现要素的限制或浪费现象。第二种生产力要素的组合方式为市场的组合，即依靠市场运行机制自发地进行要素的组合，使供给方与需求方之间产生直接的联系，根据市场所反馈的信息在竞争中实现要素的合理组合。这种组合方式也存在着一些不足，在市场失灵的情况下，信息的滞后和盲目性可能会产生要素组合的不匹配。

生产力组合效率的标准，即组合效率的高低核心在于考察两个层面的内容：首先是广义的、宏观层面的组合效率考察。宏观内容的生产力组合效率是整个社会经济方面的要素组合效率，这是通过社会的经济制度安排来实现的。我们常使用帕累托均衡来衡量广义的组合效率是否达到最优，即经济体产出中任意两种商品之间的边际替代率与任何生产者在这两种商品之间的边际产品转换率相同时，组合效率最佳，生产力质量得到提升。其次是狭义的、微观层次的组合效率考察。微观内容的生产力组合效率是生产单位的要素组合效率，这是通过单位内部的组织管理和科学技术投入来实现的。其中资本是微观组合效率的最核心要素，在此过程中资本通过市场进入行业和企业，然后带动劳动者和科学技术等要素的投入，并依靠资本的流入流出进行组合调整，从而达到组合最优，使生产力质量得到提升。

第四节　经济高质量发展中提高生产力质量的路径

改革开放40多年来，我国生产力水平不断获得了解放和发展，并实现了总体的跃升，但仍存在着一些问题。如何正确认识和处理好生产力数量和质量之间的问题，依旧值得理论探讨和不断实践。结合新时代背景下我国高质量发展的要求，提升我国生产力的质量，需要在尊重生产力质量规律的基础上，综合中国特色社会主义经济发展的内外环境，积极探索有助于提高我国生产力质量的路径。

一、树立生产力质量意识

发展生产力是中国特色社会主义建设的根本任务，其中既要重视数量问题，也不能忽视质量问题。过去由于社会总供给不足，产业结构未得到充分的升级发展，低端劳动密集型产业占比大，人们将视线更多地集中在了生产力数量的问题上。但生产力数量的飞速提升是有代价的，这背后隐藏了一系列的资源环境破坏、结构失衡、社会贫富差距加大等问题。当前树立正确的生产力质量的意识，是高质量发展中提升生产力质量的基础。

在经济领域研究层面，过去对生产力数量的研究有很多，但生产力质量领域的研究相较则明显不足。我们应坚定信心，深化对生产力质量的深层次理论研究，从基础理论角度进一步探寻生产力质量的理论内涵和实现机制，找出并解决以往在生产力质量研究中被掩盖和忽视的问题，为之后的实践提供理论指导。在实践层面，在当前的科技条件下，生产力发展的速度加快，在由量变向质变转变的过程中，先进生产力的质量问题也越来越重要。就当前中国所面临的国内外现状，迫切需要我们调整生产力实现方式，而如何提高生产效率，使经济活动又好又快地发展就成为当务之急。因此，我们要加快转变经济发展方式，排除过去思维模式的限制，摆脱旧的桎梏，将生产力质量理念贯穿生产的全过程。在政绩考核中要严把生产力质量效益指标，同时健全生产力质量的保障体系，加强生产力质量管理工作的推进。特别是要做好环境保护和资源可持续工作，将人类的"索取能力"与"支付能力"相统一，生产力数量与质量相统一。

二、提高科学技术、人力资本在生产力质量提升中的作用

科学技术与劳动者作为重要的生产力要素，使得提高技术和人力资本在生产力发展中的作用成为提高生产力质量的核心路径。科学技术是先进生产力的重要标志，它改变了生产方式，推动了社会经济结构特别是产业结构的转型升级。而随着社会经济的发展，物质资本的作用不断被削弱，人力资本日渐成为带动生产质量发展的重要力量。同时科学技术的发展部分取代了低端的简单劳动，使劳动者不断进行技能优化，从而使生产向知识密集型演进。

首先，科学技术的作用和地位是呈现历史变化的，随着科学技术本身的进步

和生产力的提高，其在生产力中的含量和作用也越来越大，直至发展为生产力变革的先导。若想通过科学技术的提高带动生产力的发展，做好科技成果转化是基础。为了将科学技术投入市场进行交换，就需要使它表现为商品，因此科技成果转化是科技与经济结合的最好形式。然后要为科学技术的进步提供一个良好的市场环境，即通过产权制度的明晰去引导科技创新之间的良性竞争。此外，还应充分发挥干中学精神，在科技创新的过程中不断引入新的前沿技术，例如当前的"互联网＋""两化融合"等创新新思路都可以应用到生产中，从而进一步提高生产力质量。其次，人力资本作为经济生产的投入要素，是直接参与到了生产过程中的，人力资本存量的增加与劳动力素质的提高，将会导致劳动生产率的提高，最终实现生产力质量的蓬勃发展。为了更好地发挥人力资本在生产力发展中的重要作用，一是要建立完善的激励措施，即通过物质激励与精神激励的双重作用推动人力资本价值的最大化，而科学的激励措施还能促进人力资本在省区甚至国家间的流动，以带动新的生产模式与技术的交流。二是应加大教育投入，优化教育结构，增加高等教育机会，培育出更多的拥有较高科学文化知识与劳动技能的高素质劳动力，为全要素生产率的提高打下坚实的人力资本基础。三是在后人口红利时代，人才体制和人才机制也对人力资本有着一定的影响，因此应在人才培养开发上大胆创新，使人才培养结构和社会生产需求不断调整匹配。

三、在经济高质量发展中提高生产力的协作质量

生产力的协作水平就是在生产力的各要素保持不变的情形下，仅仅依靠生产要素的数量组合而成的某种形式的集合水平，其主要思路是通过协作而成的总和力量去带动生产力质量的增长。随着协作由简单到复杂的不断深化，生产力也会随之实现质的飞跃。过去由于我国实行高度集中的经济体制，协作的范围受到了限制，导致了商品经济的发展受限。同时由于跨地区、跨部门的协作在我国出现较晚，使得地区经济梯度差较大、经济产业部门发展不平衡等一系列问题不断涌现，提高生产力协作水平是当前我国提高生产力质量的重要路径。

提高生产力协作水平的第一步就是加大产业部门间的协作。首先，随着经济由高速发展转向高质量发展，发展实体经济是其中的关键。我们应当延长产业链条，加大上下游产业部门间的合作，实现产业间的有效接续。其次，由于区域发展不平衡现象长期存在，加强区域协作也是提升生产力质量的必由之路。由于区域间要素禀赋结构与比较优势的不同，区域的发展也存在着异质性，但同时一个区域的发展水平并不仅由其自身决定，它还会受到其他区域的影响辐射作用。一个区域在发展的过程中不能与其他区域相割裂，而是应通过协作实现资源与技术的调配，以达到区域间的共赢。最后，随着全球经济一体化的推进，国际协作也

成为提高生产力质量不可或缺的部分。作为后发国家，在国际协作时应做好科学技术的借鉴与引入，为我国科学技术的发展带来先进经验，缩短我国科技探索的时间与周期。同时，通过国际协作扩大劳动的空间范围，以获得先进的技术、人才、组织管理经验及优质的产品，带动生产效率的提高。此外，在国际协作中还应加大外资的引用，加快我国的资金积累进程，为经济活动提供有力的资金保障。

四、发展绿色生产力

改革开放以来中国经济迅猛发展，但以高投资、高能耗、高排放为特征的三高型粗放型经济也为我国带来了沉重的资源环境代价。随着工业化的推进，经济发展方式的转变，单纯追求生产力数量的负面效应开始凸显，经济增长的代价成为不得不面对的问题。因此，对提高生产力质量、发展绿色生产力的路径设计与选择就显得尤为关键。

首先，发展绿色生产力要调整推动产业结构升级，通过调整产业结构，转变现有的经济增长方式，促进产业生产力的绿色化。我国自 2011 年起人均 GDP 已经步入中等收入国家的行列，但居民收入占 GDP 的比重却并未上升，经济态势进入了有增长无收益的阶段。而以上状况的出现正是由于传统的产业结构使我国的技术进步依赖于高投入、低人力资本为特征的资本密集型技术进步。高新技术部门受到压制的最终结果就是人民群众未能有效地从经济发展中受益，收入差距也逐步扩大。因此，要想实现生产力质量的提高，需要从促进技术进步，推动产业优化升级出发。其次，修复和治理生态环境是发展绿色生产力的重中之重。我们应建立严格的环境保护制度以及完善污染治理法规，提高污染的违法成本，同时将环境质量指标纳入各级政府的考核中，建立健全环保问责制度，通过制度化的设计确保推进绿色生产的环保管理体制改革落实到位。此外，还需加强对生态环境修复重建工作，对在过去生产活动中被破坏的生态环境系统进行规模化的修复工作。最后，无论是什么形式的生产力发展，都离不开市场的作用。因此，可以通过一系列市场交易的方法明确发展的代价，将外部成本内部化，从而推动绿色生产力的发展。其中最具代表性的就是环境收费与污染物排放权交易。同时，可以运用经济手段，激励市场主体治理污染，对积极从事污染治理的企业提供财税和金融政策的支持，鼓励企业主动进行绿色生产。此外，还应大力发展循环经济，把资源消耗限制在合理的阈值内。

第十七章

经济高质量发展中的质量变革

党的十九大报告进一步指出，我国应通过质量、效率与动力三方面的变革提升全要素生产率来实现高质量发展。在三大变革中动力变革是基础，在传统的经济增长动力逐渐削弱的情况下，通过创新培育经济增长新动能，促进我国经济持续稳定健康发展；效率变革是主线，改变原来的依靠要素投入拉动的经济增长方式，不断提升资源的投入产出效率，提升全要素生产率，促进经济增长效益提升；质量变革是核心与主体，是动力变革与效率变革的最终目的。本章将从宏观、中观和微观三个层次来分析新时代我国经济高质量发展中的质量变革。

第一节　质量变革影响经济高质量发展的逻辑机理

一、质量变革影响经济高质量发展的逻辑机理

质量变革是以质量提升为核心对发展理念、发展目标、发展路径进行全方位变革，要真实实现经济发展质量在经济内部、经济与社会、经济与环境的协调状态，这意味着要立足于在创新驱动的实现，经济结构的优化，生产效率的提升，居民生活的提高，居民分配的合理、资源环境的改善上下功夫，而这取决于发展观念、发展目标和发展路径是否发生根本性变化。若发展观念不转变、发展目标不转变、发展路径不转变，经济发展整体、综合与长远的效益提升就不可能真正实现。因此，质量变革是有效推动经济高质量发展的前提。

从发展理念上看，质量变革是指从数量理念转向五大发展理念的思想理念变革。发展理念不仅指导发展行动，也是决定发展目标、政策举措的根本方向。在中等收入阶段，我国原有的基于数量扩张理念对土地、劳动、资本等要素高度依赖的粗放型经济发展方式造成的一系列经济代价迫切需要调整与完善。但要实现经济发展方式的根本改变，仅依靠调节手段和政策设计的调整是不足的，还必须

对发展观念进行变革，而以创新、协调、绿色、开放、共享为主的五大新发展理念主要是分别解决增长动力问题、发展不平衡问题、生态环境问题、发展内外联动问题及公平与正义问题，这能更科学地指导新阶段下我国的经济发展，增强发展的"质"，利于发展方式的转变，实现经济、人民生活与生态环境有质量地提升，推动经济高质量发展。

从发展目标上看，质量变革是指从全面建成小康转向实现社会主义全面现代化的目标导向变革。解决人民温饱问题，使人民总体上实现小康是对经济发展的数量要求，主要解决"有没有"问题；而全面现代化是对经济发展的质量要求，主要解决"好不好"问题；它要求以全面建成小康社会为前提，实现社会主义全面现代化。从经济发展阶段来看，罗斯托认为各国经济发展主要划分为传统社会、为起飞创造前提、起飞、成熟、大众消费、追求生活质量 6 个阶段。根据我国实践，全面建设小康社会实际上属于经济起飞的阶段，是现代化的起点；而全面现代化是经济发展转向到成熟推进之后的阶段，是现代化的推进。社会主义现代化体现为创新、人与绿色的现代化，创新的现代化能提高要素的配置效率，提供更多优质产品以实现经济发展的高质量；人的现代化能满足人民对文娱、健康等多方面的现代化需求实现人民生活的高质量；绿色的现代化能降低自然资源的损耗实现资源环境的高质量。三者相互融合共同推动经济高质量发展。

从发展路径上分析，质量变革是指从偏重需求管理转向强调供给结构性管理的行为路径变革。在现代市场经济下，产品和货币的发展关系可分为供给侧和需求侧。供给侧是以实体经济体系为主，是主要提供产品和服务所进行的活动，需求侧是以货币经济体系为主，主要是为形成购买力所进行的活动。需求侧的管理仅能带来经济短期内的高速增长，但经济长期持续健康的发展仍需要从供给侧着力，以产品和服务质量提升为核心，对实体经济层面进行调整与管理，完善市场机制。我国以往依靠需求侧的投资、消费和出口拉动经济增长的方式导致无效产能、供给不足、过剩等问题导致"有需求、无供给"的矛盾日渐突出，制约了经济进一步地持续健康发展。因此，新时代下我国经济发展应注重要素供给质量和配置效率的全面提升，进一步发挥高端要素的作用，保证供给的有效，提高供给体系的质量，并通过供给体系不断配合适应需求结构，提升人民满足感与幸福感，推动经济高质量发展。

二、以质量变革推动经济高质量发展的内在要求

经济高质量发展是在经济内部、经济与社会、经济与环境之间实现协调、有质量发展，具体在宏观、中观、微观层面的表现为：宏观层面上是指整个国民经济运行的优劣程度，中观层面上是指产业结构变化的优劣程度，而微观层面上是

指企业发展的优劣程度。因此，我国要通过深化质量变革推动经济高质量发展也应对质量变革的宏观、中观及微观层面提出不同的要求①。

（一）从宏观层面来看，质量变革要求提升全要素生产率以实现经济发展的代价最小化

当一国或地区经济的边际增长率接近限值，特别是在资源环境约束增加的条件下，必须破除资本、劳动等生产要素对经济发展的阻碍现象，优化资源配置效率，以抵消资本边际报酬递减的不利影响，但仅依靠提高资本产出比来改善劳动生产率并不能完全实现经济的持续发展（蔡昉，2013），其实现还需要借助于全要素生产率的提升。全要素生产率是指在生产过程中各种既定投入要素向最终产出转变时达到的额外产出效率，是解放和发展生产力的基础，是经济长期健康发展的核心引擎，是经济有质量发展的重要保障。而全要素生产率主要由技术变化和结构变化引起，一般由技术进步、技术效率与配置效率等构成，其中，全要素生产率的提升很大程度上取决于技术进步效应的作用，技术进步的直接效应通过改变生产要素的使用方式影响全要素生产率，而技术进步的间接效应通过改变要素产出弹性与要素投入结构对全要素生产率产生影响（马洪福、郝寿义，2018）。因此，要推动经济高质量发展，应注重全要素生产率的提升，特别是与技术进步有关的生产效率的提升。

（二）从中观层面来看，质量变革要求优化产业结构以实现经济发展的代价最小化

产业结构的调整与优化不仅是一国或地区经济发展的结果，还是经济发展的前提。从工业化发展阶段来看，在前工业化时期三次产业中主要是以第一产业为主导，到工业化初期第一产业比重渐渐缩小，第二产业逐渐发展并且其重心逐渐从轻工业转向为基础工业，再到工业化中期以第二产业为主导且其重心转为高加工度工业，而在工业化后期，第三产业迅速发展并逐渐成为主导，产业知识化成为该时期的主要特征。总体来看，产业结构是一个由低附加值产业向高附加值产业变化，且产业的优势也从初级产品转化为向中间产品、最终产品的从低级到高级的演变过程，是遵循由单一化到多元化再到产业结构高级化的一般规律。因此，要实现经济的"质量提升"，产业结构应在多元化的前提下具备高级化的特征，通过产业间的更迭来实现有效的资源配置，从而实现最大化经济效益。

---

① 任保平、刘笑：《新时代我国高质量发展中的三维质量变革及其协调》，载于《江苏行政学院学报》2018年第6期。

（三）从微观层面来看，质量变革要求提高企业质量以实现单个经济单位生产成本的最小化

企业作为质量变革的微观主体，企业质量在一定程度上决定中观产业结构的优化与宏观全要素生产率的提升。企业质量的构成主要为管理质量、服务质量和产品质量三个层面。管理质量反映微观经济管理能力的优劣程度，它是指通过技术和管理对企业改善质量、减本增效实施的各种管理措施。企业内部组织建设、功能发挥与管理方式影响产品和服务质量的优劣，只有通过有效的科学管理才能提高产品和服务的质量，促进企业发展效益的提升。服务质量反映微观经济无形产品的优劣程度，它是指以满足顾客的需求和期望为依据，采用非物质手段来增加企业产出的附加值。服务质量既包含服务过程中消费者能体验到服务水平，也包含消费者的服务结果。产品质量反映微观经济的有形产品的优劣程度，它是指物质技术特征满足实际需求的程度。产品质量是产品使用价值和外观的具体体现。总体而言，三者共同反映企业的质量投入，企业质量的提高对推动企业经营绩效以及带动行业以及整个经济发展质量的长期稳步提升都有重要作用。

第二节　经济高质量发展中宏观维度的质量变革

宏观维度的质量变革是国民经济整体意义上的变革，是指通过改革引导经济发展从数量转向质量，从速度转向效率，推进结构优化、建立全面系统、高质量、高效益的社会主义经济增长体系。

一、宏观发展理念的变革

唯物辩证法指出实践是理论的基础，理论需要随着实践的变化而不断发展，同时理论对实践具有反作用，科学的理论对实践具有积极的指导作用，错误的理论则会阻碍实践的发展。改革开放之初，我国在全国范围内对真理的判断标准进行了大规模讨论，最终得出"实践是检验真理的唯一标准"，并在此基础上确立了"以经济建设为中心"发展理念。在这一理念的指导下，我国先后经历了从计划经济体制向市场经济体制的转变，从闭门造车到加入世界贸易组织，积极参与到经济全球化中去，实现从全球贸易规则的被动接受者到更加公正的国际规则的积极倡导者的转变，在此过程中生产力水平快速提升，经济实现了高速增长，积累了庞大的 GDP 总量，最终超越日本成为 GDP 总量仅次于美国的世界第二大国。但在我国经济发展取得举世瞩目的成就的同时，长期以来我国过于强调经济增长而忽视了社会发展的其他方面，过于关注经济规模的数量增加而相对忽视了质量的提升，导致了我国目前所面临的增长方式粗放，环境污染严重；生产效率低，资源浪费严重；产业结构低端锁定，低端产能过剩；自主创新能力弱，技术水平不高；增长动力削弱，经济增速下降等一系列问题。

新时代背景下，我国社会经济发展的基本矛盾及所面临的内外部环境均发生了根本性变化，虽然经济建设仍是我国当前发展的中心任务，但原有的过于强调经济增长而忽视社会发展的其他方面，过于注重数量而忽视质量的发展理念，已经无法满足我国未来发展的需求，社会经济发展亟须新的指导理念。2015 年，在党的第十八届中央委员会第五次全体会议上，习近平总书记在对我国发展历史回顾与总结以及准确把握未来发展趋势的基础上，提出了创新、协调、绿色、开放、共享的五大发展理念，是新时代背景下引领我国经济实现高质量发展的关键指导理念之一。五大发展理念之间相互联系、相互促进，是有机统一的整体。坚持创新发展理念，以国际前沿水平为目标，不断提升技术水平，从模仿创新向自主创新转变，从技术创新向综合创新转变。坚持协调发展理念，培育地方经济发展新动力，解决区域经济发展不平衡问题；统筹城乡发展，深化细化精准扶贫工作，缩小城乡发展差距，改善城乡二元化问题；进一步完善市场经济体制，减少政府干预，促进要素自由流动，摆正要素配置扭曲，促进行业协调发展。坚持开放发展理念，坚持"一带一路"的扎实推进，不断深化向西开放，加强与亚洲国家之间的合作，促进过剩产能与低端产业转移，为高新技术产业的发展创造空间，发展更高层次的开放型经济。坚持绿色发展理念，转变经济发展方式，加快产业结构调整升级，促进生产效率与经济效益的提升，走出一条资源节约、环境友好、人与自然和谐发展的绿色发展道路。坚持共享发展理念，不断完善按劳分配为主体的收入分配制度，提升劳动在收入分配中的占比，缩小贫富差距；加快促进基本公共服务均等化，健全养老与医疗保障机制，在不断做大"蛋糕"的同时，实现发展成果人民共享，促进社会公平。

二、宏观发展目标的变革

经济发展以满足人们的需求为最终目的，新时代背景下，高质量发展的目标从满足人民群众的基本需要转向满足更高层次的美好需要。人民群众的需求可以分为三个层次：第一个层次是物质性需求，也就是人们对日常的衣食住行的需求；第二个层次是社会性需求，包括对社会安全、社会保障与社会公正的需求；第三个层次是心理性需求，也就是对精神文化的需求。从三个层次之间的关系来看，经济基础决定上层建筑，物质性需求是最基本的需求，社会性与心理性需求是建立在物质需求基础上的更高层次的需求。改革开放以来，人民生活水平有了很大改善，物质性需求基本得到满足。新时代高质量发展的目标应重点关注满足人民群众的社会性需求与精神文化需求，不断增强满足人民美好生活需要的能力。

三个层次需求内部，不同发展阶段所针对的目标也有所不同。就物质性需求而言，当前我国已基本解决了人民的温饱问题，高质量发展阶段需要加快调整产业结构，解决低端供给与高端需求之间的矛盾所导致的供需失衡与产销失衡问题，消耗过剩产能，进一步提升生产力水平，满足人民群众对更好的居住条件、更便捷舒适的出行方式、更安全更高品质的饮食条件等更高层次的物质享受需求。社会性需求内部，基本需求在于满足人们对社会安全，尤其是生命安全的需求，而未来的发展需要不断加强对财产权利的保护，满足财产安全需求；加强食品药品监督，保障食品药品安全；转变经济发展方式，加强环境保护，治理环境污染，满足人民群众对清洁的空气及水源、优美的自然环境的需求。对于社会保障需求，增加就业机会，解决就业市场的结构性失衡问题，减少失业，创造"人尽其才，物尽其用，地尽其利"的社会环境，满足人们的工作需求；加大教育投入，促进教育资源的公平分配，提升教育质量，满足教育需求；完善医疗卫生保障，实现"老有所养、病有所医"，满足健康需求。对社会公正需求，完善收入分配制度，缩小贫富差距，实现分配公正；坚持依法治国，不断完善各项法律法规，做到有法可依、有法必依、执法必严、违法必究，创建公平正义的社会秩序；强化政府的服务职能，增加政府工作透明度，建设清正廉洁、阳光透明的政府部门；加强基层民主建设，保证人民群众的知情权、参与权、表达权和监督权。

三、宏观发展路径的变革

新时代我国经济高质量发展的关键在于以创新驱动为基础，以供给侧结构性改革为主线，促进结构调整，培育经济发展新动能。新时代背景下，我国经济发展的要素禀赋发生了根本性改变，人口红利逐渐消失，资本边际收益不断下降，资源的稀缺性不断增强，我国经济逐渐向新古典状态逼近，增强创新能力，促进技术进步，提升全要素生产率成为促进我国经济长期增长，提升发展质量的关键所在。加大科研投入，大力推动以市场为导向、以国际前沿水平为标准、产学研相结合的国家创新体系建设；增强自主创新能力，由以节约成本为目标的过程创新向附加值更高、竞争力更强的产品创新转变；大力培育新产业、新业态、新产品、新模式，准确把握互联网与知识经济时代的发展趋势，促进互联网经济与数字经济的发展；健全产权制度，加强产权保护，实现技术创新私人效益与社会效益趋近，从而提升技术创新的积极性。

　　长期以来，我国的宏观调控以需求管理手段为主。凯恩斯主义的推演逻辑从批判萨伊的"供给能够创造自己的需求，从而长期来看，市场将自动向充分就业状态调整"理论开始的，凯恩斯指出，现实中由于边际消费递减倾向，资本边际效率递减倾向及流动性偏好"三大规律"的存在，社会的有效需求往往低于社会总供给水平，由此导致了非自愿失业及经济的非自然律均衡，由于社会总供给在短期内不会改变，国家应当从需求侧着手，通过政府补贴、减税、降低利率等积极财政政策与货币政策刺激投资，鼓励消费，增加有效需求，从而实现市场的供求平衡，促进经济向充分就业的自然律趋近。

　　供给是经济系统的根本，只有生产形成的供给才能创造财富，单纯刺激消费的手段是不可持续的，经济发展的困难在于创造财富，而不是刺激消费欲望。长期以来，我国依靠需求管理手段促进了经济发展水平大幅提升，但在此过程中也积累了产能过剩、产业结构低端锁定、经济增长方式粗放、增长效益低等一系列问题。进入新时代，我国人口红利逐渐消失，资源环境压力加大，要素成本不断攀升，外需疲软，投资的边际收益不断下降，原有的通过刺激消费与投资需求拉动经济增长的方式弊端重重，供需结构失衡的问题日益严峻。新时代背景下，转变原有的需求管理手段，更加注重供给侧结构性改革，从生产端入手，提升生产力质量，加快调整产业结构，大力发展高新技术产业与现代服务业，提升供给体系质量；提高自主创新能力与技术水平，提升全要素生产率，促进实际经济增长率向潜在经济增长率的回归；加快经济结构调整，消耗过剩产能，淘汰僵尸企业，促进资源整合，促进实现"三去一补一降"目标的实现。

第三节　经济高质量发展中中观维度的质量变革

　　中观经济是介于宏观经济和微观经济之间的经济部门，中观经济包括部门经济、区域经济，它是连接宏观和微观的纽带，也是社会主义市场经济运行机制的关键环节。中观维度的质量变革是指产业和区域维度的质量变革。

一、在产业方面主要是促进产业迈向中高端

　　改革开放以来，经过近半世纪的发展，我国经济总量已位居世界第二，新时代背景下，经济发展的主要矛盾由总量问题转变为结构性问题。结构性问题最显著的表现是供需矛盾，人民群众日益增长的中高端、多样化消费需求与大众化生产之间的矛盾，这导致了大量消费需求外流，没能形成对我国经济增长的现实拉动力。究其本质，供需矛盾的根源在于产业结构的不合理。改革开放以来，我国

基本实现了产业结构的合理化，建立起了比较完整的产业体系，但产业结构的高级化进程却较为缓慢，形成了我国目前产业结构低端锁定的局面，传统优势产业主要集中在科技含量低的劳动、资本及资源密集型行业，产业结构调整升级缓慢，导致产能过剩，资源浪费严重；自主创新及研发能力不足，大量高科技产品及关键零部件长期依赖进口，严重阻碍了我国高新技术产业的发展。

新时代背景下，加快产业结构调整升级，促进产业结构向中高端迈进，是提升我国经济发展质量的关键途径之一。我国产业发展目前面临的阻碍主要来自三个方面：一是供给端要素成本上升，资源环境约束增强；二是需求端消费升级，对产业结构升级的倒逼压力增强；三是虚拟经济过度发展，资源配置扭曲，实体经济发展不足。针对这些问题，我国应从以下方面着手，促进产业结构向中高端迈进。一是增强自主创新能力，提升科技水平，提高生产效率，促进高新技术产业，战略新兴产业等高端产业的发展，提升产业结构高级化水平，向全球产业价值链的中高端迈进；同时促进三次产业内部结构升级，大力发展高端制造，促进实体经济发展，明确虚拟经济发展应为实体经济服务。二是大力发展信息经济、知识经济，促进以互联网、物联网、大数据及云计算为基础的数字经济与互联网产业的发展，积极培育新产业、新业态、新模式，同时坚持供给侧结构性改革，促进传统产业内部升级整合，及时淘汰僵尸企业，加快消耗过剩产能，提升传统产业生产效率。三是加强品牌建设，促进产品创新，提高产品质量，立足消费升级的现实，以市场为导向，生产能够满足消费者高端消费需求的产品。

二、在区域方面主要是实现区域协调发展

新时代背景下，生产力发展不平衡成为我国经济社会发展的主要矛盾之一。进入新常态以来，我国经济增速总体上呈下降趋势，地方经济分化，总体上呈现出现有增速东高西低、潜在增速东升西降的态势。东部地区一直以来都是我国改革开放的"排头兵"，在自身的区位优势及优惠政策条件的支持下，积极承接发达国家产业转移，经济发展水平迅速提升，积累了庞大的经济总量。但随着东部地区土地、劳动力等要素价格的上涨，以及劳动力向中西部回流趋势的增强，几十年来促进东部地区高速增长的传统动力逐渐消失。与此同时，随着东部地区技术水平的不断提升，与发达国家技术差距逐渐缩小，通过引进国外技术进行模仿创新的空间不断压缩，对自主创新的要求不断增强，创新难度加大，增速下降是经济规律作用下的必然结果。反观中西部地区，虽然历史原因及相对劣势的区位环境导致其发展水平较低，但新常态以来，劳动力向中西部回流，原本属于东部地区的劳动力数量优势向中西部地区转移，加之低廉的土地价格及丰富的能源资

源，为其承接东部地区的产业转移奠定了基础。此外，随着"一带一路"倡议的逐步落实及向西开放战略的进一步推进，西部地区凭借其得天独厚的区位条件，成为加强与亚洲国家的经济交流合作、提升开放水平、发展更高层次开放型经济的"桥头堡"，经济增长潜力进一步提升。

新时代背景下实现高质量发展的重要一环是解决好生产力发展不平衡的问题，着力促进区域协调发展。首先，持续推进"一带一路"的落实及京津冀协同发展、建设长江经济带发展战略，更加注重城市群在促进区域协调发展中的重要作用，充分发挥中心城市的辐射带动作用，努力实现东中西部地区基本公共服务均等化，基础设施通达程度比较均衡，人民生活水平大体相当。其次，进一步完善市场经济体制，加快全国统一市场建设，消除地区分割，促进市场配置资源的基础性作用的充分发挥，消除地方保护主义，促进资源在地区间的自由流动，摆正资源扭曲配置。同时，鼓励地方基于其自身优势发展特色产业，进一步深化区域分工，加强优势互补，避免重复建设与区域间同质化竞争。最后，坚持五大发展理念，加强政府宏观调控，加强对东部地区技术创新及高新技术、互联网产业发展的政策支持，增加对中西部地区的转移支付力度及财税政策优惠力度，促进中西部地区工业制造业及服务业发展，促进东中西部绿色、协调、可持续发展。

第四节　经济高质量发展中微观维度的质量变革

微观维度的质量变革是指企业发展的高质量。具体包括企业发展的高质量、企业管理的高质量、产品的高质量和服务的高质量。

一、企业发展的高质量

把企业作为高质量发展的主体，激发企业内部质量管理的新动能，引导企业内生增长。首先，在企业引入高素质的人力资本，采用先进的管理体系，加大科研投入，增强企业全链条、全阶段、全领域的自主创新能力，准确把握产品生命周期与产业生命周期，以市场需求为导向，提高新产品的研发力度与效率，精准定位本行业的发展阶段及企业自身的行业地位，制定正确的发展战略，实现新兴行业企业的快速成长与夕阳行业企业的战略转型。此外，提升产品质量，树立品牌意识。进入新常态以来，我国经济发展过程中最突出的矛盾是结构性问题，最显著的表现形式是供需结构失衡，新时代人民的美好生活需要，实际上就是对高品质的产品与服务的需求。因此企业生产应立足需求端消费升级的现实状况，改变原有的以低廉的价格获取竞争优势的战略，转向提升产品质量，推动企业更多依靠研发设计、标准品牌、供应链管理来提高产品质量，以高质量产品树立品牌形象，通过广告宣传提升品牌知名度，通过特色产品形成品牌优势，提升客户黏性，从而掌握定价主动权，提升利润空间。最后，企业应增强社会意识，积极承担社会责任。以往很多企业在追求利润最大化的过程中，形成了"唯利是图"的生产方式，不惜以牺牲职工的身体健康、闲暇生活为代价，忽视对生态环境保护及社会秩序稳定的责任，单纯追求利润增加。新时代背景下，随着我国经济社会发展基本矛盾的转变，企业的这种经营管理方式已经难以为消费者所接受，因此，企业应加快建立一种利润空间、员工福利、社会效益"三位一体"协调发展的经营管理方式。

二、企业管理的高质量

企业管理是指对企业的生产、经营、销售等活动进行有组织的计划、协调和指挥，促进企业内部的人力、物力、财力等各项资源通力协作，最大化地发挥作用，提高企业的投入产出效率，获取最大化利润的一系列活动的统称。改革开放以来，在立足我国实际情况的基础上，通过引进、消化和吸收国外的先进管理经验，我国逐步建立起了现代企业制度，企业的生产经营方式与管理理念取得了飞跃性进展，现代化程度不断提升，效率不断改善，但与发达国家相比仍有较大差距。企业作为经济发展的微观主体，提升企业管理质量、促进企业高质量发展成为实现我国经济高质量发展的重要微观基础。新时代背景下，提升企业管理质量应主要从以下方面着手。

一是准确把握"互联网＋"时代的信息化趋势，提高企业管理的信息化、数字化、自动化水平。互联网时代，市场已经由"卖方市场"转变为"买方市场"，企业生产与消费者之间的关系由大众化生产时代的"企业生产决定用户消费"转变为高端个性化需求主导下的"消费需要主导企业生产"。因此，企业应不断提升经营管理的信息化水平，增强对大数据的获取与分析能力，深度挖掘用户信息，精准定位用户需求，努力提升用户体验，有针对性地组织研发、生产与经营等各项活动。二是增强管理创新能力。在企业的生产经营环境发生改变的情况下，企业应不断与时俱进，相应改变其管理方式与管理理念。首先，促进管理理念的创新，互联网信息化时代，企业应尽快树立互联网营销理念，充分利用各种网络媒体进行广告宣传，推广品牌形象，提升品牌知名度，增强现有顾客的品牌忠诚度，创造更多潜在顾客。此外，促进组织创新，精简企业组织机构，减少指令传达层级，降低传播过程中的信息与指令扭曲，减少部门之间相互掣肘的现象，提升企业运行效率。制度创新也是企业管理创新中极为重要的一环，完善企业的激励制度，建立合理的人事管理制度，在追求利润的同时兼顾员工福利，最大限度地增强员工的工作积极性，提升员工对企业的忠诚度，降低离职率，减少人才流失。同时，进一步完善委托代理机制，减少由于不对称信息而导致的道德风险与逆向选择风险，促进企业长期可持续发展。

三、产品的高质量

产品是企业的生命，没有高质量的产品，就没有高质量的企业发展。企业在提升产品质量的过程中，首先需要建立严格的高质量标准，明确标准对提升产品质量的重要作用，并加强对标准执行的监督管理，促使企业各相关部门严格按照标准进行生产、检验等各项活动，从材料采购、生产加工、质量检验，乃至最终的包装出库等各个环节严把质量关。其次提升技术水平，提高生产能力是提升产品质量的关键所在，没有成熟的技术与工艺，提升产品质量只能是空谈。因此，企业应加大科研投入，积极引进高素质人才，提升技术水平，增强高质量产品的生产能力；同时，建立以市场为导向的科研体系，增强对新产品、新工艺的研发能力，提高科研成果向现实生产力转化效率，从而提升研发活动的投入产出效率，促进研发积极性。

四、服务的高质量

萨伊认为，生产活动的结果所对应的不是物质，而是效用。那么，消费者购买的最终目的也是享受产品所能够提供的效用。按照这一理论，企业的责任不再终止于产品出售的那一刻，而是延伸到产品生命周期的最终，直至产品的实体形态消亡，消费者在购买产品的同时，也在为与产品相伴随的服务付费。对于服务型企业而言，提供给用户的服务就是其产品，企业首先需要设法明确顾客期望，可以通过设置多种可供选择的不同等级的服务类型来定位顾客类型与需求，从而按照顾客的意愿与需求提供具有明确针对性的服务。此外，在企业内部树立质量理念，营造"质量第一"的企业文化，增强全体职工的服务质量意识；创新服务方式、增强服务特色，从而形成企业自身独特的竞争优势。

对于制造业企业而言，现代市场环境下，单纯的产品质量已经不再是取得竞争优势的唯一手段，企业需要不断提升相应的服务质量，提升用户体验来吸引或者留住顾客。首先，企业需要提升物流效率，现代快节奏的生活方式下，长时间的等待无疑会降低顾客从产品中所得到的效用水平，是导致顾客流失的一个重要原因。其次，创新服务手段，充分利用现代技术及网络通信，为客户提供实时的全方位服务，及时解决客户遇到的问题，提升客户满意度；建立企业内部竞争及监督机制，通过各项奖励手段鼓励员工积极主动地为客户提供高质量服务；坚持诚信原则，提高产品的售后服务质量，严格履行售后承诺，高效率地解决产品售出后出现的各种问题，能够极大地增强客户的品牌忠诚度。

第五节　经济高质量发展中三维质量变革的协调

从系统论的思维来看，整体国民经济分为宏观、中观和微观三个子系统。宏观经济是指总量经济活动；微观经济是指个量经济活动；介于宏观、微观经济之间的是中观经济。因此，高质量发展的质量变革应当从三个维度来实现。由于国民经济是一个系统，在三个维度质量变革的基础上，还需要进行协调。三维质量变革的协调需要从以下六个方面展开。

一、协调总量与质量的关系

改革开放以来，我国经济发展水平迅速提升，积累了庞大的经济总量，成为GDP仅次于美国的世界第二大国，但在数十年的增长过程中严重忽视了经济发展质量的提升。全要素生产率是指当资本、劳动力等各项生产要素的投入均不增加时，产出仍然增长的部分，通常是指由技术进步或效率改善导致的增长，是学术界长期以来用来衡量经济增长效益的常用指标，可以近似地用来衡量经济发展质量状况。众多学者的研究发现，改革开放之初，我国经济增长由资本、劳动力与全要素生产率提升"三驾马车"协同拉动。在20世纪80年代，全要素生产率得到了大幅提升，但自20世纪80年代末90年代初开始，全要素生产率提升对经济增长的贡献度逐渐降低，在某些年份甚至出现严重的负增长，对经济增长形成反向拉动，到21世纪初期，全要素生产率持续负增长，资本规模扩张成为经济增长的主导力量，全要素生产率与资本投入对经济增长拉动呈现出反向角力态势，经济总量快速积累的同时，质量不升反降，这种增长方式最终导致了我国目前面临的产能过剩，增长效益低，经济结构失衡及环境污染严重等各种问题。

新时代背景下，我国经济在未来的发展进程中需要重点协调好总量与数量的关系，在促进经济稳定增长的同时，提升经济发展质量。首先，转变经济增长的衡量标准。长期以来，我国始终采用GDP作为经济增长情况的衡量指标，GDP既不包含效率的内容，也无法反映与人民生活质量、社会秩序及生态环境保护相关的内容，是一种单纯衡量数量增长的指标，很容易让我们忽视更为重要的发展质量的问题。因此新时代背景下，我国应加快建立经济发展质量的衡量指标体系，准确反映经济发展的方方面面，在促进数量增长的同时，提升质量增长。其次，坚持供给侧结构性改革，提高自主创新能力与技术水平，加快产业结构调整升级，提升供给体系质量，提高产品与服务质量，加快消耗过剩产能，及时淘汰僵尸企业，转变高污染、高耗能的粗放发展方式，鼓励高科技产业与战略新兴产业，走生产效益高、环境污染小，人民群众共享发展成果的可持续发展道路。

二、协调稳增长与调结构的关系

稳增长是调结构的基础，能够为调结构创造更大的空间。经济增长是保证就业、提升人民生活水平的基础，只有将经济增速保持在一个合理的区间内，才能为社会创造出新的就业岗位，避免大规模失业的发生，维持稳定的社会秩序，人民才能获得收入，形成改善生活水平的手段。在没有增长的情况下进行结构调整，或者因为结构调整而严重阻碍经济增长，只能导致经济秩序混乱，降低人民生活水平，甚至危害社会稳定。调结构是稳增长的保障，能够保证经济增长在长期的可持续性。我国经济发展的主要矛盾已经由总量问题转变为结构性问题，经济发展已经到了只有通过结构调整才能实现长期增长的关键阶段，因此，加快产业结构优化升级、大力培育新产业新业态新模式，消除城乡二元结构、促进城乡协调发展，重塑地方经济增长动力、优化经济空间布局、促进区域协调发展，是我国调整经济结构，提升经济质量，加快跨越中等收入陷阱，实现经济在长期内稳定、持续、高质增长的关键所在。

三、协调好提高供给质量与淘汰落后产能的关系

实现供给质量提升与淘汰落后产能的关键在于加快产业结构优化升级。一方面，淘汰落后产能是提高供给体系质量的必然要求。在社会资源一定的情况下，落后产能生产占用的资源越多，高质量的先进生产所能得到的资源也就越少，因此提高供给体系质量必然要求政府尽快关闭高污染、高耗能及一批僵尸企业，缩小产能过剩行业的生产规模，使原本被这些行业占用的资本、劳动力等资源重新释放出来，同时出台各项优惠政策，引导资源向新兴产业的流动，促进高端制造业，数字经济与互联网产业等高科技产业与战略新兴产业的发展，增加高质量、高品质的产品与服务的生产。另一方面，淘汰落后产能是提高供给体系质量的必然结果。只要市场竞争机制完善且能够不受阻碍地发挥作用，在消费升级的情况下，效率低下的生产方式及落后产能，在供求机制与价格机制的共同作用下，必将在与更加先进的生产方式，更高质量的产品与服务的竞争中处于劣势，利润空间的不断缩小将倒逼企业减少生产，直至其最终退出市场。

四、协调好政府与市场的关系

改革开放以来，我国逐步建立起并不断完善社会主义市场经济制度，经济的市场化程度不断提高，新时代背景下，在促进经济进一步发展的进程中，处理好市场与政府的关系，仍是通过体制改革实现高质量发展的关键所在。一方面坚持市场在资源配置中的决定性作用。进一步完善社会主义市场经济体制，准确把握市场规律，服从价格机制、供求机制及竞争机制的作用，实现各类要素的自由流通，充分发挥各类要素的生产积极性。另一方面要发挥好政府宏观调控的作用。政府宏观调控的关键在于促进市场机制作用的充分发挥，而不是直接干预资源配置，政府应当通过完善各项法律法规，加强产权保护等手段促使不断规范市场秩序，净化市场环境，促进公平竞争；通过简政放权、简化行政审批手续等手段，消除对市场机制的阻碍。严格讲，政府的调控范围限制在诸如提供公共产品、调节收入分配等市场管不到、管不好的领域。

五、协调好高质量经济发展与高质量环境的关系

高质量发展是实现高质量环境的必然条件。高质量发展是资源投入少、产出效率高、环境成本低、社会效益好的发展模式，是我国经济由粗放增长方式向高效益、高质量发展模式转变的结构。只有坚持高质量的经济发展模式，加快调整产业结构，淘汰高污染、高耗能、低效益的生产方式，才能实现资源节约与环境保护，最终促进生态环境质量的提升。高质量环境是高质量经济发展的应有之义。高质量经济发展是在五大发展理念指导下的发展，绿色发展理念提出了"生态环境就是生产力"的论断，主张通过发展绿色经济、循环经济，促进人与资源和谐共生，经济发展与生态环境保护协同发展，因此坚持高质量的经济发展道路必然带来高质量的生态环境。

六、协调好经济发展与人民生活水平提高的关系

经济发展的最终目的是提高人民生活质量，促进高质量发展的目的在于满足人民日益增长的美好生活需要，只有经济增长而没有人民生活的改善被称为"无情的增长"。改革开放以来，我国 GDP 高速增长，经济总量位居世界第二，但与此同时，反映人民生活状况的城乡居民人均可支配收入却增长缓慢，经济增长的结果未能全面地惠及人民群众。新时代背景下，实现发展成果人民共享的关键在于完善收入分配制度，坚持以按劳分配为主体，多种分配方式并存的分配制度，

提高劳动收入在收入分配中的比例，提高分配效率，缩小收入差距；规范市场竞争秩序，健全相关法律法规，依法保护合法收入，惩治违法所得；加快税制改革，合理分配税负，充分发挥税收缩小收入差距，促进社会公平的重要作用；不断完善各项基础设施建设，促进基本公共服务均等化，逐步建立完善的医疗保障制度与养老保险制度等各项社会保障制度，通过政府转移支付缩小贫富差距，实现经济发展与人民生活水平提高的协调发展。

∧∧∧ 第十八章

新时代我国经济高质量发展的
效率变革

经济效率包括宏观经济层面的生产要素配置效率、规模效率、全要素生产率；微观层面的劳动效率、投资效率、能源使用效率等。因此本章分析效率变革的内涵、我国经济增长的效率特征、进而探讨我国经济高质量发展的效率变革路径。

第一节　效率变革理论内涵及估算方法

一、效率变革理论内涵

效率反映经济系统中产出与投入的关系，帕累托把效率定义为帕累托有效。康芒斯对效率的定义为效率是使用价值出量与劳动工时入量的比例。萨缪尔森认为效率就是在一定投入和技术条件下，如果对经济资源进行了能带来最大可能满足程度的利用，那么就称经济运行是有效率的；我国经济学家樊纲将经济效率定义为社会利用现有资源进行生产所提供的效用满足程度，是资源的利用效率①。将经济效率用于企业时，高效率指的是企业产出最大，或者成本最小；当各种资源在不同生产领域得到合理的配置，能最大限度地满足社会需求，是宏观效率。

可以看出效率概念涉及两个层面②：一个是宏观层面或经济总量层面，经济效率强调经济系统的全局最优；另一个是微观层面，效率是投入和产出能力的度

---

① 樊纲、张曙光：《经济效率与经济潜在总供给》，载于《中国社会科学院研究生院学报》1990 年第 5 期。

② 茹少峰、魏博阳、刘家旗：《以效率变革为核心的我国经济高质量发展的实现路径》，载于《陕西师范大学学报》2018 年第 3 期。

量，是描述资源利用的最大程度。"有效率"意味着产出一定前提下的成本最小化，或支出一定条件下产出能力最大[①]。

二、效率的估算

效率估算的研究是经济学中一个重要的研究问题。在古希腊时期，亚里士多德关于使用价值和交换价值理论都是对劳动生产率的讨论。18 世纪后期魁奈首先提出劳动生产率概念，亚当·斯密在《国富论》中指出劳动生产率的提高是由劳动分工引起的，劳动生产率提高是国民财富增长的主要源泉。到了 20 世纪 30 年代，美国经济学家克拉克建立了要素边际生产率分配理论，认为按照要素边际生产率确定收入及其变化的原因分析，英国经济学家马歇尔也开展了这方面研究。

20 世纪 50 年代后，计算机新技术的广泛应用，科学技术和新技能等无形生产要素促进世界各国经济快速增长，劳动生产率、资本生产率等单因素生产率的提高对经济增长的贡献难以解释经济增长率。于是经济学家转向全要素生产率的研究，20 世纪 20 年代道格拉斯和柯布在研究美国制造业中劳动力和物质资本的边际生产率产出时，建立了美国制造业的产出量与劳动力和物质资本之间的关系，即柯布—道格拉斯生产函数。这一函数为 TFP 的经济学理论和如何计算 TFP 提供了分析工具，基于此生产函数，荷兰诺经济学家丁伯根提出了全要素生产率，之后斯蒂格勒、阿布拉莫维茨、索洛等对全要素生产率理论和计算都做出过创新性贡献，但最具经济学理论意义的是索洛新古典增长模型及著名的"索洛余值"。

根据索洛模型，经济增长率可分解为资本增长率、劳动增长率和"其他因素增长率"三部分。索洛认为经济增长率的来源包括投入要素增长率和全要素增长率，由于要素的稀缺性，投入要素增长率是有限的，全要素生产率是经济增长率持续增加的唯一来源。缺乏对全要素生产率的结构分解，科学知识、工程技术、先进管理组织不能独立作用于经济增长率，只能通过物质资本和劳动力作为载体，实现物质资本生产率和劳动力生产率的效率提高，从而实现经济系统效率提升，促进经济增长。因此，我国经济高质量发展的宏观效率变革就是提高总量全要素生产率，应该加强科技创新投入，加强物质资本的科学配置，最终提升全要素生产率。

---

① 茹少峰、魏博阳：《以效率变革为核心的我国经济高质量发展的实现路径》，载于《陕西师范大学学报》2018 年第 3 期。

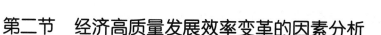

第二节　经济高质量发展效率变革的因素分析

一、宏观效率

（一）要素配置效率是影响我国宏观效率提升的关键因素

全要素生产率本质上是一种资源配置效率（蔡昉，2018），因此经济增长中要素配置效率的不足是影响宏观全要素生产率的关键因素。我国当前经济转轨过程中，一个相当突出的现象就是要素市场扭曲造成的要素配置效率的低下。具体来看，各级地方政府出于促进地方经济发展的战略目标，普遍存在对资本、劳动力和土地等关键生产要素资源的管制，并且拥有这些关键要素的管制权与定价权，进一步造成要素流动障碍、要素价格刚性、要素价格的差别化及要素价格低估等一系列要素市场扭曲效应（张杰等，2011）。钱雪亚和缪仁余（2014）对我国 TFP 分析证实要素配置效率是阻碍我国全要素生产率提升的最大约束，简泽（2011）对制造业 TFP 进行分析发现，市场不完全引起的产业内要素配置扭曲使得全要素生产率年损失达到40%以上。因此，在当前我国经济竞争力逐步下降和经济潜在增长率逐步下滑的双重压力下，必须通过继续推进要素市场化的全面改革，从而全面促进要素配置效率对生产率增长的贡献率，对维持我国经济的可持续发展显得尤为重要。

（二）人力资本投资是影响我国宏观效率提升的长期因素

舒尔茨（1990）最早指出人力资本是凝结在劳动者身上的、以体力劳动者和脑力劳动者的数量和质量表示的资本，并认为人的知识、能力、健康等人力资本的提高对地区经济增长的贡献远大于物质资本与劳动力数量的增长。人力资本的不断积累可以有效提高劳动力质量，在提升劳动力生产效率的同时，也能促进全要素生产率的提高。改革开放以来教育发展迅速，高等教育入学率一路攀升。然而我国劳动力接受的整体教育水平和国家教育投资数量仍然偏低，教育投资占 GDP 比重仍偏低；我国还存在教育结构不平衡问题，表现在职业技术教育的发展滞后、地区间教育投资水平不均衡，而且教育提供的劳动力供给与实际的劳动力需求存在脱节现象，影响了我国劳动力生产率的提升。因此，我国当前需要改善人力资本投资的不足与结构性问题，从而促进我国经济全要素生产率的提升。

二、中观效率

（一）产业结构优化升级是促进我国中观效率提升的核心因素

产业结构升级是影响中观效率——产业全要素生产率的核心因素。产业结构升级可以促进生产要素在产业之间的转移和重新配置，可以提升产业要素的配置效率；产业结构升级的内涵是保证高附加值、高技术产业比重的不断上升，这些产业拥有较强的技术溢出效应以及与其他产业较高的关联作用，可以有效促进产业技术效率的提升；产业结构升级本质上是分工深化引起的生产环节裂变的外在表现，而分工是促进经济增长的重要来源，分工的细化加强了生产专业化，从而提高产业的规模效率。配置效率、技术效率、规模效率共同作用于产业的全要素生产率，因此产业结构的优化升级从根本上促进了产业全要素生产率的提升。改革开放 40 多年，我国产业结构有效保证经济快速增长，但在新旧增长动力转换中，制度性交易成本的高低成为影响动力转换速度的关键因素，并不断制约产业的转型升级与结构优化调整，从而影响产业生产效率的不断提升。

（二）供给结构有效是促进我国中观效率提升的基础因素

经过 40 多年的改革开放，我国产业发展到一定阶段之后，一方面，土地、劳动力、资本、技术、管理等生产要素质量与效率出现了边际效用递减的趋势，资本报酬效应逐渐消失；另一方面，投入各类生产要素后的产出不能完全满足社会需求，造成了供需失衡与错位。在这种条件下，需要提高全要素生产率，通过产业要素优化导向实现从数量增加转向效率和质量提升。一是在劳动力方面，建设知识型、技能型、创新型劳动者大军，弘扬劳模精神和工匠精神，加快促进高端人才的培育与集聚，提高单位劳动的产出效率和产品质量，实现从人口红利向人才红利的转变。二是在土地等自然资源方面，建立权责明确、监管到位的自然资源管理制度，健全土地等自然资源集约利用制度，实现土地等自然资源从粗放供给转向集约利用。三是在生产资本投入方面，需要提高资本运作效率，吸引社会投资，发挥社会动能，建立政府与社会收益共享、风险共担的长期合作关系，实现资本投入从政府主导转向社会主导。

（三）提高产能利用率是促进我国中观效率提升的关键因素

中国的产能利用率具有明显的时代特征：第一阶段，以"短缺"著称的计划经济时代，供需结构以行政指令为指导在全社会范围内实现相互配置，当时国内消费需求远超市场生产能力，虽然存在产能利用率及产能过剩问题，但在当时的经济发展过程中并不突出；第二阶段，社会主义市场经济体制逐步确立，由于生产设施的落后，产能利用率不足逐渐成为经济发展过程中的常态并愈演愈烈。尤其是在2008年全球金融危机之后，中国政府为了应对实体经济的疲软现象，推出了一系列振兴和刺激经济的政策，这些措施在客观方面有利于挖掘市场需求潜力，但也导致了国内部分行业的盲目投资和重复建设，进一步造成中国的产能过剩问题，由此工业产能利用率已成为影响经济增长的主要"顽疾"和国家宏观调控的重点。耿强等（2011）指出，产能过剩不但会导致产业组织恶化、企业亏损增加、破坏资源环境，还会带来更大的经济波动。林毅夫等（2010）认为，产能过剩已经成为影响发展中国家经济乃至重构发展中国家宏观经济理论的重要问题，严重影响我国产业全要素生产率的提升。

三、微观效率

（一）提高 R&D 投入是促进我国微观效率提升的基础因素

企业的研发（R&D）能力可以充分体现一个国家的科技研发能力，企业的 R&D 水平能够影响企业在市场上的竞争能力，企业 R&D 投入的增加可以带动企业技术进步，直接促进企业全要素生产率的提升。国外大企业普遍把 R&D 视为企业的生命之源，发达国家 R&D 经费来源与经费执行主体均为企业本身，科学家与工程师的就业主要部门也是企业，在这三个方面我国企业与发达国家企业就形成了较大差距。我国 R&D 投入的主体是政府、企业和金融机构，其中政府财政的 R&D 资本投入在国家研究开发总资本投入中所占的比重较高。因此鼓励企业提高 R&D 投入有利于提高企业技术竞争力，并促进企业全要素生产率的提升。

（二）改善营商环境是促进我国微观效率提升的核心因素

从微观企业层面看，营商环境是企业创立和发展的前提和基础，良好的营商环境将有益于企业的设立、运营、融资和绩效，企业运作的全过程都离不开营商环境的渗透作用。由于营商环境对企业家才能是否发挥作用具有巨大的影响，企业家才能在对企业全要素生产率发挥积极作用时是否会受到当地营商环境的制约则受到很多学者的关注。企业家才能对企业全要素生产率影响存在着营商环境"门槛效应"，即企业家才能只有与一定的营商环境相结合，才会对企业全要素生产率提升产生积极作用。建立起投资经营环境和民营企业绩效的直接联系，在利润增长机制和投资诱导的两重作用下，营商环境与民营企业绩效显著正相关。通过以上理论分析和实证研究可以得出提高营商环境对企业全要素生产率有显著的正向促进作用。

第三节　经济高质量发展效率变革的路径

一、宏观效率改善路径

（一）发挥市场机制作用，提高宏观生产要素配置效率

全要素生产率的提高涉及多方面作用，技术进步、人力资本投资、规模经济等，但所有这些因素起作用的前提条件是要素市场化配置。首先，要建设完备的要素市场，需要补充要素市场建设的短板；建设多层次的资本市场，完善金融体系建设，保证资本的自由流动；规范土地市场，构建充分竞争的土地流通市场，并设立防止过度投机的监管机制；发展技术市场，有利于实现科技创新成果到生产力的快速转化。其次，保证所有要素进入市场，对各种要素市场充分开放，无论是劳动力市场，还是大数据市场等都要促进要素的自由流动。最后，需要确保要素价格的市场化，必须由市场确定要素价格，不仅是物质性生产要素，而且资本、劳动力、技术、管理等要素均要做到要素价格的市场化。要素市场化配置效率的提升，核心要求是市场整体实现有效性，因此需要推进市场秩序、规范建设，加快完善要素市场机制。

（二）提高教育水平与人力资本质量，为提高宏观效率提供根本保障

提高人力资本质量与教育水平的改进息息相关，提升人力资本水平，一方面要加大对人力资本投资；另一方面需要提高人力资本投资效率，优化发展教育事业。首先，要注重教育机会的公平，强化政府促进教育公平的主体责任，推动城乡义务教育的一体化，加大对贫困落后地区的基础教育投资，逐步缩小城乡、区域、校际差距。其次，注重各阶段教育的平衡发展，统筹学前教育、义务教育、高中阶段教育、职业教育及高等教育的共同发展，注重新时代不同教育需求的特点，补齐以往教育短板，实现不同阶段教育的平衡发展。最后，实现人力资本投资和劳动力市场更加紧密的结合，面对新的发展阶段，经济结构变迁频繁，技术进步迅猛，知识创新更加多样化，为人力资本投资带来更大的挑战，因此需要把握经济社会发展形势以及劳动力市场信号的变化，提高人力资本投资、培养的针对性，实现产教融合，顺应新时期经济社会发展需要。

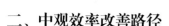

二、中观效率改善路径

（一）全面构建三次产业协同合作体系，促进产业结构优化提高中观效率

三次产业之间的合作是增强产业发展潜力、推动产业成长的有效途径。重新定位三次产业的地位与功能，构建三次产业协同合作新体系，既要重视工业，走新型工业化道路，也要重视农业，实现农业现代化，还要发展现代服务业和高新技术产业，实现三次产业协调发展。一是推动产业融合发展。通过延伸产业链、培育产业簇群、推动政府间纵向与横向协作等方式，形成产业链、创新链、资金链、人才链分工，促进三次产业之间的互动与合作。二是建立产业间的强强联合。通过产业之间的互动及各种联系，发挥各次产业增长与发展的地域环境优势，形成三次产业之间的双向溢出效应。三是搭建产业体系协同发展机制和平台。建立健全当前产学研制度机制，成立产学研金深度融合机构，搭建产融深层次合作平台，形成产业与要素之间的无缝对接，形成产业与要素之间的联动发展，协同协调共建现代产业体系。

（二）转变政府职能加深市场化进程，改善产能过剩提升中观效率

通过市场化改革化解产能过剩问题有利于实现经济又好又快的发展，但在保证市场化改革时需要肯定政府的"辅助作用"。首先，需要转变政府职能，发挥政府的宏观经济的掌控和调节作用，优化政府的公共服务，出台投资指导信息，遏制不同行业的投资泛滥，规范市场行为。其次，不同省份工业部门应采取差异化产能过剩治理政策，由于不同省份具有产能过剩的产业有所不同，而且产能过剩的程度也有巨大差异，对于产能过剩严重的中西部地区，应重点进行技术引进，提升产品品质和市场需求水平，而产能利用率相对较高的东部地区，应鼓励企业开拓新的消费市场，扩大消费需求。

三、微观效率改善路径

（一）加大并优化 R&D 投入，提高技术创新水平和促进技术进步效率

创新是构建竞争优势的关键因素，是企业持续发展的根本动力所在，我国企业应积极采取措施，加快实现核心技术与关键技术领域的突破。首先，充分发挥大企业的技术创新引领示范作用，核心技术和关键技术的突破，关键需要依靠拥有较好技术积累的大企业，因此促进形成大企业聚焦基础技术研究与创新研发，小企业致力于应用型技术与改良型技术研发的技术创新格局。其次，推进构造开

放式创新平台，与当前"互联网＋"互相结合，致力于集聚创新资源，提高企业整体创新能力，并有效整合和利用全球创新资源，建立完善的研发机制。最后，深化产学研合作，企业加大技术研发投入的同时，有效实现与高校、科研机构的紧密联系，利用科学实验室实现与生产技术创新的高度结合，有利于提高科技成果的生产转化率，并保证企业生产的先进性。

（二）提升营商环境，促进企业效率提高

在提升地方政府营商环境上，首先，营造一个透明化、公平化、便利化和法制化的营商环境，努力提高办事效率，进行机制体制创新，制定优化营商环境的相关合理性政策，打造优胜劣汰的公平竞争的市场环境。其次，地方政府应深入推进"放管服"改革，实行"不见面"审批、"承诺制"无审批等简化企业办事流程，协同企业、高校等科研机构及社会组织等，找到相关行业发展的痛点或难点，去除一些制度和政策壁垒，更好地激发企业活力。最后，从营商环境的内涵出发，虽然政企相关的办事程序和市场环境是营商环境的重要组成成分，但随着百姓收入水平的提升，优美的生态环境及高水平的教育、卫生等社会精英配套产业对于营商环境的提升及高层次人才的吸引正发挥着日益重要的作用。因此，在提升营商环境的过程中，优美的生态环境和配套完善的社会公共服务业也是题中应有之义。

第十九章

经济高质量发展的动力变革

　　培育新动能是新时代经济高质量发展的根本支撑，也是我国经济长远发展的改革内容。新时代下的中国经济正在进入新的发展阶段，经济的进一步发展需要寻找和培育新动能，并通过新动能的培育推进新常态经济持续稳定发展。

第一节　我国经济发展的阶段性及其动能转换

　　随着我国经济发展进入新时代，增速放缓、结构优化、动能转换成为当前经济运行的基本特征，与此同时高质量的发展也成为中国经济发展的主题。而这样的变化为我们的经济工作提出了新的要求，在当前的经济状态下"新动能培育"的概念开始被提出和推广[①]。

一、经济发展动能的概念界定

　　动能原本是物理学中的一个概念，特指因为运动而使物体产生的能量，其大小与质量和速度呈正相关关系。将这一概念沿用到经济学中则是指驱动经济增长的动力与能量。经济发展必然会有新旧动能的迭代更替，当传统动能由强变弱时，就需要新动能异军突起和传统动能转型，形成新的双引擎，只有这样才能推动经济持续发展，跃上新的台阶。新动能是在新时代下推进高质量发展的一种新的驱动力，它有别于传统的动能，是实现高质量发展的新活力、新动力及新能量。

---

　　① 任保平、李禹墨：《新时代背景下高质量发展新动能的培育》，载于《黑龙江社会科学》2018 年第 4 期。

二、经济发展阶段的动能转换

经济发展是有阶段的，不同阶段经济增长的动能也有所不同。正是经济发展阶段的演进更替推动了我国新旧动能的转换。改革开放以来，我国经济发展取得了卓越的成就，完成了从农业国家向现代化工业国家的转变，但在发展的过程中还是稍有波动并呈现出了阶段性的特征。其阶段性及其动能转换如下所示。

（一）初级阶段

在这一阶段我国的经济处在费雪和克拉克的部门理论中的初级状态，第一产业产值在国民经济中占比较高，农业劳动力比重较大。这一时期我国经济的发展基本符合短缺经济的特点，总需求远远超过了总供给，生产资料、工业消费品等也处于短缺的状态。整体经济都处在恢复和调整的状态。但不得不承认，在初级状态下我国通过改革开放等系列政策实现了经济的重新起步，家庭联产承包责任制使得农业得到了迅速的发展并为我国后续的经济起飞积蓄了能量。此外，在发展东部的同时实行西部大开发战略，均衡了区域不平衡，缩小了地区间的差异，同时鼓励民营、私营企业的发展并初步建立了社会主义经济体制。在初级状态下我国经济虽有波动但仍迎来了几个增长峰值。

（二）起飞阶段

政府主导的工业化及乡镇企业的崛起解决了大量剩余劳动力，劳动力开始从农业向非农业转移。在这一阶段，我国利用广大劳动力所创造出的人口红利实现了经济的起飞，大量的廉价劳动力充分供给从而推动了经济的增长。此外，工业化带动了城镇化，虽然我国的城镇化水平较之发达国家的城镇化率相差甚远，但起飞阶段下的城镇化的推进对当时的中国经济起到了重要的促进作用，人口的集聚反向促进了产业的进一步分工细化，从而推动了经济体系的复杂化与产业的转型升级。同时，资源开始逐步向制造业转移，工业部门不断扩大，工业产值逐年攀升。在这样的背景下，经济结构的变动与经济总量的增长之间相互影响，我国整体进入小康水平并实现了初步的工业化。而加入世界贸易组织（WTO）等一系列开放措施使得中国越来越多地参与到了世界经济大环境中，外需拉动也成为这一阶段经济增长的动力之一。

（三）小型的"L型"增长阶段

政府的干预不断减少，国家指令性计划比重下降，二元经济结构开始发生重大转化，特别是第二产业内部结构变动加快，逐渐开始摆脱制造业低端锁定的风险。经济发展的重心开始向集约型的新兴工业与具有高收入弹性的服务业转移。在持续高速增长阶段中人力资本的重要性开始被人们所重视，而在消费模式上从模仿型排浪式消费阶段进入了个性化消费。同时市场中的价格变化呈现出以结构性价格上涨为主的特征，价格上涨的推动作用明显超过了需求的拉动作用。虽然经济开始在小波动中实现平稳增长，但在这样的增长中仍存在着潜在增长率开始下降的隐患，自主创新能力的不足使得产业升级转型即将遇到瓶颈，自2012年起我国经济增长率开始下降，经济面临着新环境与新挑战。

（四）我国经济进入了新的阶段，即我们所说的"新常态"

在这一阶段下老龄化开始显现。这些问题堆积的后果就是我国劳动年龄人口增长率不断下降及劳动生产流程降低的隐患，这些都在一定程度上制约了经济的增长。但同时中国的经济也逐渐从高速增长放缓到中高速增长，从数量型增长变成质量型增长，之前的经济增长多是依赖投资等驱动力拉动，而今后的增长将更多地依托消费、服务业和内需的带动。伴随着这种经济新时代，我国的经济结构也发生了新的变化，2020年中国三次产业比重为7.7：37.8：54.5，第三产业增加值增长了2.1%，[①] 这些变化昭示着我们应继续遵循通过创新和技术进步来提振生产率的思路，培育出经济发展的新动能，从而形成新的总供给曲线，实现生产可能性边界的外移，将经济转型的阵痛期尽可能地缩短。

第二节　培育经济高质量发展新动能的动力

传统的经济增长潜力主要在要素层面，大多是依靠投资驱动的，但伴随着要素禀赋结构的变化，传统的增长动力已经走到了尽头。当前在世界范围内均兴起了新产业革命，新时代下高质量发展新动能的培育就是要适应这一趋势。新产业革命在我国就是指培育和壮大战略性新兴产业，而这一计划自2002年起就开始施行并发展至今，这也是高质量发展新动能的基础所在。战略性新兴产业由两部分构成：一是反映新工业革命标志的高端产业，如智能制造、机器人、新能源、新材料、环保产业、生物技术等。二是体现新科技革命的互联网经济和数字经济。而要培育新动能，推动建立新型产业的动力在于创新驱动，特别是在科技创新和产业创新方面。换而言之，培育经济发展新动能的动力在于创新，可以说创新本身就是新动能，它是追赶超越的根本引擎，也是培育高质量发展新动能的动力所在。沿循发展创新型经济路径是新时代下我国经济发展的根本出路，也是实现高

---

① 《中华人民共和国2020年国民经济和社会发展统计公报》，载于《人民日报》2021年3月1日。

质量发展新动能培育的内在要求和现实要求，培育创新这一新动能的动力要求我们做到以下几个方面。

一、全力实施创新驱动的发展战略

经过改革开放以来40多年的发展，经济增长的要素禀赋结构相应地发生了变化，传统的增长动力不再适应新时代下经济增长的需要。因此我们应该引入创新等技术进步要素作为新的驱动力，并从中长期入手来解决当前经济的结构性矛盾。虽然新时代下的经济结构伴随着转型的阵痛，但只有这样才能通过生产率的改进来实现规模报酬递增，只有将创新作为驱动力提高全要素生产率才能更好地将经济由过去的要素驱动型、资源依赖型发展模式转向创新驱动发展模式。

创新驱动也是提高社会生产力和综合国力的战略支撑。而全力实施创新驱动发展战略要求我们打造出适应创新驱动力的制度环境与法律环境，为创新战略提供有力的保障，同时这样的保障又能反向激励创新，从而促进经济发展。首先，金融创新也是创新驱动战略的重要内容，通过变更现有的金融体制和增加新的金融工具来获取潜在利润，在促进我国金融体系完善的同时进一步深化创新驱动力。其次，我们还应将"走出去"和"引进来"相结合，通过开放创新来与国际接轨推动前沿技术的开发与应用。政策支持也是创新发展战略中不可或缺的一部分，我们可以通过创新政策来统筹协调发展，建立一系列的政策激励措施引导人才将科研创新研究进行成果转化，变成可以投入生产使用的技术。与此同时还可以建立技术创新市场导向机制，引导企业根据市场的需求进行生产创新。最后，要做好创新人才培养机制，通过人才计划留住人才，从而为整个创新战略源源不断地注入新鲜血液。

二、进行创新型国家建设

创新型国家就是以科技创新为基石，具有自主创新能力和强大竞争优势的国家。而建设创新型国家的关键就是以科技创新作为经济社会发展的核心驱动力。因此在今后的高质量发展中我们应以创新型国家建设为契机，全面创新改革试验区。首先要提高科技进步贡献率，这是在今后一段时间内我们应重点努力的方向。与此同时政府应加大创新投入，从财政上对创新项目给予支持，以此带动创新创业者的积极性。其次提高自主创新能力也是建设创新型国家的重心与重点，我们应在学习借鉴国际先进技术的同时提升自主创新能力，打造出具有中国特色的技术创新产品与产业。

此外"大众创业、万众创新"作为新时代下经济发展的双引擎也是建设创新型国家的重要一环。在一系列关于支持"双创"政策陆续出台的背景下，创业创新在我国已经取得了一定的成果。因此我们要推动市场改革，由市场来引领投资，以市场为导向激发大众的创新创业活力，打造好创新创业孵化基地为"双创"的发展提供支持。但在释放政策红利的同时还要做好顶层设计与长期规划，通过宏观引导更好地发挥出政策的杠杆作用。

三、提升科教对经济发展的智力支持

人才是创新活力的源泉，也是高质量发展新动能培育的关键。当前伴随着传统人口红利的逐渐消失，我们要做的就是提高知识技能型劳动力的供应，通过科学教育培育出适应经济与社会发展的创新型人才，依托人力资本来带动新一轮的经济发展。这些高素质劳动力都为我国的前沿自主创新提供了智力支持，推动了经济发展由旧动能向新动能转换。

首先我们应健全人才的引进、培养和使用机制，以人才为本，尊重人才、重视人才，继续坚持科教兴国与人才强国战略，通过高素质劳动者带来的"新人口红利"使我国从制造大国向智造大国迈进。此外还应做好知识产权保护工作，通过立法与打造知识产权交易市场等手段保护人才的科技创新成果，解决其科研创新的后顾之忧。其次还应建立灵活的人才管理机制，促进人才的流动与交流，使其在企业、高校和科研机构中流动起来，从而带动更多领域和更多区域的创新发展。最后我们还应鼓励扶持青年创新型人才，摒弃门户之见和论资排辈，为青年创新型人才的发展铺路搭桥，使他们勇于创新、大胆创新。

四、构建和完善协同创新体系

高质量发展新动能培育需要政府、企业各方面的协同创新。其重点是发挥出企业主体、高校科研机构及政府之间的合作协同作用。这不仅是将生产要素和创新型资源之间进行有效的聚合，也是科技和经济之间的一种联动，通过这样的协同发展可以更好地解决新动能培育中的创新驱动问题。在企业方面可以通过与高校和科研机构的对接与合作将前沿技术引入企业生产中来。同时这种协同效应可以有效地降低和摊薄企业的创新成本及风险，并对企业的创新形成正向的内部激励作用，使其更好地对研发团队和科研机构的产出成果进行生产应用。在政府层面上要通过政策将科技创新渗透到经济社会发展的各个层面和各个角落，做好科技创新政策、经济政策与产业政策之间相互衔接，并使政策落实到具体规划、具体部署、具体政策、具体行动中。同时通过产业政策对市场的导向功能来引导和监督竞争，将产业政策聚焦到创新上来，构建以支持创新为重点的产业政策体系。而后还可以将创新类指标加入政绩考核体系中去，例如科学技术贡献率、高新技术企业数、科技型中小企业数、研发投入占 GDP 比重等创新类指标都可以列入，从而在政策层面加大对创新的关注。此外政府要通过创新政策支持多部门、多领域的要素与资源整合，在宏观上进行优化配置。

通过完善协同创新机制，社会在生产的每一个环节都能发生革命性的变化，在原有的基础上我们可以协同发展智能制造、柔性化生产、分布式生产及个性化定制。同时不断优化创新创业生态环境，构建技术创新的容错机制和激励机制，提高技术创新和管理创新的平台支持，并通过治理体系和治理能力进一步现代化发展创新型经济的路径。只有这样才能重塑产业链、供应链、价值链，从而推动高质量发展新动能的培育。

五、推动发展模式创新

真正的创新绝不仅限于伟大的技术发明，而是要把技术与商业相结合从而从产业、区域、企业等多主体多层次来发展模式创新，助推产业组织和商业模式创新，为新时代下高质量发展发挥模式引领的作用。

首先在产业方面要着重建立新产业、新业态和新商业模式的"三新经济"，着重发展新能源、新材料、新生物等新兴现代化产业，并通过主导产业的带动作用延长产业链，更好地促进上下游产业的发展。利用工业化和信息化的"两化融合"来推动传统产业的转型升级。同时面向国际扩大开放，利用后发优势，通过技术合作等方式促进产业创新发展。在区域方面要因地制宜，依据区域特色来规划发展路径，发挥好各地区的比较优势，真正做到多层次的差异化发展。其次还应立足区域优势，在补齐地区经济发展短板后开发出新的地区增长潜能。此外还应打破地方保护，把握好大城市的中心辐射作用，通过城市群的效应做好产城融合，使创新机制在城市群的土壤上得到更好的发展。在企业方面，发展模式创新要多关注高新企业，加大 R&D 人员的投入以及在政策上进行帮扶。在企业内部也要创新组织方式，通过内生动能的驱动使之成为新一轮经济增长的潜在动力。

第三节　新时代培育经济高质量发展新动能的路径

高质量发展新动能的培育与增强是我国制造业能否迈向中高端的关键因素，而若想在全球价值链上实现新旧动能的转换，我们就要在科技与产业创新层面做大做强，使中国制造业在全球市场上有立足之地。可以想见，伴随新理论新技术的创新浪潮到来，引领我国经济新一轮增长的主要产业将聚焦到新能源、新材料、新一代信息技术等领域。而创新正是当前我国新时代下经济发展的"金钥匙"，也是加快产业升级、扩大就业、提高人民福祉的根本推动力。培育经济发展新动能的路径要求我们转变旧的思维方式，适应经济发展新形式，增强创新能力，打造新兴产业集群，创造出新的增长极。基于此，培育高质量发展新动能应从以下几个方面入手：

一、培育有竞争力的创新型主体

熊彼特在创造其创新理论时，将企业家定义为创新主体，但显然在当下这一范围过于狭窄。创新的领域是多元的，其范围是广泛的，而创新型主体也包含着丰富的层次。我们可以将创新型主体定义为个人主体、组织主体与国家主体。党的十九大报告中就明确提出要"深化科技体制改革，建立以企业为主体、市场为导向、产学研深度融合的技术创新体系，加强对中小企业创新的支持，促进科技成果转化"。[①] 这也正是我们打造有竞争力的创新型主体需要坚持的思路与方向。

在高质量发展新动能培育中我们应努力打造创新型领军企业、创新型个人、创新型区域、创新型科研院所和高等院校、创新型国家平台、创新型政府等新的经济主体。在个人主体方面，随着经济发展水平的提高，我们不再具有发展低级劳动密集型产业的优势，但我们有越来越丰富的人力资本。2016 年我国高校毕业生规模达到 765 万人，这些高素质人才都是我国未来发展的"金矿"。我们的核心任务就是通过政府职能改革，宏观调控创新和微观经济体制改革，将这座"金山宝库"变为新的生产力，促进高质量、高效益的创新型主体打造。同时在组织主体上，我们要在打造个人创新型主体的基础上实施企业研发机构培育建设工程，支持建立一批集技术研发、人才集聚、成果转化为一体的综合性企业创新型主体。这里的企业是指现代企业制度上的企业，我们不光要扶持大企业做大做强，还应关注科技型小企业在创新浪潮中的作用。而在国家主体上，制度创新是关键，我们要把政府作为制度创新的主体，通过政策改革协调好创新型主体的各个方面，使之发挥出联动作用。

二、培育战略性新兴产业

美国的"再工业化"战略和德国的工业 4.0 计划都将视线投放到了新兴产

---

① 习近平：《决胜全面建成小康社会，夺取新时代中国特色社会主义伟大胜利———在中国共产党第十九次全国代表大会上的报告》，人民出版社 2017 年版，第 19 页。

业，并希望以此作为新的增长点带动经济的再次腾飞。而我国也意识到了新技术与新产业在新一轮经济浪潮中的重要作用。2010年9月8日，国务院召开常务会议，审议并通过了《国务院关于加快培育和发展战略性新兴产业的决定》，从而确定了战略性新兴产业的范围。战略性新兴产业囊括了新一代信息技术、节能环保、生物、高端装备、新材料、新能源、新能源汽车七大产业，同时该决定指出，到2020年，节能环保、新一代信息技术、生物、高端装备制造产业成为国民经济的支柱产业，新能源、新材料、新能源汽车产业成为国民经济的先导产业。[①]在这一大背景下，我们既要推进传统优势产业转型升级，又要乘着信息化、新技术的春风，努力培育战略性新兴产业。

据国家统计局数据，工业机器人、民用无人机、新能源汽车、集成电路、锂离子电池、太阳能电池、光电子器件等新兴工业产品均保持了快速增长，而新兴服务业对经济增长的拉动作用也日益凸显。因此在今后的新动能培育中我们要沿袭这一路径，以高新产业技术的创新需求和转型升级为发展目标，依托新兴技术产业链整合资源，带动上下游产业的发展从而形成各类产业的技术创新联盟。同时在创新2.0计划下推进"互联网＋"战略对其他领域的带动作用，发展新的共享经济模式，打造出适应经济新时代下的新型互联网业态。此外还要推进工业化与信息化的"两化"深度融合，使品牌与产业向更高端的方向发展，从而形成自己的核心竞争力。同时还要为战略性新兴产业打造良好的外部环境，通过完善市场准入机制降低进入门槛，使更多的企业能够参与进来。此外还应改善金融政策扶持力度，在税收政策上予以倾斜和激励，同时要鼓励金融机构加大信贷力度，从而支持战略性新兴产业的发展。

三、培育具有大市场、高附加值和竞争力的名牌产品

长期以来，品牌建设和品牌管理一直是困扰我国本土企业的一个问题。品牌产品的建设代表着一个地方产业、产品的主体形象，对经济发展起着举足轻重的作用。而品牌效应也对当地的市场有着带动及拉大作用，市场也将会对名牌产品的效应及其放大的产业链集聚做出反馈。大市场是跨越了一系列不同行业的服务和产品，有与其密切的互补关系而构成的一个产业链。因此名牌产品若想具有大市场就要在上下游产业互补上下足功夫，延长产业链条，通过一个名牌产品发散带动从而形成多个名牌产品。高附加值则是我们在生产过程中应在原有的价值基础上发展有效劳动创造出新的价值，基于此需要提高投入产出比，在产品上倾注技术、文化等投入，使名牌产品的内涵更加立体化。伴随名牌产品的形成与推

---

① 《国务院关于加快培育和发展战略性新兴产业的决定》，中央政府网站，2010年10月18日。

广，中国商品和服务形象也可以得到良好的传播，从而走出国门打开国际市场。国内名牌产品还能使企业间获得协同效应，并形成共同进化机制。

在高质量发展中我们要加快经济从对产品的侧重向对品牌侧重转化，在供给侧改革过程中对品牌建设予以关注，积极探索政府、社会、企业协同推进品牌经济发展的道路，逐步构建城市品牌、产业品牌、企业品牌等多层次品牌经济发展架构。同时在新动能培育中继续坚持树立"中国制造""中国创造"新形象，培育特色名牌产品，并加大宣传力度，使中国品牌走向世界。此外，我们还要增加产品的种类，鼓励企业加快研发出新的产品以满足经济结构转型的需求。并紧抓产品质量，建立对产品质量的审核考察监督体系以及对产品质量问题的后续监管惩罚机制。最后还应当引导企业树立品牌意识，打造企业品牌制定与管理构架，从而提升附加值和软实力，树立中国制造的良好形象。

四、构建创新激励机制

创新激励机制分为宏观层面的国家激励措施和微观层面的企业内部激励。首先在宏观层面，新动能培育要在充分发挥市场机制作用的同时加强政府的激励和引导，因此我们要进一步转变政府职能，完善政策措施和激励措施，不断优化营商环境，强化要素资源保障，为企业加快新动能培育和发展壮大提供良好的环境，从而激发各类主体的创新活力和动力。此外我们还要鼓励各项优惠政策对自主创新的激励帮扶，主要包括在财政上对高新技术企业进行税收优惠、对企业研发费用在征税上进行加抵扣除，同时建立科技企业孵化器等措施，为企业的创新发展营造良好的大环境，从而激发其自主创新潜能。通过产业基金、创业基金等新工具，让政策更多地向新产业、新业态倾斜，引导企业和投资者积极转型。而除了各种优惠政策的激励，对产权的保护也是激励机制的另一个重要方面。现今产权保护领域存在各种各样的问题。首先，公权力对产权的保护不稳定，政府违约和政策不稳定，侵害到了企业特别是民营企业及个人的合法产权和权益。其次，对非公有制产权的保护弱于对公有制产权的保护，不同所有制下产权保护的不平等将不利于创新激励。最后，侵犯知识产权的行为易发多发，侵权违法成本低、维权成本高的问题长期存在。我们可以进一步打造知识产权交易市场，从而为科技创新开拓新的途径。

而在企业内部也应建立人性化的创新激励机制，鼓励员工创新和团队创新从而激发企业活力，提高其创新能力，只有这样才能在新常态浪潮下屹立不倒。企业内部的创新激励机制要从三方面做起，首先要鼓励产品创新，产品是企业生产经营的核心与关键，通过激励研发工具与技术的更新有助于产品升级。其次应激励企业内部经营营销创新，做好产品营销模式和供应链采购模式的创新是这一部分的关键。最后要激励管理模式创新，现代化的企业应当有先进的管理理念和科学的发展战略，这也是企业新动能培育的立足点。只有结合好宏、微观两方面，才能全方位地培育好创新这一激励机制。

第二十章

经济高质量发展中的数字经济赋能

　　中国经济已由高速增长阶段转向高质量发展阶段，伴随着大数据、云计算、人工智能等科学技术的迭代更新，社会经济发展步入了数字经济时代。产业数字化在拉动数字经济发展的同时，减轻了新冠肺炎疫情对经济的负面冲击。在新冠肺炎疫情防控常态化背景下，数字经济的优势日益凸显，成为推动经济复苏和社会进步的重要驱动力。习近平总书记在中共中央政治局第三十四次集体学习时指出："发展数字经济是把握新一轮科技革命和产业变革新机遇的战略选择"①。可见数字经济已成为驱动我国高质量发展的新动力，是引领未来的新经济形态。因此，我们要注重从理论上研究数字经济赋能我国高质量发展的理论逻辑及实现路径与政策。

第一节　数字经济赋能我国高质量发展的理论逻辑

　　数字经济是农业经济、工业经济更迭后的主要经济形态，是以信息和知识的数字化为关键生产要素、以现代信息网络为重要载体、以有效利用信息通信技术来提升效率和优化经济结构的一系列经济活动。数字经济的本质在于信息化，是通过信息化融合形成的新经济。数字化应用场景数字经济形态是经济系统中技术、组织和制度相互作用过程中的宏观涌现，这一过程基于技术进行资源配置优化为导向的人类经济活动的高度协调和互动所塑造的新生产组织方式的不断演化，构成了数字经济的本质②。数据资源、现代信息网络和信息通信技术共同构成数字经济的三大要素，缺一不可。数字经济包含数字产业化和产业数字化两方面内容。数字产业化部分由数字产品制造业、数字产品服务业、数字技术应用

---

　　① 习近平：《中共中央第三十四次集体学习时讲话》，载于《人民日报》2017 年 12 月 4 日。
　　② 张鹏：《数字经济的本质及其发展逻辑》，载于《经济学家》2019 年第 2 期，第 25~33 页。

业、数据要素驱动业构成，是指为产业数字化发展提供数字技术、产品、服务、基础设施和解决方案，以及完全依赖于数字技术、数据要素的各类经济活动。产业数字化部分是指应用数字技术和数据资源为传统产业带来的产出增加和效率提升，是数字技术与实体经济的融合，涵盖智慧农业、智能制造、智能交通、智慧物流、数字金融、数字商贸、数字社会、数字政府等。数字产业化和产业数字化优势互补、相互促进、协力推动我国数字经济发展。

数字经济的兴起引发经济发展方式的巨大变革。新经济作为一种全新的经济形态，它的发展是推动新时代中国经济高质量发展的必然要求。以数字经济赋能高质量发展，需要从提高供给体系质量、提升全要素生产率这两条路径出发，而供给结构的优化与效率的提升离不开数字经济的支持，数字经济已成为推动经济高质量发展的关键动力。数字经济赋能高质量发展的理论逻辑，主要体现在以下三个层面。

一、数字经济在微观层面推动商业模式创新促进高质量发展

企业是经济活动中重要的微观经济主体。数字经济的发展有助于提高企业盈利水平、改善运行效率、促进企业创新，以企业高质量发展为实现经济高质量发展夯实微观基础。数字经济时代的来临，让生产生活中的信息连接方式发生了变革，众多传统的商业模式在短时间内被颠覆。数字经济在微观层面推动商业模式创新为高质量发展赋能，主要体现在以下几个方面。

（一）数字经济融合规模经济和范围经济，颠覆传统盈利模式

物联网是史上第一个通用技术平台，它可以将大多数经济组成部分的边际成本降至接近于零[1]。因此，与数字经济融合发展的企业呈现出高固定成本、低边际成本的特性，规模经济应运而生。在网络外部性的作用之下，企业用户达到一定规模后，就会触发正反馈，实现强者愈强的马太效应，为企业带来更多收益，引起规模报酬递增效应。随着企业用户数量日增月益，产品的平均成本越发降低，这一过程实际上形成了规模经济。另外，信息技术的应用不但引起企业规模的壮大，还促使企业开始关注产品多样化生产。数字经济弱化了传统范围经济所强调的产品关联性，拓宽了数字经济的应用范围。数字经济可以依靠在某一种主营业务中积累起来的用户，低成本地开展多样化的业务，获得更多的利润。腾讯的主营业务为即时通信，但其同时经营诸如游戏、新闻、短视频等衍生业务。衍生业务基于主营业务平台积累的大量黏性客户资源，更易于传播并被客户接受，

---

① 杰里米·里夫金：《零边际成本社会》，中信出版社 2014 年版，第 139 页。

企业只需要投入较低成本便可盈利。数字经济能够消减经济往来障碍、提升经济活动的互联互通性，打破地域界限，将生产者和消费者连接起来，消费端的长尾效应多样化需求扩展了企业边界，使得企业低成本地满足更多尾部的、边缘化的消费需求，增强了供给对需求的适配性，形成供需的动态平衡，有利于扩大市场规模。市场规模的扩大又引起生产规模的扩大，数字经济让企业之间联系更加紧密、企业市场范围更加广阔。数字经济融合了规模经济和范围经济，为经济高质量发展注入源源动力。

（二）数字经济促进企业创新，扩大高质量产品供给

伴随数字技术对传统企业的渗透，企业由以往的传统要素驱动的方式转变为创新驱动，创新能力随之增强。目前，我国企业纷纷启动数字化转型，以数字化实现不同生产、运营方式的创新，这种创新驱动的生产模式使企业的效益加速增加[1]。数字平台通过简化传统交易中那些不必要的中间环节，高效匹配供需[2]。"企业生产决定用户消费"的大众生产时代已经被高端个性需求主导下的"消费为生产提供导向"的数字经济时代所取代，企业加速技术创新、扩大高质量产品供给是企业高质量发展的关键途径。互联网技术将生产者与消费者连接起来，企业为了满足消费者日益高级化、多元化的消费需求，会提高自主创新能力，改进生产技术，加大力度研发新产品与服务，扩大高质量产品的生产规模，减少低端供给，提高供给对需求的适配性，形成供需的动态平衡，减少企业的资源浪费，有利于企业经济效益的提高。同时，数字经济的发展推动互联网、大数据、人工智能等技术迭代更新，为企业高质量生产提供了技术支持。企业朝着智能化、科技化、数据化的方向发展，生产成本降低，生产效率提升，利润水平提高，促进企业生产规模的扩大，以此提供更多的高质量产品，适应消费者日新月异的消费需求变化，促进企业高质量化生产，高质量性盈利。

（三）数字经济助推企业数字化转型，提升企业运行效率

一方面，互联网时代信息化不断加深，促使企业的信息化、数字化、自动化水平日益提升。数字经济时期平台型企业是主流的企业组织形态，"互联网＋企业"能够优化企业生产组织形式，精简企业组织结构，促进企业内部的人力、物力、财力等各项资源通力协作，减少指令传达层级，降低信息传播过程中的信息与指令扭曲，减少部门之间相互掣肘的现象，提高决策科学性，降低企业内部组织成本，降低企业运营成本，提高企业运行效率。另一方面，数字经济的发展加

---

① 刁生富、冯利茹：《重塑：大数据与数字经济》，北京邮电大学出版社 2020 年版，第 132 页。
② 魏江：《数字创新》，机械工业出版社 2021 年版，第 94 页。

速企业管理的创新。企业增强对大数据的获取与分析能力，不断提升经营管理的信息化水平，深度挖掘用户信息，精准定位用户需求，有针对地组织研发、生产、经营等各项活动，节省了人力资本与时间成本，提高企业经营效益，促进企业的高质量发展，为经济高质量发展提供微观基础支持。

二、数字经济在中观层面通过助推产业结构升级推动高质量发展

数字经济的崛起与蓬勃发展，推动产业结构的优化升级，为经济发展提供了新动能，已成为带动我国经济发展的核心关键力量。以数字产业化为支撑，以产业数字化为根本，顺应数字化网络化、智能化的发展趋势，数字经济极大地推进了传统产业的转型升级，使各行各业走在了高质量发展的路上。数字经济的发展能够改造传统产业、形成新产业、重塑需求端，推动我国产业结构升级，优化产业布局，增加有效供给，提高供需的适配性，满足人民日益增长的美好生活需要，缓解现阶段我国社会的主要矛盾，实现经济社会的可持续健康发展。

（一）数字经济的发展加快传统产业的改造，促进产业结构优化升级

数字经济具有高渗透性，通过互联网、数字技术、数字服务、数字信息渗透到传统产业生产、经营、销售的各个环节，以此提高产业效率、提升产业数字化水平、促进传统产业改造、推动产业结构优化升级。（1）数字经济产业的发展改变传统产业生产方式。数字经济深入渗透到经济社会的各个领域，能够优化传统产业的资源配置，使传统产业向智能化、网络化、信息化发展，提高其生产水平和生产效率。（2）数字经济的发展降低了交易成本。数字经济提高了经济活动的互联互通性，生产者与需求者可以随时随地无障碍交流，点对点定性化产品服务随之涌现。资源的加速流动使得产品交易不再受到时间、距离的限制，降低了交易成本，有利于生产效率的提升，提高了传统产业的竞争力。（3）数字经济的发展改变产业组织方式。随着平台经济、网络经济的兴起，产业组织方式日益变革，中小企业拥有更大的发展空间，有利于激发产业创新意识，增强企业的科技创新能力，促进传统产业的数字化转型，推动产业结构转型升级。

（二）数字经济的发展促进新产业形成，带动产业结构优化升级

数字经济是新一轮科技革命发展的产物，伴随着新技术、新业态、新模式的产生，带动了科技创新和技术变革。技术创新是产业创新的重要动力，技术的进步往往会促进产业创新能力的提升，催生新兴产业与新的商业模式的产生，促进产业结构的优化与升级。（1）数字经济打破企业边界促进产业融合。互联网、大数据、人工智能等信息技术加速演进，带来了数字经济的繁荣发展，企业的边界

得以打破。在数字经济的发展背景下，产业突破了企业边界，趋向于无形化和数字化，产业融合程度日益加深，催生新兴产业并引起规模报酬递增效应。（2）数字经济促进关联产业的融合。数字经济产业具有高创新性和高渗透性的特点，与关联产业渗透融合，形成了"共享经济""开放经济"等新业态新模式，促进产业结构的调整升级。（3）数字经济促进产业链上下游产业的融合。原本独立的产品或服务通过信息平台重新结合，得到新型产品和服务，产业范围扩大、产业层次增加，促进产业结构的升级与调整，提高供给体系的质量和水平，驱动产业高质量发展。

（三）数字经济的发展重塑需求端，拉动产业转型升级

伴随中国经济结构调整与工业化、城镇化和现代化进程加快，国内超大规模市场和内需潜力优势逐渐显现。在强劲内需动力的驱动下，消费升级带动产业升级步伐加快，成为支撑中国经济稳中有增的内生动力。数字经济的发展创造了新的消费需求，创造新的消费热点和消费方式，拉动消费转型升级。进入数字时代，供给以需求为导向。数字经济的发展创新了消费模式，提升了消费层级，有利于提升产业现代化水平，使产业结构朝着高级化、合理化演进。一方面，数字经济蓬勃发展，加快了新型基础设施建设进程。诸如5G、大数据、人工智能等数字化设施的更新，催生了定制消费、知识消费、健康养老、绿色产品等新的消费热点，开创在线教育、远程医疗、数字科普等新业态新模式，促进消费的转型升级，带动相关产业的发展。另一方面，数字经济的发展改进了投资环境，增加了有效投资，引导资源向新基建产业倾斜，促进资源的合理配置，带动高新技术产业和新兴产业的繁荣，推动传统产业转型升级，有助于提高整个供给体系的质量和水平。总而言之，数字经济创造的新需求为产业结构升级提供了需求导向，有利于深化结构性供给侧改革、矫正扭曲的要素配置、提高供给水平，为经济高质量发展指明方向、提供遵循。

三、数字经济在宏观层面通过提高全要素生产率助推高质量发展

全要素生产率是由技术变化和结构变化引起的，一般是由技术进步与配置效率等构成。全要素生产率是解放和发展生产力的基础。要推动经济高质量发展，应注重全要素生产率的提升，特别是与技术进步有关的生产效率的提升[①]。数字经济的发展方兴未艾，给宏观经济的全要素生产率增长提供了新的动力源泉。数字经济之所以能够提高全要素生产率助推经济高质量发展，关键在于其具有的经

---

① 任保平：《新时代中国经济高质量发展研究》，人民出版社2020年版，第125页。

济特性，即渗透性、替代性、协同性。

（一）数字技术渗透生产活动推动全要素生产率的进步

新兴数字技术源源不断地注入包括生产、分配、交换、消费在内的各个经济活动环节，促进我国科技创新成果向生产力转化，以创新驱动经济高质量发展。在"十四五"时期数字经济的发展背景下，以互联网为代表的先进科学技术不断更迭，促进全要素生产率的提高，提升宏观经济层面的经济增长水平和效益。一方面，数字经济的发展为创新提供技术支持。数字经济的发展伴随新技术、新业态、新模式的产生，为经济发展提供重要动力支持。人工智能、大数据等信息技术的应用，推动了科技创新。创新成果渗透到经济活动中，促进生产效率的提升。数字技术推动宏观效率变革，实现经济系统的效率提升，促进经济增长。另一方面，数字经济的发展帮助政府建立宏观经济决策系统，加强信息机构服务的建设，促进宏观经济管理创新，打造智能化政府，转变政府职能，提高政府决策的科学性，增强公共政策的有效性，为经济发展提供配套政策体系支持。

（二）数字资本替代其他资本促进资源配置效率的提升

在摩尔定律的作用下，生产过程中会尽量多地使用数字技术，因此形成数字资本对其他资本的替代。在传统的数量型经济增长模式中，主要是依靠追加生产要素的投入或者是再生产规模的扩大实现经济增长，以高投入、高消耗为代价，会导致资源的浪费和生产的低效益。数据成为生产要素，通过技术进步提高了生产要素的使用效率，降低了对传统生产要素的依赖程度，有利于促进资源的合理配置。依据内生增长理论，知识、技术进步、人力资本等先进生产要素对经济增长具有重要的影响。首先，网络环境下信息的传递和反馈快速灵敏，具有动态性和实时性。互联网中的信息复制成本趋近于零且具有非排他性和非竞争性的特点，知识是可得的且具有明显外溢性效应。其次，随着数字经济的快速发展，新一轮科技革命和产业革命加速演进，互联网、大数据、区块链、人工智能等新兴技术层出不穷，带来了技术的进步。最后，数字技术日益融入生产生活的方方面面，培养了大量的高级数字人才，促进了人力资本的积累。在产出一定的情况下，由于知识、技术、人力资本等先进生产要素的叠加倍增效应，生产过程中传统生产要素的消耗降低，减少资源浪费，促进资源的优化配置，提高物质资本生产率，有利于经济增长效益的提高。

（三）数字产品协同其他生产要素带来生产效率的提高

数字产品广泛地渗透到生产过程中，加快人才、技术、资本、管理等生产要素的数字化、智能化建设进程，促进国民经济的全要素数字化转型，增加其他要素的配合程度，以此改进生产效率。信息、技术等高级生产要素与传统生产要素的结合，提高了生产要素的边际产出，促进全要素生产率的提升。信息技术的广泛应用，能够促进生产方法与生产模式的创新，改变了传统数量型经济增长模式中依靠增加人力、资金等传统要素的投入量或者扩大生产规模实现经济增长的模式，有利于提高整个社会的生产效率。数字经济时代，劳动力与人工智能的结合已经成为普遍的生产方式，改进了劳动生产效率，促进了资源的优化配置，提高了全要素生产率，在宏观层面为数字经济赋能高质量发展提供支持。

第二节　数字经济赋能经济高质量发展的现实困境

在数字经济的发展浪潮中，以供给体系质量的提高和全要素生产率的提升为突破口，有利于推动动力变革、效率变革、质量变革，促进产业结构优化升级，提升我国产业链现代化水平，提高经济发展的质量和效益。但从现实看，数字经济的发展也面临着一些困难。对"十四五"时期数字经济赋能我国高质量发展现实困境的分析，可以更加清晰地认识到数字经济时代我国高质量发展所存在的问题，探索出有效提升我国经济发展质量与效益的路径与政策。

一、科技创新能力有待提高

创新是新时期引领数字经济发展的重要动力，同时也是新时期引领我国经济高质量发展的重要力量。通过技术创新和进步，可以提高资源的利用效率，改善全要素生产率，同时是革新治理污染、净化环境的手段。受新冠肺炎疫情的影响，自主创新能力薄弱及创新政策方面的短板不断暴露，逐渐凸显了我国缺乏数字技术创新型人才、核心技术对外依存度高的问题。当今时代，新一轮科技革命和产业革命加速演进，创新已成为驱动经济高质量发展的第一动力。推动质量变革、效率变革、动力变革是当前数字经济背景下实现经济高质量发展的路径，此过程中创新至关重要。创新能力不足与核心关键技术的缺失，不利于传统产业的转型升级，不利于高新技术产业的发展，不利于建立现代化经济体系。以数字经济赋能高质量发展，要坚持创新驱动，推动传统产业转型升级，大力发展高新信息化产业，推动产业链优化升级，构建现代化的产业体系，转变经济发展方式，推动供给侧结构性改革。创新能力不足，会制约数字经济的发展，阻碍高新技术产业和新兴产业的发展壮大，延缓供给侧结构性改革的进程，不利于实现经济的高水平、高质量发展。

二、数字经济与实体经济融合度有待加深

数字经济与实体经济的融合度关系数字经济发展的活跃程度，同时也影响资源的配置效率，关系经济发展质量的水平高低。从当前实际情况来看，我国数字经济发展势力强劲，催生新技术、新业态的演进，但数字经济与实体经济融合不深，产业数字化水平偏低的问题，制约了数字经济的发展，阻碍了数字经济赋能高质量发展的进程。数字经济与实体经济融合度不高，延缓了产业数字化进程，不利于资源的有效配置。实体经济数字化、网络化智能化转型是重要发展趋势，如果不能顺应趋势以数字经济带动传统产业转型升级，传统产业产能过剩的问题得不到解决，会造成大量的资源浪费，导致资源配置低效率，违背了科学发展观，不利于实现经济的高质量可持续健康发展。要推动数字经济和实体经济融合发展，把握数字化、网络化、智能化方向，推动制造业、服务业、农业等产业数字化。当今世界正经历百年未有之大变局，我国发展仍处于重要战略机遇期，高质量发展是应对当前国际环境的根本出路，加强数字经济与实体经济的融合深度，提高产业数字化水平，促进产业结构转型升级，建设现代化经济体系是实现经济高质量发展的关键步骤。

三、新型数字化基础设施建设有待加强

作为重要的基础产业，新基建一头连着巨大的投资与需求，一头牵着不断升级的强大消费市场，是数字经济发展的新动能，是中国经济增长的新引擎。新型基础设施是数字经济赖以生存的基石，新型数字基础设施的建设和利用成为我国经济高质量发展的基础依托。加快新型基础设施建设，是着力提升技术创新动力、培育经济发展新动能的重要举措。目前我国新基建存在潜在需求旺盛有效需求不足的问题，且城乡差距较大、东、中、西部地区发展不平衡。相对而言，东部地区基础设施比较完备，高新技术产业发展迅速，西部大部分地区却仍以发展传统产业为主，新型基础设施建设较为落后。基础设施不健全导致资源得不到充分利用，这必然会制约数字经济发展。数字化基础设施不健全，导致科技创新能力不足，理论创新成果无法转化为生产力，无法满足数字产业化和产业数字化的迫切需求，不利于培育高新技术产业，影响行业的生产效率和生产质量，人民日益增长的美好生活需要无法得到满足，阻碍经济社会的和谐发展。另外，我国新型基础设施区域分布不平衡，会加剧各地区之间经济发展的差距，不利于产业布局调整与优化，制约了产业之间的协调发展，会逐步演化为经济高质量发展的桎梏。

四、配套政策支持体系有待完善

数字经济的发展要发挥市场在资源配置中的决定性作用，更好地发挥政府的宏观调控，构建市场机制有效、微观主体有活力、宏观调控有度的市场机制，完善数字经济赋能高质量发展的制度基础。"有效市场"与"有为政府"的结合，是新时代经济发展的重要支撑。数字经济相关的制度体系不健全，不利于经济的可持续增长。经济高质量发展需要一定的制度体系作为保障，政府的宏观调控政策会为数字经济的发展指引方向，为高质量发展提供道路指引。健全的制度体系和有效的产业政策可以促进资源的高效流动，引导资源向高新技术产业和新兴产业倾斜，实现资源的优化配置。欠缺健全的制度体系，无法将社会主义制度的优势发挥到最大，无法保障数字经济的安全稳定发展。目前，数字治理体系的制度建设相对缺乏以及监管理念相对落后，法律法规也存在不完善之处，导致信息泄露、"数据孤岛"现象频发，市场活力不足，不利于数字经济产业的长远发展，阻碍产业数字化进程，不利于产业升级与结构的优化，会导致资源配置的低效率，形成阻碍经济高质量发展的枷锁。

第三节　数字经济赋能经济高质量发展的路径

新一轮科技革命和产业变革加速演进，引领我国经济朝着智能化、信息化、数据化发展，数字经济在构建新发展格局、为经济增长注入新活力、培育新动能、促进产业结构转型升级方面将大有可为。数字经济在新发展理念的指引下，融合实体经济，为我国经济高质量发展赋能。以数字经济赋能高质量发展，要实施以下路径。

一、以科技创新为高质量发展形成技术创新支持体系

创新是引领发展的第一动力。坚持创新发展是我们应对发展环境变化、增强发展动力、把握发展主动权、更好引领新常态的根本之策。加强基础研究、提高科技创新能力是推动数字经济发展的关键路径，也是实现高质量发展的重要支撑。科技创新能力的提升能够增强推动数字化基础的创新，加快产业数字化的发展进程，为数字经济的发展提供产业基础支持。以科技创新为高质量发展提供技术支持，需要突破关键技术、强化平台建设、研发新产品，推动动力变革、质量变革、效率变革。

（一）加快突破关键技术

目前我国科技发展取得了一定的成果，但自主创新能力不足，缺乏核心技术和关键技术。要坚持创新驱动发展战略，必须加快核心技术的突破。通过建立完备的科技创新体系，培育科技创新人才，完善创新激励机制和专利保护制度，加大基础科学研究力度，大力推动自主创新，不断提高技术水平，推动经济发展的动力变革、推动效率和质量变革，提高数字经济的发展水平，为经济高质量发展提供核心技术支撑。

（二）强化创新平台建设

科技创新平台是推动科技进步，促进企业自主创新的基础平台。科技创新是产业升级的核心动力，加强创新服务平台建设，能够优化产业布局，提升产业链水平，有利于建立现代化经济体系。因此，我们要加强创新平台建设，充分整合科技资源，加快完善科学化、网络化、社会化的创新平台，提高科学技术资源的利用效率，提高自主创新能力，形成数字经济赋能高质量发展的技术创新支持体系。

（三）支持研发新产品

现阶段我国社会的主要矛盾已经转化为人民日益增长的美好生活需要和不平衡不充分的发展矛盾，即供需不匹配的矛盾。数字经济深入发展，催生了定制消费、网络消费、智能消费等新兴模式，供给决定需求的传统消费观念被颠覆。数字经济的发展背景下，需求为供给提供导向。为了满足人民群众的消费需求，需要研发更多新产品，以消费带动供给的升级。因此，急需出台相关政策激发大众创新意识，促使企业改进生产方式、采用新技术原理、开发新的设计思路生产新产品，扩大高端产品的供给规模，满足人民群众与日俱进的多样化需求，提高居民幸福指数。

二、以数字经济产业化为高质量发展形成产业支持体系

数字经济发展方兴未艾，带来了新技术、新应用、新业态、新模式的出现。推动数字经济的产业化发展，要加快产业数字化和数字产业化发展进程，不断推动产业结构的优化升级，整合各类资源，提高资源配置效率，结合数字经济领域创造的多样化新兴需求，推动科技创新，加速科技创新成果向生产力的转化，促进高新技术产业与新兴产业的发展。加速数字经济与传统产业的融合，推动信息产业、"互联网＋产业"的发展，加速产业变革，推动传统产业的演化升级，打造新发展格局下数字经济赋能高质量发展的新范式。以数字经济产业化赋能高质

量发展，需要实施以下几条路径。

（一）建设数字经济发展平台

良好的平台是数字经济产业化发展的基石。数字经济时代要重点支持数字经济、信息经济、共享经济、平台经济、互联网经济、零售经济等新业态新模式的发展，倡导大众创业、万众创新，提升微观经济主体的自主创新能力，为平台经济的发展提供动力支持，带动传统产业的转型升级，提高数字经济的发展水平，以此带动经济的高质量发展。

（二）推进企业的数字化转型

企业是国民经济的微观主体，是国家经济最基本的组成单位，因此数字化企业是数字经济的基础设施建设，推进企业数字化转型是构建中国数字经济底层最关键的步骤。微观企业的数字化转型可以促进中观产业的数字化转型，有利于加快产业数字化和数字产业化进程，加强数字经济与实体经济的融合，推动产业结构向着合理化、高级化演进，以此提高供给体系的质量，推动经济社会协调可持续发展。

（三）推动数字经济与实体经济的融合发展

推动数字经济与实体经济融合发展，是打造未来竞争新优势的重要途径，是推动高质量发展、构建新发展格局的内在要求。数字经济与传统产业融合发展，不但能够缓解传统产业产能过剩的问题，减少资源浪费，提高资源配置效率，还可以促进传统产业的优化升级，催生新兴产业，创新产品与服务，达到供需的动态平衡，缓解现阶段我国社会的主要矛盾，为高质量发展赋能。

三、以新型基础设施建设为高质量发展形成基础支撑

在数字经济蓬勃发展的背景下，新型数字化基础设施已成为提升一国综合国力和竞争力的关键因素。完善的新型基础设施是数字经济赖以生存的基础，是推动传统产业数字化、智能化、信息化发展的重要前提，是催生新兴产业、推动传统产业转型升级、促进高质量发展的迫切需要。加快布局新型数字化基础设施，以完善的新型基础设施建设为高质量发展提供基础支撑，需要重点关注以下几个方面。

（一）扩大新型基础设施的建设规模

新型基础设施的有效性是以其规模达到一定边界为条件的，而其巨额的前

期投入与漫长的回收周期弱化了投资者的投资动力，造成新型基础设施规模不足的现状，制约数字经济的发展。因此，在助力经济高质量发展过程中，政府政策需要向新型基础设施建设倾斜。一方面，建立健全新型基础设施建设的投融资机制，放宽新基建产业的市场准入制度，充分调动微观经济主体投资的积极性；另一方面，从金融政策、产业政策、创新激励政策、人才政策方面提供相关的政策导向，促进新一代信息技术的更新进步，扩大新型基础设施的应用化规模。

（二）推动新型基础设施的交叉融合

交叉融合是新型基础设施建设与生俱来的特点，包括学科、技术、产业三个方面的融合。各项新兴信息技术充分交叉融合发挥出叠加倍增的协同效应，促进传统产业的改造升级以及新兴产业的培育壮大。以新型基础设施的交叉融合为高质量发展提供基础支撑，需要协调各种数字化信息技术，使新型基础设施全面发展。提升网络通信基础设施，加强信息联通机制，加大资源的整合力度，提高资源利用效率，提高物联网产业的竞争力，加强产业链上下游的交流协作程度，发挥新型基础设施的外溢效应和倍增效应，支撑数字经济的高质量发展，带动经济发展质量和效益的提升。

（三）加强新型基础设施的技术扩散

数字技术具有明显的"知识外溢"效应，有利于提高经济运行效率。加大新型基础设施的技术创新力度，能够提高产出水平和效率，催生新业态、新模式、新产业的产生，提高产业链现代化水平，促进产业向着高级化演进，提高供给体系质量，推动高质量发展。以新型基础设施的技术扩散促进高质量发展，需要打造高质量创新体系，提高自主创新能力，加强科技创新力度，促进创新成果向生产力转化，以新型基础设施的技术创新带动数字经济的创新发展，形成新的经济增长点，引领经济高质量发展。

四、以数字治理为高质量发展形成配套政策支持体系

"有为政府"与"有效市场"的有效结合，为数字经济时代赋能高质量发展提供有力政策支持。大数据、互联网、人工智能等信息技术的加速发展为政府赋能，能够增强态势感知、科学决策、风险防范能力，打造"有为政府"，促进国家治理体系和治理能力现代化，促进经济社会全方面协调可持续发展。以数字治理为高质量发展形成配套政策支持体系，需要从以下几个方面发力。

（一）加快数字化转型，打造智能化政府

推动经济高质量发展任重道远，政府宏观调控与经济政策的支持必不可少。随着互联网、大数据、人工智能等科学技术的不断进步，数字经济日益融入经济社会的方方面面。政府通过搭乘互联网的东风，能够掌握更多的有效信息，提高决策科学性，促进政府效率的提升，有助于打造服务型政府，为经济高质量发展制定恰当、有效的经济政策。因此，要加快政府的数字化转型，打造智能化政府，简政放权、放管结合，进行科学的宏观调控，为数字经济的发展制定精准的产业政策、完善隐私保护与监管体系，营造稳定公平、竞争有序的市场环境。"有为政府"携手"有效市场"为经济高质量发展赋能。

（二）加强管理创新，提高决策科学性

在数字经济的发展背景下，政府的行政任务、行政环境等都发生了变化。因此，政府要加强管理方式、管理体制、管理机构、管理理念、管理职能的创新。借助高科技信息技术手段，提高办事效率，打造服务型政府。建立健全数字经济的评估机制，提高政策的有效性，做到切实为数字经济赋能高质量发展提供配套政策支持。

（三）加快数字领域立法，优化数字治理生态环境

互联网不是法外之地，更不是道德洼地。数字经济的发展给我们的生活带来了便利，但同时隐私泄露问题也日益凸显，消费者隐私保护问题成为数字经济发展的关键问题。一方面，要完善数字经济领域的相关法律制度，加强立法、切实保障消费者的合法权益，使用户在良好的环境中享受数字经济带来的效用，提高社会福利水平。另一方面，适应数字经济发展常态化，促进传统监管技术与数字技术手段的结合，加大监管力度，提高信息泄露的门槛，在不制约数字经济发展的条件下，提高社会福利水平，提高人民群众的幸福指数。

第四节　数字经济赋能经济高质量发展的政策取向

高质量发展是"十四五"乃至更长时期我国经济社会发展的主题，关系我国社会主义现代化建设全局。在数字经济的发展背景下，高质量发展要立足于新发展格局，以提高整个供给体系的质量与提高全要素生产率为出发点，立足实体经济，持续优化产业结构；加强基础科学研究，提高科技创新能力；加大资金支持力度，建立新型投融资机制；增加教育投资，培育创新型数字经济人才。推动经

济发展的动力、效率、质量变革，提升经济发展质量的水平。

一、立足实体经济，持续优化产业结构

实体经济是人类社会赖以生存发展的基础，是一国经济的立身之本，是经济可持续健康发展的重要支撑。实体经济的转型升级是促进产业结构转型升级与经济高质量发展的基本途径。实现高质量发展，要立足实体经济，促进产业结构优化升级，加快发展先进制造业，结合信息技术，推动供给侧改革，解决传统产业产能过剩的问题，提高资源配置效率。

（一）以供给侧结构性改革为主线

供给侧改革是带动消费升级、化解产能过剩、优化产业布局、促进产业升级的关键一招。通过供给侧结构性改革降成本、补短板、去产能、去库存，化解过剩产能，促进资源向新兴产业和高新技术产业流动，实现资源的优化配置，加快转变经济发展方式，为新发展格局下数字经济的发展提供良好的宏观经济环境。在"十四五"时期数字经济的发展背景下，通过供给侧结构性改革不断淘汰落后产业、夕阳产业，支持新兴产业的发展，优化产业布局，建立现代化的产业体系，培育经济增长的新动能，增强科技创新能力，推动创新成果向生产力转化，提高实体经济的竞争力，促进产业结构向合理化、高级化演进。

（二）加快发展先进制造业

在数字经济时代，先进制造业的发展水平关乎我国实体经济的发展水平，关系我国制造大国向制造强国的转变能否成功。互联网、大数据、人工智能等科学技术不断更新，为先进制造业的发展提供了技术支持。推动经济高质量发展，要夯实实体经济的地位，大力支持"互联网＋产业"等新兴产业的发展，鼓励企业进行科技创新和技术创新，提高制造业的发展水平，推动制造业向着智能化、信息化方面发展，建立现代化产业体系，夯实产业基础，为数字经济的发展与经济发展质量水平的提升创造新动力。

（三）提高传统产业创新能力

当今世界新一代科技革命和产业变革加速演进，创新已经成为增强综合国力和国际竞争力的关键因素。要完成数量型经济增长模式向质量型增长模式的转变，传统产业造成的资源浪费与产能过剩问题亟待解决。大力发展实体经济以促进产业结构优化，需要提升传统产业的自主创新能力，激发科技创新和技术创新，改进生产技术以提高生产效率，研发新产品提高供给水平，催生新业态、新

模式和新兴产业的发展，推动传统产业的转型升级，促使传统产业实现质量变革、效率变革、动力变革，提升产业链水平，建立现代化产业体系。

二、加强基础科学研究，提高科技创新能力

创新是经济发展的源泉与动力。党的十八大以来，以习近平同志为核心的党中央高度重视科技创新，把创新放在国家战略发展全局的核心位置。进入数字经济时代，我国长期以来在数学、物理等基础科学领域研究短板突出、重大原创性成果不足等问题日益暴露。提高经济增长的质量与效益，转变经济发展方式，必须实施创新驱动发展战略。

（一）完善基础研究布局

完备的教育体系是科技创新的重要基础。中国传统教育偏重知识讲授，创新活力不足。从教育抓起，改革教育体系，对数学、物理等重点基础学科给予更多倾斜，建立完备的知识体系，加强基础前沿科学研究，强化重大科学问题的战略部署，健全国家科技计划基础研究支持体系，加强专利成果的保护，激发科技创新的动力与活力，加快互联网、人工智能、大数据等新型基础设施与科学技术的进步，提高全要素生产率，提高经济增长的质量和效益。

（二）建设高水平研究基地

我国自主创新能力不断提高，呈现出良好的发展态势，但与发达国家相比仍有较大差距。我国创新人才队伍不断扩大，但高科技创新型人才依然不足。因此，我们要建设高水平研究基地，培养创新型人才，强化对科技创新基地的优化，充分发挥社会主义制度的优越性，调动一切积极因素为提高科技创新能力而努力，促进"互联网＋产业"等新兴产业的发展，培育数字经济赋能高质量发展的新动能，打造新优势。

（三）加大创新政策支持

自主创新能力的提高与微观经济主体的创新活力息息相关，离不开创新激励奖酬机制的支持。目前，我国在基础科学研究方面的投入不足，一定程度上延缓了科技创新的进程。以科技创新驱动经济高质量发展，需要加强基础研究顶层设计和政策扶持，深化科研项目和经费管理改革，完善奖酬激励机制，激发科研人员的积极性。科技不断创新，为数字经济的发展创造更好的技术保障，以数字经济赋能高质量发展计日程功。

三、加大资金支持力度，建立新型投融资机制

经济是肌体，金融是命脉。数字经济不是"虚拟经济"，而是一种基于传统经济系统的以科学技术为核心驱动力而实现更高质量的发展形态。因此，金融政策要为数字经济赋能高质量发展提供有针对性的、持续的、有力的支持。

（一）引导资金向数字经济领域倾斜

虽然数字经济领域具有低边际成本的特点，但前期投入需要巨额资金且回收周期漫长，导致了投资动力不足的现状。因此，政府需要引导资金向数字经济领域倾斜。一方面，引导资金向"新基建"产业投入，建立完善的新型数字化基础设施，为数字经济赋能高质量发展提供基础支撑；另一方面，设置专项资金，完善创新薪酬激励机制，保护知识产权和创新成果，推动科技创新成果向生产力转化。

（二）搭建专业的投融资服务平台

充足的资金是产业生产、经营、流通、销售环节正常运行的必要前提，是数字经济发展的源头活水。数字经济时代，我国现存的中小企业融资难、融资贵难题还未解决，会形成制约数字经济发展的桎梏，不利于技术创新，阻碍我国经济社会的可持续健康发展。数字经济的发展不仅需要更具包容性、普惠性的金融支持，还需要高效率、个性化的金融服务。因此，搭建专业的投融资平台是以数字经济赋能高质量发展的必然要求。大力推动普惠金融、数字金融的发展，建立高效率、智能化、数字化的投融资机制，使处于不同生命周期的企业都能够获得融资支持，有利于促进产业的科技创新、推动产业结构升级，有利于提高全要素生产率、提高经济产出水平。

（三）推动金融科技创新

金融技术创新不仅是提高金融效率的物质保证，还是推动金融创新的重要动力。金融科技创新促进金融交易成本的降低与交易效率的提升，有利于防范金融风险，提高金融市场的供给水平，完善投融资机制。互联网、人工智能等科学技术的应用，催生了新的交易方法和交易手段，使得金融效率大大提升。因此，以完备的金融制度为数字经济赋能高质量发展提供金融政策支持，需要加强金融科技创新，以"互联网＋金融"的方式，促进国民经济总水平的提高。

四、增加教育投资，培育创新型数字人才

数字经济时代，高质量发展依赖于科技发展与技术进步，互联网、大数据、人工智能等信息技术的不断发展给高质量发展带来了重大机遇。推动高质量发展既是保持经济持续健康发展的必然要求，也是适应我国社会主要矛盾变化和全面建成小康社会、全面建设社会主义现代化的必然要求，更是遵循经济发展规律的必然要求。高质量发展需要创新驱动，而创新需要依靠创新型人才的支撑和高科技人才资源的赋能。数字经济的发展催生新产业、新模式，推动新兴产业和技术产业的发展，对人才资源提出了更高的要求。因此，要大力推动教育体系改革，推动产学研融合发展，促进人才资源的合理配置，为数字经济赋能高质量发展提供人力资本支持。

（一）推动教育体系改革

传统的学校教育不利于学生自主创新能力的培养。在数字经济发展的背景下，需要培养具有科技创新能力的数字化人才，加大基础研究支持力度，坚持以高水平的科研培养高质量的人才，着重关注学生的自主创新能力和实践操作能力，为数字经济的发展输送创新型数字人才。

（二）产学研合作培养创新人才

党的十九大报告提出要促进高校、科研院所、企业的深度融合，产学研深度融合的机制是促进高校科研成果转化的基础。首先，要形成促进产学研一体化的政策支持，加强统筹协调，促进政府、企业、科研院所、高校之间的良性互动。紧紧围绕科研院所、高等院校和上下游企业对科学技术的需求，激发科研成果转化。其次，要鼓励科研人员与数字经济产业加强合作，共同助力产业创新，推动产业结构转型升级。

（三）促进人才资源的合理配置

数字经济的发展催生新业态、新模式、新产业，要瞄准新的发展方向，培养适应数字经济发展的创新型、应用型人才，不断优化人才结构，促进人才资源的合理配置。把握大力发展先进制造业和服务业的趋势，培养高新技术人才，加大数字化人才资源的投入，推动传统产业转型升级，促进传统产业与数字经济的融合发展，优化产业布局、提升产业现代化水平，从而推动经济发展质量与效益的提升。

第二十一章

经济高质量发展的宏观调控

经济高质量发展是未来中国经济发展的长期战略取向，我国由高速增长阶段转向高质量发展阶段，需要改变以经济增长为核心目标、以直接干预为调控原则及以需求管理为主要调控方式的传统宏观调控，建立适应经济高质量发展与运行的新特点和新规律的高质量发展的宏观调控体系。

第一节 新时代高质量发展宏观调控的转型

高质量发展要求宏观调控体系在宏观调控理念的创新、宏观调控目标的调整、宏观调控方式的转变、宏观调控手段的完善四个方面统筹协调推进。

一、宏观调控理念的创新

理念是行动的先导，一切改革发展的实践都是由特定的发展理念引领的，发展理念从根本上决定着发展的成效。2015年党的十八届五中全会提出的创新、协调、绿色、开放、共享这五大发展理念坚持以人民为中心的发展思想，顺应时代潮流，符合新形势下我国经济的发展要求，无论在理论上，还是在实践上对于破解发展难题、培育发展动力、积累发展优势都具有重大意义。我国经济的高质量发展就是体现新发展理念的发展，即创新动力成为核心依托、协调平衡成为内生特点、绿色发展成为普遍形态、开放合作成为必由之路、共享硕果成为最终目的的发展。新时代背景下，必须贯彻落实新发展理念，加快促成宏观调控理念的创新与转变。

一是激发创新这个第一动力。宏观调控应更加注重提高资源配置效率和全要素生产率，充分发挥教育的基础性先导性作用，培养高素质的创新人才，为创新提供人力资本的保障。二是把握协调平衡这个内生特点。在促进经济增长、物价稳定、充分就业、国际收支平衡的基础上，宏观调控应以推进供给侧结构性改革为重点，促进经济结构优化升级，增强经济短期稳定运行和长期持续发展的协同性。三是适应绿色发展这个普遍形态。绿色发展的概念蕴含着解放生产力、发展生产力和保护生产力三者相互促进、协调推进的思想，能否处理好发展经济与保护生态之间的关系事关发展的全局与未来。习近平总书记高度重视生态文明建设工作，并强调"良好生态环境是最公平的公共产品，是最普惠的民生福祉。"① 宏观调控应致力于引领全社会走出一条"经济繁荣、民生改善、生态良好"的文明发展之路，促使经济建设、社会建设和生态文明建设相辅相成、相得益彰。四是坚持开放这条必由之路。历史有力地证明了，40 多年前实行对外开放是我国经济发展取得举世瞩目伟大成就的正确抉择，进入 21 世纪以来顺应历史发展趋势、主动融入经济全球化的滚滚大潮也是中国奇迹得以造就的康庄大道。现如今站在新的历史起点上，开放依然是推动我国经济高质量发展的不二法门。因而便要求宏观调控不但要做到"引进来"和"走出去"并重，维持内外需协调与进出口平衡，而且还要按照中央经济工作会议提出的要求，适应国内外发展新形势，把握新趋势和新特点，推动形成由商品和要素流动型开放转向规则等制度型全方位对外开放的新格局。五是践行共享这个价值导向。马克思早在 19 世纪就对他所预见的未来社会作了生动的描绘——"社会生产力的发展将如此迅速，……生产将以所有人的富裕为目的"②。恩格斯也同样满怀着对社会主义社会的无限憧憬，在他看来，"通过社会生产，不仅可能保证一切社会成员有富足的和一天比一天充裕的物质生活，而且还可能保证他们的体力和智力获得充分的自由的发展和运用"③。在马克思主义经典作家看来，实现共同富裕是发展社会生产力的出发点和落脚点。共享理念强调践行以人民为中心的发展思想，坚持把实现好、维护好、发展好最广大人民根本利益作为发展的目标，要求做到发展为了人民，发展依靠人民，发展的一切成果由人民共享。宏观调控应在就业、收入、教育、医疗等与人民群众生存发展息息相关的领域作出更为有效的制度安排，保障人们幼有所育、学有所教、劳有所得、病有所医、老有所养、住有所居、弱有所扶，增强人们的获得感和幸福感，凝聚起全体人民朝着共同富裕目标稳步迈进的强大力量。

二、宏观调控目标的改进

按照传统的宏观经济理论，宏观调控的目标主要在于促进经济增长、实现充

① 中共中央研究室：《习近平关于全面建成小康社会论述摘编》，中央文献出版社 2016 年版，第 163 页。
② 《马克思恩格斯全集》第 46 卷，人民出版社 1995 年版，第 222 页。
③ 《马克思恩格斯选集》第 3 卷，人民出版社 1995 年版，第 751 页。

分就业、维持物价稳定和国际收支平衡四个方面。但结合现阶段我国发展实际，适应高质量发展要求的宏观调控应以提高发展的质量和效益为核心目标，以供给侧结构性改革为主线，以创新驱动为导向，在保持经济在合理区间运行的同时处理好结构性矛盾，解决好发展不平衡不充分的问题。具体而言，就是分别从宏观、中观和微观三个层面出发，加快推动经济发展质量变革、效率变革、动力变革，不断激发和增强我国经济的创新动力和内在活力。

一是在宏观层面推进经济结构性调整，提升整体发展质量。过去，由于受到落后的社会生产力水平限制，亟须通过生产的快速扩张提供充足的产品和服务，以满足人民群众日益增长的物质文化需求。因而宏观调控的目标在于政府调节市场运行，市场机制引导企业开展生产经营活动，然后产品销售和人们消费的过程得以顺利完成。正是在这一宏观调控目标的指引下，我国实现了由"站起来"到"富起来"的伟大跨越，数亿人民摆脱了生活长期处于短缺状态的窘境，逐渐过上了基本物质精神需求得到充分满足的好日子。目前，我国又面临着由"富起来"到"强起来"这一关键的历史性转变，加之我国社会主要矛盾发生转变，经济发展的不平衡不充分问题日益凸显。因此，在继续坚持解放生产力、发展生产力、保护生产力的同时，宏观调控的目标必须紧紧围绕推动经济高质量发展。通过供给侧结构性改革提高资源配置效率和全要素生产率，以创新培育发展新动能，激发实体经济活力，以供给体系质量的提升更好满足人民的美好生活需要。

二是在中观层面促进产业结构优化升级，助力制造强国建设。党的十九大报告中对新时代背景下我国社会主要矛盾的转化作了明确阐述，阐明了两个方面的问题：一方面是我国社会生产力发展进入一个新的阶段，已完成了相当可观的物质财富积累；另一方面是我国经济还存在较为严重的结构性问题，发展的潜力并未得到充分激发，集中体现在发展的不平衡和不充分上。不平衡问题主要表现为城乡和区域间的发展差距显著，不同社会阶层、社会群体在共享改革发展成果，满足更高层次、更多样化需求上存在明显差距。而发展不充分是不平衡问题产生的根源，表现为我国社会总体生产效率和全要素生产率仍存在很大的提升空间，发展的动能有待通过产业结构的优化和技术创新进一步得到激发，发展的质量和效益有待进一步提高。解决我国经济发展不平衡不充分问题，关键在于以产业结构的优化促进经济结构的合理化调整，其核心是深化供给侧结构性改革，建设现代化经济体系。就宏观调控的目标而言，要以发展实体经济为重中之重，提升实体经济适应国内外市场供求变化的能力，培育发展新动能和新的增长点；通过大力发展先进制造业，推动互联网、大数据和人工智能等新兴技术手段同实体经济发展深度融合，加快构建现代化产业体系，实现区域价值链与全球价值链的深度融合，提升我国企业在全球分工体系和价值链中的地位，加快从制造大国迈向制造强国的步伐。

三是在微观层面激发企业创新活力，充分积蓄发展动能。由于受到经济增长红利减少，劳动力、土地等要素成本上升等客观因素的限制，传统意义上以粗放式要素投入换取经济高速增长的发展方式已是难以为继，我国经济要跨越关口，解决好发展不平衡不充分的问题，根本途径在于增强自主创新能力。创新是引领发展的第一动力，因此宏观调控要着眼于创新驱动的发展战略，在激励创新方面做出更为有效的制度安排。通过深化科技体制改革，建立并完善科技创新体系，加强高素质创新型人才培育和集聚，对企业和个人的创新研发给予充分激励，在促进创新成果转化的同时从法律制度层面保护知识产权。让一切有利于科技创新的要素活力竞相迸发，让一切能够激发科技创新的源泉充分涌流，促使科教资源优势高效地转化为创新发展优势，共同形成企业主导、市场引导、政府调控、社会参与、产学研深度融合的创新发展强大合力，为推动我国经济高质量发展蓄积新动能。

三、宏观调控方式的转变

由于传统的短期逆周期总量调控的方式已难以为继，因而为处理好发展的结构性问题，政府需着眼于改进的宏观、中观和微观层面的调控目标，加强对宏观调控的顶层设计，不断完善宏观调控政策制度性安排。要在合理区间内适时适度地进行预调、微调，避免过度调控，以保证政策的长期效果，从而按照与高质量发展要求相适应的原则促成调控方式的转变。调控方式的转变意味着在实施宏观调控，发挥经济建设组织职能的过程中，政府应实现其角色的转变，具体涵盖以下三个方面的内容。

一是政府应从市场经济的直接指令者转变为资源配置的间接引导者。作为宏观调控的决策者和政策的执行者，政府应该改变传统上过度使用行政手段直接干预市场经济运行的宏观调控方式，转而让"看得见的手"更多在引导资源合理配置，规范主体市场行为方面发挥作用。由于受到传统的计划经济体制影响，我国政府对宏观经济的调控方式长期以来过多采用行政指令的方式，带来了巨大而深远的负面影响。自经济体制改革推行以来，政府与市场的关系演变经历了一个漫长的过程，尤其是1992年党的十四大将建立社会主义市场经济体制明确为改革目标后，理论界关于市场调节和政府调控的争论就始终不绝于耳，甚至"看得见的手"和"看不见的手"曾长期被错误地对立起来。2013年的党的十八届三中全会首次对"使市场在资源配置中起决定性作用和更好发挥政府作用"做出了明确表述。凡是市场能发挥好作用的，政府做到不越位；如若市场作用难以有效发挥，政府应该主动补位，坚决管到位。将二者作用统筹把握、有机结合，使其各得其所，实现优势互补、协同发力。就发挥政府作用而言，必须要改变直接干预的方式，转而采取间接引导的方式实行科学有效的宏观调控和经济治理。通过加强市场监督管理，保障市场机制在合理区间内运行，对于保持宏观经济稳定，优化公共服务，提高公共产品供给质量，维护市场竞争秩序都是至关重要的。转变调控方式，关键在于找准市场机制发力和政府作用发挥的最佳契合点，推动形成政府作用与市场机制统筹协调、有机统一、相互补充、共同促进的生动局面。

二是政府应从粗放式的总量调控者转变为精准化的过程调控者。由于改革初期我国社会生产力水平较低，宏观经济存在的矛盾是供给不足、需求难以得到满足的矛盾，因此亟待通过总量调控引导生产，从而保障供给，解决基础的民生温饱问题。正是依靠这样的方式，我国数亿人民成功实现脱贫，转而在"奔小康"的道路上阔步前行。但随着我国发展阶段的变化和经济结构的调整，传统上对宏观经济进行总量上的、逆周期的调控方式日渐显露出其弊端，甚至对我国经济活力释放和人民生活水平提高产生阻碍作用。当前我国宏观经济运行的矛盾已经由总量性矛盾转变为结构性矛盾，主要表现为需求结构、产业结构和收入分配结构三个方面的结构性失衡。造成这种结构性失衡的原因，在一定程度上也与粗放式总量调控的方式密不可分，因此凯恩斯所提倡的需求侧调控方式便不再完全适用于我国的发展现实。事实上，总量调控和过程调控应当是相互配合、相辅相成的，政府应在以总量调控保持宏观经济稳定发展的基础上，更加注重精准化的过程调控，解决好结构层面的矛盾和问题。"天下大事，必作于细"，宏观调控的实施需要有的放矢、在要害处精准发力，更加注重对宏观经济结构的优化调整，提高供给侧的质量。一方面，要把创新作为优化供给结构、提高发展质量的第一动力，构筑起完备的创新激励机制和支撑体系，大力弘扬新时代工匠精神。以区块链为重要突破口，加快开展大数据、云计算、人工智能等领域的战略性前沿技术攻关，推动智能制造业、现代金融业、现代化服务业创新发展，促进产业数字化和数字产业化，实现产业发展的规模效应及产业结构的合理化。另一方面，要充分激发新时代企业家精神，通过减税降费、优化营商环境、打破垄断等有力举措降低交易成本，营造中小企业健康发展的有利环境，同时对创新创业活动的开展产生正向激励作用，最终从根本上提高政府宏观调控的精准度，保证各项政策举措真正落实到位。

三是政府应从相机抉择的调控者转变为制度激励的设计者。相机抉择以凯恩斯主义经济学为理论基础，长期以来被奉为政府宏观经济调控的主要方式，主张根据宏观经济的运行状况，适时灵活地对财政政策和货币政策加以调整，从而维持宏观经济的基本稳定与繁荣。正是在这种调控方式的指导下，20 世纪 30 年代的"罗斯福新政"将深陷大萧条泥潭中的美国成功拯救出来，很多其他经济体也借此从这次波及范围最广、影响最为严重的资本主义经济大危机中逐渐恢复。此后，自由放任的政策逐渐被摒弃，国家对经济活动进行全面干预的经济治理模式登上了历史舞台。尽管相机抉择能够达到立竿见影的政策效果，但其不利于帮助民众和市场主体形成稳定的预期，进而对政策实施的长期效果和政府公信力产生了负面影响。鉴于此，2007 年度的诺贝尔经济学奖得主赫维茨（Hurwicz L.）、马斯金（Maskin E. S.）和迈尔森（Myerson R. B.）三位美国经济学家创立并发展的"机制设计理论"（Mechanism Design Theory）为正处于经济发展重要转型阶段，面临各种突出问题的我国转变宏观调控方式提供了宝贵的启示——应当作出更为科学有效的制度安排和机制设计，有力保障宏观调控政策实施的长期功效，最大限度地发挥制度的激励作用。宏观调控体制机制的设计，一方面要厘清大逻辑，即顺应我国市场化改革的历史潮流，加快建设适应高质量发展要求的高标准市场体系。要利用市场准入负面清单制度等固定的制度机制规范各类市场主体的行为，科学引导并帮助形成稳定的市场预期，从而打破阻碍市场机制有效发挥作用的制度藩篱，营造公平竞争的市场环境。另一方面要瞄准大目标，即一切宏观调控制度机制的设计及激励政策的制定要以适应我国经济高质量发展的要求为根本出发点，以提高发展的质量和效益为最终落脚点。具体而言，通过改革的方式实现合理的产权制度安排，充分激发各个经济主体从事创新活动和生产活动的积极性，以助于提高要素配置效率、全要素生产率和劳动生产率，在扩展生产可能性边界的同时提升生产力中最积极、最活跃的因素——劳动者创造价值的能力。此外，根据党的十九届四中全会对推进我国经济治理体系和经济治理能力现代化提出的明确要求，要通过深化行政体制改革创新政府调控方式，完成政府经济职能的转变，提高公共产品和服务的供给质量。

四、宏观调控手段的完善

宏观调控的手段和工具是有效实施宏观调控的重要抓手。完善宏观调控的手段，重点在于强化发展规划的战略导向作用，完善质量和效益调控、总量和结构调控的手段增强财政政策、货币政策、产业政策、区域发展政策等政策工具之间的关联配套及相互支撑作用，提高调控效率，降低调控成本。

一是完善质量和效益调控的手段。经济高质量发展不是轻轻松松敲锣打鼓就能实现的，需要政府理顺思路，有效采取符合高质量发展要求的宏观调控手段。在经济发展数量积累的阶段，政府在财政、货币、投资、外贸、消费等各方面运用丰富的政策手段进行宏观调控，为我国顺利完成各阶段的既定发展目标，成功实现经济腾飞发挥了不可替代的重要作用。但进入新时代后我国经济已处在由高速增长阶段向高质量发展阶段转型的关键时期，这便要求政府必须将宏观调控的政策重心由过去促进经济高速增长逐步转变到提高经济发展的质量和效益上来。完善调控手段，从根本上讲就是要努力完善以发展质量和效益为导向的调控手段。按照新发展理念，把培育发展新动能、优化经济结构、增强发展的永续性、提高经济开放度和实现发展的普惠性作为调控的核心理念，通过施行多样化的调控手段进行预调微调，从而有效提升发展的质量和效益。

二是完善长期调控的手段。我国经济发展正在经历由高速数量增长向中高速质量提升的转变，这实际上也是一个由量变积累向质变提升的过程，符合唯物辩证法中事物长期的发展规律。为适应高质量发展的要求，宏观调控手段的完善不但要立足当前，不打折扣地完成当前的各项任务，进而为长期实现稳增长、调结构、促改革、惠民生和防风险各项工作的目标夯实基础；更要着眼于长远，做好未来的谋篇布局，着眼于现实矛盾与问题，设定经济发展的阶段性目标，及时完善调控手段，采取有效的政策措施。具体而言，就是要按照"六稳"要求，促进充分就业，释放消费潜能；发挥好投资的关键作用，利用投资结构的优化引导产业加速转型升级；增强金融支持实体经济的能力，避免系统性金融风险；保障外资和进出口的稳定增长，从而实现多管齐下，共同助力于市场主体长期形成稳定而良好的预期。

三是完善统一化与差异化综合调控的手段。推动高质量发展是一项全局性工作，因此需要构建一套与我国高质量发展要求相适应的宏观调控体系，在这个体系内部包含统一的标准体系、指标体系、政策体系、绩效评价体系和政绩考核体系。但同时也不能忽视我国幅员辽阔，各地所处发展阶段不同，发展程度不尽相同这一现实的国情，因而推进高质量发展的过程不能等而视之，发展的成效也难以用完全一致的标准来衡量。完善宏观调控的手段，一方面需要树立党中央权威，中央的统筹考虑、整体构思和统一部署是宏观调控各项举措落地见效的根本保证，其关键在于寻找到各地区发展的最大公约数，同时利用合理的制度设计激励地方政府间的良性竞争，有效解决城乡和区域间发展不平衡、不协调的问题，从而形成全国凝心聚气，共同推动高质量发展的强大合力。另一方面也要结合实际，根据各地不同资源禀赋和发展特征，采取定向化、差别化的政策手段，在合理可控范围内下放经济决策的自主权，充分发挥各地优势，提高区域资源配置效率，引导地方各自探索走出适合自己的高质量发展路径。

第二节　经济高质量发展宏观调控的目标

传统的宏观调控是以经济增长、充分就业、物价稳定和国际收支平衡为目标，这一目标体系相对易于评价和考核，但却遗漏了新时代中国宏观经济运行的一些重要问题，如环境治理、风险防控和精准脱贫等。新时代中国特色社会主义宏观调控是以建设富强民主文明和谐美丽的社会主义现代化强国为宗旨，相应地应转变宏观调控目标，以适应新时代经济运行趋势和特征①。

一、高质量发展为导向

传统宏观调控体系通过追求短期的经济增长，能够在生产力相对较低的状态下提供足够的物质产品和社会服务，从而满足人民群众日益增长的物质文化需求。目前中国仍处于社会主义初级阶段，我国是世界最大发展中国家的国际地位也没有改变。但中国已成为世界第二大经济体，2021 年 GDP 为 114.4 万亿元，比上年增长 8.1%，以人均 GDP 衡量已进入中等偏上收入国家行列。② 在经济发展水平较低、生产力水平不高的阶段，以经济增长为目标实现了"富"。而从"富"到"强"的转变，则需要推进高质量发展。通过进一步解放、发展和保护生产力，实现经济社会结构的平衡和资源利用效率的充分提升，满足人民日益增长的美好生活需求。

当前经济增长速度下降属于结构性减速，是淘汰落后产能和低效产能的结构性调整的结果。加快发展现代经济体系是抵消经济减速不利影响的必然选择。这需要将互联网、大数据和人工智能与实体经济相融合建设制造业强国，加快发展以先进科学技术为支撑的现代服务业，最终通过产业优化升级和建设现代化经济体系实现高质量发展。需要指出的是，追求高质量发展并不意味着放弃经济增长。一方面，高速和低速增长都不利于转方式、调结构和深化改革；另一方面，中国已有的增长红利趋于弱化，维持传统高速增长的条件难以满足，以创新驱动和提高供给体系质量为核心的高质量发展将会为未来长期稳健的经济增长创造新红利和新动能。

二、充分就业为先导

保证劳动者的充分就业，一方面，使劳动这种创造财富的最能动的要素能够充分发挥作用，充分发展生产力。根据马克思的概括，生产力的发展来源于三个方面："归结为发挥着作用的劳动的社会性质，归结为社会内部的分工，归结为智力劳动特别是自然科学的发展"。③ 建设新时代中国特色社会主义需要形成实体经济、科技创新、现代金融与人力资源协同发展的产业体系，在四方面协同中劳动者居于核心地位。实体经济的发展离不开大量熟练的产业工人，科技创新和现

---

① 师博：《中国特色社会主义新时代高质量发展宏观调控的转型》，载于《西北大学学报》2018 年第 3 期。

② 宁吉喆：《国民经济量增质升"十四五"实现良好开局》，载于《求是》2022 年第 3 期。

③ 《资本论》第 3 卷，人民出版社 2004 年版，第 96 页。

代金融的发展需要人力资源的支撑。因此，只有实现充分就业才能够最广泛地发挥劳动者的作用，也只有充分就业才能够有效地提升劳动者的生产技能和经验，激发人民创造活力，服务社会主义现代化强国建设。

另一方面，充分就业保障了劳动者的权利，是实现公平的收入分配的基础。一是，中国特色社会主义的基础是公有制，每个劳动者要搜寻到期望的工作岗位，进而保障自身的决策权、选择权和发展权必然是通过充分就业实现的。二是，就业就是民生，更高质量和更充分就业才能使得居民收入与经济增长同步，使经济增长的红利充分外溢到每一位劳动者。充分就业能够最大化地保障劳动者的个人收入，最广泛地实现个体和家庭的全面发展，以及充分体现以人民为中心的发展宗旨。三是，新时代的充分就业还有一项重要功能，要与精准脱贫紧密结合。充分就业是将扶贫同扶志、扶智相结合的必要条件。只有实现充分就业才能最广泛地保证劳动者在工作中提升经验和技术水平，从劳动者自身发展的角度实现精准扶贫、精准脱贫以及预防返贫。

三、物价稳定为基础

物价波动是价格、货币和经济变动的综合体现。物价水平保持稳定，即温和的通货膨胀，是宏观经济平稳运行的基本条件，正如马克思认为的"剧烈的价格波动，会在社会再生产过程中引起中断，巨大的冲突，甚至灾难"。[①]

首先，保持物价稳定应防止恶性通货膨胀和超级通货膨胀。马克思虽然没有直接分析过通货膨胀，但在《资本论》中探讨了货币流通公式，涉及物价和货币的相关问题。按照马克思的货币流通公式，货币的总量应等于商品的价格总额与同名铸币的流通次数的比值。换言之，"商品的价格总额"在数值上等于待销售的商品量和商品的价格水平的乘积，而通货膨胀则可以定义为纸币发行量超过商品流通中的实际需要量所引起的货币贬值现象。过高的通货膨胀率导致货币购买力下降，进而通过影响公众预期，导致金融体系遭遇信用危机，最终冲击实体经济。

其次，保持物价稳定也要预防通货紧缩。通货紧缩也是新时代中国宏观经济运行中需要重点关注的问题，郭克莎和汪红驹认为经济新常态下，经济增长由高速转向中高速，通胀水平回落较快，因此宏观调控应由主要防控通货膨胀转变为主要防控通货紧缩。目前的经济增速结构性下滑、高杠杆率、资产价格波动、产能过剩、人民币汇率贬值预期、国际大宗商品价格中长期颓势等均会导致通货紧缩。通货紧缩会导致企业利润下滑，诱发悲观预期，同样不利于宏观经济稳健

---

① 《资本论》第 3 卷，人民出版社 2004 年版，第 135 页。

发展。新时代中国特色社会主义宏观调控保持物价稳定，需要既控制通货膨胀率，也预防通货紧缩，通过保持适度通货膨胀区间为高质量发展提供稳定的经济环境。

四、化解重大风险为核心

新时代以来，中国经济的结构性减速、经济结构变迁及经济增长动力转化，都为宏观经济带来较大的不确定性，如何化解实体经济、金融体系及全方位对外开放中面临的重大风险也将影响中国经济的高质量发展。习近平同志在 2016 年中央经济工作会议中指出："要加强对各种风险源的调查研判，提高动态监测、实时预警能力，推进风险防控工作科学化、精细化，对各种可能的风险及其原因都要心中有数、对症下药、综合施策，出手及时有力，力争把风险化解在源头，不让小风险演化为大风险，不让个别风险演化为综合风险，不让局部风险演化为区域性或系统性风险，不让经济风险演化为社会政治风险，不让国际风险演化为国内风险。"

新常态背景下，我国宏观经济潜藏的重大风险集中在三个领域。一是制造业。中国经济增长出现结构性减速，部分行业出现产能过剩，不通过以创新驱动为核心的供给侧结构性改革，难以使制造业攀升到国际产业价值链的高端，将进一步阻碍质量强国和制造强国的建设，诱发产业空洞化的风险。二是金融业。近年来，房地产过热引发的资产价格泡沫和不良贷款、地方政府债务违约、人民币贬值压力以及互联网金融违约频发，金融系统流动性的压力增大，金融风险爆发概率增加。三是改革开放以来中国不断融入全球经济，中国制造也凭借低成本奠定了全球竞争优势。然而低成本也导致了中国制造的产品质量不高、品牌溢价较低，长期来看，此类风险将侵蚀新时代中国推动全面开放新格局的基础。不仅如此，中国企业"走出去"的过程中，所面临的商业、政治和生态环境风险也在逐渐增大。这就要求在构筑人类命运共同体、凝聚共识的基础上，提升对外直接投资质量化解国际风险。

五、污染防治为根本

在中国经济高速增长阶段，粗放型增长导致了对生态环境的巨大破坏，中国也成为全球碳排放量最大的国家。建设社会主义现代化强国是人与自然和谐共生的现代化，既要创造更多物质财富和精神财富以满足人民日益增长的美好生活需求，也要提供更多优质生态产品以满足人民日益增长的优美生态环境需求。马克思主义政治经济学的研究对象是在一定生产力水平基础上的生产关系。邓小平指出"应该把解放生产力和发展生产力两个讲全了"，[1] 在此基础上习近平同志提出"保护生态环境就是保护生产力、改善生态环境就是发展生产力"。[2] 从而，中国特色社会主义政治经济学的生产力范畴有三个层次的内容：解放生产力、发展生产力和保护生产力。环境和生态本身就是财富，绿水青山就是金山银山。保护生产力与绿色发展的理念相一致。绿色发展方式和生活方式，是永续发展的必要条件和人民对美好生活追求的重要体现。进一步从生产关系的角度来看，马克思主义认为，环境问题不能脱离一定的社会生产关系来解决。人与人的关系和人与自然的关系是互为中介的，人的全面发展必须合乎生态规律，良好的自然环境是人全面发展的源头活水，也是全人类解放的基本标准之一。

因此，无论从践行绿色发展理念、保护生产力的视角，还是从协调人与自然的关系、促进全面发展的角度而言，要解决社会主要矛盾必须保护和促进绿色生产力发展，污染防治也必然是新时代中国特色社会主义宏观经济调控的根本目标。

第三节　经济高质量发展宏观调控的原则

新时代中国特色社会主义需要建立宏观调控有度的经济体系，不断增强我国经济创新力和竞争力。相应地，为实现经济高质量发展、充分就业、物价稳定、化解重大风险和污染防治的目标，宏观调控就应遵循间接引导、固定规则和存量调控的原则，避免过度调控和干预成本过高，引导公众的理性预期，最终提升宏观调控的长期政策效果。

一、间接引导为主、直接干预为辅

传统宏观调控多以直接干预为主，由于政策实施过程中存在信息不对称、外部性及行政垄断，诱发了资源配置扭曲、政策实施成本过高、权力寻租行为等后遗症，导致宏观调控政策效果滞后甚至是政策失灵。新时代中国特色社会主义宏观调控需要遵循间接引导为主、直接干预为辅的原则，减少和化解不必要的政策实施成本与扭曲效应。马克思在分析价值规律时提出，价值规律是通过竞争即同供求关系相适应的价格的波动而实现的，换言之，以供求关系为核心的市场机制是资源配置的基础。因此，间接引导的核心在于完善市场机制、知识产权保护机

---

[1]　邓小平：《在武昌、深圳、珠海、上海等地的谈话要点》，载于《人民日报》1993 年 11 月 6 日。

[2]　《习近平谈治国理政》第 1 卷，外文出版社 2018 年版，第 209 页。

制、农地"三权分置"制度、区域协调发展机制、贸易和投资便利化制度、生态资源环境补偿机制及自动稳定器制度。通过制度建设自发引导资源的合理配置，在充分调动各类经济主体活力的基础上，激发新动能、优化经济结构、助力高质量发展。间接引导的基础在于体制改革，即改革和完善激励机制、容错机制、监督机制和退出机制，以激励机制鼓励创新，以容错机制加快改革，以监督机制防止投机性行为，以退出机制增强市场竞争活力。最终以改革的办法促进要素充分流动和合理配置，通过市场和制度的力量自发推动质量变革、效率变革和动力变革，最大化节约调控政策成本。

新时代中国特色社会主义宏观调控以直接干预为辅，即以微刺激替代强刺激辅助经济平稳运行。微刺激政策体系既能保证经济增长和就业，又尽可能地促进结构调整。一方面，通过货币政策调控使得通货膨胀率保持爬行和温和状态，既防止通货膨胀率过高，也防止通货紧缩的风险，保证宏观经济平稳运行；另一方面，通过财政政策增加教育、医疗和环保等方面的公共投入，充分释放公共产品的正外部性，提升经济发展的公平性。与此同时减少对落后产能的财政补贴，促进经济结构升级。

二、固定规则为主、相机抉择为辅

固定规则和相机抉择是围绕宏观调控争论最多的两个问题，以凯恩斯理论为基础的传统宏观调控更多的是相机抉择，根据宏观经济波动状况，灵活调整财政政策和货币政策。相机抉择虽然在表面看具有适应性和灵活性的特征，但却不利于树立政府公信力，难以引导公众的理性预期。新时代中国特色社会主义宏观调控应以固定规则为主、相机抉择为辅。固定规则主要体现在，宏观调控的核心目标是围绕建设社会主义现代化强国而推动经济高质量发展，这一目标不会因为内外部环境的变化而改变。一是坚持质量第一，效率优先，绝不因经济增长率的下滑而采取降低发展质量为代价的保增长政策。二是坚决推动创新驱动型的发展模式和绿色发展理念，以建设创新型国家和美丽中国为导向，杜绝投资驱动型增长模式和先污染后治理的粗放型增长方式。三是各级政府严格执行财政预算管理，坚决遏制政府债务规模膨胀。四是货币政策以物价稳定、经济稳定为核心，坚持宏观审慎政策维持金融稳定，慎用以刺激经济增长为目标的扩张型货币政策。

宏观调控的相机抉择主要用于防范化解重大风险。无论是金融风险还是国际风险，都是由不确定性所引发，化解重大风险需要非常规的政策手段，因时制宜、因地制宜。依据各类风险爆发的源头，灵活制定应对策略。固定规则为主、相机抉择为辅的调控原则能够界定宏观调控的适用范围和界限，其目的也在于确立调控有度的宏观调控。

三、存量调控为主、流量调控为辅

凯恩斯理论强调短期分析，侧重调控流量如投资、消费和进出口等，从而对经济产生立竿见影的干预效果。流量调控的优点在于政策目标明确，政策工具易于掌控，政策的短期效果明显，政策实施的不确定性较少。但是，流量调控在长期难以对经济平稳运行产生积极影响。首先，流量具有时效性，只能在固定的时间段内对宏观经济产生单一的作用，使得流量调控政策也无法形成累计叠加的调控效果。其次，针对不同流量的调控政策存在内部冲突，如刺激投资的调控政策会导致利率和物价水平的攀升进而对消费产生挤出效应。最后，流量调控政策实质上属于消耗性政策，而新时代宏观经济需要通过知识、技术和经验的积累推动创新驱动型发展。消耗性的流量调控无法与强调积累性的高质量发展相协调，难以支撑长期稳定的高质量发展。

新时代高质量发展的宏观调控体系应以存量调控为主、流量调控为辅。物质资本、人力资本和文化资本作为经济最主要的存量，对创新驱动具有重要影响。刘易斯认为随着物质资本和文化资本的增加，传统观念的束缚将趋于弱化，新产品的知识逐步扩散，进而驱动了技术进步和知识广泛外溢。创新驱动型的高质量发展需要立足长期强化存量调控，通过促进人力资本、物质资本、文化资本、社会资本及生态资本等各类财富的积累，引导经济自发运转到高质量发展的平衡增长路径。在具体的调控内容上包括：一是确立合理的国家财富观，重视精神财富和生态财富的积累，促进国家财富观和个人财富观的协调统一，将投资由过剩的制造业引导至高新技术产业和现代服务业；二是在国家税收体系中调整向流量征税和向存量征税的比例关系，即将税基的重点由收入和消费等流量调整到资产和财富等存量，通过抑制财富分化防止国家创新动力衰减；三是加大对生态资源的保护，强化"绿水青山"作为生态资本同样具有财富价值和生产力的功能，促进经济社会的绿色、协调发展。

第四节　经济高质量发展宏观调控的方式

新时代中国特色社会主义宏观调控的目标体系和长期性原则，与传统的经济增长、充分就业、物价稳定和国际收支平衡目标及短期直接刺激经济的原则有实质性的差异，并主要体现为数量型发展与质量型发展理念的冲突。相应地，宏观调控方式就需要以推动经济的高质量发展为核心，以供给侧结构性改革为主线，以促进创新驱动为导向，在调控理念和方式上进行必要的转向，以适应新时代中国特色社会主义宏观经济运行的需要。

一、数量调控转向质量调控

在生产力水平不高、国民收入水平较低的发展阶段，我国的宏观调控为了促进经济高速增长、服务 GDP 倍增计划，淡化甚至忽视了经济增长质量提升和效率改进。传统数量型宏观调控通过刺激要素投入，推动经济在短期内的快速增长，实现了经济总量的数量型攀升。然而数量型的宏观调控牺牲了经济结构的优化升级、收入分配的公平性、非生产性公共产品和服务的投入及生态环境质量。数量型宏观调控虽然能在短期内有效刺激经济，但无法在长期优化经济结构和培育经济增长新动能。

新时代中国仍然处于社会主义初级阶段，但生产力水平较改革开放之初已有了显著的上升，为了满足人民日益增长的美好生活需求，应当实施质量型的宏观调控方式。质量型的宏观调控不仅服务经济增长数量，更是一种综合型的调控方式，并主要体现在：第一，从经济增长的稳定性、增长动力的强劲性、经济结构的合理化及经济的开放性的维度进行调控，促进全要素生产率的提升、构筑稳定的发展基础。第二，优化教育和公共医疗卫生投入，以不断提升人力资本水平、培育劳动力的就业能力和自我发展能力，服务以人民为中心的利益诉求。通过实现人的全面发展，增加经济发展的社会成果。第三，防治和减少气体污染、液体污染和固体污染，提升环境和资源综合利用效率。通过促进人和自然的和谐发展，增加经济发展的生态成果。

二、总量调控转向结构调控

传统的宏观调控重点关注对经济总量的调控，生产力水平较低时总量问题解决了，民生和就业问题便得到保障，宏观经济就具有稳定发展的环境。但当前中国宏观经济运行中的矛盾不是总量性矛盾，也不是周期性矛盾，还不是短期需求矛盾，而是长期结构性矛盾。《资本论》中系统论述了要使社会再生产能够顺利进行，两大部类之间必须保持均衡关系，即经济结构的平衡性在宏观经济运行中具有重要作用。我国宏观经济的长期结构性矛盾是传统宏观调控的后遗症，具体表现为经济社会结构的不平衡性：一是，需求结构不平衡，投资需求过于旺盛，而消费需求无法充分释放，尤其是中国人均收入迈向 1 万美元的背景下居民对高质量产品和服务的消费需求没有得到满足。二是，产业结构的不平衡，服务业发展较快，工业尤其是高端制造业发展速度不快，实体经济对经济增长支撑不足。三是，收入分配结构不合理，总收入中资本要素报酬占比远高于劳动要素报酬占比。

总量调控是要解决有没有的问题，而结构调控则是要进一步解决好不好的问题。新时代中国特色社会主义宏观经济调控，应更注重结构性调控。第一，逐渐减少政府导向的投资，通过完善市场机制激发民间投资的活力。加快对落后产能的淘汰和僵尸企业的断血，将经济社会资源投向创新能力更强、经营品质更高的企业，提升对高质量产品和服务的供给。第二，加大对制造业尤其是先进制造业的支持力度。在加大税收和信贷支持及知识产权保护力度的同时，推动互联网、大数据、人工智能和实体经济的深度融合。以技术进步促进产业迈向全球价值链中高端，防范和化解产业空洞化风险及企业对内和对外投资的低质量风险。第三，矫正要素市场尤其是资本市场由垄断势力造成的各类扭曲，完善要素分配的体制和机制以及加强金融市场监管，预防系统性金融风险。坚持按劳分配的原则，综合利用财税工具扩大中等收入群体、增加低收入劳动者报酬、调节过高收入。

三、需求调控转向综合调控

建立在凯恩斯理论基础上的宏观调控在实质上是逆经济周期的需求管理，即通过财政政策和货币政策刺激总需求，实现干预和调节宏观经济运行的目的。然而，以需求管理的方式来进行宏观调控只适合于短期，长期调控会造成政策成本较高及与公众预期相关的政策失灵问题。供给管理是从生产方的因素入手进行宏观调控，供给管理的因素变量包括制度、经济结构、要素禀赋等，供给管理的本质是长期管理。新时代中国特色社会主义宏观调控要服务于到21世纪中叶的现代化强国建设，既需要关注短期经济波动更需要着眼长期经济的高质量发展，在整体上综合需求管理和供给管理。

新时代中国特色社会主义宏观调控的需求管理与凯恩斯理论的需求管理有所区别。首先，财政政策侧重于平衡生产性和非生产性财政支出的结构。增加科技和教育支出加快建设创新型国家，提升文化支出建设社会主义文化强国，提高医疗卫生支出实施健康中国战略，加大生态环境治理支出建设美丽中国。其次，完善自动稳定器制度，优化累进制所得税和失业救济，在优化收入分配结构、保障民生的同时，为宏观经济稳定运行保驾护航。

新时代中国特色社会主义宏观调控的供给管理，以提高供给质量作为主攻方向。一是，坚持去产能、去库存、去杠杆、降成本、补短板，淘汰落后产能、减少无效供给，从生产领域增加高质量供给。提高供给体系的适应性和创新性，优化供给结构，优化存量资源配置，扩大优质增量供给，实现供需动态平衡。二是，优化生产领域的供给，以供给侧的产业结构优化保障高质量供给。大力发展智能制造业、共享经济产业、绿色低碳经济产业和生产者服务业，加快构筑实体经济、科技创新、现代金融与人力资源协同发展的现代产业体系。三是，增加激励创新的制度供给，以制度引领创新、以创新支撑高质量供给。加大知识产权的保护力度，强化对侵权行为的监督和惩处，保证创新企业能够获得超过平均利润的报酬，激发创新行为。增加对高质量创新的补贴、信贷和资格认证等方面的倾斜政策，将创新活动的外部性内部化，激励知识和创新在各区域和各领域的充分外溢。四是，激发和保护企业家精神，保证高质量供给能够在微观经济层面落实。营造保护企业家财产权、自主经营权、创新权益的法治环境，更要营造促进企业家公平竞争诚信经营的市场环境，强化企业家公平竞争权益保障，健全企业家诚信经营激励约束机制，持续提高监管的公平性规范性和简约性。

四、"强刺激"政策搭配调控转向货币政策和宏观审慎政策双支柱调控

1997 年亚洲金融危机爆发后，我国政府采用了"强刺激"政策，以扩张型的财政政策和货币政策推动经济高速增长，但也间接诱发了地方政府债务违约、资产价格泡沫和不良贷款等经济金融风险。新时代中国特色社会主义宏观调控在政策搭配上，应从"强刺激"转向健全货币政策和宏观审慎政策双支柱调控框架，在有效调控经济的同时防范和化解各类风险。

实施货币政策的目标在于保持物价稳定和充分就业，为高质量发展营造稳定的经济环境。宏观审慎政策则直接并集中作用于金融体系本身，通过抑制杠杆过度扩张和顺周期行为，进而防范系统性风险、维护金融稳定，最终避免或减少由于金融不稳定造成的宏观经济成本。换言之，在宏观经济稳定领域，货币政策是服务宏观经济目标的最主要调控手段，而宏观审慎政策则加以有条件的补充。在金融稳定领域应当以宏观审慎政策为主，货币政策有条件地对它进行协助。两项政策的制定和实施都需要考虑它们对另一项政策主要目标的影响，并根据具体的经济环境进行权衡和调整。

搭建货币政策和宏观审慎政策双支柱调控的重点在于：一是处理好货币政策和宏观审慎政策的关系。明确固定规则的货币政策，抑制货币政策调节可能产生的顺周期效应，减缓宏观审慎政策的使用频率。确立合理的宏观审慎政策框架，优化货币政策的传导机制。二是加强数据搜集和处理，尤其是经济金融大数据，通过模型化分析有效识别系统性风险。三是结合国际经验和中国国情，建立起涵盖风险计量、财务报告、资本监管、风险集中度限制及保险机制等一整套宏观审慎政策工具箱。

　　经济高质量发展时代的宏观调控应该以高质量发展、充分就业、物价稳定、化解重大风险和污染防治为目标，遵循"间接引导为主、直接干预为辅""固定规则为主、相机抉择为辅""存量调控为主、流量调控为辅"的调控理念，实施由数量调控转向质量调控、由总量调控转向结构调控、由需求调控转向综合调控、由"强刺激"政策搭配调控转向货币政策和宏观审慎政策双支柱调控。最终围绕高质量发展，建立起调控有度、引领创新和政策成本可控的宏观调控体系，服务富强民主文明和谐美丽的社会主义现代化强国建设。

第二十二章

结束语：从高速增长转向高质量发展的 重大理论与现实问题

党的十九大做出了我国经济已经转向了高质量发展的重大判断，这个重大判断给中国特色发展经济学提出了一个全新的理论问题。党的十九届五中全会通过的《中共中央关于制定国民经济和社会发展第十四个五年规划和二○三五年远景目标的建议》进一步把高质量发展作为新发展阶段的发展目标和发展的根本指向，十九届六中全会又提出了"必须实现高质量发展"的任务。转向高质量发展以后，在理论上需要解决一些重大理论问题。在实践上决策系统面临着一系列急需处理和解决的重大现实问题。

第一节 从高速增长转向高质量发展的重大理论问题

转向高质量发展以后，需要从中国特色发展经济学的理论上回答"为什么要转向高质量发展、什么是高质量发展，如何转向高质量发展"三个层面的重大理论问题。

一、转向高质量发展的客观必然性

新发展阶段转向高质量发展的客观必然性是中国特色发展经济学需要研究的重大理论问题，需要从中国特色发展经济学理论上回答"为什么要转向高质量发展"的命题。从理论上来看，转向高质量发展的客观必然性在于以下方面。

（一）转向高质量发展是适应我国社会主要矛盾变化的必然要求

新时代我国社会的主要矛盾已经转化为人民日益增长的美好生活需要和不平衡不充分的发展之间的矛盾，社会主要矛盾的变化表明中国经济发展的问题不是总量矛盾，而是结构性矛盾。结构性矛盾实质是质量矛盾，也就是不平衡不充分的发展就是发展质量不高的发展。针对社会主要矛盾的变化新发展阶段必须在继续重视数量发展的同时，要重点解决发展质量加快落实问题，通过质量提升实现数量的有效增长。一方面促进高质量发展，需要解决不平衡问题。不平衡问题主要是经济结构不平衡，主要表现在产业结构、投资消费结构和收入分配结构的失衡，这些结构性失衡导致了资源的误配置。区域发展不平衡，主要表现在，区域发展差距依然较大，在原来东西部差距基础上，南北经济差距进一步加大了。城乡发展不平衡，主要表现在城乡经济发展差距大、城乡要素配置不均衡、城乡公共服务发展不平衡。另一方面促进高质量发展，需要解决不充分问题，不充分问题主要是改革不充分导致的经济增长内生动力还不够足，表现在公平竞争的市场环境需营造、市场主体活力还需充分激发、政府宏观调控能力还需提高、宏观政策还需优化。创新驱动不充分导致的创新能力还不够强，主要表现在自主创新能力需要提升、原创成果缺乏、核心技术、关键共性技术和前沿引领技术创新不足，创新成果产业化发展水平不高，产学研协同发展还不充分。开放不充分导致的开放水平需要进一步提升的问题。主要表现在全球价值链分工和全球产业发展中处于低端，参与国际规则、标准制定的能力还不强，走出去面临的风险和安全压力大。不平衡不充分问题表明经济发展质量不高，对不平衡不充分问题的解决就是提高经济发展质量。

（二）转向高质量发展是打造经济发展升级版的必然要求

新发展阶段高质量发展意味着中国经济要从规模扩张转变为效率提高，从数量发展版转变为质量发展版，从数量追赶转向质量追赶，加快落实高质量发展，打造中国经济发展的质量升级版。一方面，经过改革开放40多年的发展，人均收入进入中等收入国家行列面临着"中等收入陷阱"的风险。同时过去快速增长阶段积累的矛盾逐渐暴露，以追求速度为要求的发展路径、发展机制和发展模式已经难以持续，这种经济发展方式由于创新能力不足，面临着跨越中等收入陷阱的考验。另一方面，经济发展实质是财富的增长，而财富是通过资源消耗生产出来的，同时长期的数量型追赶战略，对资源的过度消耗，使得经济发展的初始条件和资源禀赋条件发生了新的变化。从人口增长来看，随着我国人口红利的消退，人口结构的新变化，经济发展过程中的人力成本不断上升，造成了对长期经济发展的约束，驱动经济规模扩张的廉价劳动力优势丧失。从自然资源供给来看，进入高质量发展，环境污染和资源稀缺性加强，自然资源构成了对高质量发展的硬约束。同时长期以来我国经济增长主要依靠外需和投资拉动，不仅造成资源过度耗费、环境的严重污染和能源的短缺，这种发展方式容易受到国际市场价格波动的影响。为了跨越中等收入陷阱、解决资源环境问题、提高国际竞争力，这就要求我们高质量发展必须由数量型高速发展转向质量效益型高质量发展，在数量型发展版的基础上打造质量升级版。

（三）转向高质量发展是遵循经济发展规律的必然要求

依据发展经济学的一般理论，经济发展是有阶段的，由于不同经济发展阶段的资源禀赋条件不同，与发展阶段相适应的经济发展目标、发展任务和发展方式都不同，而且在不同的发展阶段上呈现出了不同的发展特征和发展要求。同时按照发展经济学的一般规律，在经济发展的低级阶段一般追求数量发展，进入高收入阶段就需要追求经济发展质量。在低收入阶段经济发展的主要任务是从贫困走向富裕，这时候经济发展以追赶战略为导向，集中全部的资源，以数量型发展为目标努力实现从贫困走向富裕。进入高级发展阶段，经济发展的目标就要转向实现现代化。[1] 实现现代化的内容包括人的现代化、企业现代化、产业体系现代化、经济结构现代化和社会发展水平的现代化。因此，新发展阶段转向高质量发展也是遵循经济发展规律，实现我国经济发展目标转向现代化目标的必然要求，是支撑新时代现代化发展的重大战略。不仅涉及经济的持续发展，更关系到新时代现代化战略的顺利进行。世界银行2000年发展报告认为经济发展模式影响着发展质量，经济发展的质量和速度同样重要。报告指出经济增长质量要求将促进经济增长的政策与普及教育、加强环保、增加公民自由措施相结合，最终使人民生活水平得到提高。总的来看，高质量发展模式与过去发展模式最大的区别就是发展的目标和要求是建立在高质量基础上，高质量发展模式要实现通过创新驱动，使得经济结构在许多领域实现转型升级。

二、新发展阶段转向高质量发展的发展方式转变

高质量发展的最终目标是要进行经济发展方式的转变，新发展阶段在发展方式上要实现从数量追赶转向质量追赶，加快落实高质量发展，促进现代化经济体系的建立。发展方式转变是转向高质量发展一个需要研究的重大理论问题，需要从中国特色发展经济学基本理论上解决的"怎么样转向高质量发展"的命题之一。

在高质量发展的加快落实中实现发展方式转变，总的要求是从要素驱动转向创新驱动，加快建立质量效益型的发展方式，形成高质量发展的内生驱动力。具体要求：一是促进中国经济发展从数量型发展向质量型发展的转型。积极推进供给侧结构性改革，提高要素供给质量、供给主体的质量、产品供给的质量，提升

---

① 洪银兴：《以创新的经济发展理论阐释中国经济发展》，载于《中国社会科学》2016 年第 11 期。

生产质量，推进我国的供给体系转型升级。二是促进中国经济发展从规模扩张型发展向质量效益型发展的转型。通过生产效率、市场效率及协调效率等不同方面的变革拓展效率视野、提升效率层次。宏观层面实现生产要素配置效率的提高，中观层面全面构建三次产业协同创新体系，促进产业结构优化。微观层面推动企业效率提高，加大创新投入，优化研发投入，提高技术创新水平。三是促进要素驱动型发展向质量效益型发展的转型，加快通过创新发展动力、绿色发展动力、结构协调发展动力、工业化发展动力、城镇化发展动力等不同维度推动我国经济发展的动力变革，提升资源配置效率，推动全要素生产率的提高，努力实现更高质量的发展。

在高质量发展加快落实的发展方式转变总的要求下，现阶段以转变发展方式实现高质量发展中需要重视的几个关键点是：一是坚持工业化的逻辑在高质量发展中转变发展方式。最近学术界和实际经济部门出现一种主张"去工业化"错误认识，主张我国经济结构要从以工业为核心转向以服务业为核心，这实际上也是一种认识误区，在高质量发展的发展方式转变中我们要防止过度去工业化，要坚持工业化的逻辑转变发展方式，在高质量发展的发展方式转变中把服务业的发展与工业的发展相结合，在坚持工业化逻辑的基础上，将新型工业化、再工业化、工业现代化相结合促进发展方式转变。以实体经济的发展和制造业的高质量发展为核心，强化高价值升级，推进制造业质量建设。通过再工业化改造提升传统制造业的发展质量，利用先进要素提升、改造和活化传统产业，对传统产业进行活化和延展。通过新型工业化提高整体工业的发展质量，利用新技术革命的最新成果，培育发展高端产业。通过工业现代化带动现代化产业体系的构建，催生新产业和新业态。二是以制造业高质量发展为目标促进发展方式转变。制造业是经济高质量发展的关键领域，是实体经济创新驱动的主战场。制造业的发展方式转变是经济高质量发展的核心，制造业发展方式转变就是要以制造业的科技创新为核心，形成制造业供给体系，提高我国制造业在全球产业链中的地位。在制造业发展方式转变中积极实施创新驱动战略，支持制造业通过研发创新升级改造。鼓励制造业数字化和智能化改造，加快制造业技术升级，促进制造业释放新动能。三是以现代化产业体系构建为引领转变发展方式。高质量发展的发展方式转变要以现代化产业体系构建为引领，通过创新链和产业链的融合促进制造业发展方式转变。四是以新经济的发展带动发展方式转变。新经济作为一种新的发展方式为中国经济迈向高质量发展提供了内生动力。在高质量加快落实阶段发展方式转变中，积极推动以数字经济为代表的新经济与实体经济深度融合，构建贯通创新链、产业链、资本链的新经济体系，推动数字化经济发展方式的不断转变。以智能制造带头引领产业技术变革和发展方式变革，构建起制造业高技术含量、高附加值的开放型新经济体系。

三、新发展阶段转向高质量发展的结构升级

高质量发展的核心是要进行经济结构升级，改变产业结构低端锁定，促进产业结构迈向全球价值链中高端。新发展阶段促进消费结构升级，发挥消费结构升级对产业结构和经济结构升级的引致作用。结构升级是新发展阶段转向高质量发展一个需要研究的重大理论问题，是从中国特色发展经济学基本理论上解决的"怎么样转向高质量发展"的命题之二。

高质量发展的结构升级就是要实现从规模扩张式发展转向结构升级式发展，通过价值链的不断升级，形成规模报酬递增机制。具体包括两个方面：一是供给方面的产业结构升级。习近平总书记强调推动经济高质量发展，要把重点放在把实体经济做实做强做优，提高供给体系的质量。产业结构的转型升级是经济结构升级的中心任务，而产业结构升级的目标，一方面是由原来的低收入国家的产业结构水平转向中等收入国家的产业结构水平，任务是促进我国产业结构迈向全球价值链中高端。另一方面是改善重大结构失衡，解决虚拟经济与实体经济的失衡和实体经济内部结构失衡，加快我国实体经济的高质量发展，实现高技术、高质量产品的有效供给。二是需求方面的消费结构升级。我国巨大的市场是高质量发展的巨大潜力，通过消费结构升级推动经济动力机制转变，以消费驱动投资转型，带动需求结构优化，实现高质量发展。消费结构优化和消费水平、消费质量的提高可以促进产业结构的升级与优化。经济结构升级需要加快消费结构升级，持续释放消费增长动能，进一步发挥消费在经济高质量发展的作用。

新发展阶段我国供给侧产业结构转型升级的战略重点在于推动先进制造业健康发展、传统产业转型升级、战略性新兴产业的发展壮大。目前需要以实体经济的产业结构升级为核心带动供给侧的结构升级：一是以供给侧结构性改革促进实体经济结构升级。供给侧结构性改革可以提高实体经济供给体系的质量，要着力促进实体经济转型升级，推进战略性新兴产业发展，提高价值链水平。加快传统制造业技术改造，释放传统产业新动能。促进实体经济产业链向下游延伸，价值链迈向全球价值链中高端。二是以创新引领促进实体经济结构升级。提高实体经济的创新能力，以创新能力的提升推动结构升级。发挥创新是实体经济转变发展方式第一动力的作用，要积极推动科技创新与实体经济创新驱动的有机结合，围绕质量变革、效率变革和动力变革促进实体经济结构升级，把创新驱动的主战场放在做强做优做大实体经济上。通过创新引领实体经济改变传统产业多、新兴产业少，低端产业多、高端产业少，低附加值产业多、高附加值产业少的局面。三是抢抓智能制造制高点，推动实体经济结构升级。随着全球新工业革命的深入推进，智能制造成为制造业转型升级的制高点。高质量发展的产业结构升级抓住新

工业革命为实体经济和制造业带来的重要机遇，进一步提升信息化与工业化的深度融合，推动我国实体经济和制造业的高质量发展。四是提升产业基础能力，促进实体经济产业基础高级化。在实体经济和制造业产业结构升级中要重视产业基础能力的质量，推动实体经济和制造业产业基础再造工程，构建具有战略性和全局性的产业平台，促进产业基础高级化。首先，提升产业技术创新能力。围绕我国高质量发展目标要求，适应全球产业创新变革的趋势，加强对产业技术创新能力的投入，重视提升基础研究能力，培育基础创新能力。其次，提升产业公共服务能力。围绕人工智能、高端装备制造等重点产业发展需求，加强产业公共服务平台建设，提升服务能力。最后，提升产业基础设施支撑能力。加快推进传统基础设施智能化改造，为新产业新业态的发展提供数字化基础设施保障，推进人工智能、工业互联网等新型基础设施建设。五是提升产业链水平，促进实体经济和制造业产业链现代化。在高质量发展的结构升级中要构建起完整的实体经济和制造业的产业链生态系统，提升产业链现代化水平。用先进科技和先进产业组织方式来提升改造实体经济和制造业的产业链，提高产业链的高端链接能力。通过提升实体经济和制造业产业薄弱环节来补链，推动生产要素变革，加强现代要素支撑，优化科技资源配置，提高先进要素的配置效率。通过推动实体经济和制造业的产业协同发展来强链，构建适应新的技术经济范式的产业组织体系，引导产业链上下游之间及产学研用之间的联动。创新实体经济和制造业产业集群建设模式，加强虚拟产业集群建设，促进产业链、价值链和供应链的互联互通。

需求侧的消费结构升级不仅是高质量发展结构升级的重要内容，也是高质量发展结构升级的重要拉动力[1]。消费结构的升级会带动产业结构的升级，在高质量发展的结构升级中还要重视以消费结构升级为引力，带动需求结构升级。一是积极引导消费方式的转变。适应我国居民消费的新趋势，调整消费政策进一步培育消费力，鼓励发展新的消费热点和消费方式，促进消费结构升级引导消费方式从物质消费到精神消费、从传统消费到新兴消费、从数量型消费向质量型消费，从线下消费到线上消费，从模仿型消费到个性化消费的转变。[2] 培育网络消费、智能消费、时尚消费等新消费热点，促进消费的提质扩容。二是提升居民消费能力。收入是消费的函数，收入水平直接影响人们的消费水平和消费结构，要持续增加居民收入，特别是中低收入阶层的收入，增强消费升级的能力。三是促进新兴消费。目前新的消费结构升级转型驱动着新兴消费的增长，教育、娱乐、文化、交通、通信、医疗保健、住宅、旅游等方面的消费都是新兴消费，未来居民消费升级的重点将集中在医疗、教育、文娱等服务业领域，需要加强公共产品供

---

① 洪银兴：《马克思的消费力理论和扩大消费需求》，载于《经济学动态》2010 年第 3 期。
② 洪银兴：《消费需求、消费力、消费经济和经济增长》，载于《中国经济问题》2013 年第 1 期。

给，从供给端发力，通过改善消费环境，通过政府提供某些制度安排来促进消费。四是完善促进消费结构转变的环境。强化消费领域企业和个人信用体系建设，创建安全的消费环境，构建公平开放的市场环境。

四、新发展阶段转向高质量发展的动力转换

按照发展经济学的一般理论，经济发展动能是指经济发展动力作用于经济运行而产生的前进能力，动力转换是基础，新动能培育是结果，动力转换产生出新动能[①]。高质量发展的关键是要进行动力转换，在动力转换的基础上培育出高质量发展的新动能。新发展阶段高质量发展的动力转换主要是指通过新科技革命、新产业变革中产生的经济发展新动力、新模式形成新的经济发展动力。以动力转换培育新动能是促进高质量发展的关键环节，也是转向高质量发展一个需要研究的重大理论问题，也是从中国特色发展经济学基本理论上解决的"怎么样转向高质量发展"的命题之三。

新发展阶段中国经济进入了高质量发展，正处于新旧动力转换的关键时期，亟须为经济高质量发展注入新活力。新动力不仅是经济高质量发展的新引擎，也是改造提升传统动力，促进经济结构升级的动力。因此，新发展阶段高质量发展的关键是新旧动力的转换，培育高质量发展的新动能。经济发展的动力有供给推动和需求拉动两种，过去的旧动力主要是需求侧的拉动力，但是完全依靠需求侧的市场调节和需求管理不能完全解决高质量发展问题，这就需要进行动力转换[②]。高质量发展的动力转换就是从以需求侧为主的旧动力转向以供给侧为主的新动力，形成以供给侧为主，需求侧动力转型，供给侧和需求侧两侧共同发力的高质量发展新动力。高质量发展新旧动力的转换的思路是：（1）以供给侧结构性改革为主线推动动力转换。要深入推进供给侧结构改革促进高质量发展新动力的成长，突出提高全要素生产率的高质量发展动力[③]。一是供给侧对高质量发展的推动力，归结为全要素生产率提高，要以科技来替代物质要素的投入。核心是科技创新，科技创新突出自主创新，科技创新从以跟踪为主转向并跑和领跑并存的新阶段。二是提高要素供给的质量，包括增加劳动的有效供给、资本的有效供给、企业家管理的有效供给和政府管理的有效供给。三是提高企业供给侧的创新能力，减轻企业负担，释放企业活力、企业的制度性交易成本，促进企业等组织提高创新能力，在提高供给质量与效率的基础上提高全要素生产率。（2）以需求侧协同促进动力转换。动力转换需要需求侧

① 侯永志、贾珅：《从长期增长动力结构角度认识经济发展的一般性规律与中国经济发展经验》，载于《中国经济报告》2019 年第 3 期。
② 黄泰岩：《中国经济增长动力的第三次转换》，载于《经济学动态》2014 年第 2 期。
③ 王一鸣：《中国经济新一轮动力转换与路径选择》，载于《管理世界》2017 年第 2 期。

配合，高质量发展的新动力主要方面在供给侧，但不能忽视需求侧的作用。需求侧动力配合的关键是进行需求侧传统动力的转型，提振需求侧动力。一是从投资拉动为主转向消费拉动为主。重塑消费拉动力，增强消费需求对高质量发展的拉动效应，通过增加居民收入提升消费力，通过发展消费经济扩大消费规模和结构。二是投资拉动力的转型。拉动力转型的关键是调整投资方向，提高实体经济投资占比，发挥民间投资的带动效应。创新投融资方式，促使投融资便利化。三是开放拉动力的转型。发展高质量的开放型经济，促进我国开放经济从比较优势的开放转向竞争优势的开放。同时从经济大国的地位出发，积极参与全球治理。（3）供给侧动力与需求侧动力的协调。供给侧推动力和需求侧拉动力协调发挥作用是高质量发展动力形成的关键，需求侧动力是高质量发展稳定短期保增长和保就业的动力。供给侧可以促进创新，引发新需求，是推动高质量发展的长期动力。高质量发展要把长期与短期相结合，就要把供给侧推动力和需求侧拉动力相协调。

新发展阶段围绕高质量发展加快落实，新旧动力转换的路径在于：一是培育高质量发展的产业链新动力。"新动力"对应的是"新经济"，而"旧动力"对应的是传统经济。高质量发展要求把"旧动力"通过加快产业链条延伸转换为高质量发展的新动力。打造产业链是实现高质量发展动力转换的关键所在，产业竞争就是产业链的竞争，只有推动产业链、供应链与价值链的联动，才能促进竞争优势的形成，在价值链上发展高附加值产业，推进产业链协同创新，通过智能提升实现产业有序接续，逐步带动产业结构迈向全球价值链的中高端，走出产业链引领高质量发展的道路。二是培育高质量发展的新兴产业动力。新旧动力转换是在振兴传统动力的基础上，增加新的发展动力，我们要依靠科技进步提高全要素生产率对经济发展的贡献率。推动传统产业向智能制造拓展，激发传统产业的新动能，推动新型产业加快兴起，促进产业实现产品智能化、生产智能化、装备智能化、管理智能化。三是培育高质量发展的企业家新动力。企业家是高质量发展的重要主体，经济发展新旧动力的转换必须要培育并保护企业家，重视企业家在经济高质量发展中的作用，打造具有开拓创新精神的企业家队伍，激励企业家创新发展的活力。以企业家精神为指导，加快发展混合所有制经济，坚定不移支持非公有制经济发展。保护企业家的创新收益和合法权益，营造依法保护企业家的社会环境。四是培育数字经济的新业态动力。当前数字经济蓬勃发展，新技术、新业态、新模式层出不穷，以互联网、知识经济、人工智能为代表的，以新产业、新技术、新产品、新商业模式为代表的新经济已经成为经济发展动力转换的重要方面。数据已成为与资本、劳动力和土地一样的生产要素，有效促进了全要素生产率的提升，为经济高质量发展提供了新动力[①]。因此，要发展数字经济，

---

① 任保平：《数字经济引领高质量发展的逻辑、机制与路径》，载于《西安财经学院学报》2020 年第 2 期。

培育高质量发展新业态动力。一方面推动产业数字化，以数字新技术的应用为数字化生产方式提供支撑。推动工业互联网建设，为智能制造的发展提供支撑。另一方面加快推进数字产业化，推动数字经济与实体经济的深度融合，推动数字硬件产业与软件产业的协同发展。加快物理基础设施向数字基础设施建设转变，加快公共服务数字化转型，打造出适应互联网时代的战略性新兴产业。同时培育企业的新型能力是推动数字经济发展的出发点和落脚点，形成大中小企业联合创新创业新局面。

新发展阶段在动力转换基础上，新的动力体系作用于高质量发展的经济运行，培育出高质量发展的新动能。需要注意的是新动能的培育不是去掉旧动能，而是要在提振传统动能的基础上，积极促进新动能的成长，形成推动高质量发展的合力。高质量发展新动能培育要通过创新提高效率，最终提高经济发展质量。高质量发展新动能的培育就是要适应新产业革命的发展趋势，实现从要素驱动转向创新驱动，从规模扩张转向效率提升。在动力转换基础上培育高质量发展新动能的要求是：一是实施创新驱动的发展战略。传统的增长动能不再适应高质量发展的需要，应该引入创新要素作为新动能，通过提高全要素生产率促进创新驱动发展战略的有效实施，推动高质量发展新动能的成长。二是发展创新型经济。以创新驱动为动力，以知识资本和人力资本为关键要素，以发展新技术、新产业、新产品和新业态为标志，以提升在全球价值链中的地位为目标发展创新型经济。通过创新型经济发展激发科技蕴藏的高质量发展潜能，加快推动经济转向高质量发展转变。三是完善协同创新体系。推动产学研合作，有效整合生产要素和创新型资源，形成完善的协同创新体系，推动科技创新与产业创新的对接，在科技和经济高质量发展联动基础上实现新动能的培育。四是推动发展模式创新。以高质量发展为引领推进发展模式创新，建立新产业、新业态和新商业模式，并通过主导产业的带动作用延长产业链。在企业方面发展模式创新要多关注高新企业，在企业内部创新组织方式，通过内生动能的驱动实现高质量发展。

五、新发展阶段转向高质量发展新发展格局的构建

构建基于双循环的经济发展新格局是我国高质量发展的新要求，是根据我国发展阶段、环境、条件变化提出来的高质量发展的新实现路径，是重塑我国国际合作和竞争新优势的战略抉择，也是转向高质量发展的一个重大理论问题。"十四五"时期构建基于双循环的经济发展新格局是转向高质量发展的一个需要研究的重大理论问题，需要从中国特色发展经济学基本理论上解决的"怎样转向高质量发展"的命题之四。

依据党的十九届五中全会的《中共中央关于制定国民经济和社会发展第十四

个五年规则和二〇三五年远景目标的建议》思想，我们要以畅通国民经济循环为主构建新发展格局，新发展阶段以构建基于双循环的经济发展新格局构建培育中国经济发展的新优势，以新优势推动我国经济高质量发展加快落实的新路径。新发展阶段转向高质量发展的构建基于双循环的经济发展新格局的基本要求包括：一是国内、国际循环相互促进。要推动形成以国内大循环为引领，国内、国际两个双循环相互促进的新发展格局。二是形成需求牵引供给的发展格局。要通过供给侧结构性改革打通生产、分配、交换、消费各个环节，使生产、分配、交换、消费更多依托国内市场，促进生产要素自由顺畅地流动，提升我国供给体系对国内需求的适应性，形成需求牵引供给、供给创造需求、供求平衡的更高质量发展的新格局。三是以科技创新为引领。提高自主创新能力，突破核心技术是形成国内大循环和构建新发展格局的关键。四是以供给侧结构性改革为主线。通过供给侧结构性改革提高供给体系的质量，提高生产和需求的适应性，适应国内需求的升级，促进供给体系升级，实现供给体系与需求体系在总量和结构上保持均衡，为畅通国民经济循环提供高质量的供给体系。五是以高标准市场体系建设为支撑。高标准市场体系是建设新时代高质量市场经济运行载体，也是构建经济发展新格局，畅通国民经济循环的支撑条件。[①]

从构建基于双循环的经济发展新格局的基本要求出发，围绕高质量发展的加快落实，新发展阶段构建基于双循环的新发展格局的路径在于：一是构建新型消费体系。新型消费体系是数字经济发展的产物，是数字化、信息化技术迅速发展的表现。在构建基于双循环的新发展格局中要积极推进新型消费体系的建立。加快拓展定制消费、智能消费、体验消费等新兴消费领域，鼓励建设智慧商店、智慧街区、智慧商圈，增加健康、养老、医疗、文化、教育及安全等领域消费的有效供给。以消费升级引领供给创新，以供给创造消费新增长点。推动基于网络平台的新型消费成长。发展以网络购物和电商直播为代表的新型消费，促进传统销售和服务实现转型升级，培育网络消费、定制消费、体验消费、智能消费、时尚消费等消费新热点。着力构建城乡融合消费网络、加快构建"智能＋"消费生态体系。坚持消费引领。顺应消费升级趋势，努力稳定基本消费，进一步提升传统消费，积极培育新兴消费，持续激发潜在消费。尊重消费者自由选择权，实现消费者自由选择、自主消费，提升消费者满足感。二是建立现代化的产业体系。建立现代化的产业体系是构建以国内循环为主体，国内国际循环相互促进的新发展格局，推动经济高质量发展实现的根本要求。[②] 现代化产业体系的构建目的是为了确保国民经济持续、健康、稳定的发展，以高质量发展为目标，实现社会效益

---

① 任保平：《新时代建设高标准市场体系的要求与路径》，载于《长安大学学报》2020 年第 3 期。

② 刘伟：《以新发展格局重塑我国经济发展新优势》，载于《经济日报》2020 年 9 月 24 日。

和经济效益的协调。现代化产业体系在动力特征上要体现创新性，在效能特征上体现开放性，在结构特征上体现融合性，在空间特征体现集聚性。紧紧抓住世界产业体系发展的趋势和新产业发展的契机，加快推动我国产业结构由传统产业为主向以新兴产业、高新技术产业为主转型。推动创新资源向企业汇集、创新人才向企业流动、创新政策向企业倾斜，构建完善以企业为主体、市场为导向、产学研相结合的创新体系。三是大力发展数字经济。数字经济是第四次科技革命的成果，以新一代信息技术创新为前提，将知识、信息、数据作为新的生产要素催生出的新产业，在数字经济经济的发展中信息技术的发展促使数字经济与传统经济融合而形成了新的经济业态。数字经济是世界范围内经济的新增长点和经济发展的新动能，在构建基于双循环的经济发展新格局中，要大力发展数字经济。发展数字化、网络化、智能化的制造新模式，以加快传统制造业的转型升级和跨越发展。四是创新培育新型市场主体。市场主体是经济社会发展的基本推动力量，决定着一个地区经济发展的实力和活力。构建基于双循环的新发展格局，关键是要创新培育市场主体，激发经济发展活力。

第二节　从高速增长转向高质量发展阶段的重大现实问题

要实现更高层次的高质量发展，决策系统面临着一系列急需处理和解决的重大现实问题。这些问题有：一是高质量发展新动能的转换，以解决高质量发展的动力问题。二是我国高水准市场体系建设，以解决高质量发展的制度保障问题。三是我国高水平的对外开放，以解决高质量发展的活力问题。四是与时俱进的改革，以解决高质量发展的有效落实问题。五是在做好高质量发展加速落实的基础上，开启现代化建设新征程，以解决高质量发展的现代化方向问题。

一、转向高质量发展阶段新动能的培育

转向高质量发展阶段要把新旧动能转换作为关键抓手，更要加速培育创新型领军型企业，培育高质量的新兴产业，培育创新型企业，以解决新阶段高质量发展的动力问题。过去我国数量型的经济增长潜力在要素层面，表现为要素驱动型经济发展和规模扩张型经济发展。新发展阶段由于资源禀赋结构的变化，我国过去长期支持经济高速发展的旧动能已经消退，要实现高质量发展的加速落实，就必须积极培育新动能。新发展阶段高质量发展动力在创新层面，经济发展通过创新实现效率变革，最终通过效率变革实现质量变革和动力变革，进而培育出新的动能。当前国际范围内兴起了新技术革命和新产业革命，转向高质量发展阶段新

动能的培育要适应新技术革命和新产业革命的发展新趋势，积极推进自主技术创新，培育和壮大战略性新兴产业，这是我国转向高质量发展阶段新动能的基础。创新也是新发展阶段培育高质量发展新动能的动力。因此，新发展阶段高质量加速发展阶段培育新动能需要做到以下几点。

（1）大力发展创新型经济。以创新为驱动力，以知识和人才为核心要素，以发展新技术和新产品为抓手，以产业创新为标志发展创新型经济。新发展阶段只有创新型经济的发展，才能激发科技的潜能，开发经济增长潜力，推动经济高质量发展的加速落实。新发展阶段必须构建协同创新体系，通过科技和教育的协同为创新型经济提供技术支撑，通过服务发展推进科技创新，通过满足国家重大需求推进产业创新，通过重大项目推进管理创新，通过成果转化推进产品创新，推进创新型经济的发展。同时建立创新创业风险共担机制和利益共享机制，形成有效的双创激励，整合各类人才资源，加强人才资源的合理配置和利用，实现人才资源的合理利用。

（2）实施创新驱动的发展战略。我国传统的经济发展是要素驱动，经过改革开放 40 多年的发展，要素禀赋结构相应的发生了巨大变化，新发展阶段传统的要素驱动型经济增长已经不适应高质量发展的要求，需要引入高级要素作为高质量发展的驱动力，以解决当前经济高质量发展面临的结构性矛盾，通过协同创新促进新发展阶段高质量发展新动能的培育，释放经济高质量发展的活力。围绕重大发展战略和产业布局，加强创新链、产业链、人才链的协同和衔接，以创新型经济的发展为新发展阶段高质量发展和创新驱动战略提供智力保障。

（3）培育高质量发展的战略性新兴产业。目前世界各国都将新兴产业作为带动经济发展的新增长点，我国新发展阶段高质量加速发展阶段要积极培育战略性新兴产业，加快现代化产业体系建设，从"从工业主导转向服务业主导，从低端结构转向中高端结构"[①]。战略性新兴产业是构建现代化产业体系，包括高端装备、新材料、新能源、新一代信息技术、节能环保、等新产业领域。在转向高质量发展阶段，我们在推进传统优势产业转型升级的基础上，顺应新技术和新产业发展的新趋势，积极培育战略性新兴产业带动新的经济发展。在新发展阶段高质量发展新动能的培育要依托新兴技术产业链条，带动上下游产业的发展，形成各类产业的技术创新联盟，形成现代产业创新体系。同时新发展阶段要推进工业化与信息化的融合，促进产业链升级，使产业链向高端的方向发展，提高产业基础能力和产业链现代化水平，实现产业结构的高级化和现代化。

（4）构建高质量发展的创新激励机制。一方面新发展阶段宏观层面新动能培

---

① 高培勇、刘霞辉等：《高质量发展背景下的现代化经济体系建设：一个逻辑框架》，载于《经济研究》2020 年第 4 期。

育要在发挥市场机制作用的基础上加强政府的激励引导，完善政策激励措施，优化营商环境，为新发展阶段企业加快新动能培育提供良好的环境。激发各类主体的创新活力和创造能力，为新发展阶段企业的创新发展营造环境，激发企业的自主创新潜能，提高企业的创新产出。另一方面新发展阶段要激励企业的产品升级，做好产品营销模式创新，推动供应链采购模式的创新，激励管理模式创新，这也是企业新动能培育的立足点。

二、转向高质量发展阶段我国高水准市场体系的建设

根据党的十九届五中全会精神，高水准市场体系既是高质量发展的运行载体，也是高质量发展的制度保障，高质量市场体系建设解决的是高质量加速发展的制度保障问题。新发展阶段高水准市场体系建设就是建设高质量加速经济运行的载体，高水准市场体系实质是要处理好政府和市场的关系，发挥市场在资源配置中的决定作用，为新发展阶段高质量发展的加速落实提供制度保障。新发展阶段我国高水准市场体系建设的要求有以下几点。

（1）高水准商品市场体系。市场体系是市场体系发展的基础，经过近30年社会主义市场经济的发展，我国市场体系的基本框架已经基本建立，新发展阶段高水准市场体系建设的重点在于：一是提高商品市场的现代化水平。在新发展阶段推进商品市场的数字化进程，支持商品市场的信息基础设施建设，完善数字化交易配套设施。在新发展阶段加强商品市场领域信息技术的开发和应用，采用新型营销方式和营销手段，刺激商品消费、扩大商品消费。二是扩大商品市场开放。新发展阶段借鉴国际先进的商品市场体系发展的理念，推进商品市场的交易规则、交易方式和交易手段的现代化，提高我国商品市场的开放水平和开放层次。三是完善商品市场的法律体系。新发展阶段建立内外贸统一的商品市场法律体系，重点推进规范市场主体、市场交易行为和市场监管的法制化进程。

（2）高水准生产要素市场体系。要素市场化配置改革是新发展阶段我国建设高水准市场体系的新要求，在新发展阶段高水准市场体系建设的全局中处于战略核心地位。新发展阶段要通过市场价格、市场竞争、市场准入退出等规则形成新发展阶段我国完善的要素市场体系，畅通要素流动。完善以银行融资为主的金融市场，完善技术市场、信息市场。新发展阶段要在完善技术市场、信息市场和保护知识产权的基础上，实现技术产品和信息商品化、产业化，推动技术市场和信息市场的健康发展。加快培育发展数据要素市场，新发展阶段数据要素市场建设的核心是数据市场制度体系建设。

（3）完善高水准的价格体系。高水准的价格体系是高水准市场体系的关键，其核心是建立由市场形成价格的机制，把有限的资源优化配置到有效益的领域，

达到合理配置资源的效果。新发展阶段建立以市场形成价格为主的价格机制，是自觉运用市场经济规律的客观要求。建立主要由市场形成价格的机制，完善要素价格体系，发挥市场机制在资源配置方面的作用。

（4）高水准的市场制度体系。高水准的市场制度体系是指完善公平竞争的市场制度体系，健全的产权制度。新发展阶段高质量的市场体系就是党的十九届四中全会提出的"高水准的市场体系"，新发展阶段高水准市场体系的要求是健全的产权制度和产权保护制度。新发展阶段主要通过公司治理能力和治理体系的现代化提高企业竞争力，建立有竞争力的企业主体。完善要素价格决定机制、要素流动机制和配置机制，使得各类市场主体平等地使用生产要素，实现流动自主有序、配置高效公平，保障市场体系各类主体平等准入。[①]

三、新发展阶段高水平对外开放的实施

党的十九届五中全会指出实行高水平对外开放，开拓合作共赢新局面。高质量发展的加速落实要求高水平开放，通过高水平开放释放开放红利，重塑对外开放新优势，形成新发展阶段对外开放新格局，以解决高质量发展的活力问题。"十四五"时期以高水平开放推动经济高质量发展，为构建互利共赢的国际经济格局贡献力量。以开放促改革是我国改革开放的基本经验，新发展阶段坚持扩大开放与深化改革相结合，以开放促改革促发展是在新发展阶段进一步扩大对外开放的重要原则。改革开放是强国之路，以开放促改革促发展，是新发展阶段经济发展的必然要求，以扩大开放推动改革深化，以大开放促进大发展。因此，新发展阶段加快形成全面开放新格局，做好以全面开放促进全面改革、促进高质量发展加速落实的大文章：一是加快构建开放型经济新体制。新发展阶段要推动由商品和要素流动型开放向制度型开放转变，推进产业政策向普惠方向发展，营造公平、透明的营商环境。二是以高水平的开放促进高质量发展。以更高水平、更深层次地利用境内外优质的资本、技术和人才资源，增强新发展阶段我国经济发展的创新驱动能力，提升资源配置效率，推动产业结构快速升级，进一步提升对外开放层次和水平。[②] 三是提高开放型经济发展质量。新发展阶段以高水平对外开放促进经济向更高质量、更有效率、更加公平、更可持续方向发展。形成新发展阶段面向全球的贸易、投融资、生产、服务网络。推动经济全球化朝着更加开放、平衡、共赢的方向发展，扩大中国同世界各国的利益汇合。新发展阶段我国高质量开放的路径在于以下几点。

① 任保平：《新时代建设高标准市场体系的要求与路径》，载于《长安大学学报》2020年第3期。
② 张军扩、侯永志等：《高质量发展的目标要求和战略路径》，载于《管理世界》2019年第7期。

（1）确立先进的开放新理念。以新发展理念为指导，我国高水平的开放理念要进一步转变。新发展阶段要更加注重创新投入，更加注重不同区域的协调开放与成果共享，更加注重开放成本降低的制约。

（2）新发展阶段实施更加全面开放布局。随着改革不断深入，经济问题不断凸显。新发展阶段我国对外开放领域要逐步扩大，投资环境要逐步优化，对外开放水平应不断提高。逐步形成全方位对外开放格局，在国内循环的基础上，推动新发展阶段外向型经济的发展。随着科学发展观的提出，新发展阶段我国经济转型的步伐要不断加快，对外开放要朝着更有活力的方向迈进，加快宽领域的开放格局形成，逐步打造东西双向互济的新格局。在竞争环境更加公平的基础上，实现营商环境与法治建设深度融合，推动"十四五"我国的开放布局更加全面。

（3）采取更加合理开放方式。新发展阶段实现"高质量引进来"和"高质量走出去"的相互促进，实现高质量的国内循环和国际循环的结合。新发展阶段开放不再是商品、要素、服务的简单国际流动，而是高质量多层次国际产业布局合作下的价值链分工和聚合，是具备高质量、创新性的全新对外开放方式。[①] 新发展阶段我国的开放应该由点到面、由浅入深，从单一的器物层面到制度、规则层面，促进对外开放规则的变革，优化对外开放的制度新供给。

四、新发展阶段高质量发展与时俱进的改革推动

党的十九届五中全会提出要全面深化改革，构建高水平社会主义市场经济体制。新发展阶段深化改革，要着眼于解决高质量发展中遇到的实际问题深化改革，针对新发展阶段的现代化发展要求积极推进与时俱进的改革。

（1）推动战略战役性改革。战略战役性改革就是对新发展阶段具有战略影响的改革，新发展阶段战略战役性改革包括：一是新发展阶段大力推动实施综合授权改革试点、围绕制约国家改革发展的重大障碍，梳理综合授权改革事项，努力在新发展阶段攻坚一批战略战役性改革和创造型、引领型改革，探索全面深化改革可复制、可推广的经验。加快推进新发展阶段国际一流营商环境改革，聚焦审批服务、创新创业、投资贸易、企业经营、市场公平、法治保障、社会服务、政商关系等领域，营造新发展阶段开放便利的投资贸易环境、公平竞争的市场环境。二是坚持以供给侧结构性改革为主线，深入实施创新驱动战略。新发展阶段的供给侧结构性改革涉及新动能培育，新产业的发展，是战略战役性改革。在新发展阶段供给侧结构性改革中坚持把发展经济着力点放在实体经济上，激发市场

---

① 任保平、朱晓萌：《新时代中国高质量开放的测度及其路径研究》，载于《统计与信息论坛》2020年第9期。

主体活力，加速高质量发展的落实。

（2）推动创造型、引领型改革。创造型、引领型改革是对新发展阶段发展方向起到引领性作用的改革，这种改革具有方向导向性，所以新发展阶段需要多推动创造型、引领型改革：一是新发展阶段经济领域通过深化市场化改革，降低企业成本，优化企业营商环境，激发微观主体活力。深化科技供给侧结构性改革、探索促进新经济发展的体制机制改革、深化科技创新合作区体制机制改革、深化"数字政府"建设改革。二是新发展阶段社会领域推进教育先行示范改革、推进医疗供给侧结构性改革、持续推进住房制度改革。完善公共卫生法治保障机制、改革完善疾病预防控制体系、改革完善重大疫情防控体制机制、健全统一的应急物资保障体系、健全公共应急体制机制改革。三是新发展阶段生态领域，推动绿色生产生活体制机制改革，坚持生态保护和环境质量底线，建立健全对规划环评、项目环评的指导和约束机制，开展区域空间生态环境评价。

（3）推动重点领域的改革。重点领域的改革涉及新发展阶段改革向纵深推进问题，所以新发展阶段需要与时俱进推动重点领域的改革：一是新发展阶段要在完善人才链、创新链、产业链协同发展的体制机制，完善高水平开放型经济体制、生态环境和城市空间治理体制等领域先行先试，推进体制机制创新。二是新发展阶段在改革的关键环节上，强调处理好政府和市场的关系，推动有效市场和有为政府更好结合，构建更加系统完备、科学规范、运行有效的制度体系，在新发展阶段不断提升治理体系和治理能力现代化水平。三是新发展阶段围绕简政放权、优化服务、降低成本、促进投资和贸易自由化便利化等企业和社会关注的重点领域，对接企业和社会实际需求，推动改革取得新突破。

（4）新发展阶段推动放管服改革。放管服改革主要是围绕优化企业营商环境进行改革：一是新发展阶段要优化政府管理和服务，加快构建亲清政商关系，解决好民营企业发展中面临的困难和问题，为民营企业发展创造良好的市场条件，着力打造法治化、国际化、便利化的营商环境。二是新发展阶段要进一步弘扬企业家精神，保护企业家合法权益，为企业家干事创业创造营造公开公平公正的营商环境，在全社会形成尊敬并激励企业家的社会氛围。发挥企业家才智，引领和激励全社会创新创业创造的活力和动力。三是新发展阶段深化商事制度改革。进一步破除制约企业发展的体制机制障碍；加快建设智慧监管平台，推进商改后续监管和智网工程深度融合。探索构建企业为主体、商协会参与、政府协同共治的模式，最大限度释放创新创业创造动能。

五、新发展阶段高质量发展的现代化开局

党的十九届五中全会提出了到二〇三五年基本实现社会主义现代化远景目

标，这意味着新发展阶段既是我国高质量加速落实阶段，也是我国现代化的开局阶段。新发展阶段现代化的开局，围绕高质量发展的现代化方向需要做好以下几点。

（1）从外向经济到双向驱动的开放现代化之路。[①] 新发展阶段坚持走开放型现代化发展道路，在现代化进程中主动对接国际市场，加入产品内分工，基于国际产业分工、产品工序细分进而参与全球化资源配置，促进要素资源完成内引外连，从而加速本国经济融入世界大循环。构建以内循环为主，外向型经济和内源性经济"双轮驱动"的开放发展格局。通过自主创新，逐渐打破产业结构的低端锁定，积极参与世界价值链重构来促进双向驱动发展。以共商、共建、共享的核心理念为构建公正合理的全球治理环境发挥积极作用，引领国际经济合作新发展方向。

（2）兼顾经济增长和环境保护的绿色现代化之路。新发展阶段推进现代化发展，必须以绿色发展理念为指导，以实现"生态现代化"为核心目标推进整体现代化。新时代下要推进以生态现代化为核心的现代化，有效实现"生态经济化"和"经济生态化"的结合，发展模式的绿色转型来建设资源节约型和环境友好型社会。兼顾生态利益和经济利益，生态现代化的推进必须以有效的生态制度建设为前提，政府在主导、落实和完善生态制度建设中必须兼具长远规划和科学管理，实施有效监管，从监管层次实现有力的制度保障。建立有效的国有自然资源资产监管体系，建立主体功能区实施分类管理，进而实现自然资源的有效利用、监管及保护。

（3）着眼短期发展和长期趋势的创新现代化之路。中国迈入中等收入国家后面临的现代化目标不再是过去所追求的经济大国而是逐步走向经济强国，新发展阶段现代化开局应当把握短期发展态势，厚植长期发展优势，实现经济发展方式从要素、投资驱动转向创新驱动的时代性转变。把创新战略上升为国家战略，加快以创新驱动为主导的经济发展方式转变，着力建设创新型国家，提升经济内生增长水平。把科技创新作为全面创新的整体先导，培育经济内生发展新动能、释放经济潜在新需求、创造高质量有效新供给，促进新技术、新产业及新业态的快速发展，实现经济长期趋势下新旧动能的稳步转换。

（4）坚持以人民为中心的共享现代化之路。新发展阶段现代化开局应该秉持人民为中心的理念，坚持共享发展，实现社会共享及个人和国家自由全面的共同发展。根据人人参与、人人尽力、人人享有的核心要求，重视民计民生，维护机会公平，从而提升新时代现代化发展的内在激励。

---

① 任保平、付雅梅：《新时代中国特色社会主义现代化理论与实践的创新》，载于《经济问题》2018年第5期。

（5）以消除不平衡为目标的协调现代化之路。发展不平衡是各国在现代化建设历史进程中所必然遇到的重要问题之一，新发展阶段实现协调发展对于推进社会主义现代化，建立社会主义现代化强国具有重大意义。一是促进区域协调发展。促进区域与区域之间的整体联动，带动区域间要素的自由流动，着力构建主体功能约束有效、要素有序自由流动、基本公共服务均等的区域协调发展新格局。二是促进城乡协调发展。通过促进城乡协调发展来加速实现城乡一体化及工业城镇化建设，塑造以乡村经济振兴为潜在增长点的中国经济增长新动力。三是促进经济社会协调发展。着力提升发展的协调性和整体性，兼顾国家软硬实力的双提升。

参 考 文 献

［1］巴罗:《经济增长的决定因素:跨国经验研究》,中国人民大学出版社2004年版。

［2］白津夫:《以新经济引领新常态 只有新经济才能强中国》,载于《中国经济周刊》2015年第14期。

［3］曹建云:《二十世纪世界人口、经济增长及其对生态环境的影响》,载于《人口与计划生育》2003年第11期,第41~42页。

［4］钞小静、惠康:《中国经济增长质量的测度》,载于《数量经济技术经济研究》2009年第6期,第75~86页。

［5］钞小静、任保平:《中国经济增长质量的时序变化与地区差异分析》,载于《经济研究》2011年第4期,第26~40页。

［6］陈春良、易君健:《收入差距与刑事犯罪:基于中国省级面板数据的经验研究》,载于《世界经济》2009年第1期,第13~25页。

［7］陈钊、陆铭:《论作为经济发展阶段之函数的政府功能》,载于《学术月刊》2007年第10期,第75~80页。

［8］程永宏:《改革以来全国总体基尼系数的演变及其城乡分解》,载于《中国社会科学》2007年第4期,第45~60页。

［9］多恩布什,费希尔:《宏观经济学》,中国人民大学出版社1997年版。

［10］樊纲、苏铭、曹静:《最终消费与碳减排责任的经济学分析》,载于《经济研究》2010年第1期,第4~14、64页。

［11］佛朗索瓦·佩鲁:《新发展观》,华夏出版社1987年版。

［12］郭晗:《人工智能培育中国经济发展新动能的理论逻辑与实践路径》,载于《西北大学学报》2019年第5期。

［13］郭晗、任保平:《中国经济增长质量:增长成果分享性视角的评价》,载于《海派经济学》2011年第1期,第157~172页。

［14］郭克莎、汪红驹:《经济新常态下宏观调控的若干重大转变》,载于《中国工业经济》2015年第11期。

［15］郭熙保:《论发展观的演变》,载于《学术月刊》2001年第9期,第47~52页。

［16］何其春:《税收、收入不平等和内生经济增长》,载于《经济研究》

2012 年第 2 期，第 4~14 页。

[17] 赫尔普曼：《经济增长的秘密》，中国人民大学出版社 2007 年版。

[18] 洪银兴：《关于创新驱动和创新型经济的几个重要概念》，载于《群众》2011 年第 8 期，第 31~33 页。

[19] 洪银兴：《以创新的经济发展理论阐释中国经济发展》，载于《中国社会科学》2016 年第 11 期。

[20] 洪银兴：《以人为本的发展观及其理论和实践意义》，载于《经济理论与经济管理》2007 年第 5 期。

[21] 洪银兴：《转型经济学》，高等教育出版社 2007 年版。

[22] 黄群慧：《"新经济"基本特征与企业管理变革方向》，载于《辽宁大学学报（哲学社会科学版）》2016 年第 5 期。

[23] 黄征学：《到底什么是新经济》，载于《中国经贸导刊》2016 年第 31 期。

[24] 金碚：《关于"高质量发展"的经济学研究》，载于《中国工业经济》2018 年第 4 期。

[25] 金碚：《科学发展观与经济增长方式转变》，载于《中国工业经济》2006 年第 5 期，第 5~14 页。

[26] 卡马耶夫：《经济增长的速度和质量》，湖北人民出版社 1983 年版。

[27] 库兹涅茨：《各国的经济增长》，商务印书馆 1999 年版。

[28] 李变花：《中国经济增长质量研究》，中国财政经济出版社 2008 年版。

[29] 李娟伟、任保平：《协调中国环境污染与经济增长冲突的路径研究——基于环境退化成本的分析》，载于《中国人口资源与环境》2011 年第 5 期，第 132~139 页。

[30] 李娟伟、任保平、刚翠翠：《提高中国经济增长质量与效益的结构转化路径研究》，载于《经济问题探索》2014 年第 4 期，第 161~167 页。

[31] 厉以宁：《经济学的伦理问题》，生活·读书·新知三联书店 1995 年版。

[32] 林毅夫、庄巨忠、汤敏、林暾：《以共享式增长促进社会和谐》，中国计划出版社 2008 年版。

[33] 刘刚：《经济增长不确定性的自组织机制分析》，载于《商业经济与管理》2007 年第 1 期，第 26~30 页。

[34] 刘刚、顾培亮：《经济增长的系统理论分析》，载于《西北农林科技大学学报（社会科学版）》2003 年第 3 期，第 56~60 页。

[35] 刘海英：《中国经济增长质量提高和规模扩张的非一致性实证研究》，载于《经济科学》2006 年第 2 期，第 13~22 页。

[36] 刘辉霞：《改革年代的经济增长与结构变迁》，上海人民出版社 2008 年版。

[37] 刘世锦：《关于我国增长模式转型的若干问题》，载于《管理世界》2006 年第 6 期，第 1 ~ 9 页。

[38] 刘树成：《论又好又快发展》，载于《经济研究》2007 年第 6 期，第 4 ~ 13 页。

[39] 刘树成：《中国经济增长与经济周期》，中国经济出版社 2007 年版。

[40] 刘伟：《经济发展和改革的历史性变化与增长方式的根本转变》，载于《经济研究》2006 年第 1 期，第 4 ~ 10 页。

[41] 罗伯特·M. 索罗：《经济增长因素分析》，商务印书馆 2003 年版。

[42] 彭德芬：《经济增长质量研究》，华中师范大学出版社 2002 年版。

[43] 钱伯海：《国民经济统计学》，高等教育出版社 2000 年版。

[44] 邱东、宋旭光：《可持续发展层次论》，载于《经济研究》1999 年第 2 期，第 66 ~ 71 页。

[45] 任保平：《经济增长质量：经济增长理论框架的扩展》，载于《经济学动态》2013 年第 11 期，第 45 ~ 51 页。

[46] 任保平：《经济增长质量：理论阐释、基本命题与伦理原则》，载于《学术月刊》2012 年第 2 期，第 63 ~ 70 页。

[47] 任保平：《经济增长质量的内涵、特征及其度量》，载于《黑龙江社会科学》2012 年第 3 期，第 50 ~ 53 页。

[48] 任保平：《新常态要素禀赋结构变化背景下中国经济增长潜力开发的动力转换》，载于《经济学家》2015 年第 5 期，第 13 ~ 19 页。

[49] 任保平：《新时代高质量发展的政治经济学理论逻辑及其现实性》，载于《人文杂志》2018 年第 2 期。

[50] 任保平：《新中国 70 年经济发展的逻辑及其发展经济学领域的重大创新》，载于《学术月刊》2019 年第 4 期。

[51] 任保平：《以创新驱动提高中国经济增长的质量和效益》，载于《黑龙江社会科学》2013 年第 4 期，第 45 ~ 49 页。

[52] 任保平：《以质量看待增长：新中国经济增长质量的评价与反思》，中国经济出版社 2010 年版。

[53] 任保平：《中国经济增长质量报告 2010》，中国经济出版社 2010 年版。

[54] 任保平：《中国经济增长质量报告 2011——中国经济增长包容性》，中国经济出版社 2011 年版。

[55] 任保平：《中国经济增长质量的观察与思考》，载于《社会科学辑刊》2012 年第 2 期，第 80 ~ 85 页。

[56] 任保平、钞小静：《从数量型增长向质量型增长转变的政治经济学分析》，载于《经济学家》2012 年第 11 期，第 46 ~ 51 页。

［57］任保平、付雅梅：《系统性深化供给侧结构性改革的路径探讨》，载于《贵州社会科学》2017 年第 11 期。

［58］任保平、刚翠翠：《社会转型促进经济增长质量提高的机理及路径》，载于《陕西师范大学学报（哲学社会科学版）》2014 年第 1 期，第 21～28 页。

［59］任保平、韩璐：《中国经济增长新红利空间的创造：机制、源泉与路径选择》，载于《当代经济研究》2014 年第 3 期，第 20～26 页。

［60］任保平、李娟伟：《实现中国经济增长数量、质量和效益的统一》，载于《西北大学学报》2013 年第 1 期，第 110～115 页。

［61］任保平、李禹墨：《新时代我国高质量发展评判体系的构建及其转型》，载于《陕西师范大学学报》2018 年第 4 期。

［62］任保平、宋文月：《我国经济增长从数量型向质量型转变的利益协调机制调整》，载于《经济纵横》2014 年第 4 期，第 24～31 页。

［63］任保平、宋文月：《中国经济增速放缓与稳增长的路径选择》，载于《社会科学研究》2014 年第 3 期，第 22～27 页。

［64］任保平、王蓉：《经济增长质量道德基础的构建》，载于《当代经济研究》2013 年第 1 期，第 32～36 页。

［65］任保平、王蓉：《经济增长质量价值判断体系的逻辑探究及其构建》，载于《学术月刊》2013 年第 3 期，第 88～94 页。

［66］任保平、王新建：《论包容性发展理念的生成》，载于《马克思主义研究》2012 年第 11 期，第 78～86 页。

［67］任保平、魏婕：《经济增长质量：一种全新增长命题的理论阐释》，载于《福建论坛》2012 年第 9 期，第 5～12 页。

［68］任保平、魏婕：《提高我国经济增长质量的对策》，载于《经济研究参考》2012 年第 42 期，第 13 页。

［69］任保平、魏婕：《中国经济增长中数量和质量的不一致性及其理论解释》，载于《社会科学研究》2012 年第 3 期，第 6～10 页。

［70］任保平、魏婕：《追求质量是未来中国经济增长的主题》，载于《经济纵横》2012 年第 4 期，第 45～48 页。

［71］任保平、魏婕、郭晗等：《超越数量：质量经济学的范式与标准研究》，人民出版社 2017 年版。

［72］茹少峰、任保平：《先进文化何以能够提高经济增长的质量》，载于《光明日报》2013 年 1 月 3 日。

［73］师博：《人工智能促进新时代中国经济结构转型升级的路径选择》，载于《西北大学学报》2019 年第 5 期。

［74］石敏俊、马国霞：《中国经济增长的资源环境代价：关于绿色国民储蓄

的实证分析》，科学出版社 2009 年版。

　　[75] 宋瑞礼：《中国宏观调控 40 年：历史轨迹与经验启示》，载于《宏观经济研究》2018 年第 12 期。

　　[76] 苏梽芳、廖迎、李颖：《是什么导致了"污染天堂"：贸易还是 FDI？——来自中国省级面板数据的证据》，载于《经济评论》2011 年第 3 期，第 97～104 页。

　　[77] [日] 速水佑次郎：《发展经济学——从贫困到富裕》，社会科学文献出版社 2003 年版。

　　[78] 孙飞：《加快发展新经济的六大战略举措——深化改革创新驱动发展新经济会议综述》，载于《经济研究参考》2016 年第 42 期。

　　[79] 孙立平：《失衡—断裂社会的运作逻辑》，社会科学文献出版社 2004 年版。

　　[80] 谭崇台：《发展经济学》，上海人民出版社 2000 年版。

　　[81] 田新民、王少国、杨永恒：《城乡收入差距变动及其对经济效率的影响》，载于《经济研究》2009 年第 7 期，第 107～118 页。

　　[82] 托马斯：《增长的质量》，中国财政经济出版社 2001 年版。

　　[83] 王积业：《关于提高经济增长质量的宏观思考》，载于《宏观经济研究》2000 年第 3 期，第 11～17 页。

　　[84] 王检贵：《劳动与资本双重过剩下的经济发展》，上海人民出版社 2002 年版。

　　[85] 王薇、任保平：《数量型经济增长与质量型经济增长的比较及转型路径》，载于《人文杂志》2014 年第 4 期，第 24～30 页。

　　[86] 王小鲁、樊纲、刘鹏：《中国经济增长方式转换和增长可持续性》，载于《经济研究》2009 年第 1 期，第 4～16 页。

　　[87] 王一鸣：《40 年来中国宏观经济政策的演进与创新》，载于《中国经济报告》2018 年第 12 期。

　　[88] 卫兴华、黄桂田：《提高经济增长质量和效益的若干理论与实践问题研究》，载于《学术月刊》1997 年第 1 期，第 48～55 页。

　　[89] 魏礼群：《重在经济增长数量、质量和效益相统一》，载于《求是》2009 年第 8 期，第 22～25 页。

　　[90] 吴敬琏：《中国增长模式抉择》，上海远东出版社 2006 年版。

　　[91] 项俊波：《中国经济结构失衡的测度与分析》，载于《管理世界》2008 年第 9 期，第 1～11 页。

　　[92] 肖红叶、罗建朋、李腊生：《经济增长质量的显示性判断》，载于《南开经济研究》1998 年第 3 期，第 36～42 页。

　　[93] 徐瑛、杨开忠：《中国经济增长驱动力转型实证研究》，载于《江苏社

会科学》2007 年第 5 期，第 58~63 页。

［94］亚诺什·科尔内：《突进与和谐的增长》，经济科学出版社 1988 年版。

［95］杨天宇、刘韵婷：《中国经济结构调整对宏观经济波动的"熨平效应"分析》，载于《经济理论与经济管理》2011 年第 7 期，第 47~55 页。

［96］杨伟民：《贯彻中央经济工作会议精神 推动高质量发展》，载于《宏观经济管理》2018 年第 2 期。

［97］余斌：《中国经济发展阶段性特征与经济增长前景》，载于《经济研究参考》2006 年第 11 期，第 22~28 页。

［98］袁晓玲、张宝山、杨万平：《基于环境污染的中国全要素能源效率研究》，载于《中国工业经济》2009 年第 2 期，第 76~86 页。

［99］［英］约翰·穆勒：《政治经济学原理》，商务印书馆 1991 年版。

［100］曾铖、李元旭：《试论企业家精神驱动经济增长方式转变——基于我国省级面板数据的实证研究》，载于《上海经济研究》2017 年第 10 期。

［101］张军、周黎安：《为增长而竞争：中国增长的政治经济学》，上海人民出版社 2008 年版。

［102］张卓元：《深化改革，推进粗放型经济增长方式转变》，载于《经济研究》2005 年第 11 期，第 4~9 页。

［103］郑玉歆：《全要素生产率的再认识——用 TFP 分析经济增长质量存在的若干局限》，载于《数量经济技术经济研究》2007 年第 9 期，第 3~11 页。

［104］钟学义：《增长方式转变和增长质量提高》，经济管理出版社 2001 年版。

［105］周云波：《城市化、城乡差距以及全国居民总体收入差距的变动——收入差距倒 U 形假说的实证检验》，载于《经济学季刊》2009 年第 4 期，第 1239~1256 页。

［106］Barro R. J. Quantity and Quality of Economic Growth, *Working Papers from Central Bank of Chile*, 2002.

［107］Cropper M., Griffiths C. The Interaction of Population Growth and Environmental Quality, *American Economic Review*, 1994.

［108］Hanushek E. A., Kimko D. D. Schooling, Labor – Force Quality, and the Growth of Nations, *American Economic Review*, 2000.

［109］Klein M. W. Capital Account Liberalization, Institutional Quality and Economic Growth: Theory and Evidence, *NBER Working Paper*, 2005.

［110］Lucas R. On the Mechanics of Economic Development, *Journal of Monetary Economics*, 1988.

［111］Mlachila M., Tapsoba R., Tapsoba S. J. A. A Quality of Growth Index for Developing Countries: A Proposal, *IMF Working Paper*, 2014.

［112］ Rodrik D. Institutions for High – Quality Growth: What They are and How to Acquire Them, *NBER Working Paper*, 2000.

［113］ Rothstein B. Social Capital, Economic Growth and Quality of Government: The Causal Mechanism, *New Political Economy*, 2003.

［114］ Segerstrom P. S. Innovation, Imitation, and Economic Growth, *Journal of Political Economy*, 1991.

［115］ Thomas V. etc. , The Quality of Growth, *Oxford University Press*, 2000.